Fabriquer des actes d'État

Collection Études sociologiques

Fabriquer des actes d'État

Une ethnographie du travail bureaucratique

Jean-Marc Weller

ECONOMICA
49, rue Héricart, 75015 Paris

Introduction

Le matin, au réveil, lorsqu'on allume sa radio, l'État s'invite régulièrement pour donner de ses nouvelles : il a décidé ceci, il a estimé cela. Rien d'étonnant peut-être, si l'on veut bien ignorer l'étrangeté tout de même qui consiste à attribuer des pensées et des actes à un être aussi mystérieux. Sauf que les commentaires qui accompagnent ses faits et gestes évoluent singulièrement. L'heure, en effet, n'est plus à se demander s'il faut « moins d'État », « plus d'État » ou même « mieux d'État », opposant d'un côté les chantres d'une lecture libérale qui dénoncent l'inefficacité endémique de ses administrations, et, de l'autre, les réformateurs qui défendent l'idée d'une meilleure gestion des ressources publiques. Elle est à s'interroger sur ce qu'il peut encore faire. Dans un pays comme la France, où la croyance dans un État visionnaire et centralisateur a longtemps été de mise, la nuance n'est pas mince. Mais à l'heure de la globalisation de l'économie des marchés, de la place incontournable de Bruxelles dans la part des décisions publiques ou de la complexité des enjeux contemporains qui se posent à nos sociétés – défis environnementaux, limites de notre « modèle social », conflits internationaux, etc. –, la question est avérée : que peut faire l'État ?

Face au vertige provoqué par de telles questions, on préfèrera toutefois demeurer modeste en retournant le problème : mais comment a-t-il fait pour agir jusqu'à présent ? Pas de manière générale ou abstraite, mais de la manière la plus ordinaire possible, en nous intéressant aux décisions qui sont couramment prises en son nom : l'octroi d'une autorisation, la reconnaissance d'un statut, la délivrance d'un permis, l'attribution d'une aide ou d'une subvention, la détermination de pénalités relatives à un trop-perçu, etc. Par quels moyens les actes administratifs, les jugements, les notifications, les arrêtés sont-ils concrètement fabriqués et s'imposent-ils comme des décisions légitimes ? Depuis Max Weber, la question ne constitue plus une nouveauté. Et les réponses sont parfaitement connues : c'est par le biais du droit, qui définit la légitimité de ces actes, et au moyen d'une bureaucratie rationnelle, qui garantit l'objectivité de leur mise en œuvre. Or, eu égard à cette réponse générale, les travaux ne manquent pas pour montrer qu'en vérité, la réalité est plus compliquée. Décrivant les configurations d'acteurs, les coalitions d'intérêts, les conceptions de l'État que ces décisions dessinent en s'imposant[1], ils invitent à explorer l'organisation bureaucratique des systèmes administratifs, les politiques relatives à leurs transformations[2] ou, plus simplement, leur fonctionnement ordinaire. Dans cette perspective, nous disposons d'un grand nombre de monographies détaillées, inspirées par la volonté que l'on trouve désormais à rendre compte de l'action de l'État en enquêtant sur le monde des services publics « par le bas ». En effet, nombre de chercheurs en sciences sociales n'hésitent plus à recourir à des démarches ethnographiques, s'obligeant à séjourner parmi les bureaucrates, à partager avec eux le quotidien, déployant leur attention parmi les éléments foisonnants qui composent leur vie au travail[3]. Ces descriptions au grain plus fin donnent à voir des matériaux empiriques originaux, et amendent parfois nos connaissances des services publics en plaçant dans la lumière ceux qui, jusqu'alors, avaient peut-être moins attiré l'attention des chercheurs. À propos des services sociaux, de la police, des services aux étrangers dans les préfectures, de la poste, du transport public, de la gestion des chômeurs, de la formation ou de l'enseignement, une masse remarquable d'investigations est désormais disponible. Elles éclairent incontestablement la question de l'action de l'administration, en ne négligeant rien de ses forces, de ses limites, de ses inventions, de ses troubles aussi, bref, de ses transformations.

Outre de s'inscrire dans ce sillage auquel nous avons nous-mêmes déjà contribué[4], cet ouvrage découle toutefois d'un point plus précis. Il constitue une énigme. Car la question évoquée – « comment l'État fait-il pour agir ? » – oblige à remarquer, qu'en dépit d'une incontestable tradition attentive aux systèmes administratifs et d'un vaste réservoir de descriptions minutieuses

▲ 1. Les différentes conceptions de l'État font l'objet, en soi, d'une imposante littérature qu'il est impossible de résumer. Pour une présentation des débats qui traversent les travaux relatifs à la sociologie de l'État et à ses nouveaux questionnements, cf. le dossier rassemblé et introduit par D. King et P. Le Galès, dans « Sociologie de l'État en recomposition », *Revue française de sociologie*, 52(3), 2011.

▲ 2. Par exemple, sur l'histoire des réformes de l'administration française, cf. Bezès P., *Réinventer l'État. Les réformes de l'administration française (1962-2008)*, Paris, PUF, 2009.

▲ 3. Pour un aperçu général, cf. Weller J.-M., « L'administration et le quotidien », *in* Cohen A., Lacroix B., Riutort P., dir., *Manuel de science politique*, Paris, La Découverte, 2015. À ce stade du propos, nous n'entrons pas dans la définition de ce que recouvre précisément la notion d'enquête « ethnographique », compte tenu de la variété des parcours d'enquête, des problématisations et des modes d'engagement des chercheurs sur leur terrain. Nous reprenons ici volontiers la définition large qu'en donne D. Céfaï dans son introduction dédiée aux variations du travail de l'ethnographe et leurs possibles controverses : « Par ethnographie, on entendra une démarche d'enquête, qui s'appuie sur une observation prolongée, continue ou fractionnée, d'un milieu, de situations ou d'activités, adossée à des savoir-faire qui comprennent l'accès au(x) terrain(s) (se faire accepter, gagner la confiance, trouver sa place, savoir en sortir...), la prise de notes la plus dense et la plus précise possible et/ou l'enregistrement audio ou vidéo de séquences d'activités *in situ*. Le cœur de la démarche s'appuie donc sur l'implication directe, à la première personne, de l'enquêteur, qu'il soit sociologue, anthropologue, politiste ou géographe, en tant qu'il observe, en y participant ou non, des actions ou des événements en cours. » (Céfaï D., dir., *L'engagement ethnographique*, Paris, Éditions de l'EHESS, 2010, p. 7)

▲ 4. Weller J.-M., *L'État au guichet*, Paris, Desclée de Brouwer, 1999.

de facture ethnographique désormais disponibles, la manière dont les actes publics sont concrètement produits ne demeure que partiellement élucidée.

Le « mystère » de l'État

Il y a plusieurs manières d'exprimer la gêne qu'on peut ressentir à la lecture de bon nombre de ces travaux empiriques, dont l'intérêt est indéniable, et dont j'essaie ici de proposer une formulation. On pourra se souvenir de la controverse qui opposa, en France, la science politique et la sociologie des organisations dans les années 1980, la première critiquant la seconde pour son réductionnisme et sa conception du pouvoir qui la conduit à décrire l'administration comme une multitude de systèmes d'action locaux mais d'où disparaît toute vision proprement politique de l'État, incapable de prendre en considération ce qui le fonde vraiment – ses idées, ses mythologies, ses fictions collectives –, et dont ni le sens ni la force ne s'épuisent dans des jeux d'acteurs, fussent-ils minutieusement disséqués[1]. Mais on pourra tout autant considérer, du côté de la sociologie, les précautions infinies d'un Pierre Bourdieu à pouvoir appréhender l'État[2] : d'un côté, il invite à s'intéresser aux pratiques des fonctionnaires et à leur « pieuse hypocrisie » consistant à faire passer des intérêts particuliers pour universels ; de l'autre, il n'ignore rien des limites d'une telle entreprise de démystification, qu'il qualifie lui-même d'œuvre de « petits malins[3] », car incapable de saisir toute l'ampleur de l'action de ces bureaucrates dont l'efficacité n'est pas réductible aux pratiques et aux rhétoriques des acteurs. Car leur pouvoir de nomination, qui se joue au travers des actes de catégorisation et de jugement qu'ils produisent, est immense. Et c'est cette force qu'il qualifie volontiers de magique, cette incroyable capacité de l'État à performer le réel, qui irrigue jusqu'à nos manières de penser le monde, qui le fascine. Son embarras est là[4]. Le nôtre aussi. C'est, du reste, celui qu'on retrouve très largement dans les sciences sociales dès lors qu'elles prennent l'État pour objet[5]. Car celui-ci semble toujours se dérober à l'analyse : d'un côté, une pluralité de scènes administratives, de lieux et de pratiques à observer, renvoyant au droit mais aussi à des croyances ordinaires, des représentations, des luttes d'intérêt, des rapports de force de sorte qu'on n'éprouverait aucune difficulté à montrer comment les pratiques des agents,

▲ 1. Jobert B., Leca J., « Le dépérissement de l'État. À propos de l'acteur et le système de Michel Crozier et Ehrard Friedberg », *Revue française de science politique*, 30, 1980.

▲ 2. Bourdieu P., *Sur l'État. Cours au Collège de France 1989-1992*, Paris, Raisons d'agir/Seuil, 2012

▲ 3. *Ibid.*, p. 52.

▲ 4. « [...] les choses les plus triviales de l'ordre bureaucratique ordinaires sont ce que j'ai le plus de mal à accepter comme objet de pensée parce que, s'il y a une chose qui paraît triviale quand on est constitué sociologiquement comme intellectuel, c'est d'arriver à réfléchir sur ce qu'est une circulaire, une commission ; ça demande vraiment un effort très spécial quand on a été préparé à réfléchir sur l'Être ou le *Dasein* alors que c'est extrêmement difficile : le problème de l'État est aussi complexe que le problème de l'Être » (*ibid.*, p. 57).

▲ 5. Cf. sur ce point la relecture très argumentée des travaux de science politique et de sociologie proposée par Linhardt D., Moreau de Bellaing C., « Légitime violence ? Enquêtes sur la réalité de l'État démocratique », *Revue française de science politique*, 55(2), 2005.

fussent-ils des fonctionnaires formellement neutres et désintéressés, s'inscrivent en vérité dans des relations sociales et des rapports de force ; d'un autre, une totalité mystérieuse, magique, autonome, dont la force tient dans la capacité à définir le monde, en nommant et catégorisant ce qui le compose. D'un côté, un processus d'élaboration pas à pas, une construction en devenir à force d'interactions, de commissions, de rapports au travers desquels un point de vue d'État se forme sans qu'on puisse en dire à l'avance le contenu ; d'un autre, une entité qui s'impose, avec ses institutions, ses obligations légales, le droit et rien que le droit, celui-ci s'exerçant selon des modalités définies *a priori* et excluant toute autre considération que juridique. L'action de l'État apparaît, dès lors, compliquée à décrire. Qu'est-ce qui fait qu'un arbitrage opéré par un fonctionnaire de base derrière un guichet à propos d'une affaire qu'il instruit devient une décision d'État ? Qu'est-ce qui fait qu'une conclusion avancée par un inspecteur ou un contrôleur apparaît bel et bien, et sans l'ombre d'un doute, comme un avis pris par l'État « en personne » ?

Pour répondre à ces questions, les enquêtes ethnographiques recourent le plus souvent à des solutions peu satisfaisantes : soit parce qu'elles se contentent de décrire les négociations qui s'accomplissent localement, comme s'il s'agissait de n'importe quelles interactions opposant des professionnels et leurs publics, de sorte que si l'action décrite apparaît comme celle de l'État, c'est en raison du statut des personnels, et rien d'autre ; soit parce que ces mêmes enquêtes superposent à leurs constats empiriques des dimensions complémentaires censées donner force aux actes observés, mais invisibles à l'œil de l'observateur, comme l'importance du « symbolique » ou d'un « esprit » dit de service public, de sorte que si l'action de l'État apparaît comme telle, c'est en raison de propriétés contenues et définies à l'avance. Dans tous les cas, le problème est éludé. Et pourtant : un agent de mairie devant attester l'état civil d'un ressortissant ne produit pas une décision d'État en raison de son statut de fonctionnaire, ni en raison de l'« esprit » qui l'inspire, ou encore de la dimension « symbolique » de l'acte qu'il amplifierait en se drapant dans une solennité à faire pâlir l'usager qui ferait qu'il aurait bien le sentiment que, oui, c'est bien là l'État qui parle, et non un simple guichetier. Dans un cas, l'action de l'administration est réduite à des relations locales, comme si l'identification des personnes ne renvoyait à rien d'autre qu'à un jeu subtil avec la règle au terme duquel une décision est prise : on ne voit plus l'État. Dans l'autre, la même action renvoie à un extraordinaire pouvoir de nomination à forte valeur symbolique, et dont l'administration a le monopole en assignant aux individus une identité : on voit trop l'État[1]. Bref, on retrouve très largement la difficulté pointée par Timothy Mitchell, opposant les approches qui dissolvent l'État dans la société

▲ 1. Si cette conception rencontre selon nous des limites pour décrire l'action quotidienne des personnels administratifs, elle inspire en revanche les approches socio-historiques qui éclairent de manière incontestable les moments de genèse où ce monopole n'est pas encore formé. Sur l'exemple donné, cf. Noiriel G., dir., *L'identification. Genèse d'un travail d'État*, Paris, Belin, 2007.

au risque de le perdre, et celles au contraire qui le subsument au risque de l'hypostasier[1]. Pour dépasser cette alternative, il suggère pourtant qu'aucune de ces approches n'est vraiment fausse, mais qu'elles décrivent seulement des formes que l'État est susceptible de prendre, à certains moments et pas à d'autres. À condition toutefois de bien considérer la nature du phénomène que l'État recouvre : une élaboration parfaitement située dans l'espace et le temps, un processus aux formes multiples et susceptibles de produire des effets de totalité au terme desquels il apparaît alors comme une entité autonome et distincte de la société. La question n'est donc pas de rejeter la métaphysique d'un État omnipotent, un « mystère » ou un « esprit », et dont le point de vue apparaît comme extérieur au monde, mais bien d'enquêter sur les conditions qui rendent seulement possible une telle fabrication. En référence à Michel Foucault, Mitchell invite à s'intéresser aux technologies disciplinaires qui concourent à produire et à naturaliser ce que nous entendons par « État » ou « société », et par-delà, les fictions dont dépendent nos modes d'existence. Ce n'est qu'au prix d'un tel détour qu'on pourra comprendre par quelle incroyable alchimie, c'est l'État qui parle dans la bouche d'un employé municipal d'un service d'état civil expliquant à un usager ce qu'il doit faire. À travers la manière dont les formulaires sont composés, la façon dont sont pensés la saisie et le contrôle des données à gérer, et plus largement le mode d'agencement du bureau, avec sa hiérarchie, ses équipements, son architecture, c'est à la fois une compétence mise en œuvre par les personnels qui est rendue possible et une habilitation à dire la règle.

L'intérêt d'une telle perspective n'est plus à démontrer[2]. Une manière d'en saisir le processus - dès lors qu'on s'efforce de comprendre l'action de l'État - consister à l'observer dans des moments particulièrement éprouvés. C'est le cas lorsque notre agent se met à douter, confronté à une difficulté à laquelle il ne s'attendait pas ou, à l'inverse, lorsque sa parole s'avère contestée, par sa propre hiérarchie ou par des acteurs extérieurs à l'administration, de sorte qu'on n'est plus vraiment certain que c'est bien là l'État, et non un simple employé de mairie étourdi ou négligent, qui a décidé. Ces incertitudes n'ont, certes, pas l'ampleur de celles que rassemblent, par exemple, Dominique Linhardt et Cédric Moreau de Bellaing pour décrire des figures possibles des « épreuves d'État » dont ils proposent une

▲ 1. Mitchell T., « The Limits of the State: Beyond Statist Approaches and Their Critics », *American Political Science Review*, 85(1), 1991.

▲ 2. On pense aux recherches de Desrosières A., *Gouverner par les nombres. L'argument statistique*, Paris, Presses de l'École des Mines, 2008, à propos de l'usage des statistiques et de leur histoire qui le conduit à réinterroger la fabrique même de l'État moderne. Cf. également Porter T. M., *Trust in Numbers:The Pursuit of Objectivity in Science and Public Life*, Princeton, Princeton University Press, 2005, ainsi que les travaux britanniques post-foucaldiens comme ceux de Barry A., *Political Machines: Governing a Technological Society*, London-New York, Athlone Press, 2001, qui, en étudiant la place des techniques depuis la question de la « gouvernementalité » de Foucault, réinterroge l'équipement qui concourt à fabriquer et, en même temps, à naturaliser ce que nous entendons par une « entreprise », une « famille », le « marché », l'« État » ou une « personne ».

conceptualisation[1]. Mais elles sont néanmoins faites du même bois : petites ou grandes, elles interrogent l'État dans les conditions de la domination légale qui définit la légitimité de son action.

Un mérite des enquêtes ethnographiques devrait donc très certainement être là : dans leur capacité à restituer les méandres des actions accomplies par les personnels, à rapporter les affaires qui les troublent et les questions qu'elles soulèvent, bref, l'action de l'État au quotidien et ses épreuves. Seulement voilà, ce n'est que rarement le cas. Et pour cause : le travail accompli par les agents de l'État n'est que partiellement rapporté dans les enquêtes, en dépit d'un souci fortement revendiqué à en rendre compte. C'est particulièrement le cas du travail de bureau.

Le travail de bureau comme objet d'enquête

Bien que le travail de bureau occupe une part centrale des activités des employés des administrations, il souffre d'un statut ambigu dans les enquêtes sociologiques. Les actes d'écriture, les opérations de calcul, les traitements informatiques, toutes ces activités qui, au gré de la confection des dossiers, s'accomplissent de mains en mains et débouchent sur une décision administrative, n'y sont que rarement suivies de bout en bout. Plus généralement, le manque de considération pour les ordinateurs, les classeurs, les dossiers, les papiers, tout ce qui équipe les gestes et les pensées des bureaucrates apparaît comme un trait récurrent des descriptions ethnographiques. Ce constat peut paraître curieux, mais en fait plusieurs explications peuvent être avancées, contribuant à cet oubli du travail administratif ordinairement accompli par les bureaucrates, dès lors qu'on entend enquêter sur l'État.

Une première raison, qui n'est sans doute pas la meilleure, mais qu'on ne peut totalement omettre, tient au fait que la matière est peu attirante ! Qui a envie de passer son temps dans des bureaux grisâtres à éplucher les dossiers, à investir les linéaires des étagères couvertes de papiers, à décrire des logiciels ou à explorer des bases de données ? Synonyme de paperasserie et de technicité, elle paraît impossible à décrire en raison de l'expertise qu'elle suppose, et que ne peut maîtriser l'observateur. Dès lors, il l'oublie.

Une deuxième raison renvoie à ce que Nicolas Dodier et Isabelle Baszanger ont appelé le problème de la « totalisation » dans l'enquête ethnographique : comment intégrer les descriptions de situations, par nature fragmentaires, dans un tout ? Selon les occasions du terrain qui s'offrent au chercheur, ses talents personnels, mais aussi et surtout la tradition intellectuelle dans laquelle il s'inscrit pour agréger le matériau épars qu'il collecte et en concevoir une cohérence, la description proposée peut

▲ 1. Linhardt D., Moreau de Bellaing C., « Légitime violence ? … », art. cité. L'article fait référence au traitement du terrorisme par l'État fédéral allemand dans les années 1970 et à celui, en France, des violences policières par la police. Dans un numéro de *Quaderni* (78, 2012) édité par D. Linhardt et T. Vitale, ce sont les cas d'une catastrophe industrielle au Japon, le traitement judiciaire de l'épuration ethnique en Bosnie par le Tribunal Pénal International ou la question de la mafia italienne et le rapport à l'État, qui sont également décrits.

fortement varier[1]. Au final, le lecteur aura bel et bien la conviction d'un tableau abouti « qui se tient ». Mais cette mise en cohérence ne se fait jamais sans implicite. Ainsi, à propos des recherches menées sur les services de l'État, la sensibilité ethnographique la plus répandue consiste à s'intéresser aux « acteurs ». C'est très clairement le cas des travaux pionniers de Michael Lipsky, dont un argument central consiste à rappeler que les petits bureaucrates contribuent à l'action de l'État de manière beaucoup plus décisive qu'on ne le pense, du fait de leur pouvoir discrétionnaire que leur octroie une relative autonomie professionnelle[2]. Et c'est très largement vrai de bon nombre des enquêtes menées à leur propos : bien souvent, l'enquêteur choisit de mettre le professionnel au cœur de sa réflexion, de sorte qu'étudier ce que fait l'administration revient à s'interroger sur les conduites, les habitudes, les représentations des personnels qu'elle emploie, au risque de laisser dans l'ombre l'impact des outils bureaucratiques qu'ils utilisent et des formes d'écrits qu'ils produisent. Ces éléments font pourtant quelque chose.

Enfin, une troisième raison tient à la manière de problématiser le travail en sociologie. Étudié depuis Émile Durkheim dans *La division du travail social* comme principe par excellence du lien social et décrit comme tel dans sa capacité à générer de la cohésion, le travail a peu été examiné comme un acte de production[3]. Cette préoccupation conduit la sociologie à privilégier la dimension proprement « sociale » du travail – les formes de socialisation, les identités professionnelles, les rapports de force entre les acteurs, etc. –, au détriment d'une considération « technique » de ses actes, en analysant l'intervention sur la matière, les gestes ou les raisonnements des travailleurs. Et c'est donc cette préoccupation à saisir la dimension sociale du travail bureaucratique qui inspire aujourd'hui une bonne part des recherches ethnographiques sur l'administration, mais au prix d'une moindre préoccupation à saisir tout ce que ce même travail implique en termes d'activités à mener à bien, de techniques à maîtriser, de routines à mettre en œuvre, d'organisation matérielle de la décision à agencer.

L'objet de cet ouvrage est donc là : proposer une description positive du travail bureaucratique, en réintégrant dans son analyse l'importance de sa technicité, généralement minorée. Fort heureusement, la faible considération à examiner ce travail comme une activité, ce qu'il est pourtant bel et bien, et

▲1. N. Dodier et I. Baszanger distinguent, depuis la longue tradition sociologique et anthropologique, trois ethnographies : « l'ethnographie intégrative », qui agrège un matériau selon des collectifs d'appartenance dont témoignent les individus rencontrés sur le terrain ; « l'ethnographie narrative », qui construit un récit à la première personne du contenu de l'enquête et « l'ethnographie combinatoire », qui rassemble des situations d'action depuis lesquelles une jurisprudence est constituée pour identifier des formes d'action. Cf. Dodier N., Baszanger I., « Totalisation et altérité dans l'enquête ethnographique », *Revue française de sociologie*, 38(1), 1997.

▲2. Lipsky M., *Street Level Bureaucracy: Dilemnas of the Individual in Public Services*, New York, Russel Sage Foundation, 1980.

▲3. Sur l'histoire des différentes définitions du travail au cours du XIXe siècle, notamment des économistes classiques, des ingénieurs, des physiciens ou des biologistes, et des influences de la thèse durkheimienne, cf. Vatin F., *Le travail et ses valeurs*, Paris, Albin Michel, 2008.

qui renvoie aux fondements de la discipline évoqués plus haut, n'est plus nécessairement de mise[1]. En effet, pour toute une série de facteurs qu'on ne peut ici qu'évoquer - retrait des grandes explications généralistes, crise des catégories forgées depuis l'après-guerre pour comprendre le monde social, etc. -, les « théories de l'action » connaissent, depuis le milieu des années 1980, un regain d'intérêt dans les paradigmes des sciences sociales[2]. C'est particulièrement vrai concernant l'analyse du travail. En référence à une diversité d'approches issues de l'ethnométhodologie, de certains courants de l'interactionniste symbolique développés par l'école de Chicago, voire de la cognition distribuée, un modèle écologique de description de l'action s'est dessiné, contribuant à donner aux artefacts techniques et aux agencements locaux des situations une place centrale qu'ils n'avaient pas dans la littérature sociologique[3]. Ces considérations ont pu s'enrichir des développements qu'ont pu connaître, parallèlement, d'autres champs de la discipline - on pense à la théorie de l'acteur-réseau élaborée dans la perspective d'une nouvelle sociologie des sciences et des techniques[4], ou encore à la sociologie des régimes d'action proposant une typologie des formes d'engagement[5] - et dessinent un tournant qu'on se contentera ici de qualifier de « pragmatique » ou « pragmatiste »[6].

▲ 1. C'est l'argument défendu centralement par T. Pillon et F. Vatin dans leur *Traité de sociologie du travail* (Toulouse, Octarès, 2003), invitant à porter un regard critique sur les fondements intellectuels de la sociologie du travail, telle qu'elle s'est développée en France et à renouer avec la double dimension du travail - lien social certes, mais également acte de production.

▲ 2. Pour un tableau général de ce mouvement, cf. Dosse F., *L'empire du sens*, Paris, La Découverte, 1995. Pour une discussion avec la tradition analytique et la tradition phénoménologique, cf. Ladrière P., Pharo P., Quéré L., dir., *La théorie de l'action. Le sujet pratique en débat*, Paris, Éditions du CNRS, 1993. Pour un examen plus récent de ces moments qui traversent l'histoire des sciences sociales, cf. également Dodier N., « Les anthropologies d'un sociologue », *Genèses*, 4(89), 2012.

▲ 3. Pour un aperçu général de ces travaux, cf. Bidet A., dir., *Sociologie du travail et activité*, Toulouse, Octarès, 2006. C. Licoppe a établi la recension de ces développements, dans un article consacré aux « théories de l'activité », où il distingue quatre grandes familles théoriques : la cognition distribuée, les workplace studies, la théorie de l'activité et la théorie de l'acteur réseau. Cf. Licoppe C., « Dans le "carré de l'activité". Perspectives internationales sur le travail et l'activité », *Sociologie du travail*, 50, 2008.

▲ 4. Cf. ici les travaux de B. Latour depuis la fin des années 1970, sur les activités des chercheurs, des ingénieurs ou des magistrats, ou les travaux de M. Callon sur les activités économiques. L'articulation de cette approche avec l'analyse du travail avait été inaugurée, pour la première fois, avec l'article de Latour dans le dossier consacré à la « cognition distribuée » dans « Une sociologie sans objet ? Remarques sur l'interobjectivité », *Sociologie du travail*, 36(4), 1994.

▲ 5. Cf. les travaux de L. Boltanski et L. Thévenot depuis le milieu des années 1980 sur les économies de la grandeur, la justification, la compassion ou les transformations du capitalisme, et notamment Thévenot L., *L'action au pluriel. Sociologie des régimes d'engagement*, Paris, La Découverte, 2006. Les premières explorations des questions étudiées par la sociologie du travail ont notamment été menées dans cette perspective par Chateauraynaud F., *La faute professionnelle*, Paris, Métailié, 1991 et Dodier N., *Les hommes et les machines*, Paris, Métailié, 1995.

▲ 6. La diversité des travaux menés sous cette perspective a fait l'objet de diverses étiquettes : sociologie pragmatique, analytique, praxéologique, compréhensive, cognitive, etc. Sur leurs enjeux et leur discussion, cf. notamment Dodier N., « L'espace et le mouvement du sens critique », *Annales. Histoire, Sciences Sociales*, 1, 2005, p. 7-31. Ce tournant « pragmatique » dans les sciences sociales est largement commenté. Cf., par exemple, le dossier proposé par C. Lavergne et T. Mondémé dans la revue *Tracés. Revue de sciences humaines*, « Pragmatismes », 15, 2008.

Inédite dans l'analyse sociologique du travail menée en France jusqu'alors, cette orientation a notamment inspiré de nombreuses recherches sur le droit[1] : c'est vrai de toute la tradition ethnométhodologique ; c'est vrai de la sociologie des sciences, qui montre comment la production des vérités juridiques, à l'instar de celles que produisent les scientifiques, suppose la fabrication de preuves objectives où les écrits occupent une place stratégique, et dont l'organisation et l'élaboration sont restituées depuis l'observation du travail des magistrats [2] ; ou encore des recherches anthropologiques sur le langage, notamment à propos des « actes d'écriture » - emblématiquement la signature - qui explorent le droit et les conditions de sa performativité depuis les activités situées des professionnels[3]. Dans toutes ces recherches, on rencontre une même attention méticuleuse aux interactions et à leur mise en scène, aux formats d'énonciation et aux actes de langage. On y trouve une même volonté de « prendre le droit au sérieux » et de s'intéresser de près à la technique juridique. On y constate une même considération des dispositifs matériels qui, depuis de simples trombones à l'implantation d'automates, équipent le bureaucrate dans son travail et contribuent à la prise de décision. On y lit le même souci de proposer une description de l'action en renonçant au recours d'entités mentalistes aussi mystérieuses qu'insondables - « représentations », « identité », etc. - pour rendre compte du travail[4]. Le détour par l'analyse du travail de bureau - avec ce qu'il engage comme activités d'écriture, de calcul, de signature, de manipulation experte de papiers - y apparaît de ce point de vue heuristique. Et c'est donc ce travail que ce livre invite à explorer centralement, afin de mieux éclairer la question de savoir comment concrètement l'État agit. Pour ce faire, une notion nous servira de guide : celle d'infrastructure.

Les infrastructures du droit

À première vue, la notion paraît étrange ou décalée. Elle ne s'impose pas moins depuis quelques années comme une source d'inspiration importante pour l'étude des activités pour lesquelles la production de données s'avère particulièrement stratégique. C'est le cas de la science, qui a constitué un terrain privilégié d'observation : les capacités des chercheurs à analyser l'information, à la mémoriser et à la partager sont tributaires de tout un

▲ 1. Une présentation de ces travaux est plus largement proposée par Dupret B., *Droit et sciences sociales*, Paris, Armand Colin, 2006. Cf. plus récemment Dupret B., Lynch M., Berard T., eds., *Law at Work. Studies in Legal Ethnomethods*, Oxford, Oxford University Press, 2015.

▲ 2. La proximité ici avec l'ethnométhodologie est révélatrice de cette même préoccupation à saisir l'activité de fabrication des faits sans la dissocier des dispositifs d'épreuve destinés à évaluer leur consistance. L'ouvrage le plus emblématique de ce questionnement, et de ce passage d'une recherche sur la science à celle sur le droit, est celui de Latour B., *La fabrique du droit. Une ethnographie du Conseil d'État*, Paris, La Découverte, 2002.

▲ 3. Cf. centralement les travaux de B. Fraenkel, et notamment Fraenkel B., Pontille D., Collard D., Deharo G., *Le travail des huissiers.Transformations d'un métier de l'écrit*, Toulouse, Octarès, 2010.

▲ 4. Une tentative de modélisation de l'approche pragmatique dans les sciences sociales, au-delà de la seule analyse du travail qui nous intéresse ici, a été proposée par Lemieux C., *Le devoir et la grâce*, Paris, Economica, 2009.

ensemble d'outils et de standards sans lesquels leur travail s'avérerait autrement plus difficile, et ce d'autant plus que les usages d'internet ont introduit une évolution des échanges[1]. Or, ce qui est vrai des laboratoires l'est plus largement pour l'ensemble des univers professionnels confrontés au traitement d'immenses bases de données et à la nécessité de trouver des normes de travail ajustées à des activités à la fois plus dispersées et plus collectives : médecins, bibliothécaires, archivistes, journalistes, marketeurs, etc.[2] La notion d'« infrastructure informationnelle » s'est ainsi imposée, inspirant depuis une quinzaine d'années toute une gamme de travaux dont témoigne la dynamique des *infrastructure studies*. Bien que le monde juridique n'en constitue pas les terrains privilégiés, deux arguments avancés par ces recherches nous ont particulièrement intéressé.

Le premier prolonge très largement la préoccupation de toute une sociologie des sciences à restituer l'épaisseur du travail administratif dont dépend la production de l'information. Cette invitation est essentielle : elle oblige à nous interroger sur ce qui rend possible l'activité des professionnels à traiter et analyser l'information. Nous nous demandions plus haut : que faut-il pour que ce soit la Justice qui parle, et non de simples employés ? Que faut-il pour que ce soit le droit qui soit dit, et non de simples considérations aux motivations plus ou moins bien inspirées ? La gravure de la page suivante célébrant la justice de proximité des provinces du royaume de France sous Henri IV offre, de ce point de vue, plusieurs éléments de réponse à nos questions (figure 1). Une première lecture, celle-là même qui est visée par la légende, consisterait à s'en remettre à la qualité des personnes que sont les magistrats et aux vertus morales qui les inspirent, faites de charité et de rigueur mêlées. Une autre lecture inviterait à souligner la spécificité des interactions mises en scène par l'image, et notamment l'écologie si particulière de l'espace matériel d'un procès : la centralité de la tribune, les portes qui séparent les publics de la Cour, les murs qui les distinguent tout en les soumettant aux regards des autres, les zones spécialisées de part et d'autre de la salle d'audience, etc. La qualité des jugements repose aussi sur une organisation précise des rôles dont l'agencement matériel des espaces constitue un très probable appui.

▲ 1. La notion d'infrastructure informationnelle apparaît en 1996, à propos des recherches de S. Star et K. Ruhleder sur un logiciel coopératif rassemblant des généticiens. Cf. Star S. L., Ruhleder K., « Steps Toward an Ecology of Infrastructure: Design and Access for Large Information Spaces », *Information System Research*, 7(1), 1996. À propos des opérations de classification dans des contextes très variés, cf. l'ouvrage séminal - qui leur consacre de larges réflexions - de Bowker G., Star S., *Sorting Thing Out. Classification and its Consequences*, Cambridge (MA), MIT Press, 1999.

▲ 2. On renvoie ici au dossier coordonné par J. Denis et D. Pontille à propos des « petites mains de la société de l'information », dans la *Revue d'anthropologie des connaissances*, 1, 2012. Sur le travail de production et de traitement des données, cf., plus récemment, Denis J., *Le travail invisible des données. Éléments pour une sociologie des infrastructures scripturales*, Paris, Presses des Mines, 2018. Pour une présentation des enjeux qui se jouent autour d'internet et de la fabrication de l'information, cf. plus largement Beuscart J.-S., Dagiral É., Parasie S., *Sociologie d'internet*, Paris, Armand Colin, 2016.

Figure 1 : « Les bons advocats », in Prieur de Saint Pierre. *L'arbitre charitable : pour euiter les procez et les querelles,* Paris, Chez Laurens Raueneau, 1668. Source : Yale Law Library (https ://www.flickr.com/photos/yalelawlibrary/7181532399/in/album-72157630052660725/)

Or, si le droit en général, et ici la justice, supposent de la part des professionnels de « penser par cas »[1], encore faut-il que les opérations cognitives d'une telle exigence soient seulement possibles. C'est tout l'intérêt de la gravure que de nous rappeler, à une époque où l'invention du papier n'était pas si lointaine et le carton n'existait pas encore[2], qu'il était nécessaire d'entreposer les éléments d'une affaire dans des sacs de toile, ceux-là mêmes qui sont suspendus au-dessus des têtes des personnages et qui attentent qu'on s'en emparent. Pour que des textes juridiques puissent passer des bibliothèques aux situations concrètes sur lesquelles les magistrats doivent arrêter une décision, et pour que ces mêmes situations soient transportées jusqu'à l'audience, rapportées et comprises, il faut des sacs. Certes, il faut des règles, des procédures, de « bons avocats » et de « charitables arbitres », mais aussi des équipements qui permettent l'enregistrement, la conservation et le transport des pièces. On se souvient, depuis les travaux de Joanne Yates sur l'histoire administrative des grandes entreprises américaines, de

▲ 1. Passeron J.-C., Revel J., dir., « Penser par cas », *Enquête*, 2005 et, en particulier, le texte de Y. Thomas consacré à la casuistique médiévale et à la production du droit (« L'extrême et l'ordinaire. Remarques sur le cas médiéval de la communauté disparue », p. 45-73).

▲ 2. Sur cette révolution, cf. Eisenstein E., *La révolution de l'imprimé. À l'aube de l'Europe moderne*, Paris, La Découverte, 1991.

l'importance d'une technologie aussi banale que la chemise cartonnée, qui constitua une invention déterminante dans la gestion et le contrôle de la communication[1]. Si cette dernière désigne une véritable infrastructure, les dossiers qui composent l'ordinaire des bureaucrates invitent à une exploration similaire : de quoi sont-ils faits ? Comment sont-ils lus ? Comment circulent-ils ? Quelles en sont les épreuves ? Comment ceux qui en assurent le traitement ou le stockage y répondent ? Quelle organisation plus large supposent-ils ? L'enquête sur ces technologies et leurs usages constitue une des focales de ce livre. Elle découle de cette volonté de restituer l'ensemble des infrastructures qui équipe littéralement le raisonnement juridique.

Un second argument plaidant en faveur des recherches sur les infrastructures tient dans leur préoccupation à mieux comprendre le statut d'invisibilité qu'elles finissent par acquérir pour leurs utilisateurs. En effet, personne ne doute de l'importance des routes pour concevoir un déplacement en voiture, mais personne n'y pense lorsqu'il conduit. Tout le monde comprend que le mouvement des marchandises dépend d'un vaste réseau ferroviaire, maritime et aérien particulièrement dense. Mais personne ne songe vraiment à ces conteneurs en acier ou en aluminium qui, en facilitant les manipulations et le rangement, ont aussi contribué à repenser le transport des marchandises[2]. C'est un peu la même chose pour les infrastructures qui nous intéressent ici. Pour décrire l'action de l'État, le travail associé aux infrastuctures du droit passe souvent inaperçu. Pour octroyer une aide, sanctionner un contrevenant ou attester d'un statut, il y a tout un travail administratif de traitement, de calcul, de tri, de manipulation de l'information qui finit pas « se fondre dans l'arrière-plan jusqu'à disparaître[3] », bien en-deça ou au-delà des tribunes ou des guichets que les usagers aperçoivent, et dont il importe de restituer l'ampleur et les modes d'organisation : c'est la capacité étatique qui en dépend.

Plan général de l'ouvrage

Le matériau rassemblé ici découle de ces considérations. Il concerne plusieurs administrations, volontairement contrastées quant à leur mission et à leur organisation. Elles ont fait chacune l'objet d'enquêtes ethnographiques. En fait, parmi les différents travaux menés, trois cas de services publics seront retenus, précisément parce qu'ils ont été examinés du point de vue du travail de bureau : un premier concerne des magistrats en charge de statuer sur les petits litiges de la vie quotidienne – les juges de proximité ; un deuxième s'intéresse aux droits d'attribution des subventions de la Politique Agricole Commune aux agriculteurs, étudiés depuis l'activité

▲1. Yates J.-A., *Control Through Communication. The Rise of System in American Management*, Baltimore and London, J. Hopkins University Press, 1989.

▲2. À propos de l'infrastructure, Bowker et Star rappellent que « l'infrastructure fait plus que rendre le travail plus facile, plus rapide ou plus efficace ; elle change la nature même de ce qui est compris par elle » (*Sorting Thing Out*, *op. cit.*, p. 108).

▲3. Star S.L., Ruhdeler K., « Steps Toward an Ecology of Infrastructure... », art. cité, p. 118.

des agents des services déconcentrés du ministère de l'Agriculture ; un troisième, enfin, réactualise des travaux plus anciens menés à propos des caisses de Sécurité Sociale. Au-delà de l'intérêt de disposer d'un matériau comparé, voire « revisité » comme il en est parfois l'usage dans la tradition ethnographique[1], l'enjeu est de proposer une exploration du travail de bureau en faisant varier les jeux d'échelle et les focales de la description[2]. Certes, on pourra remarquer que ces différents terrains n'occupent pas exactement la même place au sein de l'appareil administratif, et qu'en dépit d'une indéniable intensité juridique caractérisant leur activité, ils ne reçoivent pas la même reconnaissance dans leur compétence formelle à produire du droit, et encore moins à exprimer un point de vue d'État. C'est pourtant l'inverse que nous envisageons ici : suspendre provisoirement les considérations officielles définissant *a priori* les propriétés et la capacité de chacun des terrains à dire l'État, pour décrire - depuis ce qu'on y fait - comment se construit pas à pas cette parole.

Pour ce faire, deux objets emblématiques de l'action bureaucratique serviront de fil conducteur structurant l'organisation générale de cet ouvrage : les dossiers (première partie) et les bureaux (deuxième partie).

Une première partie, donc, concerne centralement les activités d'écriture. Elle repose sur une idée facile à constater : travailler dans un bureau, c'est noter, rédiger, lire, et plus largement enregistrer, recopier, calculer, résumer, autant d'opérations qui témoignent des fonctions multiples de l'écriture. Et travailler dans un bureau de l'administration, c'est précisément transformer chaque affaire ou requête que l'on instruit en texte, afin de produire un récit cohérent et compatible avec les formes spécifiques du droit. En référence aux recherches évoquées plus haut à propos de la sociologie du travail et des écrits professionnels[3], nous nous intéresserons tout particulièrement à cette opération de mise en texte, et à ce qui désigne probablement l'objet majeur et incontournable de toute bureaucratie : les dossiers. Les différents matériaux présentés dans cette perspective répondront à deux enjeux. D'une part, ils permettront de dégager un certain nombre de constats dès lors qu'on s'intéresse aux activités d'écriture à l'épreuve du droit : les formes de fabrication des preuves, le travail de qualification juridique et ses formes d'agencement, les modes de raisonnement empruntés par les bureaucrates pour saisir les situations, etc. D'autre part, ils inspireront une tentative de synthèse des résultats apportés par les recherches, croisant l'approche pragmatique des activités de travail et la question du droit : le statut des

▲ 1. À propos de l'intérêt de disposer d'un tel matériau ethnographique, cf. Burawoy M., « Revisits: An Outline of a Theory of Reflexive Ethnography », *American Sociological Review*, 68, 2003, p. 645-679.

▲ 2. Sur les échelles de l'enquête et l'intérêt de ses variations, cf. Revel J., dir., *Jeux d'échelles. La micro-analyse à l'expérience*, Paris, Gallimard-Seuil, 1996.

▲ 3. Cf. le dossier introduit par Rot G., Borzeix A., Demazière D., « Ce que les écrits font au travail », *Sociologie du travail*, 56(1), 2014, p. 4-15. Ces travaux prolongent un plus large mouvement consacré aux activités d'écriture dans le travail. Cf. notamment Fraenkel B., dir., *Illétrismes. Variations historiques et anthropologiques*, Paris, BPI-Centre Georges Pompidou, 1993, et Borzeix A., Fraenkel, B., dir., *Langage et Travail. Communication, cognition, action*, Paris, Éditions du CNRS, 1995.

chaînes d'écriture et de leur rapport avec les chaînes techniques, l'importance de l'intertextualité dans les écrits juridiques, le rôle et le statut des pièces et, plus essentiellement, la question de la performativité. Car il s'agit bien d'explorer la question du « mystère de l'État » en nous interrogeant sur la force des écrits juridiques et leur capacité à performer le monde : que faut-il accomplir, dans son travail, pour que ce soit bien l'État qui décide[1] ? Ainsi, un premier chapitre concernera le cas de juges traitant des affaires pénales pour inviter à s'intéresser aux « pièces » qui constituent les éléments déterminants de tout dossier, afin d'en apprécier la manière dont les magistrats les évaluent, les dotent d'une certaine force, les assemblent et parviennent, au terme d'une audience, à les précipiter dans un « cas » qui se tient (chapitre 1 : Dire la justice avec des écrits). Puis, un deuxième chapitre examinera le cas de services agricoles en charge des dossiers des demandes de subventions économiques. Ce sera l'occasion de rendre compte de la diversité des épreuves du travail administratif et de considérer la centralité des instruments de calcul qui occupent une place déterminante dans l'évaluation des requêtes et leur traitement (Chapitre 2 : Attribuer de l'argent public avec des papiers). À partir d'un examen détaillé de la littérature, un troisième chapitre se proposera alors de revenir sur l'importance de la paperasserie dans l'analyse de l'action publique et, plus centralement encore, du « dossier », équipement majeur de toute décision juridique et dont l'histoire apparaît indissociable de celle de la pensée de l'État (Chapitre 3 : Explorer la paperasserie).

Une deuxième partie concerne, quant à elle, les bureaux. Elle découle d'un constat dont on conviendra aisément : travailler dans une administration, c'est travailler dans un espace matériel avec des tables, des chaises, des armoires, des ordinateurs. Le rôle des séparations, des cloisons, des murs, des portes, des formes d'organisation du bâtiment n'y est pas innocent : on pense à l'histoire du travail administratif dont le « bureau traditionnel », le « bureau moderne » ou le « bureau paysage » ont constitué des formes organisationnelles possible[2]. Mais si les bureaux invitent à être précisément

▲1. Une solution consiste, comme le fait Bourdieu, à souligner l'importance des enjeux symboliques rendue visible par une dramatisation du travail bureaucratique : le sociologue insiste alors sur la théâtralisation qui accompagne la production des écrits juridiques, le bureaucrate mettant en scène les vertus publiques et universelles dont il prétend être le porte parole. À l'instar de la pompe des cours de justice rappelant que, s'il faut juger au nom de l'universel, on ne peut le faire en complet-veston (*Sur l'État*..., *op. cit.*, p. 108), tout fonctionnaire agit au prix d'un *obsequium*, qui va du respect des formules de politesse ou des règles de maintien les plus insignifiantes à la solennité des formes les plus spectaculaires, sans lequel la magie de l'État ne saurait opérer. La solution explorée dans cet ouvrage est différente : le performativité des actes d'État renvoie aux techniques d'écriture du droit, et aux conditions de félicité qui imposent que tout acte juridique, pour avoir une quelconque force, doit s'insérer dans un système de chaînes d'écriture et de signes de validation. Outre les travaux de Béatrice Fraenkel déjà évoqués, on pourra ici reprendre les éléments de débat issus du dossier « Un tournant performatif ? Retour sur ce que "font" les mots et les choses », proposé par C. Licoppe (*Réseaux*, 163, 2010).

▲2. Sur l'invention du « bureau moderne » à la fin du XIXe siècle, qui repose sur la mécanisation et l'introduction des formes industrielles de mesures de la productivité, cf. Gardey D., *La dactylographe et l'expéditionnaire. Histoire des employés de bureau 1890-1930*, Paris, Belin, 2001. Sur l'histoire des espaces de travail, et notamment de bureau, cf. également Pillon T.,

examinés, c'est parce qu'ils concourent plus largement à ordonner le travail d'écriture et à participer, par les équipements et les professionnels qu'ils contiennent, à la production[1]. À la suite des premiers résultats dégagés lors des précédents chapitres, nous proposerons donc d'élargir la focale d'observation en nous intéressant aux espaces de travail, aux objets qu'ils contiennent et à leurs évolutions récentes, sans jamais perdre de vue l'horizon qui est le nôtre : décrire le travail en action. À quoi ressemble le bureau d'un magistrat ? Quelle forme prend celui d'un employé de la Sécurité Sociale ? Les différents matériaux rassemblés permettront de répondre, là encore, à deux enjeux. Un premier vise à rendre compte des formes de division du travail, des modes de circulation des dossiers, des technologies informatiques ou de communication, et plus largement des instruments de gouvernement « à distance » censés s'imposer aujourd'hui, qui jouent un rôle dans le travail de mise en droit des situations. Un second s'efforce de décrire les transformations récentes que ces mêmes bureaux connaissent, compte tenu des politiques managériales mises en œuvre. À cet égard, les trois terrains explorés sont centralement exposés à ces réformes censées garantir un meilleur « service », une plus grande « proximité », une « transparence » accrue de l'action de l'État. Il conviendra, dès lors, de se demander : qu'est-ce qu'un bureau plus « ouvert » ou plus « transparent » ? Dans cette perspective, le quatrième chapitre reviendra sur l'histoire des caisses de Sécurité Sociale, terrain déjà exploré par le passé mais revisité ici depuis une perspective inédite : celle de l'évolution des espaces matériels de travail, de leurs équipements, et tout particulièrement de l'outillage informatique - histoire au travers de laquelle on s'efforcera de dégager les tensions majeures de l'organisation bureaucratique et leurs modes de résolutions (Chapitre 4 : Les tensions de l'organisation bureaucratique). À partir des différents terrains explorés, un cinquième chapitre proposera alors une typologie des formes possibles de bureau, compte tenu de la variété des agencements matériels et humains depuis lesquels s'élabore le processus de décision réglementaire qu'on aura constaté au cours de nos enquêtes (Chapitre 5 : Le travail et ses bureaux). Car l'enjeu est bien là : décrire la mise en droit des situations depuis les modes d'organisation, compte tenu du caractère à la fois nécessaire du tâtonnement de ce travail et de l'importance d'en régler les hésitations. À cet égard, les questions relatives au pouvoir discrétionnaire et à la conscience des agents dans leur travail occuperont un examen plus attentif (Chapitre 6 : L'activité discrétionnaire dans les bureaux).

Tel est donc le triple pari de ce livre. D'abord, parvenir à décrire l'intelligence du travail réglementaire et ses tensions, depuis une considération fine des activités accomplies par les agents, pour contribuer à

« De la discontinuité à la continuité des espaces de travail », *Multitudes/Futur antérieur*, (http ://multitudes.samizdat.net/De-la-discontinuite-a-la), *et* « Retour sur quelques modèles d'organisation des bureaux de 1945 à aujourd'hui », *La nouvelle revue du travail*, 9, 2016.

▲ 1. Sur le bureau comme système d'écriture, et non comme simple environnement de travail, cf. Goody J., « The State, the Bureau and the File », in *The Logic of Writing and the Organization of Society*, Cambridge, Cambridge University Press, 1986, p. 87-126.

l'enrichissement des analyses des organisations publiques. Ensuite, tirer les conséquences de cette appréhension de l'État depuis ses dossiers et ses bureaux, en revenant sur la portée des analyses plus établies à propos de la bureaucratie, quitte à réviser certains résultats, voire certaines idées reçues. Enfin, rendre compte des conditions organisationnelles propres aux services publics d'aujourd'hui et au travail de leurs agents, confrontés à toute une série de défis. Compte tenu des résultats dégagés, et des différentes focales retenues pour en restituer les enjeux et les tensions, nous nous efforcerons alors de montrer dans quelles mesures nous éclairons la question évoquée au début de cette introduction relative à l'action de l'État. C'est, en tout cas, le défi de cette exploration : parvenir, à propos des questions touchant à la justice et à l'ordre public, à l'agriculture et à ses défis économiques et environnementaux, ou à la protection sociale, à décrire les variations et les tensions de la production même du droit, tels qu'on peut le lire dans les bureaux de l'administration qui en constituent les puissants ateliers.

Première partie

Les dossiers

J'étais encore doctorant, il y a maintenant longtemps, et me trouvais sur un de mes lieux d'enquête – une caisse régionale d'assurance maladie. Depuis une dizaine de jours, je partageais le quotidien des agents de cet établissement de la Sécurité Sociale, en charge du calcul et du versement des retraites. Alors que je commençais à être repéré, une technicienne s'adressa à un de ses collègues à mon sujet : « Tu devrais l'emmener aux sous-sols. » Ma curiosité s'aiguisa, car j'en voyais régulièrement revenir de drôles d'agents appelés agents de liaison, poussant des chariots à roulettes couverts de dossiers. Mais qu'y faisaient-ils ? Et d'où venaient-ils exactement ? Mystère… L'employé s'exécuta. Il me convia à le suivre, amusé j'imagine de l'effet qu'il pensait produire sur mes yeux de profane. Dans l'ascenseur, il appuya sur le bouton du deuxième sous-sol. Arrivés dans les caves, les portes coulissèrent. Un long couloir déroula sa file de portes et de salles dans la pénombre. Et lorsque les néons s'allumèrent un à un provoquant une cavalcade de grésillements, j'aperçus des rangées infinies de *compactus*, ces rayonnages individuels que j'avais pris pour des portes, serrés l'un contre l'autre sur des rails. L'agent en déplaça plusieurs en manipulant un volant. Et c'est alors que je compris. Il y avait là, pour chaque salarié du régime général de plusieurs départements, les archives relatives aux cotisations versées durant leur carrière. Pas seulement pour quelques mois ou quelques années. Non, pour la totalité de leurs années de vie professionnelle. C'étaient les carrières de plusieurs centaines de milliers de personnes qui étaient là, entreposées dans les sous-sols de la CRAM, et qui demeuraient trop anciens pour avoir été transformés en microfilms. Certains documents dataient de la guerre, frappés des symboles de l'administration allemande occupant alors le territoire. D'autres évoquaient l'Algérie et les anciennes colonies africaines. Un parfum d'histoire et de poussière émanait de ces étagères, un air qui caractérise ce goût de l'archive dont parlent si volontiers les historiens, à la vue de ces papiers jaunis, fragiles et terriblement humains. Mais mon impression fut, en vérité, plus mêlée. Est-ce du fait de la vigueur des gestes de l'agent qui n'avait de cesse de tourner les manivelles et pousser les blocs des rayonnages dans un vacarme assourdissant ? Etait-ce la fierté que je lisais, dans son regard, à me montrer ces salles d'archives sorties tout droit d'un film de James Bond ? J'ai eu le sentiment, à cet instant, d'être au cœur de la machinerie bureaucratique, contemplant depuis le ventre du bâtiment une sorte de trésor : ces millions d'informations et de données, entreposées là, dans des boîtes, qui attendent que des agents de liaison viennent les réveiller et, dans les étages, les remontent à la surface.

J'ignorais tout, à l'époque, de la controverse qui opposa Max Weber à Michael Bakounine à propos de la Révolution française, mais le souvenir de cette impression y fait aujourd'hui écho : elle concerne le statut des dossiers dans la bureaucratie. Bakounine considérait en effet que le véritable instrument du pouvoir tenait précisément dans ces technologies de papier, et que si les révolutionnaires n'étaient finalement pas parvenus à défaire le nœud gordien de la domination, c'est qu'ils s'étaient trompés de cible : au lieu de couper les têtes, c'est de la destruction des dossiers du pouvoir de l'Ancien Régime qu'ils auraient dû se préoccuper, ceux-là mêmes qui servaient aux nobles à asseoir leurs privilèges. Weber rejeta ce point de vue, qu'il considéra comme naïf dans la mesure où, quand bien même la domination bureaucratique reposerait sur les dossiers, l'esprit tout entier - celui-là même qui guide les bureaucrates - ne manquerait pas de perdurer[1]. Faut-il suivre pour autant Weber sur cette considération ? Car bien que le propos général de Bakounine ne soit pas vérifié empiriquement[2], l'idée que les dossiers constituent une technologie décisive indissociable du pouvoir bureaucratique ne devrait-elle pas inspirer, au contraire, n'importe quelle enquête sur l'administration ? Telles sont les questions qu'on pourra ici se poser, dans cette première partie. Elle se propose donc d'explorer le travail de bureau, et ce qui en constitue sans doute un de ses objets les plus emblématiques : les dossiers. Plusieurs raisons plaident en faveur d'un tel intérêt. D'abord, le dossier est omniprésent. Difficile, en effet, d'imaginer des fonctionnaires sans lui ! Et n'importe quel visiteur de n'importe quel service de l'État ne manque pas de le constater à chaque fois qu'il y pénètre : le monde des bureaucrates est d'abord un monde de dossiers à traiter, à lire, à classer, à archiver. Par ailleurs, toute une série de travaux récents, notamment sur la science, insistent positivement sur l'importance du travail de fabrication et de traitement de l'information dont le dossier apparaît le support par excellence[3]. Enfin, constitué de papiers et de lignes informatiques,

▲ 1. Ce point de débat est soulevé par Weber dans le chapitre IX de *Wirtschaft und Gesellschaft*. Bakounine considérait, en effet, que la destruction de l'État reposait sur la destruction de ses papiers : « Pour mener une révolution radicale, il convient de s'attaquer à la position et aux choses, et donc de détruire ce qui est à la source de la perpétuité de l'État, sans qu'il soit nécessaire de détruire les hommes. Selon nous, la révolution doit radicalement partir de cette volonté de détruire l'État et des institutions qui s'en réclament. Les conséquences naturelles et nécessaires d'une telle destruction seront… l'abolition et l'incinération de tous les titres de propriété, testaments, actes de vente et de donation - en d'autres termes, l'ensemble de la paperasserie légale et civile » (cf. Lehning A., dir., *Bakunin, Michael: Selected Writings*, London, Jonathan Cape, 1973, p. 168, cité par Vismann C., *Files. Law and Media Technology*, Stanford, Stanford University Press, 2008, p. 118). Pour Weber, « la pensée naïve du bakouninisme : pouvoir, en détruisant les dossiers, détruire en même temps la base de la […] "domination", oublie qu'indépendamment des dossiers, il reste le fait que les gens sont réglés pour respecter les normes et les règlements habituels ». Ce point fait l'objet d'une évocation par Anter A., « L'histoire de l'État comme histoire de la bureaucratie », *Trivium*, 7, 2010, p. 5 (http://trivium.revues.org/3794).

▲ 2. Au cours de la Révolution, éclate une succession de révoltes paysannes contre la seigneurie. Outre au renversement des symboles du pouvoir local (bancs d'église, tombeau, girouette, etc.), elles procèdent bien souvent à la destruction des « terriers », ou « livres terriers », qui recueillent l'ensemble des actes relatifs aux servitudes et redevances dues au seigneur. Sur un cas de révolte paysanne, cf. Boutier J., « Jacqueries en pays croquant. Les révoltes paysannes en Aquitaine (décembre 1789-mars 1790) », *Annales. Économies, Sociétés, Civilisations*, 34(4), 1970.

▲ 3. Ainsi, B. Latour invitait déjà, dans les années 1980, à déployer une véritable « ethnographie des dossiers » : « J'ai lu beaucoup de pamphlets contre les bureaucrates et les paperassiers. Il paraîtrait que ces ronds-de-cuir remueraient du papier au lieu de travailler. C'est là une accusation aussi grave que gratuite. D'après ce que nous avons vu jusqu'ici, remuer du papier ne peut pas être inutile ; ce doit être au contraire la source d'un pouvoir capital puisque l'on trouve des "gratte-papiers" aussi bien dans les laboratoires que dans les bureaux d'étude […] » (Latour B., « "Les vues de l'esprit". Une introduction à l'anthropologie des sciences et des techniques », *Culture technique*, 14, 1985, p. 59).

entreposé dans des cartons d'archives ou des disques durs, le dossier fait l'objet régulier de commentaires qui ne manque pas d'interroger – qu'on songe à ses transformations techniques comme la « dématérialisation » supposée générée par les nouvelles technologies, ou à sa « transparence » due au fait de devoir être accessible aux intéressés qu'il concerne. Pour toutes ces raisons, le dossier apparaît un peu moins aujourd'hui comme le continent oublié de nos analyses de la bureaucratie – ce qu'il fut longtemps – pour au contraire apparaître comme un objet digne d'attention, au creuset d'une sociologie des écrits administratifs en émergence. C'est donc ce fil que nous nous proposons de suivre ici, afin de comprendre ce qu'accomplissent ordinairement les agents de l'administration. Trois manières d'en explorer les formes et d'en proposer une analyse organiseront cette première partie.

Une première exploration consiste à entrer dans un tribunal de police, à nous installer aux tables de travail dédiées aux magistrats et à observer ce qu'ils font, depuis leur bureau puis en audience, pour s'assurer du règlement judiciaire des affaires dont ils ont la charge. La préoccupation à décrire précisément ces activités pourrait ne pas s'avérer très originale, dans la mesure où une solide tradition sociologique où se mêlent l'ethnométhodologie ou l'interactionnisme a déjà inspiré nombre d'enquêtes sur la fabrication des plaidoiries des avocats, les interrogatoires de police, l'activité de typification des magistrats ou des jurés, et plus largement les pratiques pénales des différents professionnels intervenant dans le cadre d'un procès[1]. Si l'idée que le travail judiciaire puisse être appréhendé depuis une description fine de ses activités situées n'est plus à démontrer, il demeure toutefois à remarquer que, bien souvent, une mésestimation de certaines d'entre elles semble caractériser les enquêtes. C'est le cas des activités de lecture et d'écriture de ces mêmes professionnels. Il est vrai que, silencieuses et souvent solitaires, elles sont plus difficiles à observer. Et pourtant, que les juges interprètent, qualifient et statuent sur des infractions en interagissant avec d'autres est une chose, ils le font aussi par l'intermédiaire de pièces, de traces écrites, et plus largement de dossiers ! C'est même l'objectif final de toute affaire qu'ils traitent : la conduire jusqu'au terme d'un jugement dûment rédigé, faisant de l'acte du prévenu et de sa sanction un texte officiel et conclusif. C'est donc à l'examen du raisonnement des juges et de ce qu'ils accomplissent que nous consacrons un premier chapitre, exactement comme nous y invitent les acquis de la recherche sociologique, mais en nous efforçant d'y intégrer la matérialité des écrits qu'ils manipulent et confectionnent. Fondé sur une enquête menée auprès des juges de proximité, magistrats non professionnels, compétents pour le règlement des petits litiges de la vie quotidienne, nous invitons donc

▲1. On pense, bien sûr, aux travaux séminaux de Garfinkel H., *Recherches en ethnométhodologie*, Paris, PUF, 2007 (1967), de Blumer H., *Symbolic Interactionism: Perspective and Method*, Berkeley, University of California Press, 1969, et aux recherches qu'ils ont pu inspirer. Dans son manuel, B. Dupret consacre à l'étude du droit « en contexte et en action » une très large présentation des recherches. Cf. Dupret B., *Droit et Sciences sociales*, *op. cit.*

le lecteur à ouvrir les dossiers : s'attarder sur leur chemise cartonnée, découvrir les différentes pièces matérielles qu'ils contiennent, comprendre le sens des documents qu'on y ajoute au cours de l'audience, jusqu'à la rédaction du jugement proprement dit. Cette exploration préalable s'avère indispensable. Car pour rendre compte du travail des magistrats, et notamment de la manière dont ils qualifient juridiquement les affaires qu'ils traitent, évaluent la force des arguments des parties, circulent entre les textes légaux et les éléments de fait des situations, les éléments matériels contenus dans chaque dossier occupent une place décisive. À partir d'une affaire dont on suivra le cheminement au cours d'un procès, ce chapitre s'efforcera de dégager les principales propriétés de ce travail qui suppose de parvenir, pour chaque cas que l'on traite, à un scénario plausible et qualifiable juridiquement racontant, dans les formes spécifiques du droit, ce qui est arrivé. Précisons d'emblée que la perspective narrativiste, qui a déjà pu être proposée pour éclairer les termes du travail judiciaire, constitue pour nous une référence incontournable. Mais quelles qu'en soient les formes - philosophique, ethnométhodologique, et même plus largement sociologique - c'est une perspective qui a le défaut de peu prendre en compte la matérialité de l'action, c'est-à-dire, en l'occurrence, les papiers. C'est donc à une meilleure considération de ces derniers à laquelle ce chapitre invite, estimant que si l'on ne peut juger sans textes, ni sans débat contradictoire, l'on ne peut non plus juger sans dossiers.

Une deuxième exploration aborde un tout autre aspect des formes d'intervention de l'État : l'attribution d'argent public. Les services agricoles en charge de définir le montant des subventions versées aux agriculteurs dans le cadre de la Politique Agricole Commune (PAC) servent de terrain empirique, étudiés ici dans le cadre d'une enquête menée auprès des services déconcentrés du ministère de l'Agriculture. Cette invitation à pousser la porte d'une autre administration poursuit la même ambition : décrire les activités d'écriture et de lecture des agents de base. Bien sûr, vu de loin, ce travail ressemblerait à celui de n'importe quelle profession bureaucratique : une « mise en règles » des situations concrètes de manière à pouvoir prendre les décisions qui s'imposent, l'objectif étant ici de permettre aux demandeurs de recevoir les aides compensatoires auxquelles leur situation leur donne droit de prétendre. Mais qu'en est-il vu de près ? Comment comprendre le traitement documentaire auquel se livrent les agents pour vérifier la complétude des dossiers, traiter les informations et faire en sorte, qu'au terme d'une procédure bureaucratique où plusieurs mains interviennent, une décision d'attribution soit produite ? La description esquissée à propos des magistrats est-elle, là encore, valable ? Ce deuxième chapitre montre qu'elle ne l'est qu'à la marge. En invitant le lecteur à entrer dans le détail des épreuves que les agents rencontrent au cours de leur travail - les erreurs de saisie, les pièces incomplètes, les formulaires illisibles, les données incohérentes, etc. -, nous montrerons que se déploie une autre manière de faire tenir les différents éléments d'une affaire. Car ce n'est plus par la médiation d'un récit que l'agent parvient à éprouver la cohérence des pièces éparses contenues d'un dossier, comme c'est centralement le cas des magistrats, mais d'un calcul. Ce recours aux mathématiques est déterminant : les seuils, les taux, les ratios que les agents parviennent à générer permettent de catégoriser les cas. Ils renvoient aux équations prévues par la réglementation pour déterminer les montants des primes, s'incarnent dans les algorithmes des progiciels qui équipent les ordinateurs des personnels, et supposent d'impressionnantes opérations de cadrage pour rendre calculable l'activité agricole concernée – ce qui, en soi, ne tombe pas forcément sous le sens quand on imagine ce qu'il faut faire pour faire pousser du blé ou élever des animaux. Pour qualifier juridiquement un bovin, une parcelle, une production céréalière ou une exploitation, les bureaucrates procèdent donc de manière spécifique, que la considération des papiers qu'ils manipulent permet d'explorer. La théorie de l'acteur-réseau constituera ici une référence centrale, compte tenu de son intérêt pour l'analyse des chaînes métrologiques et des centres de calcul.

Enfin, une troisième exploration invite à examiner attentivement la littérature académique, pour comprendre la manière dont la paperasserie peut constituer un objet digne d'intérêt. Bien qu'il ne puisse se targuer d'une longue lignée de recherches puisant leur inspiration dans un champ intellectuel reconnu de ce qu'on pourrait appeler les *paperwork studies*, le travail administratif n'en a pas moins été étudié par un certain nombre d'enquêtes. Ces travaux, qui mêlent l'ethnométhodologie, l'histoire médiévale, la sociologie du travail, l'anthropologie des écrits, l'étude des sciences et des techniques ou la sociologie politique, ont problématisé et exploré différemment les papiers. C'est tout particulièrement vrai du « dossier », invention emblématique de la bureaucratie et objet limitrophe à de multiples approches dont ce troisième chapitre proposera un inventaire et une cartographie. Ce détour par la considération d'une production académique encore éparse, mais cohérente, permettra alors de revenir sur quelques éléments tirés de nos enquêtes. Un premier concerne l'histoire de cette technologie indissociable des formes et des transformations de la pensée de l'État sans laquelle aucune affaire ne pourrait vraiment tenir et circuler, et qui contribue à fabriquer une vision à la fois fragmentaire et en surplomb de ce qui est. Un second concerne plus directement le caractère discontinu de ce qui est donné à voir au moyen du dossier, car c'est précisément dans ces anfractuosités, ces brisures, ces replis que les « pièces » d'une affaire mises bout à bout, par le jeu optique que leur projection simultanée offre au regard, que siège la possibilité d'un doute. À cet égard, le travail administratif apparaît parfois pris en tension entre les deux formes mises en évidence dans les chapitres précédents – la forme narrative et la forme calculatoire. Comment parvenir à une réalité stable, argumentée et qualifiable juridiquement, à l'aide d'un nombre fini et, par définition, limité de pièces ? Le propos invite, là encore, à s'intéresser aux outils bureaucratiques, et notamment aux attaches qui permettent, au gré des interprétations et des contextes, d'assembler et de désassembler les éléments d'une affaire.

Chapitre premier

Dire la justice avec des écrits

L'objectif de ce premier chapitre[1] est de comprendre le travail accompli par une première catégorie d'agents publics : les juges de proximité, qui sont des magistrats non professionnels dédiés au règlement des petits délits et litiges de la vie quotidienne (encadré 1). Tel a été le point de départ de l'enquête menée sur laquelle s'appuie ici notre propos[2]. Il n'était pas question, en effet, de nous intéresser à leur ressenti, à leur expérience, à leurs représentations, à leur vécu ou à leur discours sans considération de la totalité du labeur qu'ils doivent accomplir. Exactement comme un sociologue le ferait à propos de l'activité d'un pilote de ligne ou d'un conducteur de train, l'enjeu a consisté à décrire la diversité des opérations mentales et pratiques que les acteurs déploient pour dire le droit en situation. À quoi pensent-ils lorsqu'ils découvrent les cas qu'ils devront trancher ? Comment retiennent-ils les traits saillants d'un délit ? Comment se coordonnent-ils avec les services du Greffe ? Qu'est-ce qu'une audience difficile à gérer, de leur point de vue ? Qu'est-ce qu'une affaire intéressante ? Cette volonté de décrire précisément le travail des magistrats s'inscrit dans une solide tradition de recherche sur la coordination, la communication ou la cognition, invitant à examiner de près les conversations, les interactions, les échanges langagiers pour rendre compte des activités des professionnels du droit, des

▲ 1. Ce chapitre a fait l'objet d'une autre version, à propos du statut des écrits dans le raisonnement juridique, en discussion avec la tradition ethnométhodologique dans « Les appuis matériels du raisonnement juridique : Décider avec des papiers », *in* Colemans J., Dupret B., dir., *Le raisonnement juridique en action*, Paris, LGDJ, à paraître. Si une partie du matériau empirique exposé demeure identique, plusieurs développements dans ce chapitre demeurent originaux.

▲ 2. Weller J.-M., Ughetto P. (avec Mathieu-Fritz A., May N. et la participation de Cottin M. et Sayn I.), dir., *Les juges de proximité au travail. Une sociologie pragmatique et comparative*, Rapport pour la Mission Droit & Justice, LATTS, 2008.

épreuves qu'ils rencontrent et des ressources qu'ils mobilisent pour les résoudre[1].

> Encadré 1 : la juridiction de proximité
>
> La justice de proximité a été une juridiction récente en France, instituée par la loi du 9 septembre 2002, complétée et modifiée à plusieurs reprises relatives aux compétences, au recrutement, à la formation et à la responsabilité des magistrats, puis enfin supprimée depuis le 1er juillet 2017. Destinée à désengorger les tribunaux des affaires les plus simples, cette juridiction intervenait pour les litiges civils de la vie quotidienne d'un montant limité à 4 000 euros et statuait, au pénal, sur les petites infractions aux règles de la vie en société, relatives aux contraventions des quatre premières classes[2]. Mais l'originalité des juges de proximité tenait d'abord à leur profil. Promouvant l'idée d'une justice servie par des citoyens ordinaires proches des justiciables, la juridiction était assurée par des magistrats non professionnels, justifiant d'une expérience professionnelle dans le domaine juridique. Retraités ou salariés, ils étaient nommés pour une durée de 7 ans non renouvelable, après une formation à l'École nationale de la magistrature de 12 jours et un stage probatoire de 6 mois. Ils percevaient une indemnité de vacation. Compte tenu de leur suppression récente, les juges actuels ont intégré le statut des magistrats à titre temporaire
>
> Présentée comme une innovation de l'organisation judiciaire devant déboucher, à terme, sur le recrutement de 3 000 juges, la juridiction a occupé en vérité une place controversée n'occupant, au faîte de son histoire, qu'à peine 700 juges[3]. Elle a constitué une formation de jugement à juge unique, à l'instar du tribunal de police ou d'instance. Le magistrat y jugeait en droit, prenait ses décisions en toute indépendance et n'était soumis, en la matière, à aucune hiérarchie. Ses jugements ne pouvaient être contestés en appel. Seul un pourvoi en cassation pour vice de procédure était éventuellement possible. En dehors de la durée limitée de la fonction des juges de proximité, des compétences spécifiques de leur juridiction et de leur statut de non professionnel - signalé par l'absence de robe portée habituellement en audience par les juges de carrière remplacée alors par le port d'une médaille à ruban bleu - rien ne distinguait les tâches de ces juges de celles des autres magistrats. En revanche, l'organisation de leur travail (définition du nombre d'audiences, du nombre d'affaires et du lieu de tenue des audiences) demeurait placée sous l'autorité du Président du tribunal d'instance dans lequel était localisée la juridiction de proximité, celle-ci ayant le même ressort que ce tribunal. Si ces magistrats ont aujourd'hui disparu - ils ont intégré le statut des magistrats à titre temporaire - les affaires qu'ils traitent demeurent bien évidemment d'actualité. Elles sont revenues à la charge des tribunaux d'instance et de police.

C'est donc fort de ces références que nous proposons ici de nous intéresser au travail de lecture et d'écriture des juges de proximité. Leur intervention repose, en effet, sur un ensemble d'actes réglés partiellement

▲1. On a déjà évoqué plus haut le manuel de B. Dupret, qui consacre une très large présentation des recherches (*Droit et Sciences sociales, op. cit.*). Nous reviendrons sur certains de ces travaux dans le chapitre 3.

▲2. Les contraventions sont classées en fonction du degré de gravité de l'infraction, de la 1re classe (par exemple, diffamation et injure non publique) à la 5e classe (violences volontaires ayant entrainé une interruption temporaire de travail inférieure ou égale à 8 jours). Le juge de proximité est compétent jusqu'aux infractions contraventionnelles de quatrième classe (violences légères). La détermination des peines est déterminée par la classe de la contravention, qui sont respectivement de 38 € (classe 1), 150 € (classe 2), 450 € (classe 3) et 750 € (classe 4).

▲3. Notre propos n'étant pas de faire la genèse de cette innovation, nous renvoyons ici aux travaux de Pélicand A., « Les juges de proximité en France, une réforme politique ? Mobilisations et usages de la notion de proximité dans l'espace judiciaire », *Droit et Société*, 66, 2007/2, et « Les juges de proximité. La création difficile d'une figure judiciaire », *in* Michel H., Willemez L., dir., *La justice au risque des profanes*, Paris, PUF, 2007.

par une procédure : réception et classement des pièces, examen des différents documents, saisie des données, préparation de l'audience, consultation en ligne ou en bibliothèque, tenue de l'audience proprement dite, rédaction des jugements, relecture et signature, etc. Mais leur réalisation concrète suppose d'être examinée avec soin, invitant à décrire précisément la manière dont les affaires sont confectionnées et traitées, depuis leur constitution première qu'inaugure l'ouverture d'un dossier jusqu'à la rédaction finale du jugement qui le conclut. Envisageons donc, au cours de ce chapitre, de suivre pas à pas l'action de ces juges de proximité en matière pénale, depuis le travail de préparation qui s'inaugure au moment où les magistrats découvrent leurs affaires, jusqu'au jugement conclusif qu'il signe après l'audience (encadré 2).

Encadré 2 : le protocole d'enquête

Le protocole d'enquête a été défini autour de deux volets : un premier, de nature monographique, a reposé sur l'observation du travail de l'ensemble des juges de proximité de 4 juridictions distinctes ; un second, de nature transversale, a consisté à réaliser une série d'entretiens semi-directifs auprès de magistrats complétés par l'interview de professionnels qui interviennent dans le cadre de leur travail (juges d'instance en charge de l'administration du tribunal, greffiers, conciliateurs) (n = 46). Dans le cadre de l'observation des situations de travail, nous avons pu accompagner neuf juges au total, notamment en situation de préparation sur dossier - scène rarement observée par les sociologues - et en situation d'audience.

Ce chapitre ne porte que sur des affaires pénales. Ce choix s'explique par la nature du problème auquel on s'est attaché : en effet, c'est au pénal que se pose la question de l'action de l'État, en référence à l'idée d'ordre public. L'enquête a permis de rassembler un ensemble d'affaires pour lesquelles la totalité des étapes du traitement est connue. Ce corpus d'affaires (n = 212) recouvre les contentieux significatifs en volume et en contenu que traite, de manière générale, la juridiction de proximité (tableau 1) : on y retrouve la diversité des affaires révélées par les enquêtes existantes, indiquant une nette prépondérance des infractions au code de la route et, dans une moindre mesure, les affaires de tapage et de violence sans entraîner d'incapacité de travail[1]

	Cas observés	
Domaine des infractions	*Nombre de cas*	*Fréquence*
Code de la route	84	0,45
Tapage	36	0,19
Violences	28	0,15
Autres	19	0,10
Vente prohibée	16	0,08
Dépôt sur la voie publique	05	0,03
Total	188	1,00
NSP	24	
Total	212	

Tableau 1 : Le corpus des affaires pénales : cas observés et domaine d'infraction

Dans le cadre de ce suivi du travail des juges, et selon les opportunités des situations, nous nous sommes efforcés de produire plusieurs séries de traces autour des affaires traitées - enregistrement audio des commentaires du magistrat lors de la préparation pénale, enregistrement photographique des écrits, notes manuscrites - l'enjeu étant de

▲ 1. Fortier V., Fabre M., *Le juge de proximité. Une nouvelle offre de justice ?*, Rapport de recherche UMR5815-IRETIJ, Mission de recherche Droit et Justice, 2007, p. 59 et s.

pouvoir couvrir l'ensemble des activités accomplies. Ce choix de construire essentiellement l'argumentation sur la base d'une analyse du traitement des affaires, depuis le début de la prise en main des dossiers jusqu'à la signature des jugements rédigés, découle du questionnement qui est le nôtre : non pas comprendre comment on « est » juge de proximité, mais saisir comment on le « fait ». C'est en référence au corpus ainsi constitué que nous mobiliserons, pour l'analyse, certaines affaires apparues emblématiques.

Donnons une illustration à notre propos. Lorsque, pour la première fois, nous rejoignîmes une magistrate d'un tribunal de Police intéressée par la recherche, la juge nous conduisit d'emblée à son bureau. Sur sa table de travail, quelques piles de documents s'étalaient. Elle venait d'arriver, avait pris le temps de les trier, et nous proposa de l'accompagner là où sa journée commençait véritablement : au secrétariat du Greffe, où l'attendaient les affaires qu'elle allait devoir traiter. Nous nous étions déjà, elle et moi, rencontrés afin de lui expliquer la manière dont nous envisagions de procéder au cours de l'enquête, l'enjeu étant de suivre la diversité des activités qu'elle accomplissait, seule dans son bureau et en audience, dans le cadre de sa mission de juge de proximité. Cette préoccupation trouvait là une première occasion d'assister à ce que ces magistrats appellent la « préparation » des affaires, en amont de leur audience prochaine. Et cette préparation commence, comme pour tous les juges de ce tribunal, au troisième étage, là où se trouve, dans une pièce du Greffe, les dossiers relevant de la juridiction. Une vieille armoire y est dédiée (photo 1).

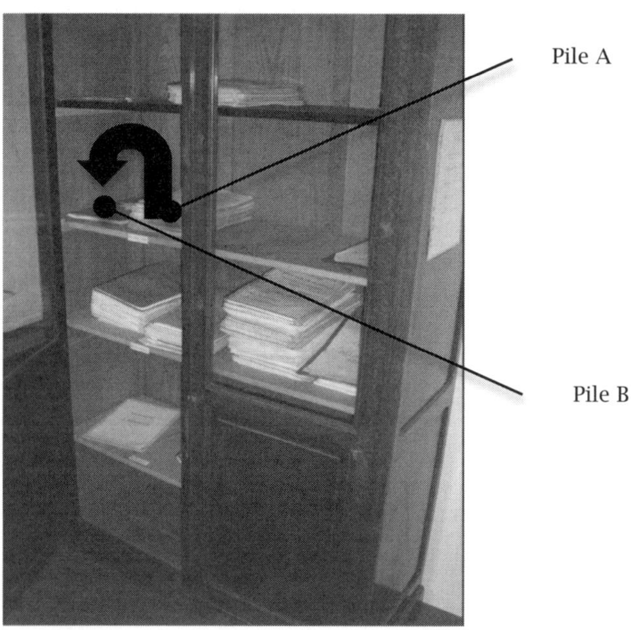

Photo 1 : Armoire du Greffe dédiée à la juridiction (Tribunal de Police de P., 2008)

Sur la tranche des étagères, le nom des différents magistrats a été apposé, pour permettre la répartition des affaires en tas de dossiers bien distincts. C'est ainsi que la juge que nous accompagnons découvre les deux piles qui lui ont été attribuées : une première se compose des affaires nouvelles, dont l'audience de police est prévue pour le lendemain après-midi (n = 28) (pile A) ; une seconde concerne des jugements déjà rendus, pour lesquels la décision a été retranscrite et tapée par un greffier (n=25) (pile B). Ainsi, le travail des juges commence lorsque parviennent, sur leur étagère, les dossiers que leur adresse le parquet par l'intermédiaire du Greffe en charge de leur enregistrement (enrôlement) et de leur répartition. Il consiste à évaluer la responsabilité pénale du prévenu, et s'inscrit dans un processus formalisé - ce que la littérature appelle la « procédure pénale » - qui repose sur une suite d'étapes bien ordonnées : la constatation de l'infraction (enquête policière), la poursuite (instruction), le jugement (procès) et l'exécution de la peine (schéma 1).

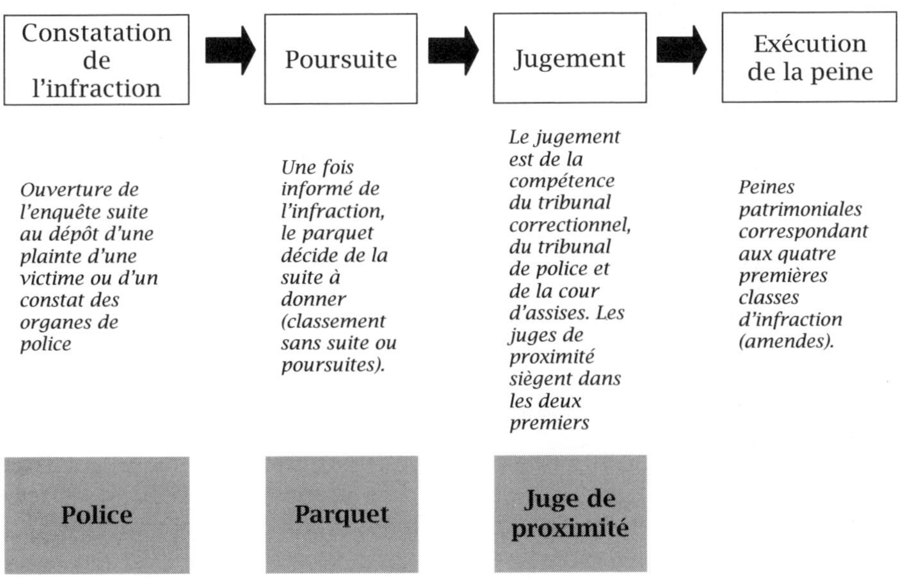

Schéma 1 : Les étapes formelles de la procédure pénale

Le dépôt des dossiers sur la planche en bois (pile A) prend ici tout son sens. C'est la pile la plus haute, la plus fournie, la plus épaisse. Le travail du juge se termine lorsqu'il achève de signer les décisions rassemblées dans la seconde pile (pile B), alors même que le jugement a été rendu publiquement au terme de l'audience, après avoir procédé à un certain nombre de vérifications de forme et de fond, « parce qu'on n'est jamais à l'abri de petites coquilles » et qu'il importe de contrôler ce qui est destiné à être envoyé : « Une fois que c'est signé, c'est signé. » C'est la pile la plus mince, la plus clairsemée. Lorsque le magistrat découvre le premier tas, tout est en suspens ; lorsqu'il achève de traiter le second, le droit est passé. L'État a parlé. Par un incessant travail de lecture, de manipulation, de vérifications silencieuses et d'échanges en audition, tout l'enjeu consiste donc à passer d'une pile à l'autre.

C'est aussi l'énigme de ce chapitre. Car le meuble de ce tribunal sert d'écrin à une véritable transmutation. D'un côté, des litiges où la « société » est mise en cause, où la qualité des faits et des personnes est instable, où l'État lui-même est éprouvé ; de l'autre, des décisions de justice où l'ordre public est formellement réparé, où la vérité du droit a pu être rétablie, au moins provisoirement. Pour décrire ce déplacement, nous nous proposons donc de filer littéralement cet objet singulier qu'est le dossier. Nous nous efforcerons d'en disséquer chaque élément, d'en égrener les multiples composantes afin d'en éclairer la matière à la fois technique et sociale dont se nourrit le travail juridique. Nous chercherons alors à dégager les principaux traits du traitement pénal des affaires, afin de comprendre la manière dont elles évoluent et se concluent dès lors qu'un jugement est rendu. Cette exploration des activités en situation, qui emprunte le détour par les écrits, n'est pas innocente. En s'efforçant de restituer les activités de lecture et d'écriture des magistrats, il s'agit également de discuter des modèles théoriques existants destinés à rendre compte du travail de décision, et centralement de la manière dont ils parviennent à faire tenir ensemble des textes légaux d'un côté et des faits de l'autre.

La matière du travail juridique

Si l'on veut bien considérer que le droit n'est pas seulement une affaire de règles, mais également de textes, de tampons, de formulaires et de trombones, penchons-nous donc sur les piles de ces dossiers venus s'accumuler sur la table d'un magistrat, afin d'en explorer le contenu[1].

La chemise cartonnée ou l'ossature d'une affaire

Premier élément incontournable : la chemise cartonnée (photo 2). Elle est couverte d'une feuille encollée qui résume différents éléments de l'affaire, en l'occurrence : l'identité du prévenu (nom, domicile, profession, etc.), la manière dont il a été « touché » pour comparaître devant la juridiction (citation) et la nature de l'infraction relevée et les textes juridiques lui afférant, du type : « ÉMISSION DE BRUIT PORTANT ATTEINTE À LA TRANQUILITÉ DU VOISINAGE OU À LA SANTÉ DE L'HOMME ART.R.1336-7, ART.R.1336-6, ART.L.1311-1 C.SANTÉ.PUB., ART.R.1336-7 C.SANTÉ.PUB. » Par ailleurs, la même feuille fait état du jugement rendu après audience (nature du jugement rendu, qualité de la peine, montant des dommages et

▲ 1. C'est cette stratégie que nous poursuivions déjà dans *L'État au guichet*, Paris, Desclée de Brouwer, 1999, et qu'on trouve déployée par B. Latour dans *La fabrique du droit. Ethnographie du Conseil d'État*, Paris, *op. cit.* L'observation du juge en train d'étudier l'affaire a fait ici l'objet d'un enregistrement systématique que nous avons retranscrit. Elle a également été complétée par la prise de photos numériques des traces écrites mobilisées dans le cours de l'activité. Puis nous avons, toujours pour la même affaire, assisté à son traitement en cours d'audience, donnant lieu à des notes manuscrites (cf. Encadré 2).

intérêts, etc.) - éléments encore vierges au moment où notre juge découvre ses dossiers. En revanche, ce dernier tombe déjà sur un certain nombre d'indications manuscrites, ajoutées au stylo sur la feuille par le greffier : référence du dossier, numéro d'affaire, classe de contravention et montant correspondant, ainsi que des informations restées incomplètes jusqu'alors (date de remise de la citation, etc.). Ces différents éléments ont leur importance, et soulignent, pour le moins, les trois grandes fonctions cognitivo-pratiques assurées par une chemise cartonnée

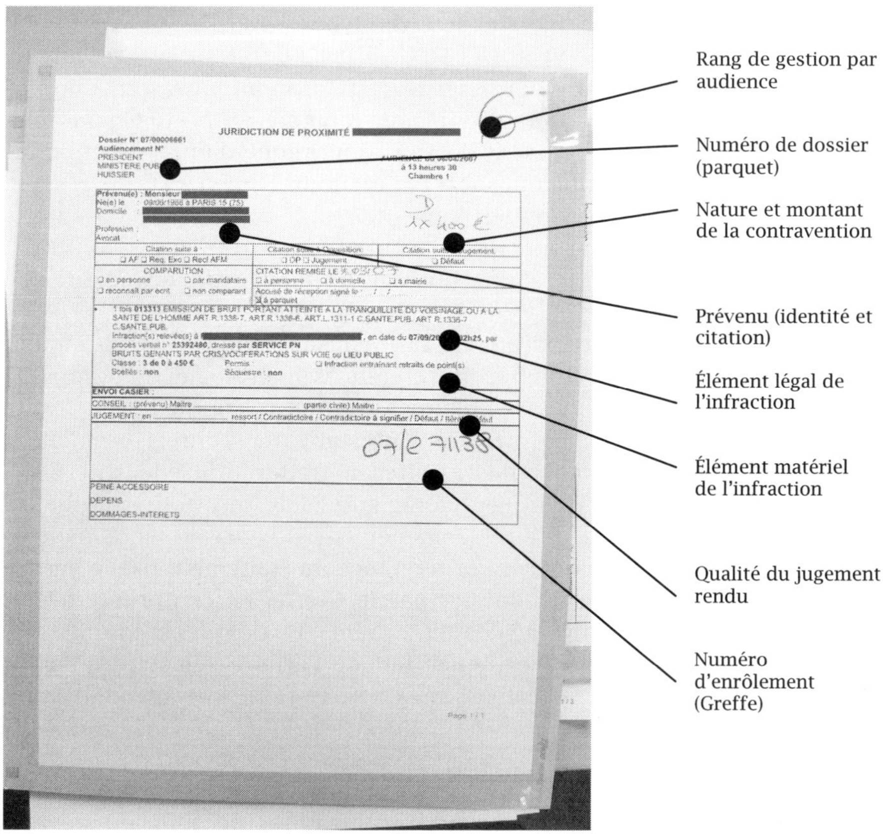

Photo 2 : La chemise cartonnée d'un dossier (recto)

D'abord, elle agrège. Tout ce qu'elle contient, en effet, vaut désormais comme « pièce » - nous reviendrons sur ce terme - susceptible de servir comme élément de preuve pour étayer un argument, faire valoir une cause et, surtout, donner aux propos d'une partie - prévenu, ministère public ou victime - une forme appréhendable depuis le droit. Sans ces attestations, ces certificats, ces procès-verbaux, ces extraits de registre qu'une chemise puisse relier durablement par le seul fait qu'elle les contient, l'affaire perdrait toute articulation. Ces informations dispersées ne valent que parce qu'elles sont matériellement tenues ensemble. C'est pourquoi n'importe quelle affaire commence toujours par la confection d'une chemise.

Par ailleurs, la précieuse chemise résume l'affaire. La feuille collée à sa surface permet, en effet, de reprendre les trois éléments qui composent n'importe quelle infraction, et sans lesquels cette dernière ne saurait exister. En l'occurrence : (i) les textes légaux définissant le comportement prohibé (norme pénale) desquels le juge devra s'assurer ici de la pertinence, selon le principe que *nullum crimen nulla pœna sine lege*[1] ; (ii) les faits matériels reprochés au prévenu, compte tenu du fait que l'infraction suppose, pour exister, d'être matérialisée par un acte du type : « BRUITS GÊNANTS PAR CRIS/VOCIFÉRATIONS SUR VOIE OU LIEU PUBLIC »[2] ; et enfin (iii) l'identité du prévenu, dont il faudra déterminer la responsabilité[3]. Ce sont donc ces trois éléments - que la littérature pénale nomme respectivement légal, matériel et moral - qui définissent l'ossature juridique d'une infraction que reprend la chemise, en quelques cases, et dont l'enjeu est de résumer l'affaire depuis ses caractéristiques élémentaires de manière à en assurer la prise par n'importe quel agent. De fait, en ne lisant que la couverture du dossier, un greffier, une secrétaire, un juge, et même un sociologue, peut savoir de quoi il s'agit.

Enfin, dernière qualité remarquable, la chemise cartonnée sert de support d'inscription à un certain nombre de références métrologiques permettant de situer le dossier depuis l'ensemble de l'activité du tribunal. On y trouve notamment le numéro d'enrôlement, attestant de l'enregistrement de l'affaire dans la file d'attente des affaires à traiter officiellement par la juridiction, dont le « rôle » tient lieu de registre. Mais on y note également le rang parmi la totalité des affaires à mener en audience le lendemain par notre juge de proximité, ou encore la référence du traitement par le parquet qui a précédé la réception du dossier par le Greffe, en conformité avec le déroulement de la procédure pénale (cf. schéma 1). Ce qui compte ici, c'est de constater que la chemise cartonnée fait de l'affaire l'élément d'un flux qu'il faut gérer, organiser, canaliser, mesurer, et dont le traitement par le juge que nous suivons s'avère un moment stratégique qui s'insère dans un processus collectif plus large.

L'ensemble de ces informations scrupuleusement reportées sur la chemise cartonnée, et qui accompagnent l'histoire de tout dossier que découvre le juge de proximité sur son étagère, n'ont toutefois juridiquement

▲ 1. Pas de crime, pas de peine sans loi. Cette règle coutumière et fondamentale est rappelée dans le nouveau code pénal : « Nul ne peut être puni pour un crime ou pour un délit dont les éléments ne sont pas définis par la loi, ou pour une contravention dont les éléments ne sont pas définis par le règlement » (art. 111-3).

▲ 2. Le plus souvent, il s'agit d'un acte interdit par la loi (infraction de commission), mais il peut aussi s'agir de l'omission de commettre un acte prescrit par la loi (l'infraction d'omission), comme l'obligation légale à porter secours.

▲ 3. La responsabilité pénale est engagée, dès lors qu'un lien de causalité est établi entre les faits commis et le dommage causé par la contravention à une norme légale pénale. En matière de délit contraventionnel, les infractions sont présumées non intentionnelles, caractérisées par une faute d'imprudence ou de négligence. Pour cette raison, il n'y a pas à prouver une intention coupable, seule la force majeure étant de nature à annuler l'infraction.

aucune valeur, mis à part le numéro de l'affaire qui atteste de son existence ! De l'aveu du magistrat que nous accompagnons, ces informations constituent l'ossature de l'affaire, mais ne sauraient en aucune façon guider son travail : « J'ai là le prévenu, l'incrimination, le lieu, la date, pourquoi il est poursuivi... et la victime... j'ai donc en gros l'ossature, mais ça ne me sert à rien en contrôle juridique... parce qu'il peut y avoir des erreurs, ça peut ne pas bien correspondre... et ça ne m'aide pas. » Car, du point de vue du droit, seul le contenu de la chemise importe. Tout le reste renvoie à d'autres exigences (coordination entre plusieurs institutions dont il convient d'assurer la traçabilité, gestion des flux de dossiers).

Les pièces matérielles d'un dossier

N'importe quel procès pénal met en jeu deux parties : d'une part, le ministère public appelé également parquet, représenté par le procureur ou son substitut, incarnant l'intérêt public et requérant l'application de la loi au nom de la société ; d'autre part, le prévenu. Qu'il s'agisse d'un automobiliste verbalisé pour un dépassement de vitesse mais contestant être le conducteur de son véhicule ce jour-là, d'un revendeur de billets de concert d'une vedette de la chanson française pris sur le fait ou d'un hôtelier n'hésitant pas à louer les chambres sur-occupées de son établissement à des familles de migrants, la forme d'une « affaire » se calque toujours sur cette même partition : d'un côté, le parquet qui fait référence à des textes juridiques pour légitimer ses réquisitions et appelle un prévenu à comparaître devant la juridiction de proximité ; de l'autre, un prévenu dont les faits ont fait l'objet d'un constat à l'occasion d'une enquête de police, et dont il faudra entendre l'interprétation pour apprécier ce qui, du point de vue du droit, s'est véritablement passé. Car l'enjeu est là. Le juge doit évaluer la responsabilité pénale de la personne renvoyée devant la juridiction et définir la peine. Pour ce faire, lorsqu'il ouvre la chemise de n'importe quelle affaire, il découvre des pièces dont le nombre peut varier, mais dont l'organisation générale est toujours la même. Elles se répartissent en trois paquets distincts, chacune concernant respectivement différents protagonistes de l'affaire.

Sur le dessus, un premier feuillet de trois pages solidement agrafées, comme pour faire corps et rappeler qu'elles sont la voix d'une et même seule bouche – le ministère public –, concerne respectivement la convocation du justiciable à l'audience de police, les raisons qui justifient une telle demande et la manière dont l'information lui a été remise (photo 3). Chacun de ces éléments a son importance. Mais encore faut-il en saisir à la fois la technicité et la solennité telles que le langage juridique l'exprime lorsqu'il parle ici d'« assignation » du « prévenu » à « comparaître » par un huissier de justice « requis » par le ministère public[1]. Chaque mot compte. En effet, pour que la

▲ 1. C'est ici le travail de signification dévolu aux huissiers de justice qui, en tant que dépositaires de la puissance publique et ultime maillon de la chaîne de la justice, sont appelés à « toucher » le justiciable en lui transmettant ici sa convocation et, au besoin, à lui indiquer la portée et le sens de celle-ci. Cf. Fraenkel B., Pontille D., Collard D. et Deharo G., *Le travail des huissiers...*, *op. cit.* Sur le seul travail de signification, voir notamment le cas

personne ayant commis une infraction soit jugée, encore faut-il qu'elle soit informée que la puissance publique, par l'intermédiaire d'un clerc assermenté, ait frappé un jour à sa porte pour lui annoncer qu'un jugement la concernant était engagé. Encore faut-il qu'un écrit lui ait été transmis – « la citation » – pour que, par l'intermédiaire de la main de l'officier et au nom de l'intérêt public légalement défini, l'intéressé soit formellement convoqué. Mais qu'un délai suffisant n'ait pas été respecté entre la transmission du précieux papier et l'audience, que le justiciable soit désespérément absent ou s'avère introuvable faute adresse connue, et c'est la nature du jugement à rendre qui en est modifiée. Et, de fait, lorsque le juge commence à consulter le dossier d'une affaire pénale et examine le feuillet rédigé par le parquet, toute la question consiste d'abord à savoir si l'intéressé a bel et bien été « touché ». Car de la réponse dépend la nature du jugement à rendre. Si le justiciable n'a pu être « touché », seul un jugement par défaut sera rendu, un jugement qui prend acte que la personne mise en cause est non seulement absente à l'audience, mais n'a pas eu connaissance de son procès. En revanche, si elle est informée qu'un jugement la concernant est instruit, ce dernier empruntera la classique forme du contradictoire, où s'expriment les différentes parties. Comment s'assurer qu'un justiciable a bien été touché, voilà toute la question ! Elle suppose non seulement que l'information ait été transmise, mais également qu'une relation ait été physiquement engagée entre le corps du justiciable, saisi depuis le territoire personnel de son domicile, et l'État incarné par l'écrit que doit lui transmettre, en main propre, le clerc en échange d'une signature[1]. Parce qu'elle constitue la marque de la présence physique du scripteur au moment où le document lui est remis, et parce qu'elle est conçue comme la manifestation matérielle de sa volonté, de son intention, de son esprit, cette signature est ce par quoi la personne devient littéralement « prévenue »[2]. Fusse-t-elle absente au moment où l'huissier s'est rendu à son domicile, et qu'elle a dû, pour cela, aller chercher le pli recommandé qui lui a été adressé en mairie. Elle peut s'y rendre illico. Elle peut renoncer à aller la chercher. Elle peut se rendre à l'audience ou s'y faire représenter par un avocat. Elle peut même feindre n'avoir été au courant de rien et ne pas se rendre à l'audience. Peu importe. Du point de vue du droit, elle a signé. Elle a été

des clercs du Bureau de Signification de Paris observé par D. Collard (chapitre 3). Notons également que l'assignation du prévenu, telle que nous l'avons observée, correspond ici à ladite *citation directe* qui consiste à faire comparaître directement le prévenu. C'est, en effet, le procédé classique de saisine du tribunal de police, déclenchée par le ministère public ou la victime, qu'on retrouve dans la majorité de nos observations. Mais la saisine du tribunal peut également emprunter d'autres formes (renvoi, convocation par un agent ou officier de police, comparution volontaire).

▲ 1. Cette question, très ancienne, était déjà une préoccupation qu'on trouve dans le costume ancien de l'huissier, qui prévoyait un bâton, symbole de leur autorité, avec lequel il devait toucher l'intéressé afin que ce dernier – par le seul fait de cette opération – soit immédiatement pris dans l'entrelacs des réseaux judiciaires.

▲ 2. Sur cette passionnante histoire de l'acte de signature et ses enjeux, cf. Fraenkel B., *La signature. Genèse d'un signe*, Paris, Gallimard, 1992.

touchée. De justiciable ordinaire, elle s'est métamorphosée en prévenue, et peut donc se faire « traduire » devant le tribunal[1].

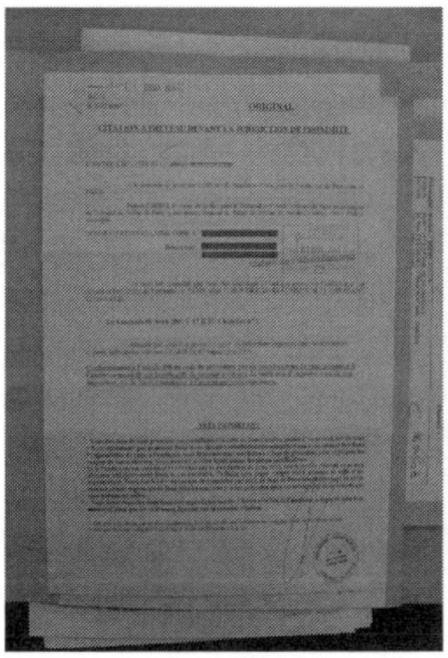

Page 1 (a)
(la citation à comparaître)

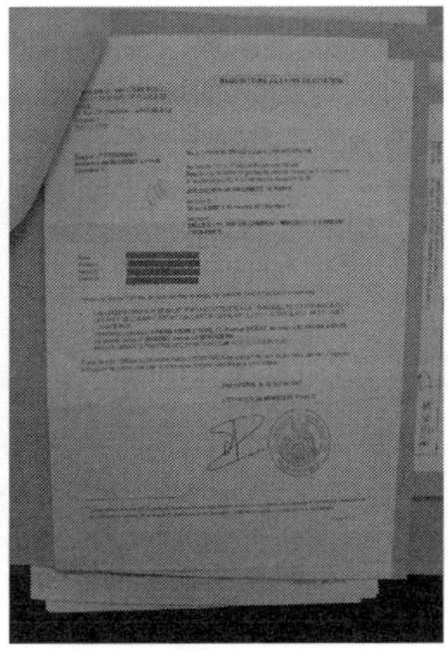

Page 2 (b)
(les réquisitions)

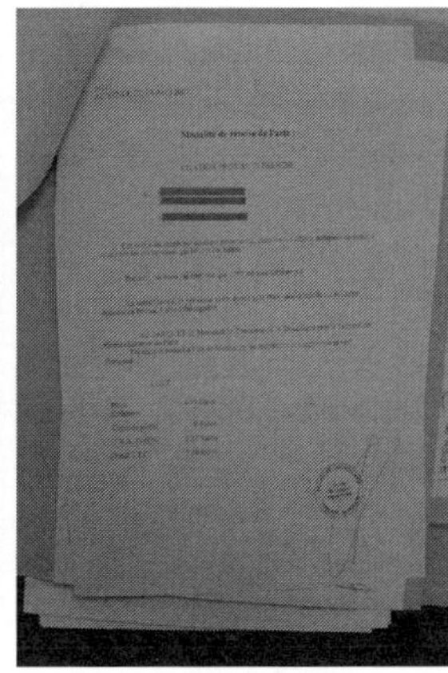

Page 3 (c)
(les modalités
de remise de l'acte)

Photos 3 : Le feuillet émanant du ministère public

Ces différents écrits servent au juge d'éléments pour apprécier l'affaire « sur la forme », s'assurant du respect de la procédure. Ce n'est qu'après ce premier examen qu'il peut alors s'intéresser « au fond », c'est-à-dire aux faits reprochés proprement dits. Pour cela, le magistrat consulte deux autres documents également reliés par une agrafe. Ils concernent l'infraction, et se répondent mutuellement, correspondant au premier maillon de la procédure pénale (voir plus haut). Le premier document est le rapport de police, et prend la forme d'un récit littéral au cours duquel un agent – gardien de la paix ou gendarme – établit, avec plus ou moins de précision, les faits qu'il a constatés[2]. Qu'il s'agisse d'une tournée de routine au cours de laquelle il a été confronté au comportement délictueux d'un individu, ou qu'il ait été expressément appelé par une victime, il consigne dans son rapport toutes les informations jugées utiles : date, heure, lieu, distances, identités, circonstances des faits, tailles, poids, signes particuliers, possessions des personnes, etc. ainsi que la référence du texte légal l'autorisant à verbaliser. Quant au second document, il s'agit du procès verbal proprement dit. Celui-ci prend la forme bien connue de tout automobiliste d'un carton de couleur rose sur lequel un certain nombre d'informations détaillées dans le rapport

▲ 1. On pourra évoquer le cas observé où le justiciable n'a pas été touché à cause d'une erreur d'adressage, alors même que son représentant, un avocat, est bien présent à l'audience. Ce dernier réclame alors le « renvoi » de l'affaire, obligeant le tribunal à citer à nouveau l'intéressé. Dans le cas où le comparant a bien été touché mais absent à l'audience, le juge procède à un jugement contradictoire à signifier.

▲ 2. Sur les techniques d'écriture et la constitution des faits dans les procès-verbaux des policiers, cf. Levy R., « Scripta manent. La rédaction des procès-verbaux de police », *Sociologie du travail*, 4, 1985.

de police sont également présentes, ainsi que les identités du verbalisateur et du contrevenant et leur signature respective (photos 4).

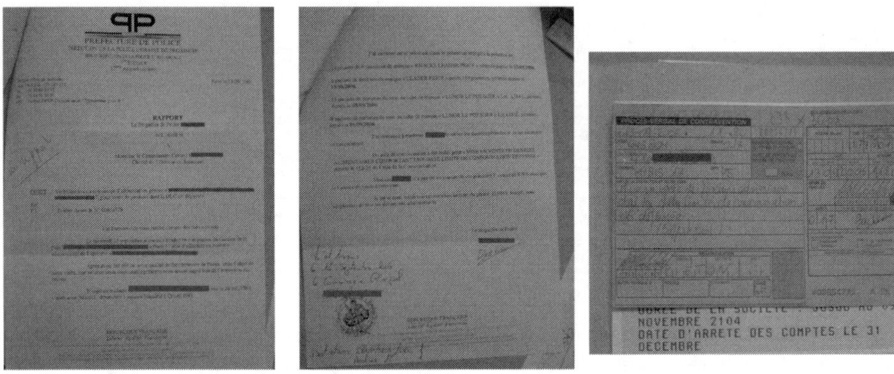

a b c

Photo 4 : Le feuillet de police relatif au constat de l'infraction : le rapport de police (a), (b) et le procès-verbal, dit « carton » (c)

Certes, toutes ces informations n'ont pas toujours l'exhaustivité et la précision attendue. Il peut arriver que le contrevenant refuse de signer. Il peut arriver, en colère, qu'il renonce à cocher quoi que ce soit sur le carton du procès-verbal. Il peut aussi arriver que le brigadier, bien qu'il s'applique à décrire l'infraction de la manière la plus précise possible, renseigne le comportement délictueux sous une catégorie mal ajustée. Ainsi, faudra-t-il comprendre l'invective d'un justiciable lancée à un officier de police à l'occasion d'une palpation – « vous devriez avoir honte, vous êtes des rigolos » – comme une authentique injure ou une insulte plus grave proche de l'outrage, comme l'indique le rapport de police ? Et ces quelques douceurs qu'une femme rétorque froidement à une policière de la BAC en guise de remerciements, conviendra-t-il de les comprendre bel et bien comme un tapage injurieux ? Peu importe ici si l'officier de police a bien qualifié les faits ou s'est trompé de catégorie : seuls ses écrits comptent, sachant que le code pénal définit chacune de ces infractions[1]. En fait, les éléments que comporte ce deuxième feuillet relatif au constat policier de l'infraction occupe une place centrale dans la correspondance que le juge

▲ 1. L'injure (dont le sens étymologique, avec *juris*, renvoie précisément à l'acte de transgression du droit) peut constituer un délit ou une contravention selon les conditions dans lesquelles elle est proférée. En particulier, la gravité des sanctions varie selon qu'elle est publique ou non, qu'elle est ou non précédée de provocations de la part de la personne injuriée, et selon la qualité de la personne à laquelle elle s'adresse selon qu'il s'agit d'un particulier, d'un fonctionnaire ou d'une institution. Lorsqu'elle est proférée de manière non publique à un agent public, l'injure prend le nom d'outrage incluant « les paroles, gestes ou menaces, les écrits ou images de toute nature non rendus publics ou l'envoi d'objets quelconques adressés à une personne chargée d'une mission de service public, dans l'exercice ou à l'occasion de l'exercice de sa mission, et de nature à porter atteinte à sa dignité ou au respect dû à la fonction dont elle est investie » (Code pénal, art. 433-5 et s.).

doit opérer entre les faits particuliers reprochés au prévenu et l'existence de textes légaux. C'est le travail de qualification pénale, qui n'est pas dissociable d'une autre préoccupation majeure : l'évaluation de la responsabilité du prévenu dans l'infraction qu'il a commise. Ainsi, le carton rose ne constitue-t-il pas seulement le procès-verbal émis par le policier ou le gendarme, il peut également s'avérer un indice, parmi d'autres, pour apprécier le sens moral du contrevenant à travers sa capacité à reconnaître les faits qu'il a commis ou, au contraire, son acharnement à nier toute responsabilité. Les cases du formulaire prévues à cet effet, selon qu'elles sont cochées ou non, fournissent au juge une trace de la « bonne foi » du prévenu, compte tenu de la solidité des faits matériels rapportés dans le dossier. De même que l'extrait du casier judiciaire, accolé au recto de la chemise cartonnée, constitue un élément que le magistrat peut mobiliser pour « se faire une idée » de celui à qui il a affaire, sur la base des délits antérieurs.

Enfin, troisième et dernier paquet de pièces susceptibles d'accompagner tout dossier pénal : les autres informations produites par les justiciables susceptibles de renseigner l'affaire, qui viennent s'ajouter dans la chemise au fur et à mesure de la procédure. Attestations diverses fournies par le prévenu ou la victime (certificat médical, lettre d'employeur, contrat de travail, attestation de services publics, etc.), pétitions, lettres de plainte, plans de masse du domicile ou de la boutique incriminée, etc. Réduits à quelques pièces ou formant une pile épaisse de plusieurs dizaines de pages, ces éléments sont soigneusement consignés et triés en fonction de leur date de réception. Ils peuvent dès lors prendre part au raisonnement du juge susceptible de les intégrer dans son opération de qualification.

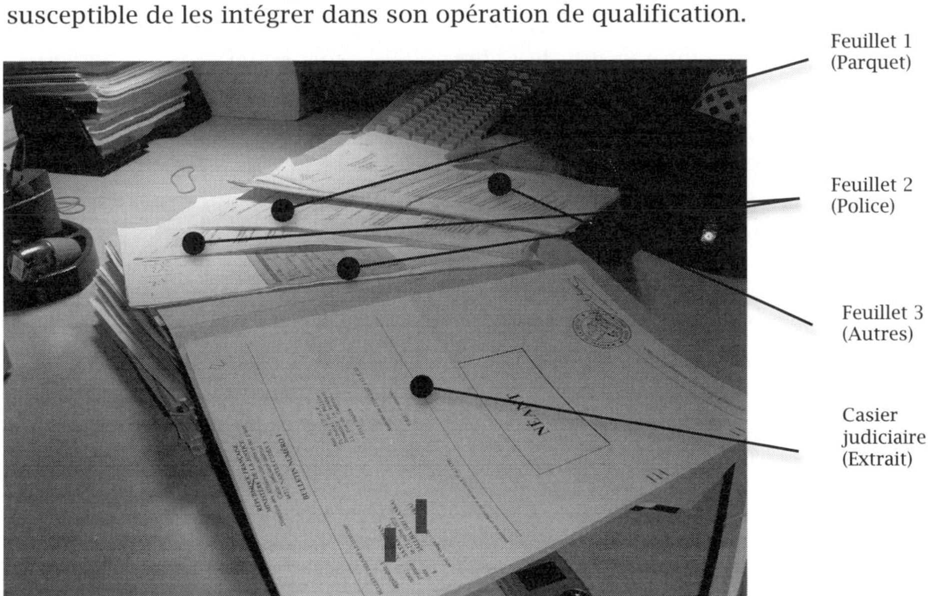

Photo 5 : Les pièces matérielles d'un dossier pénal

C'est donc par l'intermédiaire de tous ces éléments matériels que le juge traite chaque affaire. C'est pourquoi ouvrir n'importe quelle chemise de ce tribunal de police, c'est tomber sur cette même organisation générale des dossiers : le même souci de la collecte, du classement, de l'archive, dont les pièces constituent les briques avec lesquelles il raisonne et s'efforce de comprendre ce qu'il s'est passé (photo 5).

Les technologies de l'audience

Si l'action judiciaire est indissociable d'une production matérielle de « pièces », elle a surtout été examinée par les sociologues comme une production langagière spécifique, dont l'audience constitue la scène emblématique. Qu'il s'agisse de rendre compte de la performance de l'acte communicatif lui-même, des compétences des interlocuteurs, compte tenu de leurs contraintes et de leurs ressources pour maîtriser le langage du droit, ou encore l'asymétrie des relations compte tenu de l'écologie de l'espace lui-même où se déroule le procès, ce sont les interactions qui attisent la curiosité des chercheurs[1]. Plus rarement, les écrits font l'objet d'une même attention. Deux activités scripturales interviennent pourtant, chacune d'elles donnant lieu à des documents qui vont s'insérer stratégiquement - selon des modalités diverses - au dossier.

Les premières s'inaugurent lors du travail de préparation des affaires dont l'audience est imminente : il s'agit, pour le magistrat, de fabriquer un résumé sous forme d'annotations, destiné à garder en mémoire les traits saillants du cas au moment où les comparants sont invités à se rendre à la barre, sachant que ce sont plusieurs dizaines d'affaires qui sont planifiées le jour d'une audience. Cette production de notes parallèles peut prendre des formes diverses : impression de fichier WORD sur lequel le juge a saisi des informations (infraction, éléments remarquables, dommages et intérêts,

▲ 1. Cette appréhension de l'activité judiciaire depuis le langage inspire, en vérité, des problématiques différentes, selon que c'est l'échange entre les parties qui est examiné centralement pour rendre compte du travail de qualification, ou qu'on s'intéresse à la configuration matérielle de la scène qui contribue à cadrer les interactions. Parmi la littérature en français, cf. par exemple les travaux d'É. Claverie sur le travail de qualification juridique mené par les magistrats du Tribunal Pénal International de Yougoslavie depuis l'analyse du débat contradictoire et des appuis normatifs que les acteurs mobilisent pour catégoriser des événements (cf. « Questions de Qualifications. Un mufti bosnien devant le TPIY », *Terrain*, 2, 2008). Du côté de l'analyse des interactions entre les acteurs du tribunal et l'espace matériel de l'audience, cf. par exemple les travaux de Licoppe C., Dumoulin L., « L'ouverture des procès à distance par vidéoconférence », *Réseaux*, 144, 2007, p. 103-140. Dans un tout autre contexte, on pourra ici se référer au film documentaire de Christian Delage qu'il consacre au procès de Nüremberg en focalisant l'attention sur l'organisation technique du procès, comprenant aussi bien la technique juridique (organisation générale des audiences, évolution des chefs d'accusation), documentaire (l'utilisation de l'image comme preuve à charge) et architecturale (plaçant notamment face à face juges et accusés, et installant au milieu un écran de projection). Cf. Delage C., *Nuremberg. Les nazis face à leurs crimes*, 90min, la Compagnie des phares et balises/Arte France. Enfin, l'attention aux configurations architecturales, à l'emplacement des tribunes, à l'écologie des lieux comme ressorts de la production réglementaire n'est pas réservée aux seuls espaces judiciaires. Sur le cas de l'Assemblée nationale et de l'activité législative, cf. Heurtin J.-P., *L'espace public parlementaire. Essai sur les raisons du législateur*, Paris, PUF, 1999.

etc.), notes transcrites sur un cahier d'écolier destinées à récapituler les affaires inscrites au rôle, post-it accolés aux pièces déjà contenues dans le dossier, etc. Il s'agit d'écrits indigènes, ou encore d'écrits pour soi, dont l'enjeu est double. D'abord, il s'agit de rendre présent à l'esprit l'enjeu technique de l'affaire à juger pour être à même d'interroger le prévenu, lorsqu'il est comparant, de manière à rapporter les faits à la catégorie juridique pertinente au vu des indices du dossier, ou de pouvoir statuer rapidement avec le substitut les affaires pour lesquelles le prévenu est non comparant, ces dossiers étant généralement traités les uns à la suite des autres en fin d'audience. Par ailleurs, il est question de maintenir son autorité et sa légitimité en préservant sa face au regard des autres intervenants, aussi bien les professionnels siégeant du côté de la tribune que de l'auditoire devant lequel ses jugements sont rendus[1].

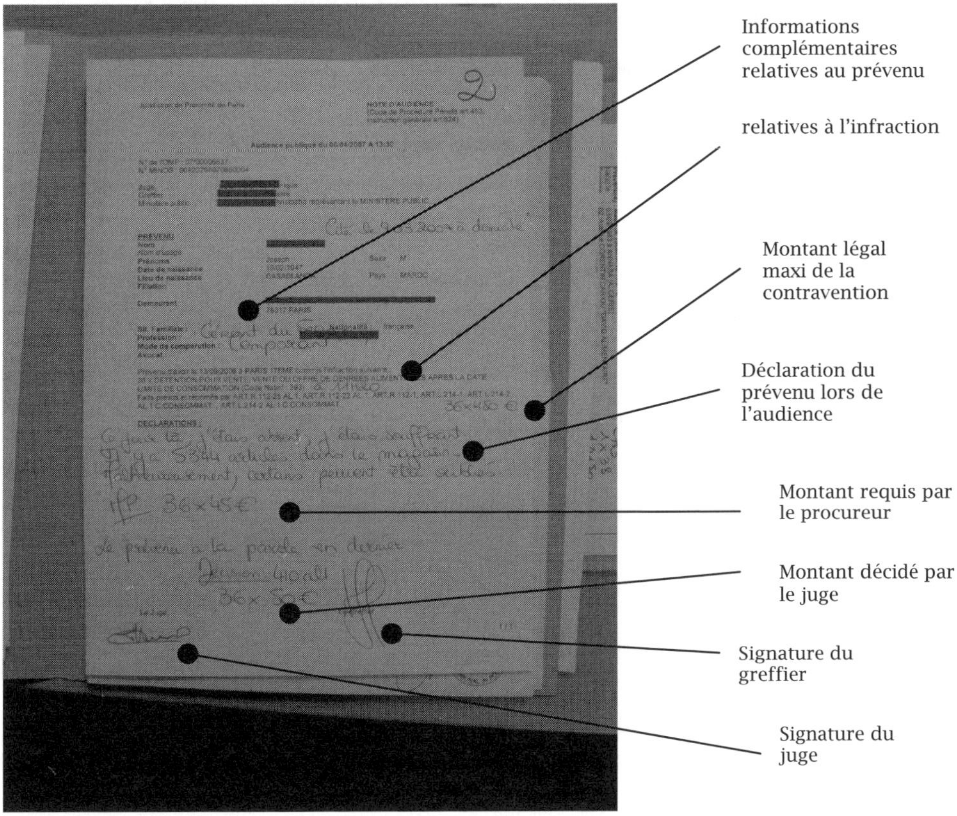

Photo 6 : La note d'audience

Les secondes activités d'écriture concernent la rédaction du « plumitif », qui viendra s'ajouter aux autres pièces déjà existantes du dossier, au terme du débat contradictoire. Car, parallèlement aux échanges qui se tiendront de

▲ 1. Ce double enjeu a été bien vu par Israël L., « Les mises en scènes d'une justice quotidienne », *Droit et société*, 42-43, 1999, p. 397.

part et d'autre de la tribune, court tout au long de la séance une feuille de papier, passant de main en main, et qui du greffier au juge, puis du juge au greffier, se couvre d'annotations et de biffures. C'est la note d'audience, destinée à résumer le procès (photo 6). Il ne s'agit pas tant de retranscrire intégralement ce qui s'énonce au cours de l'audience, comme c'est le cas des procès américains qui exigent le recours à la technique sténographique[1], que d'indiquer quelques informations clés.

Trois formes d'écriture, qui sont aussi trois moments distincts du procès, y apparaissent. On y trouve le texte tapuscrit, préparé par le greffier, qui reprend les articles de droit, le libellé et les circonstances de l'infraction, ainsi que l'identité du prévenu : c'est « l'ossature » de l'affaire qui est rappelée, permettant de vérifier la manière dont chaque affaire s'est présentée (nom des parties ou des avocats, adresse et situation familiale du prévenu, etc.). On y lit, par ailleurs, en notes manuscrites, les détails ajoutés par le même greffier au fur et à mesure de l'audience, concernant ici tel élément de l'affaire, là telle précision réglementaire, ce qu'ont déclaré l'intéressé, le ministère public, et éventuellement la partie civile. On y observe aussi parfois, sur la base d'une note que lui indique silencieusement le juge, une information à bien noter, un calcul à opérer, et ce jusqu'à l'énonciation publique du jugement. Enfin, on y trouve les signatures des auteurs de la note - le greffier et le juge - ce dernier mettant un point final à l'élaboration du document (photo 7). Destiné à être saisi sur l'ordinateur du Greffe, le plumitif fournit désormais un résumé complet de l'affaire sur la forme et le fond, jusqu'à la décision finale prononcée publiquement. Il permet de faire tenir, sur une page, l'ensemble des éléments de l'affaire - les faits matériels, les articles de loi, les propos les plus significatifs tenus en audience - pour la confection d'un ultime écrit stratégique : le jugement lui-même.

La rédaction du jugement

Le jugement est un document à l'écriture standardisé, généré par le Greffe sur la base des notes rédigées sur le plumitif et à l'aide d'un logiciel réglant par avance la forme du document. Celui-ci s'organise en deux parties distinctes : la « motivation », qui expose les raisons de la décision compte tenu de l'infraction constatée et des textes concernés (les attendus) et le

▲ 1. Rappelons que le recours à la sténographie judiciaire repose, dans le cas américain, sur des formes de véridiction très différentes. Du point de vue américain, en effet, la question de la crédibilité de la parole échangée dans le cadre de l'audience publique est centrale, supposant que « tout le monde dit la vérité » à condition de produire une parole équipée, saturée de technologies d'enregistrement et d'archivage audio et vidéo, précisément parce que de cette parole dépend l'*admissibility* (recevabilité) des éléments de preuve que les témoins apportent. Du point de vue français, on pourrait considérer à l'inverse que « tout le monde ment », ou en tout cas peut mentir, de sorte que les traces matérielles auront un statut plus fort, sans donner autant de temps et d'énergie à vérifier la crédibilité de ce que disent les témoins. Il conviendrait ici de poursuivre plus avant cette perspective comparative entre les traditions juridiques anglo-saxonne et continentales. Cf., par exemple, Pizzi W., Perron W., « Crime Victims in German Courtrooms: A Comparative Perspective on American Problems », *Stanford Journal of International Law*, 32, 1996.

« dispositif », qui explicite la décision prise par la juridiction. Il met en scène la parfaite correspondance entre les éléments matériels qui s'imposent désormais - les « faits » - et la norme légale.

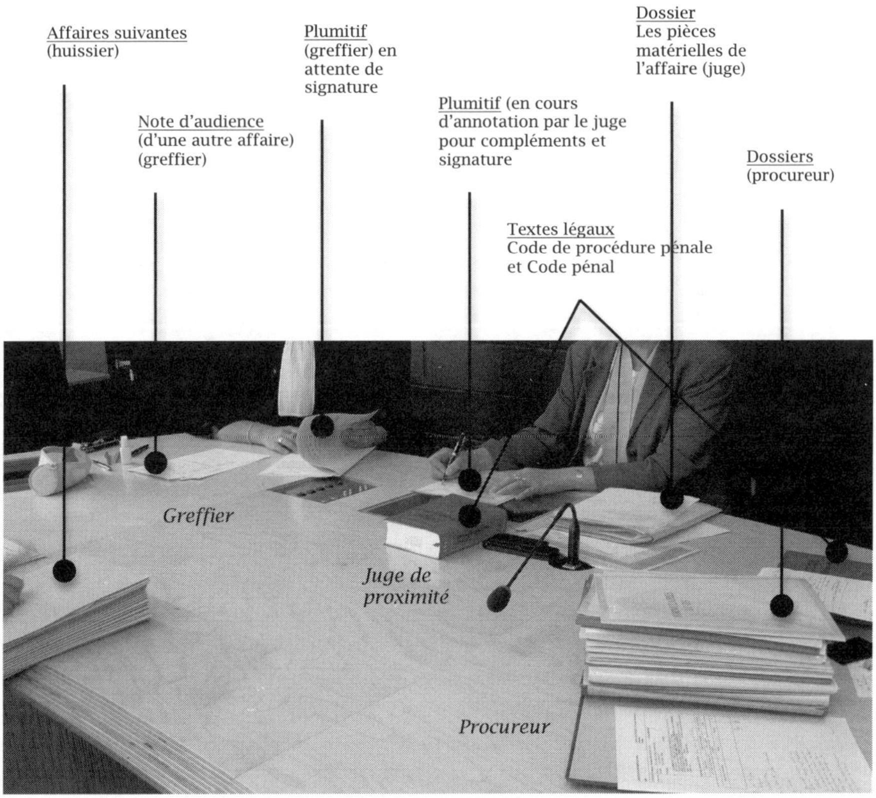

Photo 7 : Sur la tribune, le travail de couture à plusieurs mains conclut le récit

Alors, le droit peut ressembler à un raisonnement logique et déductif, celui-là même que décrit la rédaction du jugement, pièce ultime et conclusive de l'affaire, faisant que ce qui a été dûment établi d'un côté (« Attendu que Monsieur X. est poursuivi pour avoir… », « attendu qu'il est suffisamment établi que Monsieur X. a bien commis les faits qui lui sont reprochés… ») se précipite en une décision de justice parfaitement logique et légitime (« déclare Monsieur X. coupable… », « condamne l'intéressé X. à une amende contraventionnelle de Y. euros… ») (photos 8).

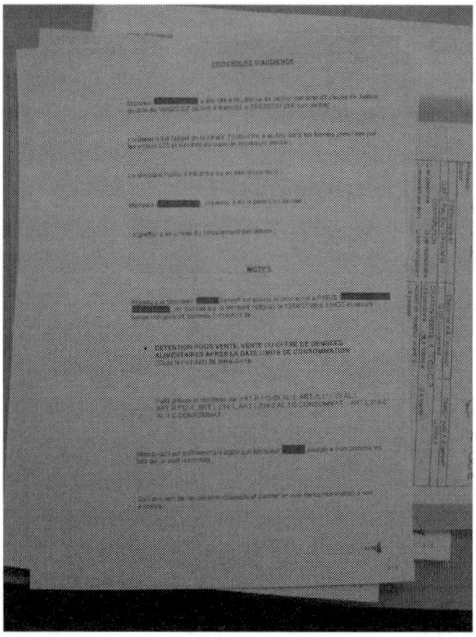

a

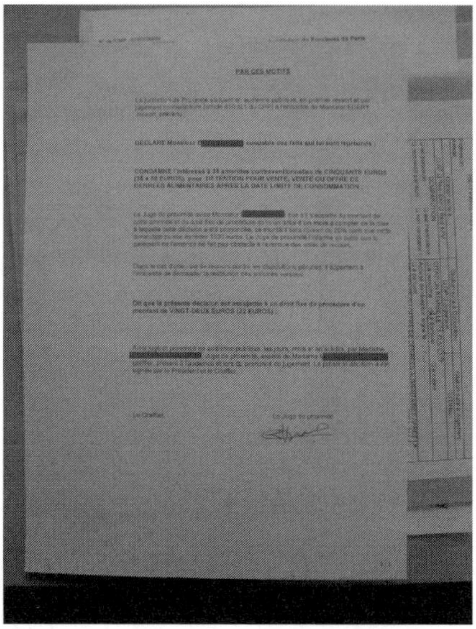

b

Photos 8 : La rédaction du jugement

C'est donc au prix de ce périple des écrits que les affaires sont tranchées, depuis leur naissance dans une chemise cartonnée jusqu'à la conclusion rédigée sur la base du plumitif consignant la sentence. Et c'est depuis ce long cheminement que notre juge de proximité peut contempler, depuis l'étagère de bois de son armoire, les dossiers qu'il traite migrer de la pile A à la pile B. L'opération par laquelle il s'y emploie ne repose toutefois pas sur les seules ressources de l'équipement technico-bureaucratique qu'on vient de décrire. Certes, il faut bien des imprimés, des cartons, des formulaires, des stylos, des agrafes et des livres de lois. Mais il faut également autre chose. Encore convient-il de mieux examiner la manière dont le juge de proximité tranche ordinairement une affaire pénale et s'acquitte ainsi de sa mission.

Les histoires que les juges se racontent

Le juge découvre ses affaires avec les pièces matérielles que leur chemise contient. Il les conclut après l'audience, en signant le jugement. Au départ, il ignore tout de ce qui s'est passé, mais sait seulement qu'il doit évaluer la responsabilité pénale du prévenu et le condamner possiblement à une peine. Entre les deux, il lui est nécessaire de recomposer les éléments du dossier, de soupeser les propos des uns et des autres échangés au tribunal de manière à produire, *in fine*, un jugement « qui se tient ». Tel est, en tout cas, sa propre formulation. Mais faut-il entendre par là une sanction proportionnelle à la gravité de l'infraction, compte tenu des circonstances et des faits qui ont finalement pu être définis depuis le procès ? Faut-il plutôt considérer qu'il s'agit d'un sentiment de conformité avec le sens de la justice exprimé par le magistrat, convaincu qu'il doit prendre une décision au nom de l'ordre public mais qui n'est pas toujours conforme à une norme pénale qu'il peut considérer comme mal ajustée, de sorte qu'un travail de compromis s'avère nécessaire ? Préfèrera-t-on s'en remettre, au contraire, à un point de vue strictement formel, estimant qu'un bon jugement repose avant tout sur le respect des formes, respect auquel le magistrat est tout particulièrement attentif lors de la relecture du document, avant de le signer ? La réponse n'est pas simple. Elle ne l'est pas, car le juge rend peu compte du patient travail qu'il a dû accomplir pour former sa décision. Ou plutôt, lorsqu'il le fait – à l'occasion d'une rencontre avec un sociologue comme c'est le cas ici – il le fait volontiers dans les termes d'une théorie générale selon laquelle le droit peut se résumer à un ensemble de règles formelles, qui existeraient par elles-mêmes, et qu'il suffirait d'apposer à des faits matériels dûment constatés pour enregistrer mécaniquement les effets qui s'imposent. Cette conception indigène renvoie au modèle positiviste du juge comme une simple bouche par laquelle la loi se dit, c'est-à-dire un juge intermédiaire fidèle et impersonnel entre des textes et des cas particuliers. Certes, cette figure ne trompe personne, et même la doctrine juridique la plus établie n'ignore pas que cette belle mécanique n'est jamais aussi simple : il existe toujours un décalage entre, d'un côté, la règle de facture générale, définie sur la base de catégories standard et, de l'autre, des situations nécessairement singulières que mille détails feront toujours résister à la redoutable opération qui consiste à les typifier, à les réduire dans une même et unique formule. Mais ce constat là n'est pas vraiment un problème et c'est, en droit, la fameuse théorie du syllogisme judiciaire qui constitue la solution, en restaurant de la continuité là où, entre les règles et les faits, il y a nécessairement du discontinu. Entre le général et le particulier, le lien est ainsi décrit : compte tenu de la norme pénale connue (majeure), si les faits litigieux dûment constatés (mineure) relèvent bel et bien de cette dernière, alors la solution prévue par elle s'applique. Les observations du travail accompli par les magistrats, telles que nous les avons menées dans l'enquête, montreraient donc deux choses : d'un côté, des juges lisant des documents, manipulant des papiers, notant des informations, écoutant des débats, délibérant avec eux-mêmes, rédigeant des textes et signant des écrits ; de l'autre, des juges dont le pouvoir interprétatif serait inexistant, ou en tout cas suffisamment faible pour être tenu pour négligeable. Le domaine infractionnel où ils interviennent ne concerne-t-il pas lui-même de petits délits ? Les peines qu'ils appliquent ne sont-elles pas déterminées par un barème qui ne laisse que de faibles marges d'ajustement ? L'observation du travail accompli par le magistrat invite toutefois à renoncer à un tel modèle, non parce qu'en vérité le juge n'aurait de cesse de négocier les modalités d'application des règles[1], mais

▲ 1. La lecture sociologique généralement établie qui veut que le juge, et par extension tout professionnel du droit, appliquerait moins la règle qu'il ne négocierait les modalités de son application jouant avec elle, tantôt en la respectant à la lettre, tantôt en s'en écartant, constitue une alternative peu satisfaisante ici : elle n'est jamais que le symétrique de la

parce que les faits reprochés supposent eux-mêmes un travail pour être pleinement constitués et ne s'imposent pas à l'avance. Au contraire, pour qu'ils soient établis et que la norme pénale leur soit opposée, il faut en vérité un lent et patient labeur dont le modèle hypothético-déductif mobilisé ne rend pas compte. Ainsi, tout se passe comme si les juges faisaient un travail, mais n'avaient pas la théorie du travail qu'ils font[1]. Plus exactement, ils ont bien une théorie de ce qu'ils accomplissent, mais c'est au prix d'une modélisation qui efface leur propre action. Dans le prolongement des débats qui se sont posés en philosophie du droit et du langage, et à des seules fins de description de notre matériau empirique – la littérature est trop vaste en ce domaine pour en proposer un tour complet à ce stade de notre réflexion – l'on aimerait envisager l'intérêt d'un autre modèle possible. En l'occurrence, celui d'une perspective narrativiste, où le jugement procède d'une histoire que le magistrat doit produire, corriger, affiner pas à pas, et conclure.

Les théories de la cohérence narrative et le droit

Qu'il s'agisse de la philosophie, de l'histoire médiévale ou de la sociologie, les références aux notions de récit à propos de l'étude du droit et du travail des magistrats ne manquent pas. Sans prétendre en proposer ici un tour d'horizon, leurs éclairages respectifs méritent d'être soulignés, considérant qu'ils dessinent deux ensembles bien distincts.

Parmi tout un ensemble de considérations théoriques, un premier élément de discussion concerne la philosophie du droit. Elle découle d'une distinction très souvent admise entre les cas faciles (*easy cases*) et les cas difficiles (*hard cases*). Car si la littérature considère que les premiers précipitent rarement le juge dans l'embarras de sorte qu'il lui suffirait d'appliquer logiquement les règles aux faits dûment établis, elle reconnaît volontiers que les seconds posent autrement plus de difficultés. Peut-être s'agit-il des éléments de l'affaire, tant il est vrai qu'ils paraissent contradictoires et rendent impossible l'établissement des faits ? Peut-être s'agit-il des textes de loi dont l'ambivalence de certains mots rend compliquée la qualification de la situation[2] ? Peu importe. Le fait est que la théorie du syllogisme normatif rencontre des limites et que la proposition suggérée par un certain nombre de théoriciens consiste à mettre au cœur du processus d'élaboration judiciaire le travail interprétatif du juge. On pense à la thèse de Ronald Dworkin, pour qui la production juridique est précisément une affaire de textes et d'interprétation que les magistrats doivent accomplir sans cesse. Ce travail de recréation permanente du droit

doctrine juridique sans restituer la part de labeur que le magistrat doit fournir pour dire le droit. Cf. Weller J.-M., « La disparition des deux bœufs du Père Verdon. Travail administratif et statut de la qualification », *Droit et Société*, 67, 2007.

▲ 1. Sur ce modèle, cf. Lenoble J., Ost, F., *Droit, mythe et raison. Essai sur la dérive mytho-logique de la rationalité juridique*, Bruxelles, Publications des Facultés Universitaires de Saint-Louis, 1980.

▲ 2. C'est par exemple l'exemple cité par Hart de la règle « No Vehicles in the Park » où il n'est pas certain qu'elle s'applique lorsque le véhicule en question est une bicyclette ou un tank. Cf. Hart H.L.A., *The Concept of Law*, Oxford, Clarendon Press, 1961, p. 126.

n'en est pas pour autant hasardeux, et il n'est pas nécessaire de s'en remettre à la seule conviction des juges, au nom d'un pouvoir discrétionnaire qui serait le leur. C'est, au contraire, une activité d'interprétation qui est cadrée, tenue par le respect de la « cohérence narrative » du droit[1]. Ce critère est déterminant. Et la métaphore est connue : la position du juge serait comparable à celle d'un écrivain chargé d'ajouter un chapitre supplémentaire à un roman commencé par d'autres, tout en veillant à ce que l'œuvre en cours demeure la meilleure possible[2]. Un peu comme ce dernier qui doit se soucier des personnages et de l'intrigue, le magistrat doit examiner les faits, collecter l'ensemble des précédents, considérer les règles et, plus centralement encore, les principes de droit qu'elles contiennent et qui les fondent afin de les départager, en cas de concurrence interprétative, de manière à aboutir idéalement à la meilleure histoire juridique possible, celle-là même qui donne au droit son unité et sa valeur, même si c'est toujours une histoire à recommencer. Ce thème de la « cohérence narrative », qui est devenu un élément récurrent dans les théories contemporaines du droit[3], constitue donc bel et bien une réponse possible au problème qu'on soulevait plus haut. Entre les règles et les faits, la théorie dessine une solution de continuité tendant alors vers le modèle imaginaire d'Hercule, ce juge idéal dont Dworkin fait le portrait[4]. Plaçant au cœur de sa réflexion le travail interprétatif du juge, et entièrement consacré au mouvement interne et rétrospectif de mise en cohérence du droit, la proposition de Dworkin a pu être lue, par les recherches francophones, dans une perspective herméneutique, celle-ci étendant au domaine juridique l'analogie préalablement posée par la théorie narrativiste de l'histoire entre récit et historiographie, depuis notamment les travaux de Paul Ricœur[5].

Parallèlement à ces débats, une autre perspective s'est imposée avec un ensemble hétérogène de travaux qu'on pourrait considérer comme non orthodoxes au regard de ceux qu'on vient d'évoquer[6]. La question n'est plus tant de distinguer, parmi le flot des affaires judiciaires, les plus ardues au regard de celles qui relèveraient de la routine, mais de considérer qu'en

▲ 1. L'enjeu est double. Il s'agit d'un côté de critiquer le positivisme juridique qui assimile le droit à un système de règles, fussent-elles d'une « texture ouverte » comme l'y invite à le considérer Hart pour maintenir la validité du syllogisme, mais aussi, d'un autre côté, de réfuter le scepticisme du réalisme juridique selon lequel le même droit serait réductible à de simples pratiques discrétionnaires. Cf. Dworkin R., « Le positivisme », art. cité.

▲ 2. Dworkin R., « La chaine du droit », art. cité.

▲ 3. Outre à Dworkin, on pense notamment à McCormick N., *Legal Reasoning and Legal Theory*, Oxford, Clarendon Press, 1978, p. 106 et s., et à Aarnio A., *The Rational as Reasonable. A Treatise in Legal Justification*, Dordrecht, Reidel, 1987, p. 196 et s., avec lesquels des discussions seront engagées.

▲ 4. Dworkin, « La chaine du droit », p. 66 et s.

▲ 5. Sur cette lecture herméneutique des travaux de Dworkin, cf. Lenoble J., « Philosophie contemporaine du droit et modèle herméneutique », *in* Florival G., dir., *Études d'anthropologie philosophique, Figures de la rationalité*, Paris/Louvain, Vrin/Peete, 1991, p. 285-315, et « La théorie de la cohérence narrative en droit. Le débat Dworkin-McCormick », *Archives de philosophie du droit*, 33, 1988.

▲ 6. Cette distinction entre *orthodoxy* et *heresy* a été proposée, par exemple, par Lucy W., *Understanding and Explaining Adjudication*, Oxford, Oxford University Press, 1999.

vérité, quelle que soit l'affaire, quel que soit le cas, quel que soit le délit, c'est toujours le même raisonnement légal qui est à l'œuvre. Un raisonnement dont le modèle normatif du syllogisme ne rendrait que peu compte, et que ces travaux entendent appréhender en lui opposant une forme alternative : celle du récit. Ils considèrent, par exemple, que ce sont des stratégies narratives que les avocats déploient, pour gagner la conviction des jurés[1]. Et ce qui est vrai des parties le serait tout autant des juges, dont la décision finale peut être lue comme le produit d'histoires concurrentes[2]. Les travaux les plus remarquables sont, dans ce cadre, ceux des historiens médiévistes qui, à propos des *exempla*, ont rappelé l'existence d'une littérature en série destinée à compiler et diffuser des récits au caractère suffisamment édifiant et inspirant, s'imposant comme une ressource essentielle pour la prédication, les sermons ou les traités didactiques[3]. Ces constats ont conduit plusieurs chercheurs à relativiser la place du modèle de l'argumentation légale fondée sur la déduction logique décrite par le syllogisme[4], voire à lui opposer un modèle alternatif comme celui de la « cohérence narrative » que suggère Bernard Jackson[5], dans la perspective d'une approche sémiotique fondée sur les travaux de Greimas appliqués au

▲ 1. Dans cette perspective, cf. Bennet L., Feldman M., *Reconstructuring Reality in the Courtroom*, New Brunswick (NJ), Rutgers University Press, 1981, p. 3-18 ou Pennington N., Hastie, R., « A Cognitive Theory of Juror Decision Making: The Story Model », *Cardozo Law Review*, 13, 1991, p. 519-520, cité par Rideout C., « Storytelling, Narrative Rationality, and Legal Persuasion », *The Journal of the Legal Writing Institute*, 14, 2008, p. 54.

▲ 2. « La loi commence toujours par un récit : c'est depuis une histoire que le client raconte, qu'il se rend pour la première fois chez son avocat, ou qu'il ajoute un élément complémentaire d'information depuis un appel téléphonique habituant le professionnel à un récit devenu familier. Et c'est avec une histoire que se conclut la décision d'un tribunal ou d'un jury, ou un accord entre les parties, statuant sur ce qui s'est passé et ce que cela signifie » (Boyd White J., *Heracles' Bow:Essays on the Rhetoric and the Poetics of the Law*, Madison, University of Wisconsin Press, 1988, p. 168). L'idée d'appréhender les juges comme des écrivains avait déjà été exposée dans un ouvrage plus ancien du même auteur, *The Legal Imagination*, Chicago, University of Chicago Press, 1973.

▲ 3. Au-delà de la définition que J. Le Goff a pu donner de l'*exemplum* (« un récit bref donné comme véridique et destiné à être inséré dans un discours (en général un sermon) pour convaincre un auditoire par une leçon salutaire » (cf. Brémond C., Le Goff J., Schmitt J.-C., « L'exemplum », *Typologie des sources du Moyen Âge occidental*, fasc. 40, Turnhout-Belgium, 1982, p. 37-38, rapporté par Martin H., *Annales de Bretagne et des pays de l'Ouest*, 94(1), 1987, p. 102-103.), on soulignera la dynamique des travaux visant à décrire le genre littéraire obéissant à des schèmes de raisonnement standardisés : les séquences obligées de la narration telles que les circonstances introductrices, la mise à l'épreuve, le mérite ou le démérite, la récompense ou le châtiment. Par ailleurs, les *exempla* ont suscité l'attention des chercheurs qui, dans la lignée de l'histoire des mentalités, y ont vu de précieux documents révélateurs des croyances et des imaginaires propres à cette époque. Cf., par exemple, Berlioz J., Polo de Beaulieu M.-A., « Le groupe de recherches sur les *exempla* médiévaux », *Les Cahiers du Centre de Recherches Historiques*, 11, 1993.

▲ 4. On pense aux travaux de W. Fisher, qui définit la *narrative rationality* comme une forme spécifique de rationalité propre à la logique rhétorique, distincte du modèle formel du syllogisme strictement technique. Cf. Fisher W., « Narration as Human Communication Paradigm: The Case of Public Moral Argument », *Communication Monographs*, 52, 1984 ou aux travaux de R. Burns qui décrit l'argumentation légale comme le résultat de deux perspectives bien distinctes et intimement entrelacées, l'une strictement logique, et de l'autre proprement narrative (Burns R., *Theory of the Trial*, Princeton University Press, 1999).

▲ 5. Jackson B., *Law, Fact and Narrative Coherence*, Liverpool, Deborah Charles Publications, 1988.

droit[1]. Car l'enjeu est bien de comprendre ce qui permet à des arguments de faire sens, et de dégager les critères qui fondent le raisonnement légal d'une décision judiciaire : qu'est-ce qui fait qu'une histoire qu'on raconte s'avère persuasive, et paraît vraie ? La littérature distingue, à cet égard, deux critères : celui de cohérence interne renvoyant à l'absence de contradictions, c'est-à-dire à la consistance des événements ou des faits rapportés, ainsi qu'à la complétude des arguments liés à l'affaire[2] ; et celui de cohérence externe, découlant du bien-fondé des arguments en référence à des scripts préétablis, une réserve d'histoires partagées[3].

L'idée que la forme narrative irrigue le raisonnement légal et la formation des décisions de justice est donc bien établie. Mais le statut et l'objet de ce travail narratif changent selon les perspectives qu'on vient d'esquisser. Avec la première, on pourra considérer que c'est le droit qui est au centre de l'attention, et que c'est à cette condition que les juges sont comparés à des écrivains par Dworkin, tissant d'un texte à l'autre l'interprétation qui en assure la cohérence, et même la beauté, compte tenu des faits à qualifier. Avec la seconde, on pourra davantage estimer que c'est la société qui constitue le point de fuite de l'analyse, le travail interprétatif des juges, comparé lui aussi à celui des écrivains par James B. White, renvoyant aux ressources du langage, à l'art rhétorique, et plus largement à des mondes sociaux, des communautés culturelles desquelles ces compétences socio-linguistiques sont indissociables. Faudra-t-il alors considérer, avec le premier, que la compréhension du *legal reasonning* invite à analyser les pratiques d'un point de vue strictement internaliste, à l'opposé de la seconde qui entend restituer l'épaisseur de la *legal imagination* des magistrats depuis un point de vue externe au droit ? Pourra-t-on considérer que d'autres travaux sociologiques, comme l'ethnométhodologie, permettent d'esquisser un chemin intermédiaire, invitant à mieux considérer la manière dont le rapport entre droit et société se construit lui-même, et notamment comment ces deux entités prennent progressivement sens et gagnent en autonomie ?

Le fait est que cette littérature pose plusieurs difficultés pour l'enquête ethnographique qu'on s'efforce de mener ici, à propos des juges de proximité. La première tient au constat qu'on y trouve peu de descriptions

▲ 1. Sur la terminologie et la conceptualisation sémiotiques, cf. Greimas A. J., Courtès J., *Sémiotique. Dictionnaire raisonné de la théorie du langage*, Paris, Hachette, 1979. Pour leur application au droit, cf., par exemple, Landowski É., « Pour une approche sémiotique et narrative du droit », *Droit prospectif*, 2, 1986, et « Vérité et véridiction en droit », *Droit et société*, 8, 1988.

▲ 2. « La cohérence narrative interne peut être prioritairement considérée dans des termes quasi logiques : les différentes parties d'une histoire sont-elles consistantes l'une par rapport à l'autre, ou révèlent-elles des contradictions ? » *in* Jackson, *Law, Fact and Narrative Coherence*, *op. cit.*, p. 58.

▲ 3. « La cohérence narrative externe implique le rapprochement du contenu du récit produit par un témoin avec les histoires qui composent le réservoir de connaissances sociales du jury. Une histoire apparaîtra plausible dans la mesure où elle manifeste une similitude avec le modèle de récit déjà existant parmi ce stock de connaissances sociales. » (*ibid.*, p. 58-59).

empiriques précises. En fait, au-delà des diverses orientations évoquées[1], ce sont les travaux d'inspiration ethnométhodologique qui offrent le plus d'éléments[2]. La deuxième porte sur les limites d'une considération *a priori* de ce que serait un cas « facile » ou « difficile », sous prétexte que la simple déduction logique pourrait s'appliquer au premier, pas au second[3]. Cette idée, qui fait que l'enquêteur devrait se précipiter plus volontiers aux assises ou dans les cours des juridictions suprêmes pour saisir le raisonnement juridique dans toute son ampleur, que dans les salles des tribunaux de police statuant sur les infractions au code de la route, ne s'impose pas pour autant. Certes, à première vue, ces affaires ne présentent guère d'éléments difficiles à démêler, d'enquêtes longues à poursuivre, mettant en jeu des délits graves susceptibles d'interprétations compliquées : un dépassement de vitesse d'un automobiliste attestée par un radar ou la verbalisation d'un propriétaire récalcitrant à ramasser les crottes de son chien sur le trottoir n'appellent pas *a priori* à tant de complexité ! Et pourtant, c'est en renonçant à de telles considérations que nous nous sommes intéressés au travail des

▲1. Le tour d'horizon qu'on propose n'a pas vocation à être exhaustif, mais seulement en rapport avec notre terrain. On aurait pu, par exemple, évoquer les travaux de Patricia Ewick et Susan Silbey relatifs à l'importance de la mise en récit dans la production du droit, notamment par l'élaboration d'une *legal consciousness*. Mais le déplacement que les deux sociologues proposent, en insistant sur la place des usagers du droit, et pas seulement de ses professionnels, pour comprendre sa production outrepasse l'objet limité de notre attention qui concerne ici les activités des juges. Cf. Ewick P., Silbey S., eds, *The Common Place of Law. Stories from Everydaylife*, Chicago/London, The University of Chicago Press, 1998. Sur ce courant de recherche, cf. Pélisse J., « A-t-on conscience du droit ? Autour des *Legal Consciousness Studies* », *Genèses*, 59(2), 2005.

▲2. Travers M., Manzo J., *Law in Action. Ethnomethodological and Conversation Analytic Approaches to Law*, Dartmouth, Dartmouth Publishing Co, 1997. En français, cf. le dossier introduit par B. Dupret, « Le droit en action et en contexte. Ethnométhodologie et analyse de conversation dans la recherche juridique », *Droit et société*, 48, 2001. Dans cette perspective, cf. notamment les travaux de Dupret B., Ferrié J.-N., « Morale ou nature. Négocier la qualification de faute dans une affaire égyptienne d'homosexualité », *Négociation*, 2, 2004, qui examinent une affaire égyptienne ayant débouché sur la condamnation d'individus au motif de leur homosexualité bien que cette dernière ne fasse l'objet d'aucune sanction pénale prévue *a priori*. Car « la question, soulignent les auteurs, qui se pose en droit n'est pas celle de la liaison d'une qualification et de ses conséquences, mais bien celle de la définition catégorielle préalable, c'est-à-dire de l'assimilation d'une action, d'un comportement, voire d'un état de fait, à une définition juridique dotée de conséquences précises » (p. 51), en l'occurrence celle qui consiste à construire les pratiques homosexuelles comme un acte de débauche, dûment sanctionné par la loi égyptienne. Au modèle du syllogisme, Dupret et Ferrié substituent la perspective narrativiste suggérée par Jackson, pour considérer que la décision judiciaire procède d'une histoire qu'il faut produire, corriger, affiner, reformuler pas à pas, et depuis laquelle découle l'opération de qualification. C'est bien ici la production située d'une histoire cohérente qui permet d'envisager une solution de continuité à ce qui, entre les mots et les choses, entre les textes et les actes, demeure discontinu.

▲3. McCormick considère que, pour les cas simples, la décision judiciaire peut être justifiée par simple déduction. Et bien que Dworkin ne s'accorde pas avec lui sur le raisonnement des juges à propos des affaires les plus difficiles, il partage le même point de vue que lui en ce qui concerne les cas faciles, donnant ainsi l'exemple du dépassement de la vitesse autorisée dans le Connecticut n'appelant pas à d'épineux débats. Cf. respectivement McCormick N., *Legal Reasoning and Legal Theory*, Clarendon Press, 1978 (chapitre 2) et Dworkin R., *Law's Empire*, Hart Publishing, p. 353-354 et p. 449. Mais le travail interprétatif des magistrats n'en demeure-t-il pas moins irréductible au principe d'une application logique de la règle, même à propos des *easy cases* ?

juges de proximité, estimant au contraire qu'il était fait du même bois que celui qui s'accomplit dans les juridictions les plus hautes. Enfin, une dernière réserve qu'on pourra éprouver à la lecture de la littérature sur la cohérence narrative, quelle qu'en soit la perspective, est qu'elle est d'abord et avant tout une description du débat contradictoire, comme si la formation du jugement procédait exclusivement des histoires qui s'y tiennent ou de celles que le juge peut établir depuis les précédents qui se sont posés, comme s'il n'y a avait pas de pièces à lire, pas d'écrits intermédiaires à produire, bref, comme s'il n'y avait pas de dossiers. Ces considérations valent probablement plus pour le système anglo-saxon, dominé par l'examen des précédents, qui fait de la salle d'audience le lien stratégique de la réalisation du droit. Mais que dire de notre propre tradition, d'inspiration romano-germanique, pour qui la norme sert d'ancrage sur la base de documents écrits[1] ? On pourra considérer que le magistrat dématérialise paradoxalement les faits, les lisse, les polit et les unit un à un pour les fondre dans une trame narrative qui réponde aux exigences discursives de n'importe quel récit, avec une origine, une fin et, par-dessus tout, un souci de continuité. Mais cette production d'un cas « qui se tient », c'est-à-dire un scénario plausible et qualifiable juridiquement racontant, dans les formes spécifiques du droit, ce qui est arrivé, suppose que ce même magistrat parvienne à faire que l'histoire en question passe par les fourches caudines des pièces matérielles rassemblées dans le dossier et d'une norme légale imposée en amont de la procédure par les services de police (schéma 2). C'est même là une condition indispensable de la cohérence narrative. Examinons, pour nous en convaincre, une affaire que l'on a pu suivre.

▲ 1. Depuis la fin du XVIe siècle, la maxime selon laquelle « lettres passent témoins » est devenue une prédominante du droit français, reprise par Bentham dans sa doctrine de la preuve constituée. Cette primauté de l'écrit dans la constitution des pièces n'implique pas qu'elle s'impose sur la totalité de la procédure : le principe d'oralité demeure l'une des règles appliquée à l'audience, les débats ne faisant l'objet que d'un simple résumé sous la forme d'une note, comme on l'a déjà évoqué. Cette absence de transcription pourra être mise en lumière par la justification qu'elle trouve dans d'autres juridictions : aux Assises, par exemple, ce principe d'oralité a pour enjeu de permettre au jury, devant lequel doivent être présentés les éléments de preuve et les moyens de défense, de se prononcer en toute connaissance de cause, sans se fonder sur les pièces du dossier d'instruction, auxquelles seul le président de la Cour d'assises a préalablement accès. C'est la possibilité d'une « intime conviction » qui constituerait ici l'enjeu, principe auquel le magistrat invite les jurés à s'en remettre lors de leur délibération, comme il est posé dans le code de procédure par l'instruction affichée en gros caractères dans la chambre des délibérations et lue par le président, avant que la cour ne se retire : « La loi ne demande pas compte aux juges des moyens par lesquels ils se sont convaincus, elle ne leur prescrit pas de règles desquelles ils doivent faire particulièrement dépendre la plénitude et la suffisance d'une preuve ; elle leur prescrit de s'interroger eux-mêmes dans le silence et le recueillement et de chercher, dans la sincérité de leur conscience, quelle impression ont faite, sur leur raison, les preuves rapportées contre l'accusé, et les moyens de sa défense. La loi ne leur fait que cette seule question, qui renferme toute la mesure de leurs devoirs : Avez-vous une intime conviction ? » (cf. CPP, art. 353).

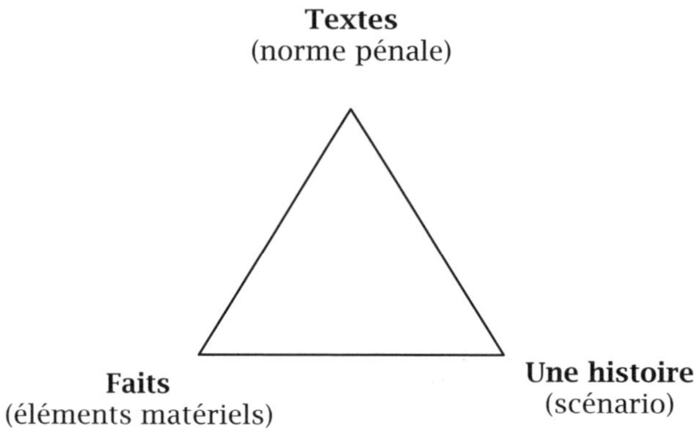

Schéma 2 : Un travail d'évaluation narrative

Les intrigants bruits de Mme Riwanathan

Soit donc une affaire pénale courante traitée par un magistrat que nous avons accompagné[1]. En l'occurrence, il s'agit d'un cas concernant l'émission de bruits émanant du logement d'une certaine Madame Riwanathan, dont se plaignent les autres occupants de l'immeuble et qui, constitués en partie civile, ont engagé un recours à la justice de proximité. Le traitement du dossier, que le juge découvre dans sa pile, commence par une première phase consacrée à un certain nombre de vérifications formelles, visant à éprouver la « solidité » du dossier : la personne a-t-elle été « touchée » ? Un délai suffisant entre la réception de la citation et la date de l'audience a-t-il été respecté ? N'y a-t-il pas prescription ? La juridiction est-elle compétente ? Dans le cadre de cet examen, un dossier peut, en effet, s'avérer incomplet ou inconsistant. De manière systématique, le juge opère donc un contrôle de cohérence formelle entre les différents éléments du dossier : le nom du prévenu est-il toujours le même ? Son adresse figurant sur l'accusé de réception de la citation est-elle celle que mentionne le procès-verbal ? Le libellé de l'infraction est-il inchangé quel que soit le feuillet, celui du parquet ou celui de la police ? La victime, qui s'est constituée partie civile, est-elle avisée du jugement ? À ce stade, le magistrat se fait une première idée du

▲ 1. Comme pour l'ensemble des juges que nous avons suivi au cours de leurs journées de travail (encadré 2), le suivi des affaires repose sur des notes retranscrites lors des observations des scènes de préparation et d'audience pénale. La précision de ces notes a été facilitée par le recours à l'enregistrement des commentaires des magistrats, lorsqu'ils découvrent les dossiers et leur contenu, en phase préparatoire. Les comptes-rendus écrits de ces observations, qui décrivent les affaires et le travail des juges, ont parfois été restitués et commentés par les intéressés, lorsque cela s'est avéré possible. Ce protocole doit être resitué parmi la palette des techniques imaginées par l'enquêteur recourant à l'enregistrement audio ou vidéo pour « observer l'interprétation ». Cf. Borzeix A., « Comment observer l'interprétation ? », *in* Borzeix A., Bouvier A., Pharo P., dir., *Sociologie et connaissance. Nouvelles approches cognitives*, Paris, CNRS Éditions, 1998.

dossier. En l'occurrence, il s'agit d'un tapage diurne - « bruits portant atteinte à la tranquillité du voisinage » - qui ne semble guère poser de problème particulier : une victime qui se porte comme plaignante, une infraction constatée en bonne et due forme, une prévenue qui a été parfaitement touchée. Tous les éléments sont là, à l'intérieur de la chemise cartonnée, et il suffit de les parcourir du regard pour comprendre de quoi il retourne (schéma 3). Telle est, en tout cas, la première version de l'histoire de cette affaire que le juge peut tenir, à l'adresse du sociologue qui l'accompagne. Une version qui paraît possible à ce stade, qui entre en adéquation avec la procédure et qui articule à la fois les traces matérielles d'un acte délictueux et la norme pénale imposée par les textes. Sauf que, comme le révèle le carton rose, la contrevenante n'a pas reconnu les faits.

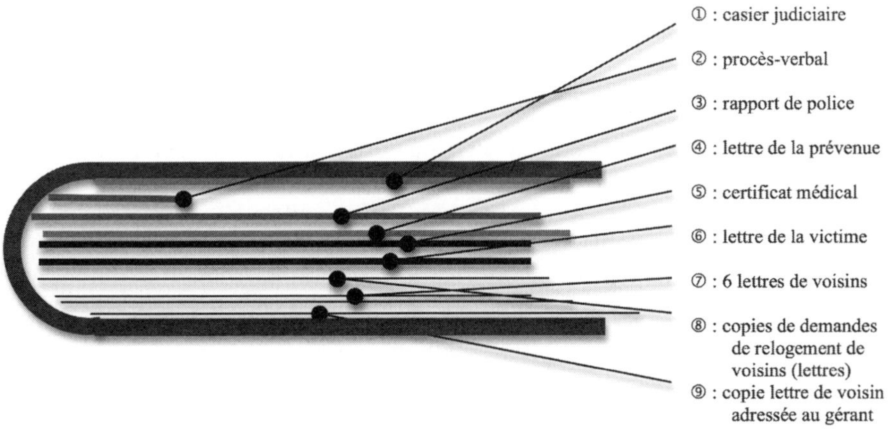

Schéma 3 : Coupe transversale d'un dossier « solide »

En matière pénale, l'intentionnalité constitue un des critères centraux du travail de qualification judiciaire au sens où non seulement il y a des actes matériels délictueux qui ont été constatés par la police, mais ceux-ci ont été accomplis avec un certain état de l'esprit : « Il n'y a point de crime ou délit sans intention de le commettre[1]. » Néanmoins, les délits contraventionnels, longtemps considérés comme des infractions « purement matérielles » sont appréhendés sans avoir à prouver la volonté de nuire : la négligence, l'imprudence ou l'ignorance suffisent à caractériser l'élément moral. Il n'en demeure pas moins que l'évaluation des intentions du prévenu demeure utile pour apprécier, notamment en cas de récidive, la culpabilité de l'intéressé[2]. En l'occurrence, le magistrat émet un premier diagnostic : « C'est

▲ 1. Art. 121-3 al.1 du CP.

▲ 2. Rappelons que, dès lors qu'on s'intéresse au jugement en action, l'appréhension de l'intention du prévenu ne se déduit pas des textes formels, quand bien même ces derniers en dispensent la prise en compte. Sur la considération de l'intention en contexte dans le procès pénal, cf. Dupret B., « L'intention en acte. L'orientation téléologique des parties au

pas bon. » Et ajoute, évoquant la « mauvaise volonté » de l'intéressée : « C'est pas bon parce que quelqu'un qui conteste… je vais voir dans le procès-verbal, mais quand les gens reconnaissent c'est déjà une bonne chose si vous voulez… » C'est seulement à partir de ce moment qu'il entre littéralement dans le fond de l'affaire, répondant à la question qu'il formule lui-même : « Alors qu'est-ce qui se passe ? »

Dès lors, la version de l'histoire que le juge a provisoirement esquissée à grands traits va lui devenir plus difficile à maintenir. D'un côté, le scénario ébauché en ouvrant le dossier est, certes, confirmé, et même renforcé par d'innombrables indices : la prévenue a déjà fait l'objet d'un signalement antérieur, pour les mêmes faits (nuisances sonores), et le constat établi par la police ce jour-là ne laisse aucun doute. Le refus de la contrevenante à reconnaître les faits, lorsque le brigadier a frappé à sa porte, et la mention de sa plainte, dans le rapport de police, à considérer la visite de l'officier comme l'expression d'un acte raciste, renforce même notre magistrat dans sa conviction qu'il s'agit là d'un justiciable de mauvaise foi, usant d'arguments infondés et dont la culpabilité est avérée. D'un autre côté, cette histoire ne tient, à ses propres yeux, que temporairement. Car, lorsque le juge poursuit son enquête, et lit une lettre que la prévenue a adressée, l'affaire prend une tournure plus singulière. Parce qu'elle explique que des bruits, essentiellement causés par ses jeunes enfants, ont bien existé mais ne se produisent plus (ils vont à l'école), parce qu'elle évoque l'ancienneté du bâtiment et la mauvaise insonorisation des appartements, parce qu'elle exprime son souci à ne pas faire de bruits dans la soirée, l'intéressée ne peut plus être réduite à une simple justiciable de mauvaise foi. Dès lors, la première version de l'histoire que le juge a pu ébaucher s'amende quelque peu : se pourrait-il que la victime ait quelques éléments à apporter ? Qu'est-ce que ces bruits de meubles et de chutes d'objet qu'on entend sans cesse ? Le scénario plausible et qualifiable juridiquement établi il y a quelques minutes tient moins bien, sans qu'un récit alternatif ne s'y substitue vraiment. Mais il tient moins bien, et le juge conclut provisoirement : « Là il faut voir… si la dame [la prévenue] vient… [en audience]. »

Toutes les pièces du dossier n'ont toutefois pas encore été examinées. Il demeure une liasse épaisse d'une trentaine de pièces – le troisième feuillet – qui émanent toutes de la victime. Parce qu'elles ont une forme valide du point de vue du droit – attestation du syndic d'immeuble, lettres de pétition distribuées par le gérant, certificat médical – le juge de proximité ne peut que se féliciter de l'affaire : « Un vrai dossier ! » Et plonge à nouveau dans la masse des documents. Une nouvelle information va guider le magistrat dans son interprétation. L'absence de dommages et intérêts demandés par la victime – « notre seule préoccupation, explique cette dernière dans un courrier, est de pouvoir jouir paisiblement de l'appartement que nous occupons avec nos deux enfants » – est lue comme la marque d'une action

procès pénal », in *Le jugement en action. Ethnométhodologie du droit, de la morale et de la justice en Égypte*, Genève, Droz, 2006.

en justice parfaitement désintéressée, et démontre qu'il y a bien, à propos de Mme Riwanathan, un véritable problème. Du reste, la victime a, dans sa démarche, ajouté rien de moins que trente-trois « pièces annexes » confirmant l'existence des nuisances[1]. Et, de fait, l'impression que le juge peut avoir de l'affaire semble s'être à nouveau retournée. D'un constat un peu embarrassé et d'une difficulté à pouvoir lier l'ensemble des éléments du dossier, le magistrat semble désormais être en capacité à pouvoir raconter ce qui s'est passé. Une histoire de récidive, pour une prévenue, déjà signalée, qui continue néanmoins à troubler la tranquillité publique et tout son voisinage, faisant fi de la loi. Une histoire longue de plusieurs années où les occupants d'un immeuble « en ont ras-le-bol », et dont la victime principale présente « un vrai dossier » et « ne demande pas d'argent ». Une histoire qui se conclut par une recommandation orale destinée à servir d'inspiration lors de l'audience pour le juge qui la formule ainsi à haute voix : « Là, il faut l'amende maximale et un sacré savon, parce que c'est des gens qui subissent ça depuis 1999. Avec le signalement antérieur… en plus les gens sont nickel, ils ne demandent pas de dommages et intérêts, ils ne demandent pas d'argent ! Faut vraiment que ça cesse ! » Ainsi, le juge estime pouvoir décider d'une amende de 450 euros, même si le procureur porte ses réquisitions à un niveau inférieur : « Ça n'est pas parce qu'il réclamera 300 euros que je ne vais pas mettre 450. » Il en va de la pédagogie et de l'efficacité de la mesure !

Seulement voilà. Le jour de l'audience, en l'occurrence le lendemain, lorsque la victime et la prévenue se rejoignent à la barre, la seconde version de l'histoire, pourtant si bien ciselée, si nette et si tranchée, se trouble à nouveau. Car Mme Riwanathan n'est pas venue seule, mais assistée d'une voisine. Le juge de proximité rappelle les faits – « *vous êtes là car vous faites trop de bruits* » – et ne manque pas de souligner la gravité de la gène occasionnée par ces nuisances, lettres de plainte à l'appui : « Je me permets de vous dire… c'est grave… il faut que ça change ! Il y a six voisins qui se plaignent depuis longtemps, ils se plaignent de vous… » C'est à ce moment que la jeune femme, habillée d'un sari et répondant timidement au juge, lui donne un papier qu'elle serre dans la main depuis qu'elle est à la barre : une lettre de reconnaissance signée par dix voisins, déclarant qu'il n'y a aucun problème avec la famille Riwanathan. Parmi eux, le témoin accompagnant la prévenue. Ce dernier explique qu'il existe effectivement deux clans dans l'immeuble, dont un visiblement peuplé de gens « qui en veulent à la famille Riwanathan ». Se pourrait-il alors que la plainte du voisinage présente dans le dossier soit infondée ? Un risque d'erreur d'appréciation n'a-t-il pas

▲ 1. Ces pièces comprennent notamment plusieurs lettres de voisins, que le juge estime comme des « témoignages » (n=6), plusieurs demandes de relogement de la victime adressées à son bailleur, plusieurs courriers de la victime adressés au prévenu, plusieurs lettres adressées au syndic et plusieurs lettres du syndic de l'immeuble adressées aux voisins concernant les troubles, un certificat médical d'un service de neuropédiatrie de l'Assistance Publique, une lettre d'un médecin, plusieurs courriers adressés au bailleur, une lettre adressée à l'adjoint au maire, une lettre des services de la mairie, un extrait de main courante (signalement) pour des faits similaires, un avis de conciliation (tentative non aboutie), ainsi que la lettre de la victime qui déclare se constituer partie civile.

brutalement augmenté dès lors que le juge estimait, dans une version antérieure de l'histoire, qu'il y avait là une conduite répréhensible qu'il fallait sanctionner sévèrement par souci de pédagogie ? Et si les nuisances, bien que réelles, n'étaient pas aussi condamnables que ne semble l'affirmer une part du voisinage ? Et si les efforts d'amélioration apportés par la pose d'une moquette et la scolarisation des enfants rappelés par le témoin, et que confirme la victime, étaient l'indice d'une conduite plus responsable que véritablement délictueuse ? Mais comment comprendre alors l'exaspération de ladite victime, locataire du dessous, qui avoue « n'avoir rien personnellement contre ces gens » mais considère qu'il faut « quelque chose de dissuasif », et exprime son inquiétude concernant la santé de sa fille dont le besoin d'un « logement calme » est médicalement attesté ? Voilà l'affaire que doit désormais trancher le juge de proximité ! Et si le ministère public, en harmonie avec l'impression première du juge, confirme que « ces faits de nuisance sont vraiment intolérables », que « la victime aurait dû prévenir la police bien plus tôt » et que « le tribunal doit donner un signal fort », la sentence finale décrira un jugement de Salomon, condamnant la prévenue à une peine de 200 euros, à mi-chemin de ce que le juge lui-même envisageait prononcer au départ.

Le travail de « mise en récit » et ses propriétés

Il importe de bien considérer le travail narratif que le juge doit accomplir ici pour attacher « les faits » reprochés d'un côté et « les textes » de l'autre. Les éléments factuels de l'affaire – du bruit émanant d'un appartement, une contrevenante qui conteste l'infraction, une absence de casier judiciaire mais un signalement antérieur, une victime et sa fille malade, des voisins qui se plaignent, d'autres qui ne se plaignent pas – sont, en soi, des éléments épars qui, une fois qu'ils donnent lieu à des pièces matérielles d'un dossier, supposent un travail spécifique pour qu'ils soient rassemblés, et qu'ils constituent la trame cohérente d'une unité narrative, désignant un récit cohérent du point de vue de sa signification juridique[1]. Ainsi, la « mise en intrigue » que le juge compose, par petites touches progressives, doit-elle aboutir à une histoire normale[2], un récit ordonné, avec ses protagonistes (le prévenu, la victime), une psychologie de comportement (un prévenu considéré au départ d'une « mauvaise volonté », opposé à des « gens nickels », une victime « désintéressée ») permettant d'identifier un lien de causalité entre un mobile (une négligence, un « ras-le-bol ») et des actes (faire du bruit, déposer une plainte), conduisant alors à une condamnation. Une telle élaboration, supposant de pouvoir qualifier juridiquement les

▲1. Dans son exploration de la typification narrative des juges, B. Dupret rappelle la notion greimassienne d'« unité narrative » depuis le travail de B. Jackson cité plus haut. Cf. Dupret B., « La définition juridique des appartenances. La typification narrative de l'action identitaire devant les juridictions suprêmes d'Égypte et d'Israël », *International Journal for the Semiotics of Law*, 10 (30), 1997.

▲2. Sur la typicalité dans le processus de catégorisation à l'œuvre dans le travail des avocats de la défense, cf. Sudnow D., « Normal Crimes: Sociological Features of the Penal Code in a Public Defender Office », *Social Problems*, 12, 1965.

chutes d'objets de Mme Riwanathan et d'évaluer sa responsabilité, est indissociable des inscriptions matérielles, dont la « pièce » est l'objet élémentaire et incontournable, au cœur du processus de véridiction[1].

Cinq constats à propos de cette forme textuelle si particulière nous paraissent, à ce stade de la réflexion, mérités d'être dégagés, pour éclairer la nature de ce travail narratif accompli par les juges.

Premier constat : chaque pièce est dotée d'une force, dont le magistrat doit évaluer la qualité. Il s'agit là d'un processus subtil, résultat d'opérations par lesquelles il repère, à partir d'indices hétérogènes (qualité de l'auteur, nature du support, statut du document selon qu'il émane d'une autorité officielle ou d'un particulier, style et graphie employée, etc.), la valeur mobilisatrice d'un document. C'est vrai de manière très générale, lorsqu'il examine préalablement, à l'audience, de quoi il retourne, consultant le procès-verbal, feuilletant les différents documents, prenant quelques notes, afin d'apprécier la « solidité » du dossier. Mais c'est plus particulièrement vrai en ce qui concerne les preuves du délit versées au dossier par le Parquet, et donc centralement le procès-verbal qui, en matière contraventionnelle, commande à la conviction du juge[2]. Ce document est, en effet, doté d'une force particulière, c'est-à-dire d'une « valeur probante » faisant foi. Encore convient-il de s'assurer qu'il a été dressé dans les formes, en l'occurrence que sa rédaction par le brigadier de police établit bel et bien un lien solide entre, d'un côté, un constat (dépôt d'objets en dehors d'une zone autorisée, mise en vente de denrées dont la limite de consommation est dépassée, etc.), un auteur (contrevenant) et des coordonnées précises (lieu de l'infraction, horaires, etc.) et, de l'autre côté, des textes réglementaires dûment cités, généralement dans le rapport de police joint. C'est donc la qualité de l'attache - celle-là même que matérialise généralement une petite agrafe reliant les deux documents - qu'il s'agit, pour le juge, d'éprouver, la solidité du procès-verbal pouvant être remise en cause dès lors que ce lien entre des faits matériels et les textes légaux

▲ 1. Sur la forme spécifique de véridiction juridique et la place spécifique qu'y occupent les inscriptions, cf. ici l'emblématique enquête de B. Latour au Conseil d'État dans *La fabrique du droit…, op. cit.*

▲ 2. La législation criminelle a oscillé entre le système de preuves légales et le système de la preuve libre. Le premier implique non seulement d'organiser légalement les moyens de rechercher et d'établir la culpabilité, mais aussi de la tenir légalement pour démontrée par la réunion de circonstances dont le concours entraine forcément la conviction du juge, et en l'absence desquelles il doit se déclarer non convaincu. Le second consiste à prouver un fait par tous les moyens propres à en établir l'existence, et à laisser le juge entièrement libre de déclarer sa conviction faite, ou pas. C'est à ce dernier système que le droit pénal, en France, a finalement donné sa préférence, considérant que, « hors les cas où la loi en dispose autrement, les infractions peuvent être établies par tout mode de preuve, et le juge décide en son intime conviction » (art. 427, CPP). Il existe toutefois certains domaines où un système de preuves légales commande à la conviction du magistrat : c'est le cas du domaine contraventionnel, qui suppose que le procès-verbal soit « régulier dans la forme ». C'est alors au prévenu d'établir la fausseté des énonciations qu'il conteste, par écrit ou par témoins. Sur l'histoire et la comparaison des modes d'administration de la preuve pénale, cf. Guidicelli-Delage G., Matsopoulou H., dir., *Les transformations de l'administration de la preuve pénale. Perspectives comparées Allemagne, Belgique, Espagne, États-Unis, France, Italie, Portugal, Royaume-Uni*, synthèse de recherche, Mission Recherche Droit et Justice, GIP Justice, 2003.

mentionnés n'est plus établi[1]. C'est cette qualité particulière de force probante attachée aux PV de contravention qui fait que le doute ne peut, à lui seul, autoriser un juge à prononcer une relaxe – au nom du fameux principe de présomption d'innocence. D'autres pièces sont nécessaires, d'autres écrits ou témoignages venant relativiser le constat établi par l'officier de police. C'est précisément ce qui arrive avec le cas de Mme Riwanathan. Ces éléments complémentaires peuvent prendre des formes diverses : photos, relevés de traces, examen médical, lettres de témoignages, etc. Ils constituent, sans principe de hiérarchie[2], autant de « pièces » que le magistrat a liberté d'apprécier, selon son intime conviction.

Deuxième constat : le juge s'efforce de tisser une cohérence narrative en l'éprouvant de pièces en pièces afin de pouvoir progressivement stabiliser un possible récit. Car ce souci de pouvoir raconter une histoire « qui se tient » ne se cantonne pas aux seuls échanges qui se déroulent dans le prétoire : c'est une préoccupation qui surgit potentiellement tout au long du traitement, dès le moment où, penché au-dessus de sa pile de papiers, le juge arrête sa lecture et se demande – en compagnie du sociologue qui l'observe – « mais qu'est-ce qu'il a fait ce zèbre ? », « alors la petite dame elle a fait quoi ? » – un peu comme une petite musique de fond qui témoigne de ce dialogue imaginaire entre un professionnel et son dossier : « Qu'est-ce qui s'est passé[3] ? » Ainsi, il faut comprendre le travail du magistrat comme un travail où chaque pièce compte, et avec lesquelles il doit composer pour construire un récit. À deux nuances près : certaines pièces ont plus de force que d'autres – c'est le cas du PV et du rapport de police évoqués plus haut – et seules sont considérées celles qui font l'objet d'une discussion dans le cadre du contradictoire, point de passage obligé de tout procès.

Tel est donc l'enjeu : raconter une histoire avec, au final, la seule matière du droit[4], objectif que le juge n'atteint qu'au prix d'un cheminement, réglé à l'avance par la procédure pénale, mais néanmoins imprévisible quant aux multiples récits possibles qu'il va pouvoir imaginer et qu'il lui faut à la fois stabiliser et purifier. Ce processus, qui vise à lier progressivement les éléments matériels de l'affaire avec les textes légaux, et qui suppose de produire un récit dont le fil doit passer par le trou d'aiguille que chacune des pièces du dossier constitue, est toujours menacé de retournements

▲ 1. Cette exigence de solidité des procès-verbaux parcourt les professions en charge de les établir. À propos des inspecteurs du travail, cf. Dodier N., « Les actes de l'inspection du travail en matière de sécurité : la place du droit dans la justification des relevés d'infractions », *Sciences Sociales et Santé*, 6(1), 1988.

▲ 2. Contrairement au civil où il existe une véritable hiérarchie des preuves, l'administration des preuves pénales répond aux seuls principes de l'intime conviction du juge et à la présomption d'innocence, compte tenu des limites évoquées plus haut.

▲ 3. Pour reprendre la formulation de Pollner à propos de la manière dont magistrats, prévenu et agent font usage de la raison ordinaire à propos du traitement des infractions routières. Cf. Pollner M., *Mundane Reason. Reality in Everyday and Sociological Discourse*, Cambridge, Cambridge University Press, 1987.

▲ 4. Sur cette exigence de purification et le travail qu'elle suppose, cf. ici Latour B., *La fabrique du droit, op. cit.*

possibles, comme en témoigne le cas singulier de Mme Riwanathan (encadré 3, schéma 4).

Encadré 3 : Le travail de confection d'un « récit qui se tient »

Le schéma 4 propose une mesure objective du travail narratif que le juge doit accomplir lors du traitement de toute affaire. On y identifie les différentes versions intermédiaires du récit de l'affaire, qu'on suit en fonction du taux d'attachement des différents éléments qui composent le cas, et dont le calcul est exposé dans le tableau ci-dessous (tableau 2). Quant aux éléments et à l'activité juridique du magistrat, ils ont été établis comme suit :

Si l'on prend en compte les différents textes légaux T(i) qui sont en jeu dans le cas Riwanathan, qui servent de référence pour définir la peine, deux articles sont évoqués : l'article R.1334-31 du code de la santé publique stipulant qu'« aucun bruit particulier ne doit, par sa durée, sa répétition ou son intensité, porter atteinte à la tranquillité du voisinage ou à la santé de l'homme, dans un lieu public ou privé, qu'une personne en soit elle-même à l'origine ou que ce soit par l'intermédiaire d'une personne, d'une chose dont elle a la garde ou d'un animal placé sous sa responsabilité » (T1) ; et l'article R. 1337-7 qui précise, quant à lui, que le fait d'être à l'origine d'un tel délit est passible d'une peine d'amende prévue pour les contraventions de la troisième classe (450 €) (T2).

Parmi les différents éléments E(i) du dossier du cas Riwanathan que le juge examine à tour de rôle en les distinguant clairement, depuis le début de l'instruction jusqu'au jugement final, on identifie : le casier judiciaire (E1) ; la citation agrafée au réquisitoire du ministère public (E2) ; le procès-verbal ou carton rose (E3) ; le rapport de police (E4) ; une lettre de la prévenue (E5) ; une lettre de la victime (E6) ; un certificat médical (E7) ; six lettres de voisins soutenant la victime accompagnée de différents imprimés émanant du syndic ou gérant de l'immeuble (E8) et, enfin, une lettre signée de dix autres voisins en faveur de la prévenue (E9). Par ailleurs, il faut ajouter la note d'audience (E10) qui servira à la rédaction du jugement (E11).

Si l'on considère maintenant les différentes séquences S(i) qui jalonnent le traitement de ce dossier au cours desquelles ces différentes pièces font l'objet d'une analyse par le juge, lui assurant d'élaborer une version plausible de l'histoire qu'il se raconte pour les faire tenir, on peut distinguer les différentes étapes par lesquelles le juge parvient, ou échoue, à attacher les différents éléments – des pièces matérielles et des textes – qui composent toute affaire :

Séquence	Heure	Nature des éléments mobilisés	Enjeu de l'examen	Nbre d'éléments attachés	Nbre d'éléments à attacher	Taux d'attachement
S1	00:00:00	E1, E2	identification	2	9	0,22
S2	00:01:26	E3, T1, T2	nature de l'infraction	5	9	0,56
S3	00:01:50	E4	identification de la victime	6	9	0,67
S4	00:02:20	E2	examen de la citation	6	9	0,67
S5	00:02:48	E4	identification de la victime (suite)	6	9	0,67
S6	00:03:38	E3	refus de reconnaissance de l'infraction	4	9	0,44
S7	00:04:44	E4	constat d'un signalement du prévenue	5	9	0,56
S8	00:06:51	E5	contestation de la prévenue	4	9	0,44
S9	00:10:01	E6, E7	lettre de la victime	7	9	0,78
S10	00:14:56	E8, E7	lettres des voisins (pétition), victime	8	9	0,89
S11	00:21:00	E9	lettres d'autres voisins (audience)	6	11	0,55
S12	non noté	E10	débat contradictoire (audience)	10	11	0,91
S13	non noté	E11	jugement	11	11	1,00

Tableau 2 : Travail d'alignement au cours du traitement d'une affaire

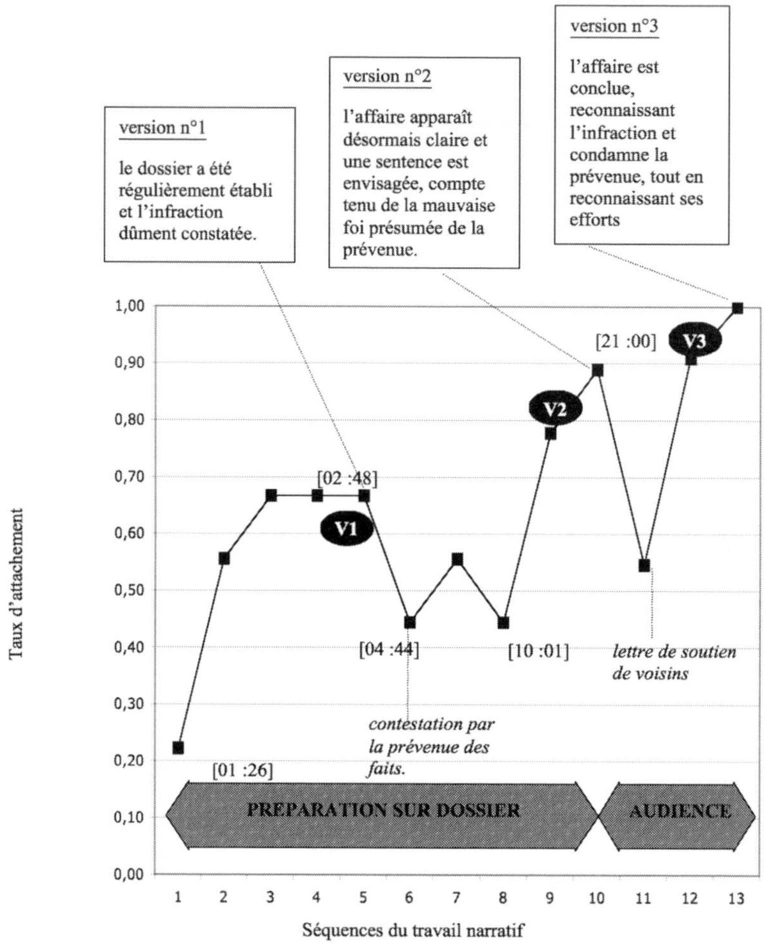

Schéma 4 : Le travail narratif et les versions intermédiaires d'une affaire

Ces altérations de la version originale qu'une simple lecture superficielle des premières pièces du dossier conduit à élaborer sont même déterminantes : elles signalent que les scénarii imaginés pour faire tenir les éléments matériels d'une affaire doivent rester ouverts à tout changement possible et que, dans l'attente du contradictoire, ils ne sauraient durcir exagérément la description de ce qui s'est passé. En effet, dans ces bifurcations s'expriment des problèmes, des interrogations, des doutes qui forment à la fois une bonne part des épreuves du travail du juge de proximité[1] mais aussi un moment où se déploient une inventivité, une intelligence du travail. À l'inverse, le cas des ordonnances pénales, qui occupent également une part de l'activité pénale des juges de proximité,

▲ 1. Nous reviendrons sur leur description et leur analyse.

recouvre une procédure de traitement simplifié sans comparution, où le magistrat statue sur dossier. Il donne à voir des affaires « sans histoires ». Pas seulement parce qu'elles ne mettent en jeu aucun problème de compréhension *a priori* et d'analyse : il s'agit de situations recouvrant des infractions concernant généralement le code de la route pour lesquelles le juge ne dispose que des éléments transmis par le ministère public. Mais surtout parce qu'elles font l'objet d'un travail automatisé par le recours à l'informatique, qui assure un calcul des peines sans que le magistrat n'ait désormais à se demander : « Mais qu'est-ce qui s'est passé ? », à moins d'une contestation de la procédure par le contrevenant.

Un troisième constat tient à la double nature de toute pièce administrative, qui renvoie au caractère profondément hétérogène du travail narratif. Lorsque Jackson parle de « typification narrative » à propos du travail juridique, c'est pour désigner l'opération d'évaluation à laquelle procède le juge en rapportant une situation factuelle à une image collective, un stéréotype culturellement partagé (du type, « agir comme un voleur ») de sorte que le jugement pourra être imaginé, en comparant le niveau de manifestation avec le stéréotype[1]. La « mise en récit » des situations, fût-elle aussi simple qu'une affaire de nuisance sonore avérée et établie, met en jeu des connaissances d'arrière-plan, des savoirs tacites, un arrière-fond de compréhension qui permet au magistrat de rendre présente à l'esprit une situation que, par définition, il ne connaît pas mais qu'il peut, par analogie, se représenter[2]. Ainsi, les différentes versions du récit de l'affaire Riwanathan font appel à une certaine théorie de la signification et à des modes conventionnels d'attribution du sens qui permettent au juge de lire l'argument de la prévenue d'un racisme policier comme oiseux, ou la pose d'une moquette comme l'indice d'un effort d'attention vis-à-vis du voisinage qu'aucune règle de droit ne prie pourtant de considérer. Plus largement, les manières de parler et de se présenter constituent des éléments qui, bien qu'ils n'aient rien de spécifiquement juridique et qu'ils ne renvoient à aucun élément matériel du dossier, n'en demeurent pas moins des indices, des balises, des marques susceptibles de guider le travail interprétatif du juge. Elles composent même, à n'en pas douter, tout un savoir propre sur le monde, conduisant le magistrat à attribuer des vices et des vertus aux justiciables, selon leur comportement ou leurs façons de s'exprimer. À cet égard, lorsque le magistrat découvre les pièces d'un dossier, ce sont les fragments épars d'un réel qui sont donnés à voir, et à partir desquels il imagine « quelque chose ». Et si les éléments transmis par le Parquet lui fournissent un lien possible avec la norme pénale, il lui reste à évaluer les autres documents - lettres intrigantes de témoignages, photographies

▲ 1. Dupret B., « La définition juridique des appartenances... », art. cité, p. 272.

▲ 2. Ce type de connaissance fait l'objet d'une abondante littérature sociologique. Dans la perspective pragmatique où nous nous situons, la notion de « culture commune » (*common culture*) proposée par Garfinkel, elle-même dérivée de ce que Schütz a appelé le « stock de connaissances », désigne ce savoir, en tant qu'il est partagé par les autres membres et permet à chacun d'agir en société, présupposant qu'il est connu de tous. Cf. Garfinkel H., « Qu'est-ce que l'ethnométhodologie ? », *Arguments ethnométhodologiques*, 3, 1986, p. 54-55.

d'immeubles incroyablement insalubres, cartes routières de territoires inconnus, documents techniques illisibles, certificats médicaux relatifs à des pathologies compliquées, etc. – qui ne manquent pas d'éveiller des curiosités, des doutes, des incompréhensions, des images ou des croyances d'autant plus stéréotypées que le juge en ignore tout, parfois culturellement éloigné des mondes qui s'offrent à lui dans les dossiers. Et pourtant. Ce sont ces mêmes pièces qui l'obligent à progresser dans ses hypothèses, à établir de nouveaux liens avec la norme pénale, à éprouver la solidité du récit pour qu'au final il n'y ait plus que le droit, et rien que le droit. Car ces connaissances déjà là, et qui constituent une « culture commune », ne sont mobilisables vraiment que si elles s'éprouvent aux formes spécifiques du droit. L'invitation de Mme Riwanathan à lire l'intervention des brigadiers comme un acte raciste ne s'effondre, d'un point de vue argumentatif, que parce que l'infraction dont elle est l'auteur est suffisamment établie et attestée. La pose de la moquette de la même Mme Riwanathan n'est saisie comme l'indice d'un acte responsable autant qu'il est également reconnu et admis comme tel par la victime, que le juge de proximité ne manque donc pas d'interroger en audience sur ce point, pour savoir s'il peut effectivement moduler le récit qu'il est en train de composer. Le travail narratif est donc hétérogène au départ. Guidé par les pièces matérielles d'un dossier et les textes d'un code pénal, il ne s'y réduit jamais complètement et suppose d'y associer des stéréotypes, des représentations, des croyances, des images toutes faites pour qu'une histoire puisse s'écrire vraiment. Mais, à l'arrivée, il doit se conformer aux exigences de pureté que le droit impose : la règle d'un côté, des faits de l'autre[1]. En d'autres termes, il doit être raffiné, retraité, s'homogénéiser par petites touches progressives, exactement comme un chimiste filtre la matière trouble de son précipité pour en faire, à travers un long réseau de tubulures et d'alambics, une solution homogène, nette et

▲ 1. Le texte conclusif du jugement s'avère, en général, relativement succinct : il rappelle la tenue de l'audience (date, identité respective du juge, du greffier et du substitut), les parties présentes (le ministère public et le prévenu, dont l'identité est déclinée) en préambule, énonce les motifs relatifs aux droits (« attendu que Madame R. est poursuivie pour avoir à [date, adresse] commis l'infraction de : ÉMISSION DE BRUIT PORTANT ATTEINTE À LA TRANQUILLITÉ DU VOISINAGE OU À LA SANTÉ DE L'HOMME, Faits prévus et réprimés par ART. R. 1334-31, ART. L 1311-1 C.SANTÉ PUB, R. 1337-7 ») et aux faits (« attendu qu'il est suffisamment établi que Madame R. a bien commis les faits qui lui sont reprochés, etc. »), puis la sanction qui en découle (« La juridiction de proximité qui statue en audience publique, en premier ressort et par défaut [...] DÉCLARE Madame R. coupable des faits qui lui sont reprochés ; CONDAMNE l'intéressée à une amende contraventionnelle de etc. » »). Dans le cas présent, la victime constituée partie civile, l'existence d'un signalement antérieur et la reconnaissance d'efforts réels mais insuffisants sont également évoqués dans les attendus. Rappelons ici que les affaires pénales que traitent les juges de proximité concernent un contentieux de masse, pour lequel les pouvoirs du juge sont réputés limités, et dont la décision suppose d'être motivée, mais dans des termes relativement succincts au regard d'autres contentieux pénaux comme, par exemple, les affaires criminelles. L'activité rédactionnelle du juge de proximité diffère également du civil où chaque affaire apparaît plus singulière et où les jugements sont rendus après délibéré et motivés de manière plus détaillée. C'est, du reste, à leur endroit que les critiques ont été les plus vives, conduisant à retirer cette compétence à la juridiction en 2015, avant que cette dernière ne soit plus récemment supprimée.

parfaite[1]. C'est seulement à cette condition que le juge pourra faire tenir ensemble, dans un même texte final, les faits matériels et la norme pénale. Ce processus d'élaboration apparaît, à bien des égards, paradoxal : le lien entre les textes juridiques et les pièces suppose un travail de mise en récit qui, au fur et à mesure qu'il s'affûte, s'efface au bénéfice du modèle d'une application logique et mécanique de la règle, tel qu'il apparaît dans le jugement rédigé, avec ses attendus d'un côté et leur conséquence de l'autre (voir schéma 5).

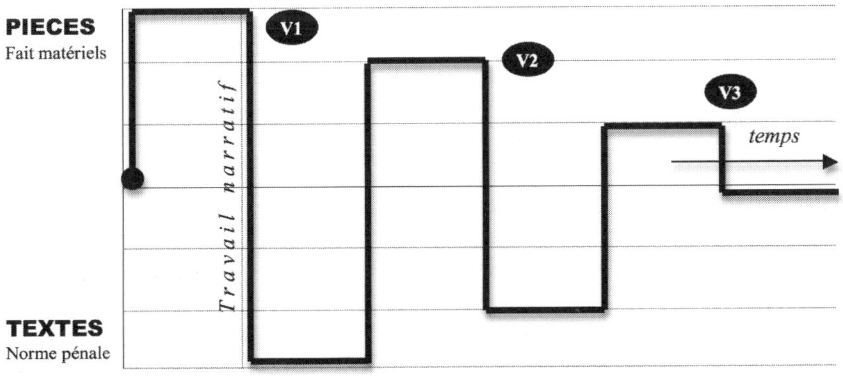

Schéma 5 : Le travail narratif, ses étapes de progression et d'effacement au fur et à mesure des étapes du traitement d'une affaire (ici, les trois versions du cas Riwanathan).

Un quatrième constat concerne l'attache proprement dite aux textes légaux, étant entendu que le juge de proximité, à l'instar de n'importe quel magistrat, a pour obligation de restituer aux faits leur exacte qualification juridique. Là encore, les pièces apparaissent incontournables. Elles le sont d'autant plus qu'en matière contraventionnelle, la législation organise un système probatoire spécifique où la faute est présumée, dès lors que l'agissement matériel est établi. C'est donc la qualité de ce lien, décrit par le procès-verbal, que le juge considère d'emblée, lorsqu'il découvre l'affaire pour la première fois : la norme pénale est-elle explicitement libellée ? Les faits reprochés sont-ils contestés ? Existe-t-il, dans le dossier, d'autres éléments susceptibles de contredire les documents rédigés par le fonctionnaire de police qui, jusqu'à preuve du contraire, font foi ? Plusieurs affaires suivies dans le cadre de cette enquête rappellent que, du fait de qualifications voisines ou concurrentes, l'infraction s'avère parfois plus délicate à énoncer qu'il n'y paraît et que les textes légaux mobilisés par les policiers obligent parfois le magistrat à contester le lien ainsi établi[2]. Mais

▲ 1. Sur la fabrication comparée des faits entre la science et le droit, cf. le chapitre 5 que B. Latour consacre à cette question dans *La fabrique du droit*, *op. cit.*, p. 207-259.

▲ 2. C'est le cas, par exemple, lorsque l'invective d'un justiciable lancée à un officier à l'occasion d'une palpation a été verbalisée pour cause d'injure, alors qu'elle a été proférée dans l'enceinte d'un commissariat, ce qui lui retire son caractère public et qu'il aurait fallu, en

c'est le rassemblement des pièces dans un dossier, par les incongruités ou les contradictions qu'il peut faire surgir, qui est la source de ce questionnement. Dans la mesure où un procès-verbal contesté par rien d'autre l'emporte sur l'intime conviction du juge en matière contraventionnelle, seuls des écrits ou des témoignages peuvent conduire le magistrat à défaire l'attache aux textes légaux que le ministère public avait cru devoir établir[1]. Sans ces éléments matériels, la qualification pénale ne trouve guère matière à être rediscutée. Et l'affaire qui nous a occupés illustre parfaitement ce constat. Les pièces rassemblées paraissent, à première vue, suffisamment cohérentes pour ne guère provoquer de doute sur le bien-fondé de la qualification policière : Mme Riwanathan fait du bruit. Et ce bruit constitue une nuisance définie par la réglementation. S'il arrive que la qualification imaginée par les acteurs de la chaîne pénale en amont de la juridiction soit remise en cause, c'est uniquement lorsque les contradictions matérielles apparaissent criantes. Car, dans ce cas, l'attache qui lie les pièces aux textes est rendue proprement impossible, de sorte que la qualification pénale envisagée « tombe », pour reprendre l'expression rencontrée, et aboutit le plus souvent à la décision d'une relaxe. C'est ce qui serait arrivé si, en refusant de signer le fameux carton rose, la personne incriminée avait voulu indiquer qu'elle ne reconnaissait pas les faits tandis que d'autres traces, attestées par un document officiel, auraient montré que Mme Riwanathan se trouvait ailleurs qu'à son domicile au moment où les policiers se sont rendus chez elle. Certes, il y aurait bien eu du bruit ce jour-là émanant de l'appartement. Certes, des voisins s'en seraient plaints et l'un d'entre eux aurait dépêché la visite des forces de l'ordre. Mais la personne qui aurait ouvert aux policiers n'aurait pas été la prévenue, de sorte qu'en verbalisant la locataire pour tapage diurne, le brigadier qui rédigea son rapport se serait tout simplement trompé de personne. L'imputabilité des faits aurait été remise en cause, obligeant à dénoncer la conformité de l'infraction et conduisant alors le magistrat à prononcer une relaxe[2].

Enfin, cinquième et dernier constat : si les pièces sont les éléments nécessaires du jugement, elles n'en épuisent pas le sens. Car l'histoire étant stabilisée et le lien entre les faits et la norme dûment établi, il demeure que cette opération de mise en récit doit être explicitée. En effet, la reconstruction du réel à laquelle procède le droit ne prend jamais son sens que lorsque le prévenu reconnaît lui-même les faits et manifeste son accord vis-à-vis de la problématisation que le juge formule en audience pour

l'occurrence, la qualifier d'outrage (cf. CP, art. 433-5 et suivants).

▲ 1. C'est le sens de l'art. 537 du CP.

▲ 2. Notons que, parmi les cas observés, la requalification pénale opérée par le magistrat ne concerne exclusivement que des affaires pour lesquelles la décision finale a conduit à prononcer une relaxe. À ma connaissance, compte tenu de l'obligation qu'il a de restituer aux faits leur exacte qualification, le magistrat peut formellement substituer des faits distincts à ceux de la prévention, y compris quand ces faits nouveaux présentent une gravité accrue dans l'échelle des peines, mais cela supposerait que le prévenu accepte d'être jugé sur ces faits nouveaux (ce qui est improbable), au risque pour le juge de voir le jugement cassé. En matière contraventionnelle, il est évident que de telles requalifications s'avèrent exceptionnelles. Elles n'ont jamais été observées durant l'enquête.

trancher l'affaire. Ainsi, pour ce dernier, le droit oblige notre Mme Riwanathan à considérer que ses chutes d'objets et ses intrigants déplacements de meubles constituent une véritable infraction. Et devrait l'inviter désormais à ne plus confondre ce que sa victime distingue parfaitement, et avec elle la société tout entière dont le procureur est le gardien : un bruit ordinaire et privé d'un côté ; un tapage de l'autre. C'est là un enjeu important, qui renvoie à ce que le juge de proximité appelle lui-même un « travail pédagogique ». Pour véritablement remplir sa mission, le juge doit raconter une histoire à la fois pertinente et légitime, qui reçoive l'assentiment du prévenu. Le caractère public de la sentence, imposé par la procédure pénale, oblige le juge à prononcer son jugement en présence du prévenu et de la victime, et non en délibéré comme cela se fait au civil : parce qu'il implique le vivre en société du justiciable, le verdict final suppose d'être entendu publiquement. Il n'en va pas seulement de la simple livraison d'une peine à propos d'une affaire donnée, mais bien de produire le fondement même de la justice.

*

En insistant sur le travail juridique des juges de proximité comme un travail narratif, nous n'avons pas seulement voulu souligner la centralité de l'activité de qualification ou le lent processus d'écriture au cours duquel des faits parviennent à exister juridiquement. Nous avons également cherché à montrer comment, même à propos d'affaires à première vue banales, le travail à accomplir posait toute une série de questions liées à l'effort plus ou moins ardu des juges à raconter ce qui s'est passé. Cette peine est fort heureuse, car c'est parce qu'il y a de l'incertitude, de l'hésitation, de l'interrogation sur l'histoire à écrire qu'il y a de l'inventivité, de la créativité. En bref, du travail. Ce dernier est loin de se réduire à un problème d'argumentation, de débat contradictoire, d'échanges dans un prétoire qui constitue la scène emblématique du tribunal. Il est aussi affaire de techniques d'écriture, d'inscriptions, de traductions, bref, de tout un équipement qui concourt à transformer des faits en textes littéraires. Le dossier occupe, dans ce cadre, une place originale. D'abord, parce qu'il est une ressource essentielle pour permettre la possibilité de « penser par cas » : désigner l'affaire qu'il constitue en même temps qu'il la représente, associant contenant et contenu de la chose saisie dans un procès, il s'impose comme ce qui permet de passer des choses au droit, au cœur de ce processus que Yan Thomas a particulièrement analysé pour le monde romain[1]. Ensuite, parce que le dossier offre au regard une vision inédite,

▲ 1. Y. Thomas rappelle que, dans le monde juridique de la cité romaine, la notion de chose (*res*) a constitué un élément fondateur. Son statut de *res* lui confère une disponibilité propre au commerce et à l'échange, les choses étant alors considérées comme des biens. Dans un litige, ce statut n'est toutefois pas acquis. Et c'est même l'origine du droit que d'en questionner la nature : la qualification s'avère l'opération la plus déterminante, le procès (*lis*) mettant en jeu des désignations juridiques concurrentes. Tout l'enjeu consiste à savoir si les choses concernées peuvent être évaluées comme des biens, ou si elles échappent à ce

rassemblant des pièces hétérogènes dont le seul fait d'être tenues ensemble conduit le juge à s'interroger sur les bizarreries possibles qui en résulte et à devoir en résoudre les contradictions en s'acheminant vers un jugement, texte conclusif s'il en est[1]. Un tel travail est loin de se cantonner aux affaires les plus délicates – quand bien même on voudrait penser qu'une juridiction aussi commune que celle de proximité ne doit pas en traiter beaucoup. On aurait tort, car cette hésitation, qui porte précisément sur la cohérence narrative du cas à traiter, s'observe pour la plupart des affaires, décrivant un élément central propre au métier de ces juges, renvoyant plus largement à un genre professionnel propre à toute la magistrature[2]. Néanmoins, il serait faux de conclure, à l'instar de certaines théories de la cohérence narrative, que la justice repose de part en part sur des stratégies de mise en récit courant tout au long des affaires. Car s'il est vrai que tout dossier commence très probablement avec une histoire – les interrogations qu'expriment les juges en *voix off* dès l'ouverture de la chemise en témoignent – il serait erroné de prétendre qu'ils en affinent les moindres détails jusqu'au moment où ils la referment. Tout au contraire, le jugement qui met le point final au traitement du délit – ce document que les juges s'appliquent à vérifier et signer après s'être rendus au Greffe pour y retirer les deux piles de leurs dossiers – repose, dans sa rédaction, sur le modèle du syllogisme.

Ces constats obligent toutefois à une remarque. Jusqu'à présent, le travail observé est le fait d'un seul acteur – un magistrat – qui maîtrise une très grande part du processus du traitement des affaires. Or, dans la plupart des administrations, le mode d'élaboration de la décision réglementaire met en jeu une diversité de services, de professionnels, de sorte que le travail narratif qui nous a intéressés ici prend potentiellement des formes différentes. Aussi convient-il de pousser la porte d'autres services publics...

régime de disponibilité, car affectées aux dieux (droit sacré) ou à la cité (droit public). C'est au cours de ce processus que la *res* devient la *causa*, le litige factuel étant examiné sous l'angle d'une question concernant son statut et le cas lui-même. De cet ensemble, que Thomas considère comme fondamental, est née la notion de « cause » telle que nous l'entendons aujourd'hui : à la fois affaire débattue et chose revendiquée. Désignant à la fois l'objet qu'il s'agit de qualifier et ce qui motive l'action en justice : « La cause est cette "chose" transformée dans le lieu de la controverse ». Cf. Thomas Y., « Le droit entre les mots et les choses. Rhétorique et jurisprudence à Rome », *Archives de philosophie du droit*, 23, 1979, p. 102. On pourra considérer qu'une telle lecture, associant contenant et contenu de la chose saisie dans un procès, suppose une infrastructure singulière : le dossier constitue une réponse technique pour équiper les intéressés afin de pouvoir saisir la chose litigieuse, la comprendre et la transformer tout à la fois en « cas » (*causa*).

▲ 1. Sur ces opérations d'amplification narrative et de réduction conditionnelle, cf. notre article « Les appuis matériels du raisonnement juridique », art. cité.

▲ 2. Sur l'importance du devoir d'hésitation des juges, cf. B. Latour, à propos du travail des magistrats du Conseil d'État en prise avec des affaires : « Impossible [...] de définir l'expression "dire le droit" si l'on élimine les hésitations, le parcours sinueux, les méandres de la réflexion : ce n'est pas pour rien que l'on représente la justice aveugle et la balance à la main : c'est qu'elle hésite en effet et qu'elle procède à tâtons » (Latour B., *La fabrique du droit*, *op. cit.*, p. 161). À propos de ce même devoir chez les juges de proximité, cf. notre article « Comment décrire ce qu'on ne voit pas ? Le devoir d'hésitation des juges de proximité au travail », *Sociologie du travail*, 53(3), 2011.

Chapitre 2

Attribuer de l'argent public avec des papiers

À celui ou celle qui s'interrogerait sur le sens des déambulations des fonctionnaires dans les couloirs, dossiers sous le bras et crayon à la bouche, ou qui se demanderait en quoi peuvent bien consister les étranges raisonnements qui sourdent dans leur tête immobile, penchée au-dessus de leurs papiers ou le regard perdu face à l'écran d'ordinateur, il conviendra de répondre que nous n'en savons rien. En tout cas, nous n'en savons rien *a priori*, et c'est bien là le point de départ de ce chapitre qui se propose d'explorer la manière dont les bureaucrates pensent et agissent, quand bien même la prescription qui s'impose à eux paraît claire et sans ambiguïté. Nous nous intéresserons pour cela à ce qui a déjà focalisé notre attention : leurs dossiers. Et nous nous efforcerons de suivre les péripéties de ces êtres de papier en explorant un nouveau cas : celui des services déconcentrés du ministère de l'Agriculture, en charge d'attribuer les droits à primes prévues par la Politique Agricole Commune (PAC) et versées aux agriculteurs[1]. Une telle enquête peut s'avérer éclairante à plusieurs titres : d'abord, elle concerne une situation différente de celle que nous avons vue jusqu'à présent, quoique relativement courante en matière d'action de l'État : l'attribution d'argent public en référence à des droits. Par ailleurs, la décision administrative dont nous nous proposons de comprendre les rouages paraît résulter d'une processus d'élaboration collective à la forme plus compliquée : les affaires sont traitées par plusieurs mains, dans

▲ 1. Cette recherche, menée dans un premier temps en collaboration avec A. Jeantet, a fait l'objet d'un rapport : *Le travail administratif des agents des services d'économie agricole*, ministère de l'Agriculture/ministère de la Recherche, LATTS, 2005. Une partie du matériau empirique débattu dans ce chapitre a déjà été exposé dans « Comment ranger son bureau ? Le fonctionnaire, l'agriculteur et le droit », *Réseaux*, 171, 2012. L'analyse qui en résulte demeure toutefois originale.

plusieurs bureaux, et posent nécessairement des questions inédites de suivi et de coordination que la seule intervention d'un magistrat maîtrisant l'essentiel du processus ne posait pas. Enfin, les demandes de subventions adressées à l'administration imposent le respect d'un calendrier très strict, d'autant plus prégnant qu'il en dépend une grande part du revenu des exploitants. Au-delà de ces contraintes d'un traitement de masse et de délais à tenir, les questions soulevées par le précédent chapitre demeurent. Comment les agents de bureau parviennent-ils à comprendre les demandes qui se présentent à eux, au travers des formulaires et autres documents qui s'affichent sur leur écran ? De quelles pièces ont-ils besoin pour obtenir une représentation adéquate de l'exploitation agricole, leur assurant de pouvoir qualifier juridiquement le cas ? Comment mobilisent-ils les textes réglementaires qui leur servent de référence ? Quels écrits doivent-ils eux-mêmes produire ? Quelle histoire sont-ils en mesure de soutenir (pour reprendre un résultat du chapitre précédent), pour lier ensemble les faits matériels dûment constitués et les normes légales, légitimant la décision d'attribution ou de suspension des aides ?

Pour répondre, nous nous proposons donc de suivre les dossiers, ces milliers de dossiers que les agents doivent traiter chaque année pour déterminer le montant des aides et vérifier leur légalité. Car l'enjeu est là : décrire le travail administratif accompli par les agents afin de traduire les « demandes » de subventions que leur adressent les exploitants à l'occasion de « campagnes » organisées chaque année par l'administration, en virements bancaires (encadré 1).

Encadré 1 : La Politique Agricole Commune et le versement des aides directes

Les aides que reçoivent les agriculteurs ont été introduites lors de la réforme de la PAC en 1992. Ces paiements, appelés encore « aides directes », compensent formellement la perte de revenus provoquée par le rapprochement des prix agricoles de ceux du marché mondial, compte tenu de l'abandon de l'ancienne politique communautaire en vigueur jusqu'à cette date qui, au nom de la garantie de prix élevés offerts aux agriculteurs, consistait à intervenir sur le prix des marchés par l'instauration de stocks publics de denrées. Ces aides directes (1er pilier) représentaient la part la plus importante du budget de la PAC (75 %), loin devant les mesures agro-environnementales et de développement rural (2e pilier)[1]. Elles jouaient un rôle déterminant dans la formation des ressources d'une majorité des agriculteurs, même si c'est au prix de fortes disparités puisque ce sont d'abord les céréaliers et les éleveurs bovins qui en sont les bénéficiaires[2]. La survenue de crises sanitaires, les tensions que soulève régulièrement le budget agricole dans le cadre d'une Union Européenne élargie ou la progressive mise sur l'agenda politique des questions relatives à l'environnement contribuent à réinterroger la place, le sens et

▲1. Avec 55 milliards d'euros, la PAC représentait alors 43 % du budget communautaire (il est en 2019 de 50 milliards). La France était alors le premier bénéficiaire de cette politique avec un taux de retour de 21 % en 2004, loin devant l'Espagne (14,1 %), l'Allemagne (13,5 %), l'Italie et le Royaume-Uni. Si la question du financement reste une pomme de discorde entre les membres de l'UE, la PAC dispose d'un budget garanti jusqu'en 2020.

▲2. En moyenne, le montant des subventions représentait au total 27 440 euros en moyenne par exploitation agricole, soit 98 % du revenu courant avant imposition. Cf. Boissieu C. de, dir., *Perspectives pour l'agriculture française et la PAC*, Conseil de Prospective Européenne et Internationale pour l'Agriculture et l'Alimentation, Paris, La documentation française, 2008, p. 20-21.

l'efficacité de l'actuelle PAC. Depuis 1992, plusieurs réformes ont été introduites dans ce but - en 1998, en 2003, en 2008 et en 2013. Au moment de l'enquête, en 2004, la mise en place des accords dits de Luxembourg (2003) était en cours, comme la conditionnalité : le versement des aides est soumis au respect d'exigences nouvelles telles que le bien-être animal ou les « bonnes pratiques agricoles et environnementales ».

Une des énigmes que nous chercherons à résoudre est de savoir si l'importance du travail narratif - qui constitue un élément central d'éclairage de l'activité des magistrats - continue à demeurer pertinente ici. Autant donner dès à présent la réponse : il ne l'est pas, ou en tout cas pas dans les mêmes proportions. Mais, justement, il importe alors de restituer la nature des questions que se posent concrètement les professionnels, en situation, et d'apprécier précisément ces activités au moyen desquels le travail s'accomplit. Afin d'en décrire les multiples facettes, nous examinerons, dans un premier temps, le cas d'une prime emblématique de la Politique Agricole Commune. Puis, nous proposerons un inventaire plus systématique des épreuves que ce travail rencontre, de manière à mieux rendre compte de la place et du rôle des écrits intermédiaires dans la production de la décision réglementaire. Ces différents éléments s'appuient sur nos observations d'enquête menées dans ce cadre (encadré 2).

Encadré 2 : Protocole d'enquête

L'enquête a eu pour objet de décrire le travail administratif accompli par les agents des services d'économie agricole (SEA) dans le cadre d'une convention avec le ministère de la Recherche et le ministère de l'Agriculture. Afin de pouvoir s'intéresser à la diversité des situations que les agents rencontrent, les observations ont été réparties à différents moments de l'année et ont concerné deux services déconcentrés : la DDAF (Direction Départementale de l'Agriculture et des Forêts) des Plaines, située dans une région de grandes cultures céréalières bien qu'une activité d'élevage y demeure ; et la DDAF des Montagnes, dominée par l'élevage bovin[1]. La description du travail administratif a reposé sur 30 journées d'observation au total, réparties tout au long de l'année 2004. Toutes les observations ayant été retranscrites sur ordinateur sous la forme de comptes-rendus, une série de « cas » a pu être ainsi constituée (n = 500). Chaque cas désigne un agriculteur dont la demande d'aides auprès du SEA fait l'objet d'un traitement formel, quelles qu'en soient l'ampleur, la durée ou la difficulté. Il peut recouvrir une demande courante, simple cas parmi le flot habituel de ce qui est à traiter. Il peut concerner une demande en amont du dépôt officiel du dossier, lorsque l'agriculteur se rend à la DDAF pour se renseigner. Il peut s'agir, au contraire, d'une attribution de pénalités à un exploitant faisant l'objet d'un contrôle *a posteriori*, en aval de la décision (tableau 1).

	DDAF des Plaines	DDAF des Montagnes	Total des cas
Accueil	28	166	194
Instruction	144	71	215
Contrôles	04	05	09
Autres	38	44	82
Total des cas	214	286	500

Tableau 1 : Répartition des cas en fonction des phases du traitement

Cette collecte de cas concerne, par ailleurs, les différents types d'aides existantes en matière agricole (aides directes consacrées à l'exploitation des surfaces, aides directes

▲ 1. Ces services ont, depuis 2010, fusionné avec ceux de l'Équipement et forment désormais la Direction Départementale des Territoires.

consacrées à l'élevage dites « aides animales », aides agro-environnementales, etc.) (Tableau 2).

	DDAF des Plaines	DDAF des Montagnes	Total des cas
Aides surface (1er pilier)	106	74	180
Aides animales (1er pilier)	86	90	176
Aides agro-environnementales (2ème pilier)	02	51	53
Autres dispositions réglementaires (transferts de droits, quotas, autorisations)	20	70	90
Total des cas	214	286	500

Tableau 2 : Répartition des cas et réglementation

La production de ce corpus, qui a supposé l'observation de multiples scènes de travail (guichets, postes de saisie, instruction, réception téléphonique, réunions de service, tournées de contrôle, etc., soit au total 50 scènes observées) a été, par ailleurs, complétée par une série d'entretiens auprès des agents concernés (n = 39).

L'attribution de l'argent public aux agriculteurs

Les aides PAC sont versées aux agriculteurs au terme d'une procédure qui pourra paraître compliquée au regard du profane, car elle implique une diversité d'organismes et d'instances, parfois publics, parfois privés, relevant tantôt de l'« administratif » c'est-à-dire de la sphère de l'État, tantôt du « professionnel », c'est-à-dire des exploitants concernés par la gestion des filières. Ces dénominations, qui concernent également les notions de « subventions » ou de « primes » souvent préférées à celles d'aides[1], renvoient à la longue histoire de la politique agricole en France depuis la guerre, et au modèle de la « cogestion » décrite par la littérature[2]. Ces appellations ne sont pas innocentes. Elles révèlent la fiction d'un agriculteur, entrepreneur libre et propriétaire indépendant face à des services publics administratifs censés jouer un rôle limité, alors même que les premiers dépendent très largement des décisions des seconds, et ce au prix d'un monde institutionnel pour le moins difficile à lire, objet régulier de critiques ou de recommandations visant à la « simplification administrative »[3]. De manière générale, l'agriculteur doit déposer une demande chaque année auprès des services déconcentrés du ministère (aujourd'hui la Direction Départementale des Territoires, la DDAF au moment de l'enquête). Cette demande, instruite par l'administration sous des conditions strictes de délais (campagne annuelle), se conclut par un droit à primes. La décision est alors adressée à une agence publique (aujourd'hui, l'agence de services et de paiements, une douzaine d'offices agricoles au moment de l'enquête) qui en est l'organisme

▲ 1. Au sein des services enquêtés, c'est la notion de « prime » qui l'emportait largement. De manière générale, les agents distinguaient les « primes végétales » et les « primes animales », chacune donnant lieu à des aides spécifiques (prime aux protéagineux, prime spéciale à la qualité pour blé dur, prime spéciale bovin mâle, prime à l'abattage, etc.).

▲ 2. Jobert B., Muller P., *L'État en action*, Paris, Seuil, 1987.

▲ 3. Cf., par exemple, le rapport de la Cour des comptes de 2001 qui, au moment de l'enquête, s'imposait comme une référence pour les enquêtés. Nous reviendrons sur la rationalisation du travail administratif dans un chapitre ultérieur.

payeur officiel. C'est ce schéma qui, en gros, continue de prévaloir, définissant des phases d'instruction, d'exportation, de paiement et de contrôle (tableau 3), sachant qu'au moment de l'enquête (2004), il n'était pas homogène selon la nature des primes demandées (calendrier trimestriel ou annuel, organismes payeurs différents). Cela dit, l'enjeu demeure inchangé : attribuer un droit à des usagers, compte tenu d'une réglementation. L'activité de n'importe quel bureaucrate chargé d'étudier les demandes des exploitants ressemblerait alors à la connaissance experte des dispositions réglementaires mobilisées depuis des situations singulières qu'il faut qualifier juridiquement (c'est un premier point que nous développerons). Nous verrons que cela suppose de s'intéresser centralement aux activités d'écriture auxquelles se livre l'agent au cours des multiples étapes qui jalonnent son travail : le traitement des dossiers de demandes de primes à l'abattage servira ici de matériau empirique (c'est un deuxième point). Cette description détaillée, où nous insisterons sur l'importance des dispositifs sociotechniques desquels ce travail est indissociable, nous permettra de décrire plus largement les deux facettes importantes du travail administratif que sont l'alignement et la réparation (troisième point).

		Direction Départementale des Territoires (DDT) Services déconcentrés du ministère de l'Agriculture	Agence des Services et des Paiements (ASP)
Demande	Dans le cadre d'une « campagne » annuelle, l'agriculteur adresse à l'administration ses demandes de subventions PAC concernant les productions animales et végétales de son exploitation.	Cette étape concerne l'agriculteur et ses possibles prestataires ou représentants. Non concerné par ce chapitre.	
Instruction	L'administration réceptionne et instruit les demandes de l'agriculteur. Elle statue sur l'éligibilité des productions animales et végétales.	Cette étape est concernée par ce chapitre).	
Paiement	L'information est transmise par les services déconcentrés (exportation) à l'Agence des Services et des Paiements, organisme payeur des subventions aux agriculteurs.	Seule l'étape d'exportation concerne ce chapitre.	Étape de versement non concernée par ce chapitre.
Contrôle	En tant qu'organisme responsable des paiements, l'ASP assure le contrôle de la légalité des attributions des droits à subvention.	Cette étape ne concerne plus l'administration, mais c'est récent à propos des aides animales.	Étape de contrôle non concernée par ce chapitre.

Tableau 3 : Les phases du traitement des demandes de subventions, Aides directes de la PAC.

À l'ombre du raisonnement juridique

Pour évaluer une demande, le bureaucrate dispose *a priori* d'un corpus de textes destinés à guider son travail. Une hésitation à propos de l'élevage caprin, un doute sur la production de fruits à coque, une perplexité soudaine concernant l'aide aux légumineuses à grain ? Il suffit de consulter la réglementation qui, en chacun de ces points, définit scrupuleusement les conditions d'attribution et les montants des primes. Et si l'agent se demande, plus essentiellement, si tel ou tel exploitant est bien un « agriculteur », légitimé à déposer une demande d'aide, sous prétexte par exemple qu'il n'exerce cette activité qu'à temps partiel ? Un texte communautaire précise ce qu'il faut entendre par « agriculteur » : « Une personne physique ou morale ou un groupement de personnes physiques ou morales, quel que soit le statut juridique conféré selon le droit national au groupement ainsi qu'à ses membres, dont l'exploitation se trouve sur le territoire de la Communauté, tel que défini à l'article 299 du traité, et qui exerce une activité agricole[1]. » L'article 299 ? Une activité agricole ? Là encore, les informations sont contenues dans des textes dûment consignés. Le Traité d'Amsterdam précise dans son article 299 le territoire relevant juridiquement de la communauté européenne, des métropoles du continent jusqu'aux régions « ultrapériphériques » perdues au milieu de l'Atlantique ou de la mer des Caraïbes. Quant à la notion d'« activité agricole », il faut comprendre « la production, l'élevage ou la culture de produits agricoles, y compris la récolte, la traite, l'élevage et la détention d'animaux à des fins agricoles, ou le maintien des terres dans de bonnes conditions agricoles et environnementales, telles que définies à l'article 5 ». Libre, à ce stade, au fonctionnaire de consulter ce dernier article, sous peine d'être reporté à nouveau vers d'autres écrits[2] ! Et de poursuivre un peu plus loin, un peu plus longtemps, cette pérégrination en abymes qui, de textes en textes, fait penser à ces comptines pour enfants enchaînant tour à tour marabout, bout de ficelle, etc. Le travail administratif ressemblerait, de ce point de vue, au travail de n'importe quelle profession juridique : une « mise en règles » des situations concrètes de manière à pouvoir prendre les décisions de droit qui s'imposent, l'objectif étant ici de permettre aux demandeurs de recevoir, en définitive, les aides compensatoires auxquelles leur situation leur permet de prétendre. Cette opération passerait, dans ce cas, par les étapes évoquées dans le chapitre précédent : la vérification du respect de la procédure formelle, l'établissement des faits pertinents à qualifier sur la base des pièces matérielles rassemblées dans le dossier, la mise en récit destinée à faire tenir ces différents éléments en les référant à des normes légales clairement identifiées, sans omettre la mise en doute de ce lien qui attache la situation aux textes réglementaires pour s'assurer de sa légitimité. Un tel déploiement d'activités contribuerait à faire des agents de ces services d'économie agricole d'authentiques professionnels du droit, experts de la

▲ 1. Règlement (CE) n° 1782/2003 du Conseil du 29 septembre 2003, Titre I, art. 2, J.O. de l'U.E.

▲ 2. En l'occurrence l'annexe IV du règlement n° 1782/2003 et le règlement (CE) n° 1257/1999.

réglementation. Certes, pas nécessairement sur l'ensemble de la législation communautaire mais, même à une échelle réduite, limitée à un sous-ensemble plus circonscrit de la règle et à une intervention bien localisée, ces personnels s'imposeraient comme des acteurs de ce que Ronald Dworkin appelle la « chaine du droit » : comme n'importe quel magistrat, le bureaucrate se livre à un jeu d'écriture afin de produire un texte. Comme n'importe quel juge, il doit pouvoir se référer à des précédents qui constituent une jurisprudence, sur la base de normes et de principes qui s'imposent à lui. Et comme n'importe lequel de ces professionnels, il doit raconter pas à pas une histoire de sorte qu'à leur instar, il contribuerait à dire le droit[1].

Seulement voilà. La manière de rendre compte de ce travail suppose à tout le moins qu'on enquête sérieusement sur les activités accomplies, non seulement pour comprendre les modes de raisonnement de ces agents, mais aussi la manière dont les affaires sont « mises en forme » et traitées. Examinons pour cela le cas d'une prime emblématique de la PAC : la prime à l'abattage.

L'activité d'écriture, la vache et le droit

La prime à l'abattage PAB a été instaurée à partir de 2000 pour compenser la baisse du prix de la viande bovine sur le marché communautaire. Elle concerne les animaux abattus en abattoir en vue d'une consommation humaine et se traduit par un montant versé à l'agriculteur en fonction du nombre de bêtes concernées[2]. Son attribution suppose l'étude attentive d'un certain nombre d'éléments susceptibles d'évaluer « l'éligibilité » des demandeurs et de leurs bovins. Or, ce travail d'appréciation ne s'accomplit jamais dans le vide, comme s'il reposait sur le seul soliloque d'un agent confronté à une requête d'un côté, et la mobilisation de textes réglementaires de l'autre. Entre ces deux extrémités intervient une foule de supports techniques et littéraires : des imprimés, des étiquettes, des bordereaux, des cartons, des fiches sur lesquels se répandent marques, tampons et signatures, témoignant d'une intense activité de

▲ 1. Le fait de ne pas faire des seuls juges le monopole du récit juridique n'est pas vraiment le propos de Dworkin, mais bien plutôt une des critiques qui lui a été adressée. Pour une revue de ces discussions, cf. Ost F., von de Kerchove M., *De la pyramide au réseau ? Pour une théorie dialectique du droit*, Bruxelles, Publication des Facultés Universitaires Saint Louis, 2002, p. 426-428.

▲ 2. Depuis 1996, le marché de la viande bovine est perturbé par les crises liées à l'ESB et leur impact négatif sur la consommation, les prix et, par contrecoup, sur la production des pays concernés. La Prime à l'abattage (PAB) découle pour une part de ces crises. Elle a également à voir avec la réforme de la politique agricole et l'alignement du marché communautaire sur le marché mondial, favorisant désormais le versement d'aides directes (la « boîte bleue » selon la typologie de l'OMC) et l'essor des mesures agro-environnementales (« boîte verte ») au détriment des interventions sur le marché (« boîte orange »). Enfin, depuis 2010, la prime est « découplée », c'est-à-dire allouée sur la base d'un montant total perçu au cours des années précédentes, sans référence aux effectifs en cours des animaux élevés. Globalement, la PAB intervient pour une part majeure dans l'évolution des aides directes au secteur bovin. Au moment de l'enquête, la réglementation prévoyait un montant de 50 € par veau, 80 € par bovin et 175 € par génisse de race à viande.

lecture et d'annotations. Il y a ce que Béatrice Fraenkel invite à examiner dès lors qu'on s'intéresse à la manière dont le droit est attaché aux situations : des « chaines d'écriture » qui, de manipulation de documents en saisie de formulaires, font varier les supports d'inscription et permettent, par vagues successives de traduction, de précipiter la situation de départ en décision administrative[1]. Examinons donc les demandes de PAB et reconsidérons chaque étape du traitement[2].

La première étape concerne la réception des demandes qui arrivent le plus souvent par courrier : parmi la pile d'enveloppes sur le bureau, un agent fait le tri. Parfois, le libellé de l'adresse suffit : « Bureau Primes animales – Prime à l'abattage ». Parfois il en manque un élément : « Service Aide à l'élevage. » Parfois, il n'y a que le titre générique de l'administration concernée : « Direction Départementale de l'Agriculture ». Peu importe. L'agent ouvre systématiquement les plis et accueille la fraîche arrivée du document dans le service d'un marquage au tampon-dateur (photo 1). Ce détail n'est pas anodin : il change le cours du temps. Il introduit un point d'arrêt, une référence irréversible depuis laquelle est évalué le respect des délais réglementaires, la demande devant être déposée moins de six mois après la date d'abattage, au jour près. Désormais, ce n'est plus le temps ordinaire qui court, mais celui des textes qui s'impose. L'agent peut même exceptionnellement arrêter le grand sablier en antidatant d'un jour la réception d'un dossier effectivement reçu la veille, mais qu'il n'a pas encore traité.

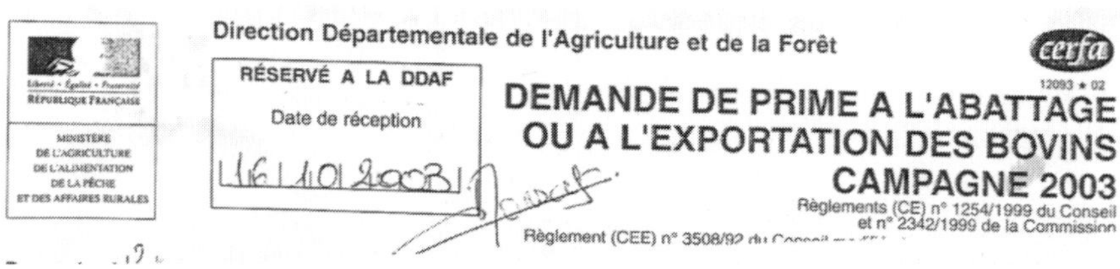

Photo 1 : Le tampon-dateur inaugure l'entrée de la demande dans le temps réglementaire

La réception transforme l'objet lui-même : le pli devient dossier. Un dossier qui rejoint d'autres demandes, et dont l'accumulation oblige à un traitement rapide. Puis, après ce travail sur le temps à l'aide d'un tampon, l'agent jette les enveloppes – sauf en cas d'envois recommandés – et se livre à une intense activité de reclassement, agençant la pile des demandes en fonction des dates de réception. Cette deuxième étape est l'occasion de vérifier rapidement la présence des documents requis : le formulaire de demande de PAB en 2 exemplaires, la liste des bovins abattus, les tickets de

▲ 1. Fraenkel B., « Enquêter sur les écrits dans l'organisation », *in* Borzeix A., Fraenkel B., dir., *Langage et Travail…*, *op. cit.*, p. 253 et s.

▲ 2. La description qui suit repose sur un corpus de demandes (n = 98) appréhendées depuis les cas traités dans les bureaux d'instruction et de saisie des deux DDAF de notre échantillon (n = 81), auxquels il faut ajouter une minorité de cas observés à l'accueil physique et téléphonique (n = 17).

pesée délivrés par les abattoirs ainsi qu'un relevé d'identité bancaire. Ce premier contrôle permet à l'agent d'apercevoir d'éventuelles anomalies : sans chercher à les résoudre à ce stade du traitement, il peut – d'un simple coup d'œil – repérer les cas apparemment problématiques du fait d'un oubli de signature, de formulaire, d'une absence d'information sur les imprimés complétés par l'éleveur, de l'illisibilité d'un document ou d'un problème de dépassement du délai réglementaire. Il consiste à s'assurer qu'aucune pièce ne manque, veillant à ce que le nombre de bovins « à primer » se retrouve sur les différents documents et corresponde au nombre de tickets délivrés par l'abattoir pour chaque animal abattu. Ce contrôle dit « manuel » est aussi l'occasion de se livrer à un scrupuleux ordonnancement des pièces de manière à faciliter la lecture des informations pertinentes et à « préparer la saisie », selon la formulation des agents : les tickets de pesée, parfois agrafés par l'éleveur, sont systématiquement désagrafés, reclassés par type d'abattoir, regroupés et retournés au dos de la liste des bovins de manière à pouvoir les lire rapidement sans gêner le déchiffrage du document. Cette opération, qui pourrait paraître anodine, rappelle l'importance de cette mise en ordre matérielle pour mettre en règle la situation (schéma 1).

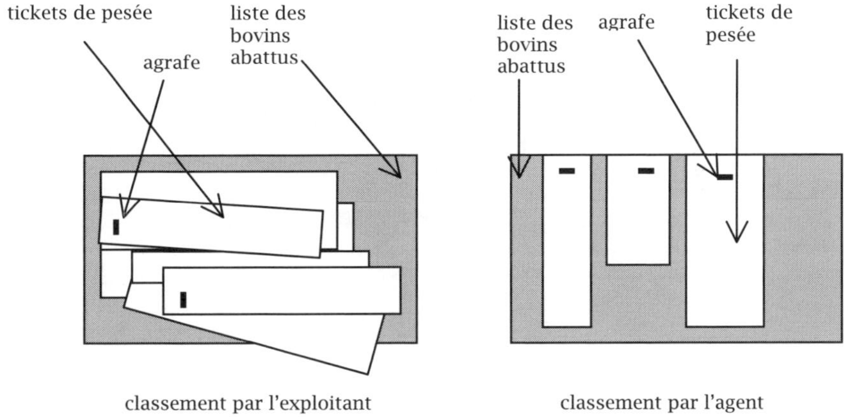

Schéma 1 : La « mise en ordre » matérielle du dossier, lors de la réception

Puis, la réception des plis est consignée : chaque demande est enregistrée informatiquement à l'aide d'un logiciel appelé PACAGE, système intégré de traitement imposé par la réglementation qui gère l'ensemble des aides directes versées aux exploitants. Les informations à compléter sur l'écran sont saisies : trimestre de la campagne PAB concernée, voie de réception de la demande (poste, accusé-réception, accueil physique). Cet enregistrement n'est pas simplement factuel : il est aussi l'occasion de s'assurer de la présence de l'exploitant dans la base départementale de données (extrait fichier Kbis) par le biais de son numéro d'identification, dénommé « numéro PACAGE ». Ce n'est qu'à ces conditions que l'éleveur devient un « producteur », c'est-à-dire une personne morale exerçant une activité agricole sous un statut juridique précis[1]. C'est, du reste, la seule chance pour pouvoir exister aux yeux du bureaucrate : devenir une suite numérisée de chiffres. Car « 3421767 » sera toujours considéré comme un porte-parole plus fidèle de l'exploitation que l'exploitant lui-même, qui peut changer d'adresse, s'associer avec quelqu'un, modifier la forme juridique de son activité : quand un père s'associe avec son fils et crée un GAEC, puis lorsque ce dernier, à l'occasion du départ en retraite du père, s'associe avec quelqu'un d'autre pour fonder une EARL. Ces changements doivent être dûment consignés, et l'administration doit opérer, pour chacune de ces transformations, une « création de producteur ». La tenue du fichier des producteurs, qui constitue la charge spécialisée d'un agent au sein du service, apparaît stratégique, puisqu'elle est à la base de l'identification des demandeurs pour permettre au préposé de la PAB de rapprocher l'exploitation et un statut juridique précis, constatant que « Oui, 2345236 existe bel et bien ! », « Oui, 7653428 est effectivement le GAEC du Bois-Joly », « Oui, 3124789 est désormais l'EARL de Messieurs Vignaux et Simoret » (photo 2). Pour reprendre une formulation indigène, le « producteur » doit être « valide ». Tel est l'enjeu de cette troisième étape.

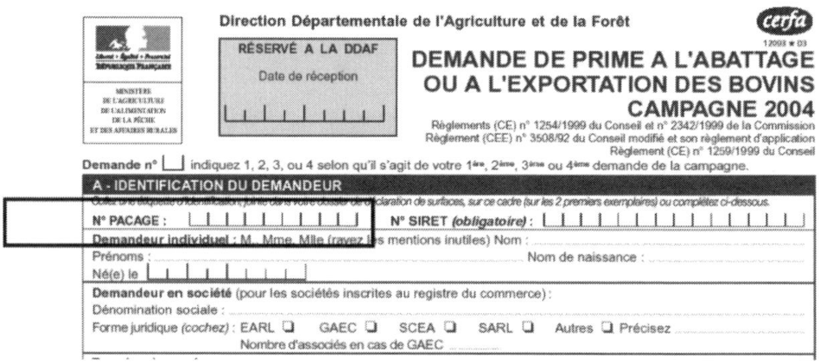
MINISTÈRE DE L'AGRICULTURE DE L'ALIMENTATION DE LA PÊCHE ET DES AFFAIRES RURALES

Direction Départementale de l'Agriculture et de la Forêt

cerfa 12093*03

RÉSERVÉ A LA DDAF
Date de réception

DEMANDE DE PRIME A L'ABATTAGE OU A L'EXPORTATION DES BOVINS
CAMPAGNE 2004

Règlements (CE) n° 1254/1999 du Conseil et n° 2342/1999 de la Commission
Règlement (CEE) n° 3508/92 du Conseil modifié et son règlement d'application
Règlement (CE) n° 1259/1999 du Conseil

Demande n° indiquez 1, 2, 3, ou 4 selon qu'il s'agit de votre 1ère, 2ème, 3ème ou 4ème demande de la campagne.

A - IDENTIFICATION DU DEMANDEUR

...claration de surfaces, sur ce cadre (sur les 2 premiers exemplaires) ou complétez ci-dessous.

N° PACAGE : **N° SIRET *(obligatoire)* :**

Demandeur individuel : M., Mme, Mlle (rayez les mentions inutiles) Nom :

Prénoms : Nom de naissance :

Né(e) le

Demandeur en société (pour les sociétés inscrites au registre du commerce) :

Dénomination sociale :

Forme juridique *(cochez)* : EARL ❑ GAEC ❑ SCEA ❑ SARL ❑ Autres ❑ Précisez

Nombre d'associés en cas de GAEC

Photo 2 : Depuis le seul n° PACAGE, c'est toute l'exploitation qui est identifiée.

Ces vérifications formelles dites encore de complétude sont accomplies en même temps que l'agent griffe les documents de quelques traits lui indiquant, d'un simple regard rapide, que les pièces requises ont bien été jointes, que le nombre de signatures requis est bien présent ou que le RIB, lorsqu'il est exigé, correspond bien au demandeur (photo 3).

▲ 1. Parmi ces statuts, on rencontre surtout des exploitants individuels, des GAEC (Groupement Agricole d'Exploitation en Commun), ou des EARL (Exploitation Agricole à Responsabilité Limitée), plus rarement des SCEA (Société Civile d'Exploitation Agricole) ou des SARL (Société Anonyme à Responsabilité Limitée).

... du demandeur des demandes ICHN, PSBM,
..., prime à l'abattage ou sur le formulaire de modification de l'assolement déclaré (sur les 2 exemplaires destinés à la DDAF).
Commune du siège de l'exploitation (si différente de celle de l'adresse permanente) :

B - CHEPTEL

N° d'exploitation (ou N° de cheptel) : 02
(Si vous détenez plusieurs cheptels, indiquez le numéro de chacun d'eux)

C - PIÈCES À JOINDRE

- **un RIB établi au nom du demandeur** s'il s'agit de votre première demande ou si votre RIB a été modifié,
- **pour les abattages intervenus en France ou dans un pays de l'Union Européenne :**
  un (ou plusieurs) ticket de pesée (ou justificatif spécifique pour la prime à l'abattage) établi par l'abattoir comportant :
  les coordonnées de l'abattoir
  le numéro d'identification à 12 caractères du veau ou du bovin, la date de l'abattage, le numéro d'abattage (ou numéro de tuerie) et le poids carcasse (pour les veaux) des animaux pour lesquels vous sollicitez la prime,
  → indiquez le nombre de documents (tickets de pesée ou justificatifs spécifiques pour la prime à l'abattage) que vous joignez à la demande 1
- **pour les exportations vers les pays tiers, les certificats sanitaires correspondants visés par l'OFIVAL**
  → indiquez le nombre de certificats que vous joignez à la demande

D - ENGAGEMENTS

- Je certifie **avoir détenu pendant au moins deux mois dans mon exploitation** (ou pendant au moins un mois pour les veaux âgés de moins de 3 mois le jour de l'abattage ou de l'exportation) les bovins objet de la demande de prime et qu'ils ont été abattus **dans un délai de moins d'un mois après leur sortie de l'exploitation** ou exportés dans un délai de moins de 2 mois après leur sortie de l'exploitation.
- Je certifie que l'abattage ou l'exportation de tous les bovins pour lesquels je sollicite la prime **est intervenu entre le 1er janvier et le 31 décembre 2003.**
- Je certifie avoir **respecté la réglementation relative à l'identification** pour tous les bovins abattus ou exportés objet de la demande de prime et respecter la réglementation pour tous les bovins présents dans mon exploitation.
- Je m'engage **à permettre l'accès de mon exploitation aux autorités compétentes pour les contrôles** et à faciliter ces contrôles.
- J'atteste sur l'honneur l'exactitude des renseignements fournis sur la demande et la liste de bovins abattus ou exportés.
- Je reconnais avoir pris connaissance des conditions d'attribution de la prime et je m'engage à les respecter.
- Je reconnais avoir pris connaissance des pénalités encourues en cas de non-respect des obligations et engagements relatifs à la demande de prime et à l'identification des bovins, ou en cas de déclarations inexactes.

À : RARAY ...., le 14/10/2003

Signature du demandeur, du gérant en cas de forme sociétaire, de tous les associés en cas de GAEC :

Octobre 2002

Les 2 premiers exemplaires sont destinés à la DDAF, le 3e est à conserver par le demandeur

Photo 3 : Des traits, des biffures sur les documents permettent d'inscrire le regard dans le papier

Cela étant accompli, l'agent peut choisir d'entrer dans le fond de l'affaire – quatrième étape – comme il peut décider de passer à un autre dossier, séparant alors la réception et ce premier contrôle administratif du reste de l'instruction. Dans ce dernier cas, les dossiers sont entreposés dans des chemises cartonnées que l'agent annote d'un « R » pour « réception », auquel il ajoute le n° PACAGE et le patronyme de l'exploitant. Lorsqu'il poursuit le traitement du dossier – ou y retourne – il s'intéresse à la raison même de la demande de l'agriculteur, à savoir ses bovins fraîchement abattus. L'enjeu du problème tient en une question et une seule : « Sont-ils éligibles ? » Il ne suffit pas, en effet, à l'éleveur d'envoyer ses bêtes à l'abattoir pour se réclamer d'un droit de PAB, encore lui faut-il s'assurer qu'elles satisfassent certaines conditions d'âge, de sexe, de race, et même de poids. L'agent se retrouve plongé dans d'épineuses interrogations : les veaux de l'exploitation n° 99253865 ont-ils bien moins de 7 mois comme le requiert la législation pour les primer ? Ses génisses appartiennent-elles effectivement à une race à viande ? Les jeunes veaux du GAEC La Bretelle abattus pesaient-ils moins de

« 156,5 kg carcasse » ? Et que penser de ceux qui ont été exportés ? Avaient-ils un « poids vif » inférieur ou égal à 290 kg ? L'enjeu n'est pas négligeable, puisqu'en fonction de ces données, le montant de la prime attribuable à chaque animal n'est pas la même, selon qu'on a affaire à des veaux, à des génisses de race à viande ou à n'importe quel autre bovin. Il faudrait pouvoir transporter les vaches dans les bureaux, les regarder, les ausculter comme un expert qui sait à quoi il a affaire. Un agent ne nous avouera-t-il pas lui même sa perplexité : « On peut pas savoir. Pour voir si c'est une normande ou une charolaise, nous, d'ici, on peut pas le voir ! » Ce n'est pourtant que partiellement vrai. Non seulement les agents ne se gênent pas pour mener des troupeaux entiers dans leur bureau, mais ils le font avec une confondante simplicité, mobilisant les supports littéraires qui servent de porte parole de chaque animal : les « tickets de pesée » qui détaillent, pour chaque vache, la date et l'heure d'abattage, son sexe, ses différents poids (poids chaud ou poids vif, poids froid ou poids fiscal) et le « numéro de travail », qui sert de matricule permettant de retrouver, dans une base de données, le sexe, l'âge, et même l'ascendance du bovin. Ainsi, pour savoir si la vache Géranium est éligible à la prime à l'abattage, notre bureaucrate devra accomplir trois opérations distinctes (photo 4).

GÉRANIUM

SELVI ABATTOIRS D'ALENCON

No SIRET : 3185578810

Rue Nicolas Appert
61000 ALENCON
Tel : 02.33.31.65.00 Fax : 02.33.31.65.30

No CEE : 6100101
Code APE : 151A

NO ABATTEUR SELVI | NO. LOT 31711665 | APPORTEUR GERVAL | No TRAVAIL 8960 | DATE 23/04/2003 | HEURE 09:13

NUMERO TUERIE	NUMERO IDENTIFICATION	NUMERO TEXTI	ESPECE	CATEG.	NO TRAV	CLASSE	TARE	Nbr. CARC.	REFACTION OREILLE	POIDS NET CHAUD	TAUX RESSUAGE	POIDS NET FROID	TYPE SAISI
17808	0290888960	1665	bo	1V	8960	0,3	3,4 kg	1	0,0 kg	342,0 kg	2,000 %	335,2 kg	

Photo 4 : Le ticket de pesée de la vache n° 8960 prénommée « Géranium » et délivré par l'abattoir

D'abord, il convient pour l'agent de se rapporter à la définition réglementaire de l'animal. En effet, pour savoir ce qu'est un veau ou une génisse, il n'est pas question de se référer à autre chose que les textes, quand bien même d'autres pratiques d'élevage, d'autres croyances alimentaires, d'autres habitudes de consommation, d'autres considérations biologiques ou diététiques seraient susceptibles d'appréhender ces êtres différemment[1]. Même un certificat de vente ou un document d'abattoir

▲ 1. Qu'est-ce qu'un veau ? Pour l'obtention de certains labels bio, le cahier des charges impose des définitions différentes : entre 4 mois au minimum et 10 mois pour les veaux, et plus de 18 mois pour les bovins (label Nature et Progrès). En diététique, on trouvera couramment l'idée qu'il s'agit d'un animal âgé de quelques semaines à un an pesant de 85 à 150 kg au

n'aurait aucune valeur. Pour que les bovins du GAEC La Bretelle soient considérés comme des veaux, il leur faut satisfaire les seuls critères universels fixés par la législation, en ignorant tout le reste, quand bien même d'autres dispositions réglementaires ou d'autres habitudes définissent autrement l'animal. Un veau est nécessairement âgé de moins de 7 mois : au-delà, il s'agit d'un « gros bovin ». Une génisse est obligatoirement « une femelle n'ayant jamais vêlé âgée d'au moins 8 mois à la date d'abattage ». Une race à viande exclut obligatoirement toutes celles qui figurent à l'annexe I du règlement (CE) n° 2342/99 de la Commission[1].

Ensuite, il s'agit d'apprécier l'identité de l'animal – son sexe, son âge, sa race, le temps de sa détention sur l'exploitation – depuis les informations disponibles dans la base de données qui recense la totalité des vingt millions de bovins résidant sur le territoire national (Base de Données Nationale d'Identification, ou BDNI). La réglementation impose, en effet, que tous les bovins soient correctement identifiés : au moyen de boucles posées à chaque oreille dont l'éleveur doit veiller au maintien, chaque animal reçoit un numéro national d'identification. Destiné à garantir une traçabilité, depuis sa naissance jusqu'à sa mort, ce numéro permet de suivre l'ensemble des événements de la vie bovine, chaque entrée et chaque sortie de cheptel étant dûment déclarées par l'exploitant auprès de l'administration et enregistrées. C'est ce suivi qui permet l'envoi automatique de la « liste des bovins abattus ou exportés » à l'exploitant, ce dernier devant compléter manuellement les informations éventuellement manquantes relatives à son cheptel (photo 5). Car s'il est vrai qu'aux yeux de l'agriculteur, les animaux ont d'abord été nourris, élevés, puis abattus, ce sont surtout des êtres qui, sous le regard vigilant de l'agent, doivent être « bouclés », fichés et enregistrés. Les vaches ne doivent pas leur existence aux seuls agriculteurs, pourvoyeurs des verts pâturages où elles paissent placidement, ni même des abattoirs où la plupart d'entre elles finissent leurs jours ; elles sont intimement liées à tout un appareillage d'outils métrologiques qui, de marques auriculaires en fichiers informatiques, leur donne existence pour l'administration. Les tickets de pesée servent ainsi de petit véhicule permettant d'arpenter cette chaine métrologique, et au moyen duquel les bureaucrates convoquent les animaux dans leur bureau, leur promettant de pouvoir ainsi les observer, de les inspecter au gré des manipulations délicates de leurs données, pour finalement s'accorder sur leur qualité : « C'est une génisse ! », « c'est une salers de 8 mois ! »

moment de l'abattage. Aucune de ces définitions ne recouvre exactement celle de la réglementation européenne.

▲ 1. À savoir les génisses issues des races pures suivantes : française frisonne pie noire, bretonne pie noire, holstein, jersiaise et gernesey, armoricaine et tout croisement entre elles.

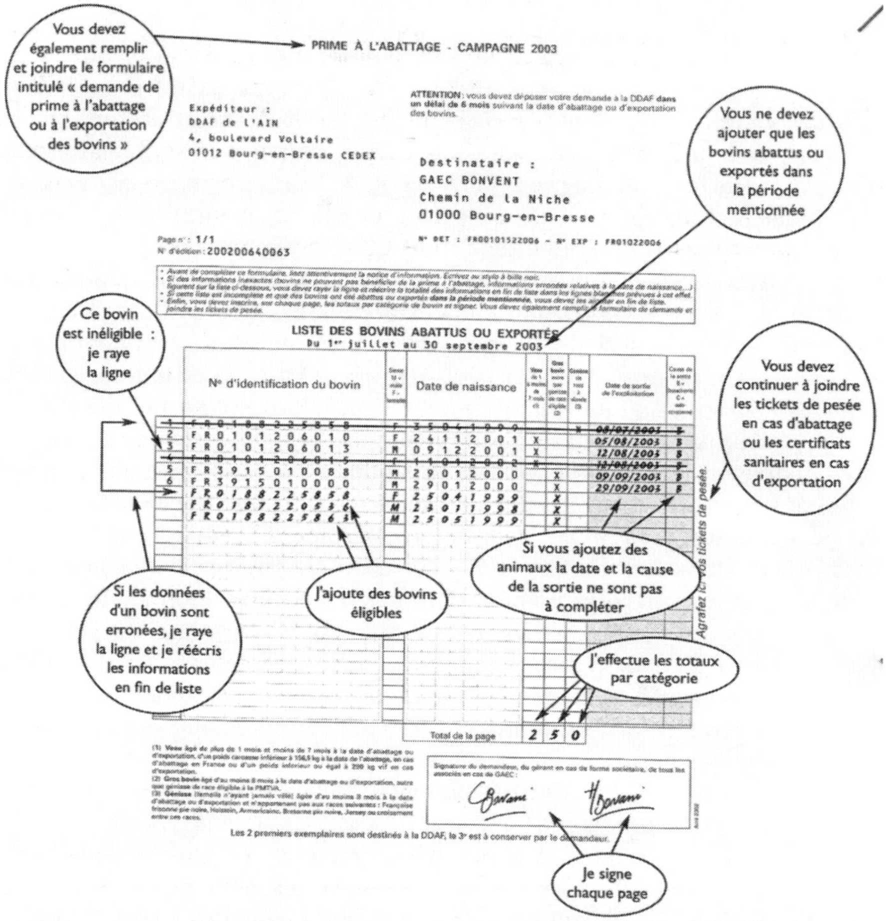

Photo 5 : Le travail prescrit d'écriture à l'agriculteur en matière de déclaration bovine (source : notice d'information campagne PAB 2003)

À une remarque près toutefois, et c'est là un troisième élément relatif à ce travail accompli par les personnels administratifs. Pour apprécier à quels bovins ils ont affaire et s'ils ont éligibles au droit à prime, ils n'ont la plupart du temps qu'une seule chose à accomplir : se saisir d'une « douchette » afin d'enregistrer automatiquement les données qui figurent sur les différents documents, sous forme de codes-barres. Peut-être qu'à ce stade, certaines vaches provoqueront l'irruption malencontreuse d'un « M » sur l'écran (sexe mâle) ? Peut-être qu'un animal se révèlera avoir été abattu plusieurs fois (dates d'abattage et de décès décalées) ? Peut-être qu'un même bovin s'avèrera déclaré simultanément par deux exploitants différents ? C'est qu'en vérité ces bizarreries sont automatiquement repérées par l'ordinateur, équipé d'un progiciel de gestion tel que l'impose la réglementation, assurant un traitement intégré des données, croisant l'ensemble des informations disponibles. L'agent devra, dans ce cas, vérifier qu'il n'a fait aucune erreur.

Car l'enjeu est bien là : introduire « dans la machine » chaque animal, pourvu qu'il dispose de justificatifs, sources documentaires susceptibles de rendre indiscutable le décès. Au terme de cette opération, l'ordinateur effectue une synthèse confrontant l'effectif des « bovins déclarés » et des « bovins justifiés ». En cas de décalage, le dossier devra être réexaminé, et pourra faire l'objet d'un contrôle « sur place ». Sinon, l'ensemble des pièces sont rassemblées à nouveau, glissées dans une chemise cartonnée sur laquelle l'agent inscrit au stylo un « S » pour saisie, ainsi que le n° PACAGE, le nom de l'éleveur et la date de dépôt. Cette cinquième étape est aussi le moment où il achève de compléter, puis de signer, une « fiche de suivi » qui récapitule l'ensemble des opérations accomplies.

Cette étape, où l'agent clôture le traitement du dossier, n'est pourtant pas la dernière. Les dossiers dûment instruits et saisis sont entreposés dans une caisse de plastique pour faire l'objet d'une dernière vérification possible, assurée par le responsable de la prime, la fiche de suivi servant alors de support pour guider son interprétation et s'assurer que la demande a été expertisée et conformément contrôlée. Ce n'est qu'à ce moment que les dossiers sont expédiés – « exportés » disent les agents – sous forme de bordereaux à l'organisme payeur qui assure le paiement des primes. À ce stade, le dossier peut être archivé et l'agriculteur compter sur le versement de l'aide sur son compte bancaire.

Résumons. Premier constat : le travail de l'agent peut se décrire comme une suite d'*actes d'écriture* dont la nature s'avère relativement hétérogène. Tamponner, inscrire, saisir, biffer, lister, recopier, enregistrer, signer, telles sont les opérations qu'il accomplit, depuis un matériel fait de feuilles de papier, de listings informatiques, de formulaires autocopiants, de fichiers électroniques, empruntant tantôt au langage numérique, tantôt à celui des écrits d'action, sous forme d'abréviations et de notes stylisées. Deuxième constat : ce travail n'est jamais solitaire mais étroitement imbriqué avec celui de l'ordinateur. Une importante part de la saisie est automatique, et bon nombre de calculs (additions des bovins déclarés, des justificatifs saisis, etc.) sont générés par la machine. Par ailleurs, il s'inscrit dans une organisation du travail où plusieurs agents peuvent intervenir, notamment au moment de la réception ou de la vérification finale (responsable des primes animales, gestionnaire). En d'autres termes, le travail d'écriture est une « énonciation plurielle », une collection d'inscriptions faites à plusieurs mains, emblématique des écrits d'action propres à l'espace de production[1]. Troisième constat : ce travail se déploie sous la forme de séquences qu'on retrouve systématiquement. Il s'agit bien d'une « chaîne d'écriture » procédant par étapes, d'un travail planifié, suivant des prescriptions précises qui en rendent le déroulement relativement prévisible : les opérations de réception, de vérification, de contrôle, d'instruction ou de saisie sont

▲ 1. Fraenkel B, « Enquêter sur les écrits dans l'organisation », *in* Borzeix A., Fraenkel B, *Langage et travail…, op. cit.*

strictement décrites dans des manuels de procédures[1]. Le danger, c'est de négliger l'importance de ces opérations sous prétexte qu'elles paraîtraient rébarbatives. L'enjeu n'est pas des moindres : comment passer d'une demande de primes en paiements sur un compte bancaire ? Comment passer, en d'autres termes, d'une situation ordinaire à une situation de droit ? Les juristes parlent de textes de loi et d'application. Les sociologues évoquent les règles et les arrangements avec les règles. Dans un cas comme dans l'autre, ils négligent trop souvent ce monde peuplé d'intermédiaires, de logiciels, de formulaires, de bordereaux qui, selon des scripts précis, permettent de passer des situations au droit. Et, au premier chef, ce qui sert d'infatigable véhicule pour passer d'une étape à l'autre : le dossier, que le travail d'écriture transforme pas à pas (photos 6). Or, ce que l'on vient de décrire à propos de la gestion d'une prime animale peut aisément se généraliser à propos de l'ensemble des aides que l'administration attribue aux exploitants.

Les deux faces du travail administratif

Depuis la réception jusqu'à l'étape où une demande, dûment instruite et saisie, est « exportée », c'est le dossier qui sert de véhicule matériel pour passer d'une étape à une autre. Son traitement ne va pas de soi et suppose un processus au cours duquel l'agent et l'ordinateur éprouvent la cohérence et le bien-fondé des informations qu'ils y trouvent. Les situations sont progressivement retraduites, les énoncés sont pas à pas transformés. Le pli envoyé par la poste devient une « demande » réglementaire (réception), sachant que l'irrespect des délais peut en faire une demande irrecevable (étape 1). Puis, la demande fait l'objet d'un inventaire formel qui la redéfinit en « dossier » (vérification), sachant que ce dernier peut s'avérer complet ou incomplet (étape 2). C'est alors que la demande est dûment identifiée du point de vue du statut juridique de l'exploitation, le demandeur étant requalifié en « producteur » dont l'agent examine la validité (étape 3). Les bovins abattus - mais cela concerne aussi les terres cultivées, ou les installations, dès lors qu'elles font l'objet de primes - sont alors identifiés, classés, comptés. Plus exactement, ils sont qualifiés juridiquement, l'enjeu portant sur leur éligibilité. À ce stade (qualification), des anomalies peuvent survenir et contraindre l'agent à soustraire de la liste les animaux litigieux (étape 4).

▲ 1. Dans le cadre de la gestion des aides, la décomposition des tâches assumées par les DDAF a reçu plusieurs descriptions formelles. Un rapport évaluant les conditions d'une externalisation possible de ces tâches distinguait ainsi 16 opérations élémentaires : (1) information-communication générale ; (2) conseil ; (3) réception des dossiers ; (4) préinstruction administrative ; (5) saisie informatique ; (6) instruction technique ; (8) organisation des contrôles ; (9) réalisation des contrôles ; (10) exploitation des contrôles ; (11) décision ; (12) ordonnancement ; (13) paiement ; (14) information-communication particulière sur chaque dossier ; (15) contrôles de deuxième niveau ; (16) feed-back et enseignements pour les campagnes ultérieures. Cf. l'*Étude de faisabilité concernant la mutualisation ou externalisation de certaines tâches actuellement assumées par les services d'économie agricole des DDAF*, Rapport IDMP, Ministère de l'Agriculture et de la Pêche, 2001.

Photo 6a : Les demandes de PAB sont, dès réception, entreposées dans des caisses

Photo 6b : L'agent atteste de la date de réception de certaines pièces (ici des passeports bovins)

Photo 6c : Une caisse de dossiers en attente de saisie de l'instruction (demandes PAB)

Photo 6d : L'agent et sa « douchette » de saisie des tickets de pesée

Photo 6e : L'agent achève la saisie et la vérification des données

Photo 6f : La boîte d'archive, ou le terme ultime du traitement

Quand les animaux ou les productions végétales ont trouvé une existence réglementaire, ils peuvent être retraduits en « primes », à l'issue d'une nouvelle vérification, voire d'un contrôle orienté sur l'exploitation (étape 5). Si aucune anomalie ne survient, susceptible d'être convertie en « pénalités », la demande de prime peut être « exportée » pour règlement auprès de l'office chargé de son versement (étape 6).

C'est au cours de ce processus qu'une situation ordinaire est progressivement redéfinie en situation de droit. Sa qualité dépend de la longue chaîne des multiples traductions qui jalonnent ce parcours et qui épurent progressivement les demandes impropres au traitement (schéma 2)

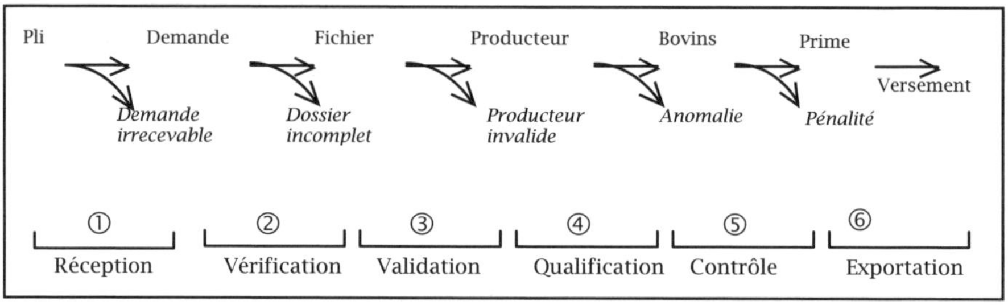

Schéma 2 : Chaînes de traduction et traitement des demandes de PAB

La sociologie de l'innovation a largement montré comment le sens d'un énoncé ou d'une traduction demeure indissociable du réseau sociotechnique à l'intérieur duquel il circule et que ce même réseau contribue à constituer. Il en est de même ici. Si, au bout du compte, l'exploitant Bertin peut bénéficier d'une PAB pour ses 12 vaches et 3 génisses, c'est parce qu'une chaîne continue de traces et d'inscriptions, depuis son étable jusqu'au disque dur de l'ordinateur de la DDAF, lui permet d'exister au yeux de l'administration. C'est ce réseau métrologique que l'agent bureaucratique arpente patiemment depuis le dossier de l'agriculteur. C'est, en effet, grâce à l'intermédiaire du dossier que les faits sont dûment soupesés, agrégés ou rejetés, et que, de documents en pièces justificatives, les bovins de Bertin trouveront reconnaissance. C'est pourquoi la perspective que nous avons tracée, aussi étrange qu'elle puisse paraître, est la sienne : suivre les méandres du travail administratif depuis les événements, les soubresauts qui jalonnent la vie de dossier. Bringuebalés dans des caisses et dans les nappes des câbles électriques, les dossiers font de multiples rencontres : des textes réglementaires qui s'imposent à eux par le biais de tampons-dateurs ou d'équations, des banques de données comme l'extrait K-bis des producteurs ou la BDNI, des êtres de gestion comme un compte bancaire, des institutions comme l'Agence des Paiements, des services fonctionnels comme la cellule de contrôle sur place. Ce parcours est bien celui d'un réseau de traduction. À l'instar des réseaux technico-économiques que la sociologie des sciences a largement étudiés[1], le traitement administratif suppose la redéfinition de

▲ 1. M. Callon définit le réseau technico-économique comme « un ensemble coordonné d'acteurs hétérogènes : laboratoires, publics, centres de recherche techniques, entreprises, organismes financiers, usagers et pouvoirs publics qui participent collectivement à la conception, à l'élaboratoin, à la production et à la distribution-diffusion de procédés de production, de biens et services dont certains donnent lieu à une transaction marchande ». Cf. Callon M., « Réseaux technico-économiques et irréversibilités », *in* Boyer R., Chavance B., Godard O., dir., *Les figures de l'irréversibilité en économie*, Paris, Éditions de l'EHESS, 1999, p. 196.

tout un ensemble d'entités - des éleveurs, des bovins, des abattoirs - par le biais d'intermédiaires qui les font parler, les représentent. Formulaire, extrait de bases de données, listings, tickets de pesée n'ont d'autres enjeux, et plus largement le logiciel PACAGE et la chaîne d'écriture auquel se livre l'agent et qui lui est indissociable pour redéfinir pas à pas l'identité de ces entités. On le mesure ici : si le travail de n'importe quel bureaucrate repose sur sa capacité à se lier à un ensemble de textes codifiés, cette compétence est indissociable d'un réseau d'humains, de textes et de machines sans lequel elle ne pourrait s'exprimer ou être mise en œuvre.

Encadré 3 : la construction réglementaire des animaux

Au cours d'une de nos observations, nous fûmes frappés par une affiche punaisée sur un des murs de la salle d'attente dédiée aux usagers. Sous la bannière d'un tonitruant « nouveau ! », elle promettait un service inédit : « Tous les mois du second semestre, recevez le calcul de vos UGB », après une recommandation rédigée en caractères plus gros dont on comprend que le conseil qu'elle formule s'oppose à un risque menaçant : « Ne vous laissez plus piéger par le chargement de votre exploitation ! » La langue des indigènes ne lasse jamais l'enquêteur d'une impression d'étrangeté. Un chargement ? Des UGB ? Ces notions s'avèrent bel et bien déterminantes. Elles renvoient à des notions couramment utilisées par les zootechniciens, afin de déterminer les besoins alimentaires des troupeaux ou pour examiner les pratiques d'utilisation des pâturages. L'Unité Gros Bétail (UGB) est l'unité standard qui désigne les besoins énergétiques annuels d'un animal, et dont la référence est une vache laitière de 600 kg, produisant 3 000 litres de lait par an à 40 gr de matière grasse/litre et consommant 19 kg de matière sèche par jour. Dès lors, par un jeu de coefficients de pondération (Tableau 4), il devient possible de convertir les besoins de n'importe quel animal d'élevage - veau, cochon, lapin, poulet, etc. - en vache. En fait, la notion permet l'agrégation de troupeaux hétérogènes à des fins statistiques et réglementaires. C'est le cas des aides directes de la PAC, qui font référence au nombre d'UGB détenues sur une exploitation sur une période donnée, en rapportant l'effectif *prorata temporis* au coefficient dû à son espèce, assurant ainsi à tout bureaucrate de totaliser n'importe quel animal d'élevage.

Ovin	0,15
Caprin	0,15
Bovin de plus de 24 mois	1,00
Bovin mâle ou génisse de 6 à 24 mois	0,60
Bovin de moins de 6 mois	0,30
Equidé de plus de 6 mois	1,00
Cervidé	0,33
Daine	0,17
Lama	0,45
Alpaga femelle de plus de 2 ans	0,30
Bison femelle de 6 mois à 3 ans	0,60
Bison femelle de plus de 3 ans	1,00

Tableau 4 : Conversion des animaux en UGB

Tout l'enjeu repose sur l'alignement d'un ensemble d'entités redéfinies - l'éleveur reconfiguré progressivement en « producteur », des vaches abattues reconverties en « unités gros bétail » (encadré 3), des terres cultivées en « surfaces » - au moyen de toute une gamme d'intermédiaires destinés à en permettre la circulation. Telles sont les conditions pour que le pli devienne demande à instruire, puis fichiers à extraire, informations à saisir, calculs à opérer, bordereau à exporter, prime à verser et, qu'au bout du compte, des droits à primes, définis réglementairement, soient attribués. Dans ces conditions, on comprend que puissent s'échanger, dans les couloirs ou dans les bureaux, des propos entre bureaucrates aussi incroyables - quand on y pense - que « tu me les donnes tes bovins ? » ou « c'est tes surfaces de l'autre jour », en tendant du bout de la main quelques minuscules liasses de papier.

Si l'on examine le cours de traitement observé des dossiers PAB, la traduction de la demande de PAB d'un éleveur peut toutefois rencontrer des problèmes. Ces difficultés, qui constituent ce que Michel Callon considère comme de véritables « drames sociotechniques », peuvent aussi bien concerner l'existence de bovins apparemment inconnus de la base de données que l'oubli malencontreux d'une signature sur un formulaire. Ils peuvent survenir du fait d'une entité mal configurée ou mal définie : une exploitation individuelle qui est un GAEC, une génisse qui n'en est pas une, un veau abattu avant qu'il n'ait officiellement quitté le cheptel de l'agriculteur. Ils peuvent résulter de la défection provisoire d'un intermédiaire : un formulaire illisible, un fichier impossible à télécharger, un tampon encreur qui bave malencontreusement, un programme « qui plante » trop fréquemment. C'est le réseau de traduction qui devient alors impossible à maintenir. En d'autres termes, les collectifs qui le constituent se désalignent. Dès lors, les entités que liaient les intermédiaires replongent dans leur altérité première. La vache de l'éleveur n'a plus à voir avec celle qui figure dans le listing extrait de la base de données. Le lien entre l'agriculteur et l'exploitation qui figure dans le registre de la DDA est rompu, à l'inverse de ce qui se passait quand la traduction était parfaite, assurant une équivalence entre ces différents formats[1].

Cet aperçu donne une idée de la nature du travail bureaucratique : d'un côté, il consiste à classer, à disposer, à regrouper, à aligner de mieux en mieux les informations dont l'agent dispose pour traduire les demandes de prime en des situations de droit patentées ; de l'autre il suppose de réparer ce qui ne parvient pas « à passer », ce qui « bloque », ce qui résiste. Cette double activité est au cœur de l'action. Tel est le sens des alertes qui s'affichent sur l'écran sous forme de points d'exclamation, indiquant une rupture momentanée d'alignement. Tout comme ces caisses de plastique ou ces piles de dossiers dédiées aux « anomalies », qui rassemblent les ratés de la traduction, grossissant au fur et à mesure de la journée et qu'il faudra traiter (photo 7). Ainsi, le travail administratif, qui consiste en d'intenses activités d'enregistrement, de sommation, de compilation suppose deux

▲ 1. Sur les cas d'épreuve du travail administratif liés au réseau sociotechnique concernant l'existence d'un animal ou d'une parcelle, cf. nos articles : « Il faut sauver l'agriculteur Poulard de la télédétection ! Le souci du public à l'épreuve du travail administratif », *Revue Politiques et Management Public*, 24(3), 2006 ; « La disparition des deux bœufs du Père Verdon. Travail administratif et statut de la qualification », *Droit et Société*, 67, 2008.

opérations majeures : l'alignement et la réparation[1]. C'est à ce prix que des situations concrètes - des vaches qu'on abat, des parcelles qu'on moissonne, des prés qu'on fauche - attestées par des pièces matérielles versées dans un dossier peuvent être rattachées à des textes de loi. Une question demeure toutefois. Dans le chapitre précédent consacré aux magistrats de proximité, nous avons insisté sur l'importance du travail narratif - celui-là même qui consiste à lier les différents documents d'une affaire par une trame narrative susceptible d'en dégager un sens dans les termes du droit. Qu'en est-il ici ? Quelles histoires doivent se raconter ces personnels de l'administration agricole ? Il convient, pour le savoir, de revenir sur la nature des épreuves qu'ils rencontrent, et qui les obligent peut-être à se poser les mêmes questions que leurs confrères siégeant du haut de leur tribune dans les salles d'audience : « Mais que s'est-il passé ? »

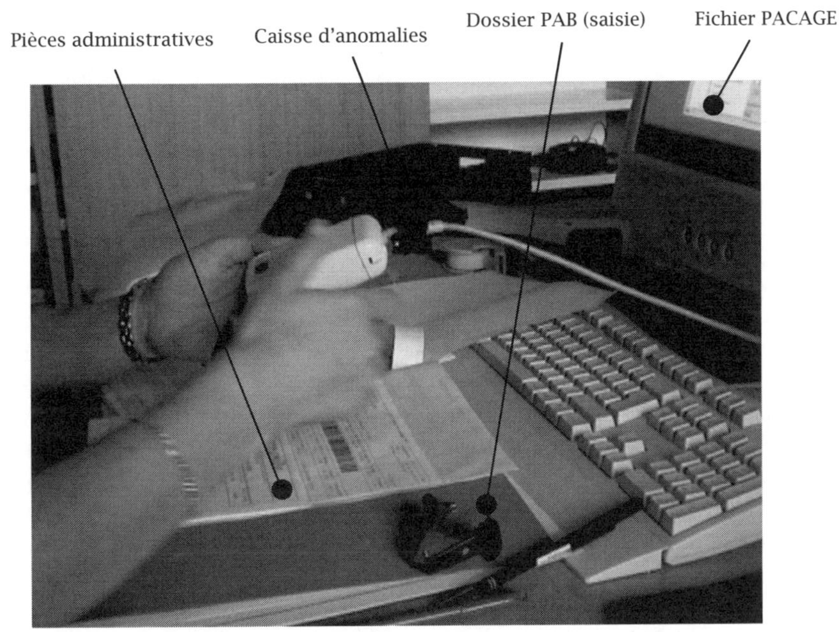

Photo 7 : Parmi l'équipement de l'agent administratif, la « caisse des anomalies ».

▲ 1. Ces activités de réparation ont fait l'objet d'une attention particulièrement aiguë ces dernières années dans le champ des STS. Sur l'attention qu'elles exigent vis-à-vis des dispositifs matériels et des opératiques pratiques qu'elles engagent, cf. Denis J., Mongili A., Pontille D., « Maintenance & Repair in Science and Technology Studies », *Tecnoscienza. Italian Journal of Science & Technology Studies*, 6(2), 2015 et Jackson S., « Rethinking Repair », *in* Gillespie T., Boczkowski P., Foot K., eds, *Media Technologies: Essays on Communication, Materiality and Society*, Cambridge, MIT Press, 2014. À propos de l'activité juridique, cf. plus particulièrement Pontille D., « Écriture et action juridique. Portrait de l'huissier de justice en réparateur », *Semen*, 28, 2009.

Les drames sociotechniques du travail administratif

Les « drames sociotechniques », que rencontre immanquablement le travail bureaucratique d'alignement, portent sur des objets hétérogènes : des bovins mal attribués, des timbres oubliés, des signatures manquantes, des parcelles qui n'existaient pas. Importants ou dérisoires, peu importe. Ces désalignements, qui interviennent à n'importe quelle étape du travail, supposent d'être réparés. À l'instar du travail d'alignement, ce travail de réparation suppose le déploiement d'une activité d'écriture[1] : correction des inévitables erreurs de saisie en revenant sur les données enregistrées, envoi de lettres-types à l'éleveur afin d'obtenir les pièces justificatives manquantes, subtil jeu de ratures et de modification des documents, etc. Mais quelle place occupe, dans ce cadre, le travail narratif mis en exergue par le chapitre précédent ? Dans quelles mesures pouvons-nous considérer que là aussi, entre des faits matériels et des textes réglementaires, il y a un récit à produire de la part de l'administration, une histoire relative à l'usager qui conduirait les agents à se poser la même question que les magistrats : mais que s'est-il passé ? Afin d'enquêter sur la place du fait narratif proprement dit, il convient de mieux décrire la diversité de ces épreuves, au sens où elles interrompent le cours d'action et constituent un moment critique[2] (premier point). C'est alors qu'on pourra dégager les conditions amenant un travail narratif à se déployer (deuxième point).

Les épreuves de désalignement

Les ruptures d'alignement, aussi soudaines qu'elles puissent être, n'ont pas toutes les mêmes conséquences. L'embouteillage momentané d'un réseau ou une simple erreur de saisie ne recouvre pas le même enjeu qu'une incertitude relative à la localisation d'une parcelle ou une difficulté relative à un point de droit. Pourtant, tous ces événements sont bel et bien des désalignements. Dans un article déjà évoqué, nous avons proposé de caractériser ces multiples épreuves depuis deux critères : leur étendue et leur intensité[3]. L'étendue indique le niveau de propagation d'un problème, celui-ci pouvant se maintenir localement à la seule relation entre l'agent et son ordinateur (problème de saisie, problèmes de calculs, etc.) ou, au contraire, affecter d'autres collègues du bureau, puis du service, puis gagner la direction locale, jusqu'à se diffuser rue de Varenne, à Paris, au Ministère, voire, parfois, toucher les services communautaires à Bruxelles, le cœur de la PAC. L'intensité caractérise l'ampleur du désalignement à réparer, étant entendu que c'est le nombre d'entités concernées par la rupture – bovins,

▲1. Sur l'ampleur de ce travail à propos de la gestion des bases de données et la production de l'information, cf. le dossier de la *Revue Anthropologie des Connaissances*, introduit et coordonné par Denis J., Pontille D., « Travailleurs de l'écrit, matières de l'information », *Revue d'anthropologie des connaissances*, 6(1), 2012.

▲2. Thevenot L., « L'action qui convient », *in* Pharo P., Quéré L., dir., *Les formes de l'action*, Paris, Éditions de l'EHESS, 1990.

▲3. Weller J.-M., « Comment ranger son bureau ? Le fonctionnaire, l'agriculteur et le droit », art. cité.

parcelles, surfaces, cotisations sociales, etc. - qui est ici déterminant. Ces deux critères permettent de mieux situer les événements responsables d'un désalignement et d'apprécier, par conséquent, la nature profonde du travail administratif, là où il est aussi création, trouvaille, solution destinée à rétablir les liens. En retenant parmi le corpus de l'ensemble des cas observés les seuls cas ayant soulevé une difficulté, et sans préjuger du type de problème posé ni de son étendue ni de son intensité, une typologie des différentes épreuves du travail administratif peut être proposée. On distinguera de ce point de vue quatre cas (encadré 4).

Encadré 4 : les épreuves de désalignement et le corpus d'affaires

Parmi les totalité des affaires observées (n = 500), nous avons sélectionné les cas ayant présenté au moins une épreuve (n = 399). Ces épreuves de désalignement, à propos des demandes d'aides directes, ont été caractérisées depuis leur étendue et leur intensité.

L'indice mesurant l'étendue est compris entre 0 et 1. Il apprécie, pour chaque affaire éprouvée, le nombre d'actants déterminants intervenant dans l'affaire en question, chacun valant 0,1 lorsqu'il est directement impliqué, ou 0,05 lorsqu'il est indirectement impliqué. Par exemple, le cas décrit plus bas dans ce chapitre (n° MT-083) concerne un éleveur fâché avec ses parents : il a une étendue de 0,7 qui résulte de l'addition du fichier informatique (0,1) et des autres fichiers consultés de l'exploitation (0,05), de la concertation avec un collègue du bureau (0,1) et d'autres collègues indirectement (0,05) ainsi que de la hiérarchie directe (0,1) et indirecte qui en est informée (0,05), de l'institution chargée du paiement (0,1), de l'usager lui-même (0,1) et de ses voisins (0,05).

L'indice mesurant l'intensité est compris entre 0 et 1. Il quantifie, pour chaque affaire éprouvée, la qualité des entités remises en cause par le désalignement, selon le barème suivant : problème d'information générale, sans intervention dans le traitement 0,1 ; problème de date ou de réception de la demande ou de codage ou de saisie de l'information 0,2 ; problème lié au formulaire de demande (pièce manquante, absence de signature) 0,3 ; problème de RIB 0,4 ; problème de producteur invalide (statut de l'exploitation) 0,5 ; problème d'animaux ou de parcelles inexistantes dans la base ou mal qualifiées 0,6 ; conflit de sources concurrentes d'information ou de bases 0,7 ; différend suite à un contrôle *a posteriori* (télédétection, contrôle terrain) 0,8 ; différend suite à un audit national ou communautaire 0,9. L'intervention d'un acteur tiers (office, usager, syndicat, ordinateur via un contrôle automatique) susceptible d'intensifier le problème majore le score de 0,05. Ainsi, le cas n° MT-083 a une intensité de 0,350, résultant du calcul additionnel suivant : absence d'un formulaire (0,3) et implication d'une institution tiers (0,05).

Les quatre classes d'affaires éprouvées sont construites en fonction de leur position par rapport à la moyenne du corpus en étendue (0,303) et en intensité (0,427) (Tableau 5)

	étendue	intensité	effectif	%
Classe I	< 0,303	< 0,427	138	0,35
Classe II	< 0,303	> 0,427	114	0,29
Classe III	> 0,303	< 0,427	85	0,21
Classe IV	> 0,303	> 0,427	62	0,15
Total			399	1,00

Tableau 5 : Distribution des affaires éprouvées par classes d'épreuves

Une première catégorie, la plus importante en effectif (classe I, n = 138), recouvre l'ensemble des épreuves à faible étendue et à faible intensité. Ce sont les difficultés qu'on prête spontanément au travail administratif : problème de codage, erreurs de saisie, difficultés de communication avec l'usager. Ce sont donc les différends entre le dossier, l'écran d'ordinateur et l'agent qui composent très ordinairement les épreuves de l'agent administratif, sachant qu'ils demeurent à ce stade circonscrits et faiblement intenses. Le travail de réalignement qui en résulte repose toujours sur la même opération : apprécier ce qui a été fait, proposé, demandé ou exprimé à l'aune de standards définis par avance assurant d'identifier le problème et de le réparer. Le bon code remplace le mauvais qu'on a saisi trop vite. Le bon imprimé se substitue à celui qui a été remis par erreur. La bonne information corrige la croyance erronée de l'agriculteur.

> Ainsi, les agents peuvent résoudre le problème par simple déduction logique : constatant que l'éleveur n'a pas précisé si l'animal abattu était un veau, un gros bovin ou une génisse, ils se contentent de vérifier son âge. Et cochent d'eux-mêmes l'information manquante : « Il a presque 3 ans, c'est un GB, pas une génisse ! » (*i.e.* Gros Bétail). Ils peuvent aussi se reporter à des données alternatives, quand l'information première n'est pas disponible : « Si le numéro d'abattage n'est pas lisible, on utilise le numéro de pesée ou alors de tuerie. » (cas n° PL-103). Ou encore, à propos de la saisie des parcelles culturales d'un agriculteur, l'agent se demande si ce dernier ne s'est pas trompé dans l'indication du code : « Bah là c'est du gel betterave, c'est N normalement… il a mis F le gel ça peut pas être en F… c'est du fourrage, c'est écrit en bas ! » (cas n° PL-072). Mais l'épreuve la plus emblématique de cette catégorie de désalignement demeure l'erreur de saisie, que l'ordinateur signale automatiquement. Ainsi, le cas de ce dossier à propos duquel l'agent commente aussitôt, en s'adressant au sociologue : « Tiens… tiens… il [l'ordinateur] m'indique que l'éleveur a une forte diminution de surface… » Il réalise qu'il s'est trompé en recopiant les données. Ou encore, à propos d'une demande de prime animale, l'agent s'apprête à clôturer le dossier lorsque sa machine lui signale une anomalie : un bovin est déclaré non éligible. L'agent clique sur « la torche », l'onglet prévu qui lui permet de lire le diagnostic proposé par l'ordinateur : « Bovin date de sortie après date d'abattage. » En fait, il s'agit d'une erreur de saisie qui apparaît quand l'agent clique sur la ligne informatique correspondante du bovin. L'agent corrige aussitôt, en commentant « Je vous le disais… c'est pas possible de faire des erreurs avec ce truc là, ça le détecte tout de suite ! »

Une deuxième catégorie (classe II, n = 114) concerne les épreuves de plus forte intensité, quoique de peu d'étendue. Le travail de réparation y prend toute son ampleur, et c'est là que le bureaucrate manifeste une certaine virtuosité dans l'art d'aligner les éléments d'une affaire, d'apprécier les contraintes d'une circulaire, de démêler un problème plus inhabituel de statut d'exploitation ou de se jouer d'un blocage momentané de l'informatique. Comme d'indicibles tours de main qu'on oppose à la machinerie bureaucratique pour se prouver qu'on existe et que le travail est aussi source d'inventions, les agents font volontiers état auprès du sociologue de leur talent pour « décoincer » toutes sortes de problèmes[1]. Un même îlot de culture déclaré par deux exploitants ? Un retour de contrôle sur place qui signale l'existence de plusieurs bovins non déclarés ? Une

▲1. N. Dodier évoque l'« éthos de la virtuosité » à propos du souci des opérateurs de faire de l'activité technique une épreuve où l'on mesure, à soi et aux autres, son habileté, son courage et son propre sang-froid (cf. Dodier N., *Des hommes et des machines*, *op. cit.*, p. 217-242). Le travail ouvrier a constitué, en sociologie du travail, une scène d'observation de référence, qu'on songe à l'établi bricolé de l'ouvrier affecté aux retouches chez R. Linhart (*L'établi*, Paris, Minuit, 1978) ou aux scènes de joutes chez P. Bernoux, D. Motte et J. Saglio (*Trois ateliers d'OS*, Paris, Éditions Ouvrières, 1973). Le travail administratif n'est pas exempt de ces virtuosités, même si elles paraissent moins spectaculaires.

prairie formellement permanente que l'agriculteur a retournée ? L'appréciation des épreuves s'accomplit en référence à des procédures, à des normes techniques, à des catégorisations contenues dans des manuels, des logiciels ou des textes juridiques. Elle s'avère plus complexe que dans la première catégorie d'épreuves, car ici c'est l'identité des exploitations, des parcelles ou des bovins qui est en jeu.

Ainsi, le cas de cet homme d'une cinquantaine d'années qui vient, le bras engourdi par des plans roulés sur eux-mêmes formant d'encombrants cylindres (cas n° PL-134). Il est informé, connaît ses parcelles et s'est déjà renseigné auprès de la Chambre d'agriculture. Il rencontre toutefois quelques difficultés pour dessiner son exploitation sur les photos aériennes, comme l'y invite désormais la réglementation en matière de demande d'aides. Et pour cause : il a une « parcelle sale ». En effet, lorsque l'agent la repère sur le cadastre, une de ses parcelles s'avère délicate à délimiter, à cause d'une rivière qui figure sur le plan mais qui, sur la photo, se devine plus qu'on ne la repère vraiment, car cachée par la végétation bordant le cours d'eau. L'agriculteur, embarrassé, explique que son dessin provisoire est certainement erroné : « J'ai fait ça au pif, on voyait rien avec le ruisseau... » Or, si, à l'occasion d'un contrôle par télédétection, la parcelle qu'il a dessinée s'avérait plus petite que celle qu'il exploite réellement, il serait soumis à des pénalités et au risque d'un retrait de ses aides. L'agent se livre alors à une véritable enquête pour redessiner la parcelle. Ou encore, le cas de cette agricultrice qui prétend avoir commis une erreur de triage dans la répartition de ses bêtes, de sorte qu'en mêlant une vache à des femelles n'ayant encore jamais vêlé, elle l'aura prise pour une génisse (photo 8).

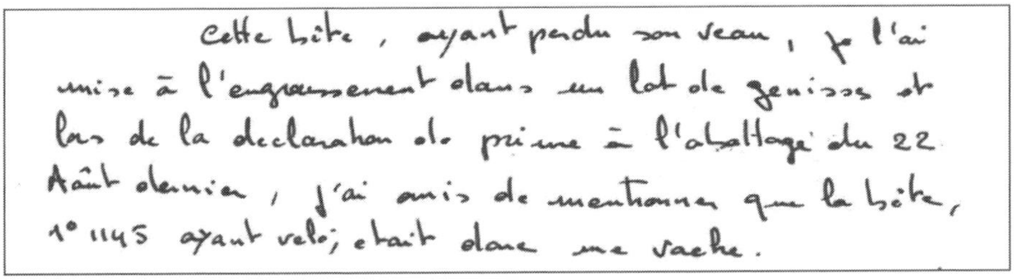
Cette bête, ayant perdu son veau, je l'ai mise à l'engraissement dans un lot de genisses et lors de la declaration de prime à l'abattage du 22 Août dernier, j'ai omis de mentionner que la bête, n° 1145 ayant velé; était donc une vache.

Photo 8 : La lettre d'une éleveuse à l'administration ayant pris sa vache pour une génisse (extrait)

Une troisième catégorie (classe III, n = 85) concerne la gestion des affaires plus controversées, au sens où elles opposent des lectures concurrentes d'une même situation sans qu'aucune ne s'impose spontanément. L'étendue et l'intensité des épreuves y sont élevées. Le travail de réparation suppose alors d'entrer dans le détail de l'affaire, de rencontrer l'agriculteur, de disséquer chaque pièce du dossier, de désagréger chaque donnée, d'examiner chaque ligne de la réglementation. Bref, de faire exactement le mouvement inverse de ce qui était fait jusqu'à présent : ne plus se référer à des standards technico-juridiques déjà là pour évaluer le problème mais se demander quel standard mobiliser. Cette démarche relève de ce que les juristes désignent formellement par la « qualification »[1] : de la même façon que les magistrats doivent qualifier les faits pour déterminer quels textes appliquer, l'agent doit mesurer ici l'importance d'une « faute grave », apprécier le « cas de force majeure » sans pouvoir s'en remettre à des

▲ 1. Cf. Cayla O., « La qualification ou la vérité du droit », *Droits*, 18, 1993.

consignes formelles qu'il suffirait de mobiliser, fussent-elles d'une maniaque précision dans l'espoir de pouvoir épuiser tous les possibles. Les épreuves qu'on trouve ici font le plus souvent l'objet d'interventions de la part de la hiérarchie, voire des services centraux. Elles donnent au travail administratif un contour qu'on ne trouve pas ailleurs.

Soit le cas de cet exploitant, qui loue une partie des terres qu'il utilise, qui vient à propos d'un problème de parcelle (cas n° MT-152) : son terrain, qu'il a engagé dans le cadre d'une prime herbagère agro-environnementale, est « repris par le propriétaire ». Ce dernier a apparemment un objectif en tête : vendre. Or, la mesure pour laquelle l'exploitant a perçu une somme importante suppose qu'il maintienne la parcelle comme prairie pendant 5 ans. Si l'exploitant se rend à la DDAF, c'est parce qu'il veut s'entendre confirmer que cette rupture d'engagement n'entraînera pas de pénalités à son encontre. L'agent fait l'hypothèse que non, estimant qu'on est face à un « cas de force majeure ». Il rassure l'agriculteur : « Le service a fait volontairement passer certains cas de vente comme celui-là comme cas de force majeure… » Il téléphone toutefois au gestionnaire de la prime pour s'en assurer. Ce dernier confirme. L'homme semble soulagé, et précise qu'en fait le propriétaire veut donner la parcelle à son fils. Or, dans ce cas, l'agent hésite. Son collègue gestionnaire arrive, interloqué par le cas qui lui a été transmis au téléphone, et explique qu'effectivement il ne s'agit plus vraiment d'une vente, et ne sait si l'on peut qualifier l'affaire de cas de force majeure. L'agriculteur paraît quelque peu inquiet… mais les deux agents ne peuvent guère en dire plus : « Ça n'a pas encore été précisé dans les textes, on n'a pas reçu la circulaire… Faudra voir si elle précise ce genre de problème… parce que c'est sûr, quand on est fermier on peut pas savoir si le propriétaire va vendre hein… Un cas de force majeure, ça doit être imprévisible. Donc là… qu'est-ce qu'on fait ? » Ou encore le cas de Marguerite Vigier et de ses 19 vaches pour lesquelles elle a bénéficier d'une prime de maintien au troupeau de vaches allaitantes dite « PMTVA » (cas n° PL-001). Destinée à soutenir économiquement la naissance des veaux dans le troupeau et la filière d'élevage, la prime suppose, en autres choses, de maintenir l'animal pendant au moins 6 mois. C'était toutefois sans compter un contrôle croisé entre la déclaration de l'exploitante et la fameuse base de données d'identification bovine appelée BDNI. Il révèle que, sur les 19 bovins primés, 18 sont prématurément sortis. Les aurait-elle vendus avant la date fatidique à des fins lucratives ? L'affaire est grave, car n'ayant pas respecté le délai réglementaire, Marguerite Vigier risque d'importantes pénalités. Qui plus est, le montant concerné dépasse les 20 % du total des subventions perçues, de sorte qu'un soupçon de fraude intentionnelle ne manque pas de s'exprimer. L'exploitante adresse toutefois un courrier à la DDAF : « J'ai vendu les bêtes parce que je ne pouvais plus m'en occuper à cause d'un accident à la colonne vertébrale. » Effectivement, Madame Vigier n'a pas seulement vendu 18 de ses bovins, elle a proposé à un repreneur la quasi-intégralité de son exploitation. Si cela s'avérait exact, pourquoi ne pas considéré cette reprise comme un cas de « force majeure » ayant contraint l'éleveuse d'abandonner ses bovins avant l'heure réglementaire, mais sans pouvoir faire autrement ? Une enquête est menée avec soin : la prise en charge à 100 % de l'éleveuse pour affection de longue durée par la Mutualité Sociale Agricole, l'impossibilité technique d'informer à temps la DDA d'une reprise, celle-ci étant intervenue dans les 6 jours précédant l'expiration du délai réglementaire de détention, les différentes interprétations possibles des textes. Au final, la décision sera prise par la direction de considérer l'affaire comme un cas de « force majeure », et proposée aux services centraux du Ministère.

Enfin, une quatrième catégorie (classe IV, n = 62) rassemble les épreuves sociotechniques à bien des égards les plus insolites. L'étendue est forte, mais pas l'intensité. Les alignements à réaliser y paraissent relativement aisés : on n'y trouve guère les perplexités sur la nature des règles à mobiliser ou la qualification des faits. Les blondes d'Aquitaine sont bien des blondes d'Aquitaine. Les parcelles de blé tendre sont bien du blé tendre. L'affaire ne pose guère plus de difficultés que celles qu'on a évoquées en classe I : une interrogation momentanée sur le bon code, une incertitude provisoire sur le patronyme de l'exploitant. Et pourtant, l'agent bute sur de réelles difficultés à faire entrer chaque animal, chaque surface « dans la machine ». Et pour cause : l'agriculteur résiste ! Perdu dans ses papiers, l'usager présente la caractéristique d'engager des pratiques mal ajustées aux techniques bureaucratiques de sorte que, à force de rendez-vous ratés, de plaintes mal adressées et de documents incomplets, il finit par faire défection, allant jusqu'à renoncer à ses droits ou se retrouver dans une situation illégale. Le travail que l'agent doit alors déployer à son endroit relève de ce qu'E. Marchal et F. Eymard-Duvernay[1] ont appelé « l'intéressement » et qui repose sur une stratégie d'accompagnement : une négociation située des contraintes administratives susceptibles d'apprendre aux agriculteurs à mieux s'ajuster. Qu'il passe par un suivi plus attentionné de certains cas, des interventions ponctuelles de communication sur le terrain ou une indéniable attention à l'accueil, le travail de réparation oblige l'agent à se confronter à ces situations qu'il qualifie lui-même de « difficiles », où la solitude de l'agriculteur se mêle aux difficultés matérielles, conduisant à des pratiques jugées « irrationnelles », parce qu'elles paraissent contraires aux intérêts immédiatement perceptibles de l'intéressé. Les agents évoquent volontiers, à ce propos, le cas des « agridiffs », qui sont en fait des agriculteurs formellement reconnus « en difficulté »[2] : bénéficiant d'aides sociales spécifiques et en difficultés socio-économiques avérées, ces exploitants manifestent une appréhension vis-à-vis des démarches bureaucratiques les conduisant à des comportements contre-productifs ou à des attitudes jugées irrationnelles par les professionnels. La mobilisation de collègues, et parfois de la hiérarchie, peut parvenir à corriger des étranges décisions. La figure du non-recours pointe ici, puisqu'elle concerne des personnes qui ne s'adressent pas aux services pour satisfaire leurs droits et renoncent aux prestations auxquelles elles pourraient prétendre[3]. Mais certains usages jugés pernicieux de la réglementation sont, de la même façon, dénoncés.

Ainsi, cet exercice classique auquel se livrent les agents dans une permanence d'accueil : l'examen du chargement. Le nombre des animaux primables étant limité par un taux dit « de chargement » (voir encadré 3), les éleveurs viennent régulièrement à la DDAF pour savoir où ils en sont : peuvent-ils encore primer leurs bovins ? Combien leur en reste-t-il ? Ainsi, le cas de cet éleveur : « Oh, là, là ! j'ai bien déclaré quelques bêtes aux trimestres passés... mais franchement je sais plus où j'en suis moi... » (cas n° MT-167). L'agent m'explique que c'est normal, car les paiements de l'OFIVAL (office des viandes) sont déconnectés des demandes (avance sous forme du versement d'un acompte à 60 % pour un versement de 40 %, avec en plus le complément extensif si besoin. L'agent consulte le dossier : « Il y a une bête pour le deuxième trimestre... Vous pouvez encore demander à primer les autres. » Il insiste sur les contraintes de détention : « Faut pas vous inquiéter... il faut que vous les gardiez pendant 6 mois hein... » L'agriculteur confirme être au courant et remercie l'agent, en me confessant directement : « On fait quand même pas ce boulot pour ça... » (désignant la paperasserie qui envahit la table du guichetier). Au travers d'anecdotes, on apprend qu'un premier agriculteur a

▲ 1. Marchal E., Eymard-Duvernay F., « Les règles en action : entre une organisation et ses usagers », *Revue française de sociologie*, 35(1), 1994.

▲ 2. Agridiff est une ligne de crédits dont dispose le ministre de l'Agriculture pour agir dans le cadre des crises agricoles. Elle permet à la Sécurité Sociale agricole (mutualité sociale agricole) d'intervenir auprès des exploitants momentanément en difficulté économique suite à un endettement trop lourd (concertation entre les créanciers, association de travailleurs sociaux), à des crises de production ou des calamités naturelles.

▲ 3. Le phénomène général du non-recours est une problématique qui a émergé dans le champ du droit social. Cf. Warin P., *L'Accès aux droits sociaux*, Grenoble, PUG, 2007.

volontairement lâcher ses bêtes en pleine nuit sur les pâtures voisines, qu'un deuxième menace de mort son voisinage ou qu'un autre s'enferre dans une inextricable situation familiale. Le travail administratif suppose aussi la gestion de ces situations. Ainsi, le cas de ce « dossier embêtant » désigné par un agent (cas MT-n° 083) : « On l'a reçu le 30 avril avec des pièces manquantes. Il manquait la liste des bovins, donc on fait une première relance... Rien... Une deuxième relance... Rien encore. [...]. J'ai expliqué qu'on n'avait aucune nouvelle de l'éleveur, qu'il n'avait pas répondu au courrier qu'on lui avait adressé. Il n'a pas de téléphone, alors du coup on ne pouvait pas l'appeler... Finalement, on a téléphoné à sa mère pour qu'il vienne. On a fini par pouvoir lui donner un rendez-vous. Il vient et on règle le problème de la liste [des bovins]. Mais il manquait encore l'avis d'imposition. On lui demande de revenir parce que là c'est idiot, c'est même complètement idiot... il y a quand même 35 000 francs de prime en jeu ! Et ben, il ne vient pas. Le problème, c'est qu'il est fâché avec ses parents et qu'il dort dans la stabu. C'est en téléphonant à des voisins qu'on a fini par l'apprendre. Il ne vient pas donner l'avis d'imposition parce qu'il n'a pas fait de déclaration, ça, c'est sûr... Mais c'est idiot, nous, avec des collègues, on a regardé la circulaire, on a vu qu'on pouvait recevoir une déclaration sur l'honneur comme quoi il n'a rien touché d'autre... le chef est au courant. »

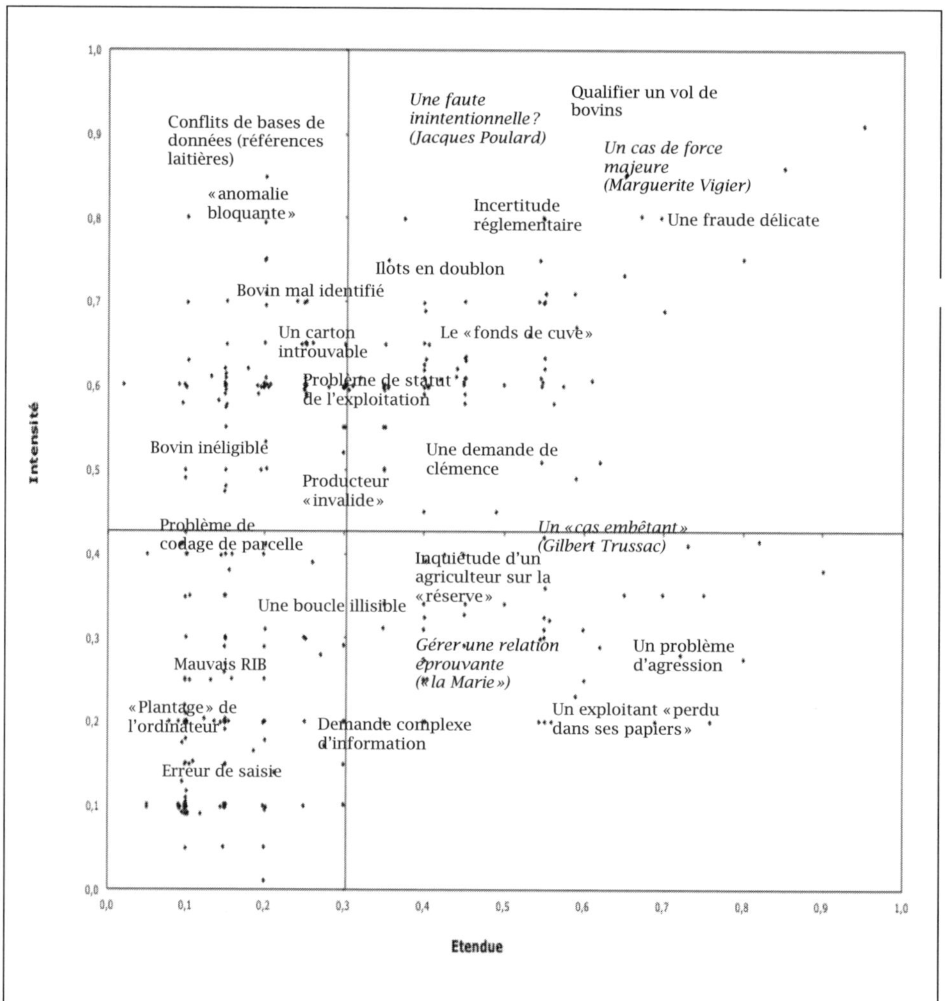

Schéma 3 : Cartographie des épreuves de désalignement (corpus agrégé n = 399)

Cet inventaire des épreuves qui surgissent dans le cours d'activité du travail administratif (schéma 3) rappelle combien la prescription qui consiste formellement à « appliquer la règle » ou « instruire des droits » suppose, en vérité, tout un ensemble d'opérations, plus ou moins compliquées, relevant de la double dimension alignement/réparation de réseaux sociotechniques, dont témoigne la variété des situations de travail observées (photos 9)[1]. En outre, cet examen permet de dégager deux manières distinctes de rapprocher les situations ordinaires et les textes réglementaires : la forme calculatoire et la forme indiciaire.

a : Une épreuve à faible étendue et forte intensité (la déclaration des surfaces et la catégorisation compliquée des parcelles)

b : Une épreuve à fortes intensité et étendue. Ici, l'exemple d'une réunion de la Commission Départementale d'Orientation Agricole (CDOA) rassemblant l'administration et les organisations professionnelles (la qualification de l'activité lors de l'installation d'agriculteurs comme enjeu)

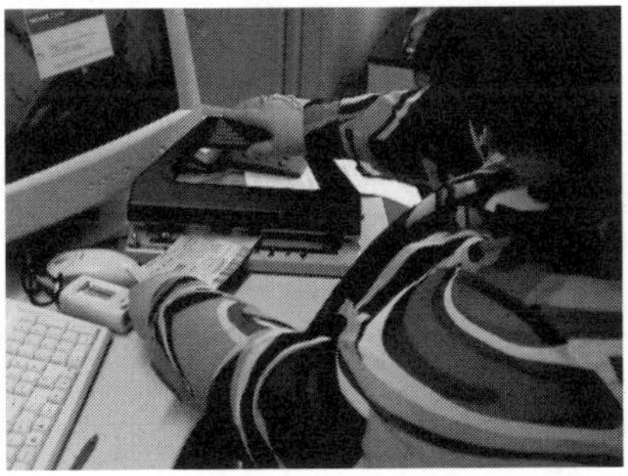

c : Une épreuve à faibles étendue et intensité (la perforation des passeports bovins).

d : Une épreuve à faible intensité et forte étendue : la saisie d'un dossier PAC met en jeu les agriculteurs concernés venus à la permanence (à gauche) et une collègue (au fond, à droite)

Photos 9 : Scènes de travail administratif selon leurs épreuves

▲ 1. On pourra rapprocher cette double nature aux recherches poursuivies autour des activités de maintenance et de réparation déjà évoquées plus haut. Cf. Denis J., Pontille D., « Material Ordering and the Care of Things », *Science, Technology, & Human Values*, 40(3), 2015.

La forme calculatoire et la forme indiciaire

Un des apports de l'*actor network theory* a été de mettre la lumière sur des dimensions jusqu'alors mal ou peu explorées de l'activité des chercheurs. En l'occurrence, il s'agissait de porter l'attention sur les pratiques d'écriture et de visualisation plutôt que sur l'esprit scientifique, ses principes et sa rationalité. L'enjeu de l'ethnographie des laboratoires a d'abord été là : « Au lieu de nous précipiter dans l'esprit, pourquoi ne pas regarder d'abord les mains, les yeux et le contexte matériel de ceux qui savent[1] ? » Cet intérêt pour les papiers, les images, les technologies littéraires que les chercheurs produisent pour mobiliser, fixer des formes, combiner, tracer, se prolonge aisément à propos du travail administratif que l'on s'efforce de comprendre ici. Comme eux, les petits bureaucrates rêvent de pouvoir appréhender l'épaisseur compliquée du réel depuis quelques feuilles de papier qu'il suffira de parcourir du regard. Comme eux, ils s'appliquent à produire eux-mêmes des textes - des fiches, des notes, des notifications - dont les éléments renvoient au contenu de leurs seuls dossiers, ces « mobiles immuables » qui leur assurent de pouvoir déplacer des montagnes, c'est-à-dire des pans entiers de la réalité[2]. Et, comme eux, nos bureaucrates n'ont de cesse, pour traiter leurs affaires, de comparer, de sommer, d'agréger leurs informations vers des centres de calcul qui en constituent les points d'accumulation. Ce constat, depuis longtemps établi, trouverait donc ici une illustration majeure[3]. Les observations qu'on vient de restituer dans ce chapitre montrent bien qu'un des fronts centraux sur lesquels les agents déploient toute leur énergie, qui constituent l'enjeu de bien des batailles, objet de leur précaution et de leur virtuosité, c'est celui des fichiers, êtres avec lesquels les agents passent le plus clair de leur temps. Avec eux, ils élaborent des raisonnements, formulent des hypothèses, établissent des conjectures, dressent des plans d'action : ils veillent à leur capacité à représenter le réel. Non pas au sens où le réel serait premier, et les bases de données un reflet, une réplique, une pâle copie. Mais au sens exactement inverse, où la représentation n'est pas une présentation seconde d'un réel déjà existant (*re presentare*) mais une proposition à visée prescriptive de ce qui doit être considéré comme chose (*res presentare*)[4].

▲ 1. Latour B., « Les "vues de l'esprit". Une introduction à l'anthropologie des sciences et des techniques », *Culture technique*, 14, 1985, p. 32.

▲ 2. Sur cette figure du dossier comme « mobile immuable », cf. Latour B., *La science en action*, Paris, La Découverte, 1991. La notion a fait florès depuis. Pour une discussion récente des « mobiles immuables bureaucratiques », cf. Denis J., *Le travail invisible des données*..., *op. cit.*

▲ 3. La sociologie des sciences, inaugurée par les travaux de M. Callon et B. Latour, s'est volontiers faite la défenseure de ces petits bureaucrates : « J'ai lu beaucoup de pamplets contre les bureaucrates et les paperassiers. Il paraîtrait que ces ronds-de-cuir remueraient du papier au lieu de travailler. C'est là une accusation gratuite. D'après ce que nous avons vu jusqu'ici, remuer du papier ne peut pas être inutile ; ce doit être au contraire la source d'un pouvoir capital puisque l'on trouve des "gratte-papiers" aussi bien dans les laboratoires que dans les bureaux d'études » (Latour B., *La science en action*, *op. cit.*, p. 59).

▲ 4. Si la première déclinaison fait de la représentation une présentation nouvelle, la seconde désigne plutôt le fait de pouvoir rendre présent à l'esprit ou à la vue quelqu'un ou quelque

L'« extrait Kbis » du fichier d'immatriculation au registre de commerce qui inventorie l'identité juridique des exploitations sous formes sociétaires, le système dit d'« identification pérenne généralisée » (IPG) associé à la Banque de Données Nationale d'Identification (BDNI) instaurée en 1998 pour recenser l'ensemble des « bovins actifs » ou le Répertoire parcellaire graphique (RPG) associé à une base orthophotographique (BD ORTHO) généralisé en 2004 pour les parcelles s'imposent désormais comme des points de passage obligés pour définir chaque producteur, chaque vache, chaque prairie. Les alignements et les réparations auxquels se livre inlassablement l'agent n'ont pas d'autre enjeu : qualifier juridiquement les parcelles, les animaux ou les modes de production de l'agriculteur depuis les informations produites par ces immenses bases. Certes, une manière pourrait consister à se rendre sur place, en multipliant les « contrôles terrain » afin de vérifier la conformité des exploitations avec les données numériques. C'est, du reste, une façon d'entretenir la fiabilité des fichiers qui est parfaitement en usage [1]. Mais, pour l'essentiel, le travail de vérification des informations consiste d'abord à s'assurer de la cohérence et de la complétude des données, en recourant à toute une série de recoupements et de croisements des informations contenues dans les multiples bases. En d'autres termes, le travail administratif procède ici d'une forme calculatoire et algorithmique, le recours central pour assurer la sécurité réglementaire et la fiabilité des fichiers étant les mathématiques[2].

Cette centralité du calcul, qui consiste à faire tenir le plus de choses possibles depuis une équation, inspire très largement l'équipement dont procède le travail administratif. C'est vrai des notions agronomiques issues des sciences de l'ingénieur - notion de « surface agricole utile » (SAU), taux de « spécialisation », taux de « chargement », unités gros bétail (UGB), etc. - dont s'inspire la réglementation dans l'attribution des aides, qui supposent un calcul prenant en compte une diversité de variables[3]. Et c'est, bien évidemment, d'abord et centralement le cas des ressources du système informatique de gestion dont la nature « intégrée » imposée par les textes permet de croiser et de contrôler automatiquement la fiabilité des données d'une même exploitation, d'identifier des « anomalies » susceptibles

chose qui est absent. Sur le statut des images et de la représentation, cf. notamment les travaux de Mondzain M.-J., *Image, icône, économie. Les sources byzantines de l'imaginaire contemporain*, Paris, Seuil, 1996.

▲ 1. On reviendra dans le dernier chapitre sur cet aspect, à propos de la question du pouvoir discrétionnaire de l'agent public et du contrôle.

▲ 2. Bien que peu visible, ce travail d'entretien des fichiers est essentiel. Au-delà des recherches pionnières de S.L. Star et G. Bowker (*Sorting Thing Out: Classification and its consequences*, Cambridge, MIT Press, 1999) qui lui ont consacré une première attention, cf. les travaux en France rassemblés dans le numéro de la *Revue d'anthropologie des connaissances*, 6(1), 2012, coordonné par J. Denis et D. Pontille, consacré au « petites mains de la société d'information », et en particulier Dagiral É., Peerbaye A., « Les mains dans les bases de données : connaître et faire reconnaître le travail invisible », p. 229-254.

▲ 3. Cette tendance est, du reste, plus marquée encore aujourd'hui qu'au moment où nous enquêtions, la détermination des montants des primes découlant désormais de droits à paiement unique (DPU) définis à partir de moyennes sur les données antérieures de production.

d'orienter l'attention des agents voire de commander un « contrôle terrain »[1]. On reconnaîtra là un argument de la sociologie des sciences : que faut-il, se demandait il y a longtemps déjà, Bruno Latour, pour qu'un chercheur puisse comparer les milliards de galaxies, les évolutions des cours de la bourse ou les structures de tous les mythes de la planète ? Il faut d'abord un bon fichier[2] ! C'est la même chose ici : pour définir les droits des exploitants, il faut pouvoir voir leur ferme, leurs parcelles, leurs troupeaux. Et, pour cela, il faut des bases de données. Et pour pouvoir les lire, rien de mieux que quelques calculs bien posés qui permettront de s'assurer de leur cohérence. Il n'y a ici, pour notre bureaucrate, aucune histoire à raconter, aucun fait à replacer dans une trame narrative, aucune mise en récit à déployer pour soupeser la situation et dire le droit. Un chargement supérieur à 0,8 en zone montagneuse de type I ? L'éleveur est considéré comme ne respectant pas les bonnes pratiques prévues par la réglementation. Un taux d'anomalie supérieur à 20 % ? L'agriculteur est présumé fraudeur intentionnel, et s'expose à des pénalités lourdes définies par les textes.

Cette manière d'énoncer les droits d'un usager tranche avec celle que nous relevions lors du chapitre précédent, à propos du travail narratif accompli ordinairement par les magistrats. Ces derniers ressemblent à ce qu'étudie depuis longtemps la microhistoire avec notamment les procès de l'Inquisition[3], et que Carlo Ginzburg a modélisé en un « paradigme de l'indice[4] ». À l'instar d'un chasseur primitif, qui a appris à examiner les empreintes inscrites dans la boue, attentif aux branchages des arbres cassés, aux boules de poils restés accrochés, aux plumes collées aux herbes, aux odeurs d'excréments, aux moindres bruissements, et qui, depuis ces traces infinitésimales, recompose pas à pas l'animal qu'il ne voit pas, mais dont il sait désormais qu'il se trouve aux alentours, le juge a appris à sentir, à interpréter, à classifier toutes sortes d'indices pour reconstituer une

▲1. L'introduction des progiciels de gestion intégrés, plus connus sous le sigle d'ERP (*Enterprise Resource Planning*), mériterait en soi une analyse que nous n'avons pas faite ici, et à propos desquels la sociologie s'est intéressée aux formes et aux effets possibles dans les entreprises (cf., par exemple, Segrestin D., dir., *Le mythe de l'organisation intégrée. Les progiciels de gestion*, Toulouse, Presses Universitaires du Mirail, 2004). Le cas des administrations, a été moins exploré à notre connaissance, sinon en matière de gestion des ressources humaines, cf. Jeannot G., Guillemot D., « Réformer par les outils ou par les hommes ? Un bilan quantitatif de la "modernisation de la gestion" de l'État », *Revue Politiques et Management Public*, 27(4), 2010. Nous reviendrons, dans la deuxième partie, sur la place et l'histoire de ces outils de gestion, et notamment de l'informatique.

▲2. Latour B., « Les "vues de l'esprit"... », art. cité, p. 52.

▲3. On pense notamment à Ginzburg C., *Le Fromage et les vers. L'univers d'un meunier du XVI*[e] *siècle*, Paris, Flammarion, 1980 ou Levi G., *Le pouvoir au village. Histoire d'un exorciste dans le Piémont du XVII*[e] *siècle*, Paris, Gallimard, 1989.

▲4. Ginzburg C., « Traces. Racines d'un paradigme indiciaire », in *Mythes, emblèmes, traces. Morphologie et histoire*, Lagrasse, Verdier/Poche, 2010, p. 218-294. Parmi les différents cas empiriques qu'explore l'historien avec érudition et gourmandise – Morelli et les méthodes d'expertise des tableaux de la peinture italienne, Freud et l'approche des symptômes de l'hystérie, Sherlock Holmes et les techniques d'élucidation des crimes – les scènes du droit sont peu évoquées (sinon p. 246 en évoquant la médecine, et p. 275 à propos du procès de Zadig), bien qu'elles reçoivent la même considération « indiciaire » de leurs protagonistes, de l'avis même de l'auteur.

situation, des personnages, des intentions, des actes. Grâce à ces signes – qui lui sont livrés par l'intermédiaire d'un dossier – il reconstruit, détail après détail, ce qui s'est possiblement passé et l'éprouve, en le soumettant au contradictoire. Rien d'étonnant à cela : c'est au creuset de ce paradigme indiciaire qu'un lien s'établit entre l'écriture et la narration, ce lien remontant probablement à des temps immémoriaux[1]. Le fonctionnaire des services agricoles procède toutefois différemment du juge. Lui aussi dispose d'une collection de pièces éparses déposées dans une chemise cartonnée. Lui aussi doit faire sourdre un texte ultime, depuis cet amoncellement, attestant d'une décision – la notification administrative. Et, lui aussi, doit produire cette cohérence en veillant à sa compatibilité avec les formes spécifiques du droit. Mais la manière d'agréger les informations, de les comparer, les assembler, diffère. Car ce n'est pas par la médiation d'un récit que l'agent parvient à totaliser les éléments d'un dossier, mais d'un calcul, réalisé automatiquement par une machine, et dont il ne maîtrise pas les équations. Cette différence est essentielle, et renvoie à ce que Ginzburg considère lui-même comme une « déchirure » dans la carte géographique des savoirs qu'il dessine dans son article, opposant d'un côté le paradigme indiciaire, fondé sur le déchiffrement de signes dont l'art du jugement en droit ferait partie[2], et le paradigme proprement scientifique, basé sur l'emploi des mathématiques et l'expérimentation en laboratoire, et dont l'approche indirecte et conjecturale est désormais exclue[3]. Dès lors, la question qui se pose est celle de savoir ce qui se passe quand le calcul paraît erroné ou étrange, et quelle place l'organisation laisse à l'agent pour y remédier, et s'il le peut[4]. L'examen des épreuves du travail administratif montre, en cela, que c'est seulement lorsqu'elles atteignent un niveau élevé d'intensité ou d'étendue que les affaires obligent véritablement à un travail narratif, quand trop d'entités – vaches, parcelles, prairies, etc. – affichent une identité troublée, quand les tensions qu'elles soulèvent gagnent trop de collègues, et

▲ 1. Pour C. Ginzburg, qui fait ce lien, le chasseur primitif aurait été le premier à « raconter une histoire », parce que seul capable de lire une série cohérente d'événements dans les traces muettes et apparemment chaotiques laissées par sa proie (*ibid.*, p. 261).

▲ 2. *Ibid.*, p. 246.

▲ 3. « Il est certain qu'entre le physicien galiléen professionnellement sourd aux sons et insensibles aux saveurs et aux odeurs, et le médecin de son époque, qui risquait des diagnostics en tendant l'oreille aux râles des poitrines, en reniflant des selles et en goûtant des urines, le contraste ne pouvait pas être plus grand » (*ibid.*, p. 255). Plus largement, Ginzburg évoque une diversité de disciplines (l'histoire, l'archéologie, la paléontologie, et au premier chef les sciences humaines) qui émergent comme sciences à la fin du XIXe, mais qui, ne pouvant s'inscrire dans le paradigme galiléen (reproductibilité des causes, expérimentation en laboratoire, quantification, etc.), s'adressent au paradigme indiciaire pour décrire les phénomènes (p. 276). Bien sûr, l'on pourrait relativiser cette rupture, en considérant par exemple que les chercheurs, dans leur laboratoire, opèrent eux aussi par conjectures, comme le fait remarquer Latour critiquant Ginzburg depuis ses propres travaux ethnographiques (« Les "vues de l'esprit"... », art. cité, p. 52). Le recours au calcul et à la mathématisation pour décrire les phénomènes nous paraît toutefois dessiner bel et bien deux horizons d'intelligibilité différents, qu'il s'agisse du travail scientifique ou, comme ce qui nous préoccupe ici, d'activités juridiques.

▲ 4. Nous reviendrons, dans la seconde partie, sur cette dimension organisationnelle dont procèdent, pour partie, les capacités des agents à agir.

qu'il convient alors de plonger dans le dossier pour comprendre ce qu'il s'est passé. Rien d'étonnant donc à remarquer que c'est quand l'activité de qualification est la plus controversée – c'est-à-dire lorsqu'on se trouve dans le quadrant nord-est de notre carte des épreuves (schéma 3) – que le travail des bureaucrates des services agricoles ressemble le plus à celui des magistrats rencontrés précédemment. Mais c'est pour une minorité d'affaires et de personnels.

*

Au terme de cette description du travail bureaucratique, il convient d'insister sur la technicité et la relative complexité des activités administratives. On a pu les considérer comme répétitives et mécaniques, et ceux qui les réalisaient grisâtres et sans imagination. Nous ne l'avons pas cru. Pour décrire ce que font les bureaucrates, rendre compte de leurs épreuves et des efforts qu'ils déployaient pour les résoudre, il nous a fallu franchir la porte de leur administration, monter dans les étages, emprunter les escaliers de service, nous installer à leur table de travail, au cœur des *back offices*. À cette condition, un monde insoupçonné surgit à l'observateur. Un monde saturé de technologies sophistiquées et d'écriture, de formulaires, de fichiers, de cartes, de plans, de programmes et même de satellites. Un monde de panoptiques dont le travail s'applique à confronter les propos, les articuler, les rendre convergents, les aligner. C'est de cette patiente et laborieuse confection où le travail de l'homme se mêle à celui des machines que procède la décision en droit. Ainsi on mesure combien l'exercice du droit n'est jamais mécanique mais suppose un travail extrêmement équipé. C'est même là un argument central de ce chapitre : si l'application de la réglementation repose sur une diversité de technologies destinées à résumer, à représenter, à tracer l'activité des agriculteurs pour l'attribution des aides, elle exige qu'un travail soit accompli. Un travail administratif, dont le cœur de l'activité est constitué par la résolution d'épreuves, et qui passe le plus souvent inaperçu. Un travail néanmoins, indispensable, qui a sa technicité, ses savoir-faire, et ses tours de main.

Les apports de la sociologie des sciences ont été, dans cette perspective, essentiels, parce que la volonté de restituer les activités de travail, leurs tourments, leurs succès comme leurs échecs, supposaient de se déprendre d'un réflexe devenu commun à la sociologie consistant à « suivre les acteurs ». Nous avons préféré suivre les dossiers. Faits de papiers, de chemise cartonnée et de lignes informatiques, ils n'ont pas toujours reçu l'attention qu'ils méritent. Pourtant, sans eux, la main et l'esprit de l'homme de loi ne sauraient agir. Il faut des barils pour écouler le pétrole, des bouteilles pour transporter le vin, des sacs pour déplacer des pommes. De même, il faut des dossiers pour traduire des situations en droits. Cette préoccupation à restituer l'acte de travail lui-même depuis sa matérialité invite toutefois à quelques nuances. Une telle orientation, quand bien même elle serait minoritaire, n'en demeure pas moins partagée par un certain nombre de chercheurs, y compris pour rendre compte des activités des bureaucrates. Afin de mieux apprécier la portée et les limites de notre propre analyse du travail administratif, aussi convient-il de l'examiner à l'aune de la production académique existante. Mais quel en est précisément le périmètre ? Selon quelles problématiques le travail bureaucratique et ses écrits ont-ils été explorés ? Et pour quels résultats ? Afin de proposer un tour d'horizon de ces travaux et d'étayer nos propres résultats, nous invitons le lecteur à poursuivre l'enquête : comment décrire les papiers et leur traitement ?

Chapitre 3

Explorer la paperasserie

L'idée que les dossiers constituent une technologie décisive sans laquelle le pouvoir bureaucratique demeurerait sans prise et sans effet inspire centralement la réflexion qu'on se propose de mener ici. Elle s'inscrit, en cela, dans le prolongement des deux précédents chapitres montrant comment la décision administrative, si elle doit être fondée en droit pour être légitime, n'en demeurerait pas moins impossible sans cet objet de papier et de lignes informatiques, devenu à ce point incontournable et quotidien qu'on ne le remarque plus[1]. Pourtant, à bien y regarder, il est l'enjeu régulier de plusieurs débats contemporains. L'accès aux documents par les intéressés eux-mêmes[2], la numérisation des traitements et le rêve d'une administration sans papier[3], la disponibilité à tous des données publiques et le statut des informations personnelles[4] constituent autant de problématiques où l'objet « dossier » intervient centralement, diversement problématisé, tantôt promis à l'ouverture la plus grande, tantôt voué à une dématérialisation prochaine. Pour répondre, nous poursuivrons la même stratégie indirecte que celle que nous avons adoptée jusqu'à présent : considérer la place et l'enjeu de cette technologie depuis le travail concret dont il est l'objet. Après avoir présenté deux explorations empiriques différentes, nous nous proposons toutefois de poursuivre nos investigations

▲ 1. Il rejoint, en cela, la multitude des objets peuplant l'« infra-ordinaire » auquel G. Perec était si sensible dans *L'infraordinaire*, Paris, Seuil, 1989.

▲ 2. Sur l'accès des citoyens aux documents administratifs les concernant, cf. la loi du 17 juillet 1978. Sur le cas spécifique des patients pour l'accès direct à leur dossier médical, cf. la loi du 4 mars 2002.

▲ 3. Le « bureau moderne » comme forme organisationnelle rationnelle s'accompagne dès l'origine d'une paperasserie que les organisateurs eux-mêmes rêvent de supprimer : depuis la fin des années 1960, l'utopie d'un bureau sans papier s'exprime incidemment à propos des nouvelles technologies du moment – mécanisation, informatique, numérisation, etc. Cf., sur le sujet, Sellen A., Harper R., *The Myth of the Paperless Office*, Cambridge, MIT Press, 2003.

▲ 4. Sur les premiers enjeux de la numérisation à propos de l'administration, cf. Dagiral E., « Les enjeux de l'administration électronique », *Cahiers Français*, 346, 2008.

différemment, en nous intéressant cette fois-ci à la production académique. Pour commencer cette enquête, nous nous demanderons, en premier lieu, comment décrire les écrits administratifs, compte tenu des travaux de sciences sociales qui les ont déjà approchés. Cet examen des approches et des problématiques possibles nous conduira à nous interroger, en particulier, sur le « dossier » depuis les éclairages multiples, mais hélas dispersés, dont il a pu faire l'objet parmi la littérature. Un enjeu sera donc d'en permettre une meilleure vision. Compte tenu de ce tableau, nous nous pencherons alors sur la genèse et les enjeux de cet outil, afin de dégager certaines de ses propriétés et de revenir sur la portée et les limites de nos propres résultats d'enquête qu'on a pu exposer précédemment.

Comment décrire les écrits administratifs ?

Cette volonté de pouvoir dresser un état de l'art à la fois synthétique et diachronique sur la question de la « paperasserie » ou, plus précisément, sur les « écrits administratifs » peut paraître irréaliste. Passé le réflexe de l'étonnement - y'a-t-il vraiment des recherches sur un tel objet ? - c'est, en fait, la diversité des approches qu'on constate. Depuis quelques années, un nombre croissant de chercheurs en histoire, en anthropologie ou en sociologie ont, en effet, ouvert la porte des administrations pour s'intéresser à leurs outils, leurs équipements, leurs technologies. Et plutôt que de traiter la bureaucratie comme un idéal-type, une forme générale d'organisation ou un type de rationalité, ils se sont penchés sur la table de travail des employés, afin d'examiner en détail ce que, bien souvent péjorativement, l'on appelle la « paperasserie ». Nous rappellerons ici les principales étapes qui ont jalonné l'histoire de cet intérêt grandissant. Après en avoir évoqué des travaux pionniers (premier point), nous tenterons un inventaire des recherches ayant rencontré et exploré les écrits administratifs, principalement dans les années 1980 et 1990 (deuxième point) ; après quoi nous proposons une cartographie des problématiques relatives à ces écrits et aux questions plus spécifiques au droit et à l'État qui ont été menés par la suite, jusqu'à aujourd'hui (troisième point).

Les premières explorations des papiers administratifs

Les premiers travaux sur le sujet sont, à notre connaissance, ceux de Don Zimmerman qui, dans les années 1960, mène une enquête sur le *paperwork* au sein d'un service public fédéral, dans le cadre d'une thèse[1]. Réalisée sous la direction de Harold Garfinkel, cette recherche s'inscrit dans les perspectives de l'ethnométhodologie, et opère, pour la première fois, un retournement de la problématique généralement adoptée sur le sujet. En effet, si les écrits administratifs, et plus largement les dossiers, avaient pu, jusque-là, être aperçus par les sociologues, c'était généralement parce qu'ils témoignaient des règles formelles et des pratiques informelles depuis

▲ 1. Zimmerman D. H., *Paper Work and People Work: A Study of a Public Assistance Agency*, Ph.D. Dissertation, Los Angeles, University of California, 1966.

lesquelles l'on s'efforçait alors de décrire le monde des bureaux[1]. Mais les papiers n'étaient pas questionnés frontalement, et encore moins le statut qu'ils semblent acquérir dès lors qu'elles servent à l'établissement des faits dans l'attribution de droits. C'est donc une investigation originale que mène Zimmerman, le conduisant à décrire les différents documents contenus dans les dossiers des demandeurs d'aides sociales, à restituer l'organisation du travail qui en soutient le traitement, et à comprendre la manière dont les professionnels eux-mêmes raisonnent, pour donner aux écrits un statut de preuve dans l'établissement des faits[2]. L'approche du jeune chercheur rejoint alors la préoccupation d'autres sociologues, comme Aaron Cicourel chez qui l'on trouve également un intérêt, dès cette époque, pour le travail administratif[3] ou comme Stanton Wheeler, jeune sociologue du droit à Yale qui édite alors un ouvrage collectif entièrement consacré aux « dossiers », véritables technologies d'enregistrement en prise avec les multiples facettes de la vie quotidienne, dont les usages et les effets sur la société tout entière mérite, selon lui, d'être compris en tant que tels[4]. Inventaire des systèmes de *record keeping* dans les institutions économiques et publiques les plus variées, l'ouvrage détonne, à bien des égards, par la perspective qu'il offre en donnant aux dossiers une centralité inédite qu'il est alors le premier à proposer[5]. Mais, bien que l'ouvrage rencontre la société américaine aux

▲ 1. On pense par exemple à Francis R., Stone R., *Service and Procedure in Bureaucracy*, Minneapolis, University of Minnesota Press, 1956, chapitre 7 ou à Blau P., *The Dynamics of Bureaucracy*, Chicago, University of Chicago Press, 1962, chapitre 3, cités par l'auteur et qui constitueront également une référence pour les travaux de M. Crozier, sur le cas français, publiés au même moment.

▲ 2. D. Zimmerman souligne notamment l'importance du « scepticisme », véritable vertu professionnelle guidant le bureaucrate dans son interprétation des pièces lui inspirant un souci maniaque à résoudre les affaires (cf. Zimmerman D.H., « Record-Keeping and the Intake Process in a Public Welfare Agency », *in* Wheeler S., ed., *On Record: Files and Dossiers in American Life*, New York, Russel Sage, 1969, p. 319-354). Les autres publications notoires de Zimmerman sur le sujet sont « Tasks and Troubles: The Practical Bases of Work Activities in a Public Assistance Agency », *in* Hansen D., ed., *Explorations in Sociology and Counseling*, New York, Houghton-Mifflin, 1969 et « The Practicalities of Rule Use », *in* Douglas J., ed., *Understanding Everyday Life*, Chicago, Aldine, 1970, p. 285-295. On remarquera que l'interrogation de Zimmerman, enquêtant sur les manières dont les bureaucrates construisent les faits, sera celle qu'adopteront une dizaine d'années plus tard, dans une même veine ethnométhodologique, Latour B., Woolgar S., *Laboratory Life. The Social Construction of Scientific Facts*, Beverly Hills, Sage Publications, 1979.

▲ 3. Cicourel A., *The Social Organization of Juvenile Justice*, New York, John Wiley & Sons, 1968, chapitre 5.

▲ 4. Wheeler S., ed., *On Record. Files and Dossiers in American Life*, New York, Russell Sage Foundation, 1969.

▲ 5. « On pourrait argumenter [...] que nous faisons grossièrement erreur en prétendant que les dossiers accomplissent ces tâches et, plus encore, ont tous ces effets. D'une certaine manière, le dossier est seulement un indicateur neutre des comportements d'une personne, les décisions qui en résultent étant déterminées par ces actes, et non par les dossiers qui les enregistrent. Et, depuis cette perspective, nous perdrions parfaitement notre temps à vouloir examiner les pratiques de dossiers. Cet argument néglige toutefois le fait que la confection, l'entretien et la lecture de dossiers décrivent eux-mêmes une manière de conduire [...], [conduisant à] enregistrer certains aspects du comportement des individus, et à en négliger d'autres. D'une manière décisive, les actes qu'on entend examiner dépendent de ce que l'on a décidé d'enregistrer. Aussi, le traitement des dossiers lui-même doit être approché comme problématique, et l'on ne peut uniquement s'interroger sur les conditions qui font que

prises avec l'affaire du *Watergate* et fut réédité pour la circonstance, il n'en demeure pas moins une exploration unique en son genre en sociologie[1].

Une autre perspective d'exploration des écrits administratifs concerne leur histoire. Le fait que le gouvernement des hommes et des choses suppose des pratiques d'inventaire, de dénombrement, de catégorisation, et que ces pratiques passent elles-mêmes par de l'écrit est un fait parfaitement établi par les historiens des sociétés occidentales et de l'État[2]. Mais l'examen attentif de la production documentaire, de l'ensemble de ses formes, de ses supports et de ses effets n'a pas d'emblée reçu la même attention que d'autres technologies littéraires comme le livre qui est au cœur de grandes enquêtes historiques[3]. À une exception notable près toutefois, avec un ouvrage considéré comme pionnier dans le domaine : celui que Michael Clanchy consacre, dès les années 1970, à la première révolution de l'écrit que connaît l'Europe médiévale[4]. En effet, de la fin du XIe siècle à la fin du XIIIe siècle, le nombre de documents écrits explose littéralement, traduisant un usage croissant des textes en Occident qui débordent désormais le seul cercle des lettrés. Cet essor des écrits administratifs est-il le fait d'une baisse des coûts de l'écriture et d'innovations techniques (écriture cursive augmentant la vitesse d'exécution, qualité de la cire à cacheter, transformation des supports, production d'encres plus fluides et meilleur marché, etc.) ? Est-il le résultat d'un souci plus poussé de la conservation documentaire, qui fait que l'historien peut aujourd'hui disposer d'archives ? Une chose est certaine : les pratiques d'écritures administratives se développent à tous les niveaux (démultiplication des originaux, des copies authentifiées, etc.)[5]. Elles signaleraient une évolution profonde du sens

certains événements touchant à la vie des personnes font l'objet d'un dossier, mais également sur la légitimité de ces enregistrements » (*ibid.*, p. 22-23).

▲ 1. Ce n'est pas le cas du cinéma où l'affaire du Watergate (1972-1974) contribue à mettre au cœur de l'attention les dispositifs bureaucratiques d'enregistrement et inspire un genre inédit - le thriller politique - avec le magnifique *The Conversation* (Conversation secrète) de Francis Ford Coppola en 1974 et *Three Days of the Condor* (Les trois jours du condor) de Sydney Pollack en 1975.

▲ 2. Goody J., *The domestication of the savage mind*, Cambridge, Cambridge University Press, 1977 (trad. fr. *La raison graphique. La domestication de la pensée sauvage*, Paris, Minuit, 1979).

▲ 3. On pense à l'ouvrage posthume de Febvre L., Martin H.-J., *L'apparition du livre*, Paris, Albin Michel, 1958 et 1971 ; à Furet F., Ozouf J., *Lire et écrire. L'alphabétisation des Français de Calvin à Jules Ferry*, Paris, Minuit, 1977 ; ou à Eisenstein E., *La Révolution de l'imprimé dans l'Europe des premiers temps modernes*, Paris, La Découverte, 1991 (1983).

▲ 4. Clanchy M., *From Memory to Written Record. England 1066-1307*, Cambridge (Mass.), Harvard University Press, 1979. L'ouvrage a fait l'objet d'une réédition largement augmentée par l'auteur en 1993. Au début des années 1970, l'auteur édite *The Roll and Writ File of the Berkshire Eyre of 1248*, London, Selden Society, 1973.

▲ 5. Un témoin emblématique de cette révolution de l'écrit administratif est le cartulaire. Recueil de copies des titres relatifs aux biens et aux droits d'une personne physique ou morale (abbaye, évêché, etc.) ainsi que divers documents concernant son histoire ou son administration, le cartulaire constitue à la fois un outil de commémoration (entretien de la mémoire des donateurs et des bienfaiteurs d'une communauté monastique, etc.) et une technique de gestion (copies des écrits traitant des biens et des revenus). Sur des travaux plus récents, évoquant les recherches pionnières de Clanchy sur le domaine, cf. Chastang P., « Cartulaires, cartularisation et scripturalité médiévale : la structuration d'un nouveau champ de recherche », *Cahiers de la civilisation médiévale*, 49(193), 2006. Sur les pratiques

même de l'écrit diplomatique. Jusqu'aux XIe-XIIe siècles, il sert à faire mémoire de l'action juridique, afin que nul de l'oublie. Mais, progressivement, il peut aussi l'attester officiellement, auquel cas il subit un changement de forme (forme rectangulaire ou carrée, décoration minimaliste, texte jalonné de formules juridiques, adjonctions compliquées de signes, signatures et sceaux, écriture en deux exemplaires qu'on peut rapprocher en cas de contestation, etc.). C'est que l'acte tend désormais à se confondre avec le document, de sorte que c'est la question de sa validité qui devient déterminante. Cette transformation radicale des écritures ordinaires, explorée avec l'ouvrage de Michael Clanchy, prolongeait alors les travaux anglo-saxons, et notamment de Goody, sur la *literacy*.

Avouons-le : ces explorations originales de la paperasserie, qui interrogent aussi bien la forme que le sens même des documents administratifs, sont demeurées des tentatives isolées. Et quand bien même elles ont pu être remarquées, elles n'ont pas franchi les frontières des spécialistes. L'ouvrage de Clanchy est resté cantonné au domaine de la médiévistique, et mit longtemps à être connu des historiens français[1]. Quant au travail de Zimmerman, il demeure attaché aux études ethnométhodologiques dont l'audience demeure spécifique, et que les recherches en France reçoivent également avec retard[2]. Plus d'une vingtaine d'années après, au tournant des années 1990, le domaine a néanmoins évolué ; et même si les écrits administratifs ne font toujours pas l'objet, à cette date, d'un engouement notable parmi les recherches consacrées à l'État.

Les écrits administratifs dans les premières recherches françaises

Force est de constater que le détour par les dispositifs d'écriture semble, aujourd'hui, constituer une stratégie de recherche mieux établie. Et bien que minoritaire, ce détour conduit à s'intéresser à des écrits aux formes et aux statuts divers - curriculums, emballages, fiches de dégustation, lettres-types, agendas, rapports, dossiers, etc. - pour décrire des pratiques économiques, des dispositifs de captation de clients, des activités de qualification des biens, des modes de gestion des communications dans les organisations, des pratiques de travail agricoles, des politiques publiques, des stratégies de sélection de demandeurs d'accès à des logements sociaux, etc[3]. Afin d'en

monastiques des écrits, leurs fonctions multiples (pédagogiques, administratives, identitaires, etc.) et leurs formes (actes-continués, actes-dossiers, notices, pancartes, etc.), cf. Morelle L., « Instrumentation et travail de l'acte : quelques réflexions sur l'écrit diplomatique en milieu monastique au XIe siècle », *Médiévales*, 56, 2009.

▲ 1. P. Chastang remarque que l'ouvrage « n'a fait l'objet que d'un unique compte rendu dans les grandes revues historiques françaises lors de sa parution, et [...] n'est quasiment jamais cité en France avant la seconde moitié des années 1990 » (Chastang P., « Cartulaires, cartularisation et scripturalité médiévale... », art. cité, p. 25).

▲ 2. L'ouvrage séminal de H. Garfinkel, *Studies in Ethnomethodology*, date de 1967. Il ne sera traduit en français qu'en 2007 (*Recherches en ethnométhodologie*, Paris, PUF, 2007). Les premières introductions de ce courant, en France, datent du début des années 1980.

▲ 3. Sur ces exemples tirés d'une lecture rétrospective de *Sociologie du travail*, cf. respectivement les articles de Eymard-Duvernay F., Marchal E., « Qui calcule trop finit par déraisonner : les

établir une présentation, sans perdre de vue l'ensemble, nous nous proposons de retracer ici les principales étapes qui ont jalonné l'histoire récente des travaux qui se sont penchés sur les seuls écrits administratifs. Nous nous concentrerons principalement, dans ce premier temps qui recouvre les années 1980 et 1990, sur les recherches françaises qui ont initié un tel mouvement.

Une première façon d'aborder les écrits administratifs consiste à les regarder comme des pratiques associées à des occupations professionnelles (selon qu'on adopte le point de vue des employés de l'administration), ou domestiques (selon qu'on se place du côté des usagers). Dans une perspective très générale, on pourra évoquer la tradition anthropologique : depuis la question du devenir des traditions orales populaires explorée au début des années 1970, Daniel Fabre porte son regard sur la cohorte des « écritures ordinaires », qui rassemblent des supports aussi hétérogènes que des agendas, des albums de naissance, des calendriers, des cahiers d'écoliers, autant de documents qui témoignent, à des degrés divers, des compétences sociales en matière de recours à l'écriture[1]. Si cet horizon n'a pas conduit les anthropologues à se passionner d'emblée aux écrits administratifs, plusieurs sociologues ont pu tirer le fil de cette tradition pour s'intéresser frontalement aux papiers. Tel est le cas de Claudine Dardy, sans doute une des premières à avoir tracé ce chemin, qui s'est intéressée, au tournant des années 1990, aux documents administratifs pourvoyeurs d'identités : fiches d'état civil, cartes d'identité, relevés bancaires, etc[2]. L'enjeu était alors de retourner la perspective communément partagée à propos des écrits bureaucratiques : plutôt que de les considérer comme des éléments sans couleur ni saveur, n'exprimant rien d'autre que les exigences tatillonnes des institutions, il s'agissait de souligner, au contraire, que, dans le creuset de cette activité d'écriture et de notation, se forgent des manières de s'engager et de se construire. Cette perspective est toutefois demeurée minoritaire en sociologie[3].

experts du marché du travail», *Sociologie du travail*, 42(3), 2000 ; Barrey S., Cochoy F., Dubuisson-Quellier S., «Designer, packager et merchandiser : trois professionnels pour une même scène marchande», *Sociologie du travail*, 42(3), 2000 ; Teil G., «La production du jugement esthétique sur les vins par la critique vinicole», *Sociologie du travail*, 43(1), 2001 ; Licoppe C., «Le traitement des courriers électroniques dans les centres d'appels», *Sociologie du travail*, 44(3), 2002 ; Joly N., « Écrire l'événement : le travail agricole mis en mémoire», *Sociologie du travail*, 46,(4), 2004 ; Gayon V., «Un atelier d'écriture internationale : l'OCDE au travail. Éléments de sociologie de la forme "rapport"», *Sociologie du travail*, 51(3), 2009 ou Bourgeois M., «Choisir les locataires du parc social ? Une approche ethnographique de la gestion des HLM», *Sociologie du travail*, 55(1), 2013.

▲ 1. Fabre D., dir., *Écritures ordinaires*, Paris, Centre Georges Pompidou/POL, 1993 et Fabre D., dir., *Par écrit. Ethnologie des écritures quotidiennes*, Paris, Éditions de la MSH, 1997.

▲ 2. Dardy C., *Identités de papiers*, Paris, Lieu commun, 1991.

▲ 3. On pourra, dans ce sillage, rattacher les travaux de J.-F. Lae. Depuis les enquêtes ethnographiques qu'il mène dans le domaine de l'action sociale, il a proposé un examen attentif des écrits éphémères que les professionnels accomplissent dans le quotidien : cahiers de transmission, écrits de ronde, notes de dépositions, carnets de stage, etc. Cf. Lae J.-F., *Les nuits de la main courante*, Paris, Stock, 2008. Ces traces révèlent des routines de travail, des cultures de soi, des imaginaires, des mondes professionnels, mais aussi des doutes, des résistances, des mouvements d'introspection. En fait, les écritures analysées ici –

Un mouvement nettement plus explicite des recherches en sociologie s'est constitué au même moment, autour du réseau *Langage et Travail*. Créé en 1986, il rassemble alors sociologues, linguistes, psychologues, ergonomes, chercheurs en communication et en sciences de gestion qui ont tous la particularité de faire des activités langagières un détour obligé pour analyser le travail dans les organisations[1]. L'essor des technologies de communication, l'introduction des démarches de qualité ou le développement des relations de service constituent, en effet, autant d'indices qui plaident en faveur d'un examen attentif de la part langagière du travail éprouvée par ces évolutions[2]. C'est la description des interactions verbales qui est privilégiée : elle constitue, en soi, une nouveauté dans le paysage sociologique d'analyse du travail de l'époque et donne à voir un matériau empirique original auquel le lecteur français n'était guère habitué jusque-là. Les écrits dans les organisations sont également mis en lumière[3], même si c'est au prix d'une description souvent moins systématique et moins méticuleuse que celle dont jouissent les échanges oraux : ces derniers bénéficiaient, il est vrai, de toute la tradition ethnométhodologique[4] et de l'analyse conversationnelle [5] – références anglo-saxonnes qui trouvent désormais matière à être discutées en France. Les apports n'en sont pas moins déterminants pour l'exploration des écrits administratifs. Parmi les multiples approches débattues, la démarche proposée par Béatrice Fraenkel apparaît comme une des plus éclairantes sur notre objet : elle consiste à appréhender les documents depuis lesquels des professionnels

mineures, ordinaires, éphémères, peu importe – donnent d'abord et avant tout à voir au lecteur les savoirs locaux et, plus largement, le monde social tel qu'il est possible d'en resituer les couleurs depuis les écrits ordinaires examinés comme des archives.

▲ 1. Le réseau donnera lieu à la publication de *Cahier Langage et travail* aujourd'hui téléchargeable : http://www.langage.travail.crg.polytechnique.fr/ressources.htm. Pour un regard synthétique sur les travaux de ce réseau, cf. Borzeix A., Fraenkel B., dir., *Langage et travail…*, *op. cit.* et Pène S., Borzeix A., Fraenkel B., dir., *Le langage dans les organisations : une nouvelle donne*, Paris, L'Harmattan, 2001.

▲ 2. Sur le seul cas des relations de service, et la place de ces travaux, cf. notre recension « relations de service » *in* Bevort A., Jobert A., Lallement P., Mias A., dir., *Dictionnaire du travail*, Paris, PUF, 2012.

▲ 3. On pense notamment au *Cahier Langage et Travail*, 6, novembre, 1993 qui leur est consacré. Dans le prolongement de ces réflexions, cf. également Delcambre P., *Écriture et communications de travail. Pratiques d'écriture des éducateurs spécialisés*, Villeneuve d'Ascq, Presses Universitaires du Septentrion, 1997.

▲ 4. Le courant ethnométhodologique rencontre, depuis les années 1980, deux développements distincts : un premier, né autour du renouvellement de la sociologie compréhensive, s'inaugure à l'EHESS autour des travaux de L. Quéré, P. Pharo et B. Conein, et dont l'ancrage philosophique est manifeste (pour un regard rétrospectif de ce mouvement, cf. Fornel M. de, Ogien A., Quéré L., dir., *L'éthnométhodologie*, Paris, La Découverte, 2001 ; un second, plus confidentiel, s'inscrit dans le prolongement de l'analyse institutionnaliste de G. Lapassade et R. Loureau développée à Vincennes, qui propose, autour des travaux d'Y. Lecerf, un programme d'« ethnométhodologie appliquée », notamment dans le cadre d'un DESS « Ethnométhodologie et informatique », à l'Université Paris7/Paris 8. Cf. Amiel P., *Ethnométhodologie appliquée. Éléments de sociologie praxéologique*, Paris, Presses du LEMA, 2010.

▲ 5. Les travaux de J. Gumperz (*Engager la conversation : introduction à la sociolinguistique interactionnelle*, Paris, Minuit, 1989) sont centralement discutés par le réseau *Langage et Travail*. Cf. *Cahier Langage et Travail*, 1, 1991.

accomplissent leurs tâches un peu comme un paléographe, la lampe au front, décortiquerait les écritures gothiques d'un vieux manuscrit dans l'antre d'un cabinet sécurisé. Sur quels supports sont opérées les diverses inscriptions ? Avec quels instruments ? Et pour opérer quelles transformations du texte ? Selon quelles modalités ? Dans le prolongement de ses travaux sur l'histoire de la signature depuis l'étude des écrits diplomatiques[1], Fraenkel décortique des feuilles de soin, des prescriptions médicales ou des cahiers de transmission avec la même minutie, sondant les marques écrites, inventoriant les scripteurs, répertoriant les supports, détaillant les graphies. Et, bien que les terrains investis soient encore limités à l'époque, deux résultats méritent d'être dégagés de cet examen[2]. Pour en saisir l'intérêt, il convient de rappeler préalablement les recherches que mène, au même moment, l'ethnométhodologue suisse Jean Widmer sur une administration publique dont il évoque le travail comme une action « avec des textes[3] ». Les activités de classement, de dactylographie, de rédaction ou d'expertise peuvent se comprendre, selon lui, depuis une division du travail qui distinguerait, d'un côté les opérations garantissant l'immuabilité des textes (produire des textes toujours équivalents), de l'autre celles qui en assurent la transformation (produire des textes inédits). Cette distinction est réévaluée par Fraenkel qui focalise son attention sur une activité bureaucratique des plus énigmatiques : le recopiage[4]. On pourrait s'étonner qu'une activité aussi archaïque ait pu survivre à l'ère moderne des bureaux rationnels et des technologies d'enregistrement les plus avancées. Mais c'est pourtant l'inverse qu'elle invite à remarquer : l'activité de recopiage total ou partiel d'écrits, en procédant par touches, occupe un temps majeur du travail des employés.

En passant du linéaire au tabulaire, en reprenant les énoncés selon un autre mode de siglaison, en résumant, ou tout simplement en « mettant au propre », cette activité assure à la fois une conservation du message initial et une transformation du texte. Elle constitue l'enjeu de ce qui se trame dans ce que Fraenkel propose d'appeler des « chaînes d'écriture[5] ». La distinction évoquée par Widmer ne décrirait alors qu'un cas particulier d'organisation du travail bureaucratique et du statut des écrits : il repérait, de manière cloisonnée, des activités qui se confondent bien souvent. L'argument de l'ethnométhodologue s'appuyait toutefois sur une autre considération qui s'affirme, au cours de ces mêmes années 1980, et dessine une autre

▲ 1. Fraenkel B., *La signature. Genèse d'un signe*, *op. cit.*

▲ 2. Ils donneront lieu à d'autres enquêtes par la suite, notamment à une exploration originale des écrits juridiques depuis l'étude du travail des huissiers. Cf. Fraenkel B., Pontille D., Collard D., Deharo G., *Le travail des huissiers…*, *op. cit.*

▲ 3. Widmer J., « Conversations et organisation du travail administratif », *Réseaux*, 8(2), 1990. Si l'objet central de l'enquête concerne les relations téléphoniques d'agents publics avec des usagers, le travail administratif est ici appréhendé comme une action avec des textes.

▲ 4. Fraenkel B., « Le partage de l'énonciation écrite dans un service hospitalier », *Cahier Langage et travail*, 5, 1993, et « La traçabilité, une fonction caractéristique des écrits de travail », *Cahier Langage et travail*, 6, 1993.

▲ 5. *Ibid.* Cf. aussi Fraenkel B., « Enquêter sur les écrits dans l'organisation », *in* Borzeix A., Fraenkel B., dir., *Langage et travail…*, *op. cit.*

perspective de recherche pour l'étude des écrits administratifs : la nouvelle sociologie des sciences.

Parallèlement aux travaux menés sur la bureaucratie et le droit, notamment autour des recherches déjà évoquées de Zimmerman, le mouvement inauguré par Garfinkel rencontre un autre terrain de prédilection qu'est celui des sciences, d'abord sur les connaissances elles-mêmes, puis sur les conditions mêmes de leur production[1]. Dans le prolongement des ethnographies de laboratoire que dessine cette perspective au tournant des années 1980, et à laquelle il contribue centralement[2], Bruno Latour invite à considérer avec la plus haute attention les techniques d'inscription et de visualisation qui équipent les chercheurs plutôt que de s'en remettre à l'esprit scientifique supposé les inspirer[3]. En effet, les papiers - relevés, tableaux, graphiques, planches, dessins, cartes, etc. - apparaissent incontournables, pour deux raisons. La première tient dans la ressource qu'ils offrent à fournir un abrégé, un résumé, une extraction du monde que le chercheur peut déplacer avec lui et rapporter à son laboratoire : c'est ce que Latour appelle le « travail de réduction[4] ». La seconde tient dans l'hypervision que ces documents procurent, en permettant l'accumulation de ces échantillons dans un seul et unique lieu d'où le chercheur peut désormais les contempler, établir des comparaisons, dégager des régularités : c'est ce que Latour appelle le « travail d'amplification ». Ces deux séries de déplacement, qui décrivent la manière dont l'information circule dans des réseaux de transformation et s'accumule dans des centres de calcul, seraient rigoureusement impossibles sans ces inscriptions. Ces dernières forment le véhicule qu'emprunte, à chaque fois qu'il en a besoin, le chercheur pour se déplacer d'un phénomène à l'autre, d'un bout du monde à l'autre. Elles composent ce « mobile immuable », expression qui a fait florès depuis[5], et invitent déjà à étendre la gamme des explorations possibles : bibliothèques, musées, gares, aéroports, observatoires, bourses, halles, autant de lieux d'accumulation à explorer en partant de la même considération, qu'il est désormais convenu d'appeler l'*Actor Network Theory*. Depuis cette approche, les écrits administratifs qui

▲ 1. Lynch M., « Ethnométhodologie et pratique scientifique : la pertinence du détail », *Cahiers de recherche sociologique*, 5(2), 1987.

▲ 2. La plus connue est très certainement celle de Latour B., Woolgar S., *Laboratory life…*, *op. cit.*, dont la traduction en français date de 1988.

▲ 3. On pense centralement à l'article de Latour B., « Les "vues" de l'esprit… », art. cité.

▲ 4. Latour B., « Ces réseaux que la raison ignore : laboratoires, bibliothèques, collections », *in* Jacob C., Baratin M., dir., *Le pouvoir des bibliothèques. La mémoire des livres dans la culture occidentale*, Paris, Albin Michel, 1996.

▲ 5. Latour définit les mobiles immuables comme « tous ces objets [qui] se situent au début et à la fin d'un cycle d'accumulation similaire ; peu importe s'ils sont proches ou éloignés, infiniment grands ou petits, infiniment vieux ou jeunes, ils finissent tous par exister à une échelle que quelques-uns peuvent dominer du regard ; à un moment ou à un autre, ils prendront tous la forme d'une feuille de papier qui peut être archivée, épinglée au mur et combinée à d'autres » (cf. *La science en action*, Paris, La Découverte, 1989, p. 545). À l'inverse du Capitaine Némo, dans *Vingt Mille Lieux sous les mers*, dont le véhicule sillonnant les fonds sous-marins a pour devise *Mobilis in mobile*, Latour souligne combien il n'y a de connaissance possible sans un réseau complexe de points fixes.

peuplent les bureaux de l'État n'apparaissent guère incongrus. D'un côté, ils permettent aux bureaucrates d'afficher, sur l'écran scintillant de leurs ordinateurs ou les feuillets de leurs dossiers, les éléments d'une situation – une naissance, un décès, un emploi, un revenu, un domicile, etc. – et recouvrent ce que Steven Shapin appelait déjà une « technologie littéraire[1] », c'est-à-dire le compte-rendu d'un événement établi selon des modalités précises de manière à pouvoir faire preuve. D'un autre côté, ces mêmes écrits équipent les fonctionnaires de yeux qu'ils n'auraient pu avoir sur le terrain, rendant possible toute une série de croisements et de rapprochements afin de pouvoir calculer, totaliser, qualifier d'une seule catégorie une situation toute entière, – ce que Latour appelle un « oligoptique », prolongeant alors la notion de centre de calcul[2].

Enfin, parmi les différentes approches qui ont frontalement exploré les écrits administratifs, il faut évoquer plusieurs travaux historiques. Ceux-ci s'inscrivent dans deux domaines bien distincts : l'étude des sciences et des techniques et la sociologie politique. Le premier étudie la place des écrits proprement dits et leur essor dans les organisations. L'ouvrage pionnier, en la matière, est celui de Joanne Yates qui, pour la première fois, décrit les transformations des entreprises au cours du XIXe siècle en s'intéressant aux formulaires, aux comptes rendus, aux fiches, aux mémos qui ne cessent de circuler et s'imposent comme les éléments d'un système inédit de management : les écrits sont alors associés à des enjeux de coordination, de communication, de contrôle et de fabrication de l'information que les seules interactions de face-à-face ne permettent plus d'assurer dans des organisations devenues trop complexes [3]. Dans cette perspective, la cartographie ou les statistiques font l'objet de travaux déterminants qui rendent compte des controverses que suscitent ces outils, de la diversité des théories et des modélisations qu'ils rendent possible, et de leurs usages[4]. Quant au second domaine, il invite à examiner les écrits en tant qu'élément d'un pouvoir et de contrôle social. On pense aux travaux de Michel Foucault, qui fait l'objet d'un ambitieux chantier éditorial et de relectures, dans cette deuxième partie des années 1990[5]. Mais on pense, plus centralement sur

▲1. Shapin S., « Une pompe de circonstance. La technologie littéraire de Boyle », *Culture technique*, 14, 1985.

▲2. Latour B., Hermant É., *Paris, ville invisible*, Paris, Les empêcheurs de penser en rond/La Découverte, 1998.

▲3. Yates J-A., *Control through Communication. The Rise of System in American Management*, Baltimore et London, John Hopkins University Press, 1989, en particulier, le chapitre 3.

▲4. Sur la cartographie, cf. Raffestin C., *Pour une géographie du pouvoir*, Paris, Litec, 1980. Sur les statistiques, cf. Desrosières A., *La politique des grands nombres. Histoire de la raison statistique*, Paris, La Découverte, 1993. L'histoire des sciences et des techniques s'avérera une source d'inspiration majeure sur ces questions. Cf. Porter T., *Trust in Numbers. The Pursuit of Objectivity in Science and Public Life*, Princeton, Princeton University Press, 1995.

▲5. Voir les quatre volumes posthumes rassemblés par D. Defert et F. Ewald des *Dits et Écrits* (Paris, Gallimard, 1994). Depuis ses travaux sur la médecine, la maladie mentale ou le système pénal, Foucault n'a de cesse de s'intéresser à l'État, ou plutôt à l'« étatisation » morcelée mais continue qui caractérise, selon lui, notre histoire et qu'il invite à décrire en analysant les « techniques de gouvernement ». Cf. Foucault M., *Sécurité, territoire, population. Cours au Collège de France. 1977-1978*, Paris, Gallimard-Seuil, 2004. Parmi les écrits

notre objet, aux recherches de Gérard Noiriel qui, dans le prolongement de ses travaux pionniers sur l'immigration en France, puis du droit d'asile, poursuit au cours de ces années 1990 sa démarche en s'intéressant aux technologies de papier : ces passeports, sauf-conduits, attestations qui jalonnent l'histoire de l'encartement au cours du XIXe siècle [1]. De la préoccupation à « tenir sous le regard » les voyageurs qui se déplacent à des fins d'assistance et de surveillance... au statut de l'étranger, de l'identification des personnes fondée sur le témoignage et le face-à-face... aux technologies anthropométriques, de la tenue souvent aléatoire de registres locaux... à l'édification d'un fichier centralisé, de l'idée de l'État comme territoire... à la notion de « communauté nationale », l'historien décline alors l'histoire mouvementée des papiers.

Au terme de ce panorama, nous devrons donc admettre que la paperasserie suscite une certaine curiosité. Elle occupe, de fait, des statuts bien divers selon les regards adoptés : pratique sociale, activité langagière, artefact cognitif, technologie politique, etc. Une manière commode de dessiner ce paysage pourra consister à remarquer que les écrits administratifs y occupent des places différentes, selon qu'ils sont problématisés comme les éléments révélateurs de quelque chose (une humanité, un milieu professionnel, une politique publique) ou qu'ils s'imposent au contraire comme les médiateurs d'un phénomène indissociable de la manière même dont ces écrits sont eux-mêmes organisés (des activités de travail, des énoncés scientifiques, etc.), invitant à aller au-delà d'une analyse formelle pour entrer dans le détail de leur confection. Une autre manière synthétique rappellera que ces écrits répondent à des formes diverses, selon qu'ils reposent sur du calcul, du texte ou encore du dessin, et que, selon ces modes et ces supports, les investigations menées n'ont pas la même ampleur : on dispose aujourd'hui d'une meilleure vue d'ensemble sur l'histoire des statistiques ou de la cartographie, par exemple, que sur les fichiers ou les bases de données [2]. Enfin, si l'ensemble des recherches évoquées ont en commun d'opérer un détour par l'examen des écrits administratifs, toutes ne cherchent pas forcément à rendre compte de l'État, de la décision réglementaire ou de l'action publique de sorte qu'on pourrait concevoir, là encore, des variations selon le statut des organisations étudiées (compagnies privées, secteur public, etc.). Pour étayer notre propos, examinons les recherches plus récentes qui ont prolongé les travaux qu'on vient d'évoquer, en centrant l'attention sur un des objets les plus emblématiques de ces écrits administratifs : les dossiers.

administratifs, on pourra penser aux lettres de cachets analysées par Farge A., Foucault M., *Le Désordre des familles, présentation de Lettres de cachet des Archives de la Bastille*, Paris, Gallimard-Julliard, 1982.

▲ 1. Noiriel G., « Surveiller les déplacements ou identifier les personnes ? Contribution à l'histoire du passeport en France de la Ire à la IIIe République », *Genèses*, 30, 1998. Cf. aussi *La tyrannie du National, le droit d'asile en Europe (1793-1993)*, Paris, Calmann-Lévy, 1991.

▲ 2. À ce propos, cf. le dossier que leur consacrent P. Flichy et S. Parasie, « Présentation. Introduction au dossier sociologie des bases de données », *Réseaux*, 178-179, 2013.

Trois explorations des dossiers et leur problème

Dans le prolongement des premiers travaux qu'on vient d'évoquer sur les écrits, le dossier suscite aujourd'hui un intérêt renouvelé. Sans nécessairement recouvrir les frontières formelles des disciplines établies, tant il est vrai qu'il en constitue un objet « limitrophe », trois manières de braquer le projecteur sur cet être de papier paraissent s'imposer.

La première consiste à mettre l'accent sur sa matérialité. Fort des enseignements de l'histoire et de la sociologie des sciences qu'on vient d'évoquer, et où les objets occupent une centralité inédite, les dossiers sont décrits comme une technologie majeure permettant de résumer, de mémoriser, de visualiser, de comparer, d'ordonner les affaires que les professionnels manipulent pour accomplir leurs tâches. À l'instar des laboratoires ou des services de médecine qui ont constitué des terrains privilégiés d'observation[1], on pourra considérer le dossier comme une technologie offrant une pluralité de « vues » sur une affaire, une situation ou un cas[2]. Ces vues physiques, mais aussi logiques et conceptuelles d'une situation, s'ordonnent selon des scripts précis, renvoyant à des enjeux que le chercheur se fait charge de restituer : coordination, contrôle à distance, hiérarchisation des décisions, etc. Véritable infrastructure informationnelle[3], le dossier a, dès lors, été examiné sous deux angles distincts : celui des activités de travail que sa confection, son instruction et son entretien

▲ 1. Sur les services médicaux et le lien avec les patients, cf. principalement Berg M., « Practices of Reading and Writing: The Constitutive Role of the Patient Record in Medical Work », *Sociology of Health and Illness*, 18(4), 1996, ou, dans la perspective des *workplace studies*, Heath C., « Preserving the Consultation: Medical Record Cards and Professional Conduct », *Sociology of Health and Illness*, 18(4), 1982, ou encore, en sociologie des sciences, Bruni A., « Shadowing Software and Clinical Records: On the Ethnography of Non Humans and Heterogeneous Contexts », *Organization*, 12(3), 2005.

▲ 2. À l'instar de ce que montrent très bien É. Dagiral et A. Peerbaye, à propos des bases de données biomédicales. Cf. Dagiral É., Peerbaye A., « Voir pour savoir : concevoir et partager des "vues" à travers une base de données biomédicales », *Réseaux*, 31(178-179), 2013.

▲ 3. En référence à l'approche ethnographique des infrastructures imaginée par Susan Leigh Star, le dossier apparaît bel et bien comme une infrastructure et revêt les propriétés qu'elle a posées pour en asseoir la définition : l'*embeddedness* (le dossier, comme toute infrastructure, s'insère dans d'autres structures, d'autres technologies, d'autres dispositifs de sorte que l'on n'en perçoit pas immédiatement la centralité, ni même l'existence) ; la *transparency* (pas besoin d'être réinventé à chaque fois qu'on l'utilise, et devient l'élément de routines de travail) ; *reach or scope* (le dossier est lié à certains buts, à une certaine portée) ; *learned as part of membership* (l'infrastructure est naturalisée par les indigènes, familiers dans la manipulation et l'usage des objets qui en font précisément ici des bureaucrates, des hommes et des femmes de dossier) ; *links with conventions of practice* (le dossier, comme toute infrastructure, est formaté et formate des communautés de pratiques, liées elles-mêmes à des conventions, des habitudes) ; *embodiment of standards* (le dossier repose sur des standards - format des données, usages des patronymes, etc. - difficiles à modifier) ; *built on an installed base* (comme les câbles de fibre optique qui circulent le long des voies de chemin de fer, les dossiers cheminent dans des bâtiments déjà là) ; *becomes visible upon breakdown* (la disparition d'un dossier provoque toute sorte de problèmes graves) ; *is fixed in modular increments, not all at once or globally* (la nature incrémentale du dossier est claire). Cf. Star S.L., « The Ethnography of Infrastructure », *American Behavioral Scientist*, 43, 1999.

exigent[1] et celui des sciences de la documentation insistant sur l'importance de l'agencement des supports de lecture[2]. Les services de l'État en tant que tels n'ont toutefois été explorés sous cet angle que rarement. Et si l'on fait exception des statistiques et de la cartographie, voire des sciences sociales, qui équipent les agents de l'État d'un regard en surplomb, leur servent à problématiser le réel et à définir des enjeux[3], les dossiers proprement dits, avec leur amoncellement de formulaires, de notes, de relevés, n'ont que rarement fait l'objet d'enquête fouillée et systématique. Une exception toutefois : l'ouvrage de l'anthropologue Matthew Hull. S'inspirant des travaux des *science studies*, il se consacre à la politique urbaine et à l'aménagement de la ville d'Islamabad, capitale administrative du Pakistan. Mais qu'on ne s'attende pas, avec Hull, à arpenter les ruelles tortueuses d'un souk millénaire ou une cité grouillante aux parfums d'orient : ce sont les bureaux des services de l'État qui intéresse l'anthropologue, et plus en particulier ses écrits – formulaires, plans, pétitions, cartes de visite, requêtes, étranges petits mots servant de recommandations (*parchis*), et plus principalement encore, les dossiers, dont il s'applique à suivre pas à pas les enjeux et les circulations pour décrire l'action bureaucratique et ses modes de corruption[4]. S'il rejoint, en cela, quelques travaux pionniers ayant eu l'idée de suivre la carrière d'un dossier ou d'une note pour décrire une institution[5], et si l'immense intérêt de ce travail s'avère dans la restitution de

▲ 1. On pense notamment à J. Denis, considérant le dossier comme une « infrastructure scripturale » (Denis J., « Le travail de l'écrit en coulisse de la relation de service », *Activités* 8(2), 2011). Ou encore à l'idée d'artefact informationnel dont il rappelle, avec D. Pontille, le travail nécessaire à leur maintenance, compte tenu de leur fragilité (Denis J. et Pontille D., « Travailleurs de l'écrit. Matières de l'information », *Revue d'Anthropologie des Connaissances*, 6(1), 2012). Sur les dossiers, qui peuvent astucieusement s'empiler, et leur capacité d'affordance dans les activités de travail, cf. Lahlou S., « L'activité du point de vue de l'acteur et la question de l'intersubjectivité. Huit années d'expériences avec des caméras miniaturisées fixées au front des acteurs (subcam) », *Communications*, 80, 2006.

▲ 2. On pense aux travaux de D. Cotte, insistant sur le rôle que joue la main dans l'opération de lecture, et l'importance de l'espace du document – ses marges, son organisation, sa respiration – qui en permettent la manipulation : c'est tout l'art des imprimeurs, après celui des scribes et des moines copistes, que d'avoir conçu des pages, qui reposent sur l'acte de feuilletage des livres et des dossiers. Cf. Cotte D., « Espace de travail et logique documentaire », *Études de communication*, 30, 2007.

▲ 3. On pense aux travaux de J. Scott qui, en décrivant l'histoire de grandes innovations publiques – gestion scientifique de la forêt prussienne, collectivisation agraire en URSS et en Afrique de l'Est, création des villes nouvelles de Brasilia et Chandigarh, etc. – dont la particularité est d'avoir toutes échoué, s'efforce de rendre compte des équipements qui rendent possible et impose malheureusement un « point de vue d'État ». Cf. Scott J.C., *Seing like a State: How Certain Schemes to Improve the Human Condition Have Failed*, London & New Haven, Yale University Press, 1998) ou à ceux de T. Mitchell à propos de l'économie égyptienne et les dispositifs qui rendent son existence possible. Cf. Mitchell T., *Rule of Experts: Egypt, Techno-Politics, Modernity*, Berkeley, Los Angeles & London, University of California Press, 2002.

▲ 4. Hull M., *Government of Paper. The Materiality of Bureaucracy in Urban Pakistan*, Berkeley, University of California Press, 2012.

▲ 5. On pense à R. Harper à propos du FMI, dont il suit la carrière des rapports depuis les lettres de mission, cf. Harper R., *Inside the IMF: An Ethnography of Documents, Technology and Organizational Action*, New York, Academic Press, 1998. Dans une perspective historique, cf. les travaux originaux de Miles Ogborn, soucieux de décrire la compagnie anglaise des indes orientales du XVIe siècle à la fin du XVIIIe siècle en suivant les lieux et les instruments de son

la diversité des « artefacts graphiques » qui peuplent les bureaux de l'administration, leur qualité, leur efficacité et leurs enjeux, la perspective générale demeure inchangée : s'intéresser aux papiers en tant qu'objets matériels depuis lesquels l'administration agit, raisonne, négocie, etc. Et si les dossiers sont des textes, et si ces textes renvoient indiscutablement à des signes, dessinant une épaisseur symbolique liée à la langue administrative, ils n'en demeurent pas moins aussi des objets : « Les gens ne lisent pas des écrits. Ils lisent [...] des fichiers, des panneaux, des formulaires, des écrans d'ordinateur, des rapports et des cartes de visite[1]. » Cet argument de la matérialité conduit M. Hull à restituer finement les forces et les limites des dispositifs destinés à mesurer, à calculer, à représenter la réalité, dans le cadre des services pakistanais en charge des affaires d'expropriation ou d'évaluation foncière. En cela, il rejoint les travaux qui, en focalisant l'attention sur l'histoire des techniques de calcul et d'enregistrement – qu'on songe au cas de l'administration britannique étudié par Jon Agar ou du « bureau moderne » exploré par Delphine Gardey[2] – pour contribuer à mieux comprendre les ressorts de l'action publique. À propos d'évaluation foncière, de politiques d'identification ou de recensement des populations, ces éclairages insistent sur la dimension sociotechnique des équipements bureaucratiques. Une limite concerne toutefois l'horizon des attentes normatives qui sont en jeu, et en particulier celles qui procèdent de la loi qui définit le plan de légitimité de toute décision administrative. Que des plans, des cartes, des bases de données, et surtout des dossiers, permettent à des bureaucrates de voir ce qu'ils ne pourraient pas observer s'ils n'en étaient pas dotés est une chose, ce n'est pas le point de vue en surplomb qu'ils forment qui donne un caractère public à ce qu'ils font. Ce point de vue de nulle part, vertical, autoritaire, abstrait, témoigne sans doute d'un point de vue d'État, au nom de la plus « haute modernité »[3], mais il est aussi celui des bureaux de n'importe quelle multinationale ou grande entreprise. C'est qu'en vérité il manque une autre ligne de fuite pour dessiner vraiment l'horizon du regard de tout bureaucrate en charge de prendre une décision : celle du droit.

Telle est, selon nous, une deuxième manière d'enquêter sur les dossiers : les appréhender comme des actes. On pense au livre que Bruno Latour consacre au Conseil d'État, et dont les héros sont moins les magistrats, cette crème de hauts fonctionnaires de la République que l'auteur transforme

paperwork. Cf. Ogborn M., *Indian Ink. Script and Print in the Making of the English East India Company*, Chicago, University Chicago Press, 2006. Cf. également, dans une optique différente, l'exploration de l'anthropologue A. Gupta à propos de l'administration indienne et de la violence de ses rapports avec les populations les plus déshéritées, cf. Gupta A., *Red Tape. Bureaucracy, Structural Violence and Poverty in India*, Durham, Duke University Press, 2012.

▲ 1. Hull M., *Government of Paper...*, *op. cit.*, p. 14.

▲ 2. Respectivement Agar J., *The Government Machine. A Revolutionary History of the Computer*, Cambridge, MIT Press, 2003 et Gardey D., *Écrire, calculer, classer. Comment une révolution de papier a transformé les sociétés contemporaines (1800-1940)*, Paris, La Découverte, 2008.

▲ 3. Sur ce qu'il appelle le « high modernism », cf. Scott J.C., *Seing like a State...*, *op. cit.*

sous sa plume en de parfaits bureaucrates[1], que les dossiers. Dans le prolongement des travaux qu'il a menés auparavant, le sociologue des sciences examine précisément le droit en train de se faire, et dont l'élaboration suppose un patient travail collectif d'écriture et de lecture que le papier permet de suivre et d'enregistrer pas à pas. À coup sûr, ce sont les dossiers qui rendent ici possible l'action juridique, depuis la préalable « mise en affaire » de toute requête jusqu'à la décision finale concluant un lent processus de maturation. Les travaux de Béatrice Fraenkel, également évoqués plus haut, offrent à ce propos un éclairage inédit. En étudiant les actes authentiques que les huissiers ont charge de produire, elle montre, avec David Pontille, l'importance du rôle joué par les supports intermédiaires nécessaires à leur élaboration[2]. Procès-verbaux scrupuleusement rédigés, feuillets dûment imprimés pour en figer la forme, extraits informatiques, inventaires, peu importe : les écrits juridiques ne se couvriraient de toute leur force performative sans ces « actes d'écriture » dont Fraenkel propose une conceptualisation depuis la théorie des actes de langage et invite à examiner les conditions de leur félicité[3]. C'est à ce titre qu'il convient d'explorer les dossiers, véritable armature sans laquelle aucune affaire ne pourrait vraiment tenir et circuler, et sans laquelle la confection de ces écrits ne pourrait être réalisée. L'objectif que Cornelia Vismann poursuit dans un ouvrage tiré de sa thèse, entièrement consacré à l'histoire des dossiers depuis la Rome antique jusqu'à nos jours, prolonge ce constat : explorer la production des écrits juridiques depuis les dispositifs d'enregistrement[4]. On pourrait s'inquiéter d'une ampleur historique aussi vertigineuse. Mais la problématique de cette spécialiste du droit et des médias est précise : regarder le droit, son autonomie, son autorité, depuis la manière dont les choses sont concrètement consignées. En d'autres termes, il s'agit d'esquisser une histoire générale de l'État de droit (*Rechtsstaat*) depuis l'histoire de cette extraordinaire technologie de médiation qu'est le dossier[5]. En effet, du rouleau de papyrus au parchemin des Romains, du manuscrit médiéval de papier à l'imprimé moderne, du dossier des bureaucraties contemporaines qui s'inventent à la fin du XIXe siècle à la numérisation d'aujourd'hui, le medium apparaît déterminant à plusieurs titres. D'abord, il s'impose comme une technique d'écriture du droit : selon qu'il vise à façonner une décision au prix d'une incessante activité de recopiage et d'effacement jusqu'à l'obtention d'un écrit final à des fins ostentatoires[6] ou

▲ 1. Latour B., *La fabrique du droit…, op. cit.*

▲ 2. Fraenkel B., Pontille D., « L'écrit juridique à l'épreuve de la signature électronique. Approche pragmatique », *Langage et Société*, 104, 2003.

▲ 3. Fraenkel B., « Actes d'écriture : quand écrire, c'est faire », *Langage et Société*, 121-122, 2007.

▲ 4. Vismann C., *Files. Law and Media Technology*, Stanford, Stanford University Press, 2008.

▲ 5. « Le droit et les fichiers se déterminent mutuellement. Une technologie d'enregistrement des données implique des formes juridiques et des instances spécifiques. Une nouvelle manière d'écrire les choses, comme un changement dans la façon de collecter les données, affectent les cadres légaux. Ce n'est qu'au travers une description diachronique de ce mouvement que le propos juridique apparaît dans sa spécificité » (*ibid.*, p. xiii).

▲ 6. Ces opérations majeures d'annulation sont incontournables pour doter les documents fabriqués de leur force attendue. Elles sont à l'origine du terme de chancellerie

qu'il enregistre les différentes versions d'écrits qui se succèdent en prenant soin d'en conserver les traces, ce n'est pas le même statut qu'on prête aux écrits, ni aux mêmes problèmes auxquels l'on s'expose[1]. Ensuite, le dossier comme acte d'écriture interroge le travail lié à sa confection, sa circulation et son archivage : selon qu'il est dédié à des scribes hautement qualifiés ou qu'il repose sur l'intervention d'une diversité de professionnels, selon qu'il est conservé dans des lieux dédiés et centralisés ou qu'il est amené à circuler, le dossier décrit une forme d'administration à chaque fois bien spécifique (chancelleries, cabinets, secrétariats, bureaux, etc.). Enfin, le dossier comme technique d'action publique – étant entendu qu'un acte administratif ne peut éviter de passer par la production d'un texte – invite à s'interroger sur la conception même de l'État qu'il contribue lui-même à produire : c'est le cas, par exemple, lorsqu'on passe d'un pouvoir comme autorité révélée à un pouvoir « gouvernementalisé », pour reprendre ici une formulation foucaldienne, le dossier n'étant plus un ensemble d'écrits qu'on exhibe destinés à impressionner, mais une technologie destinée à collecter des données à l'instar des pratiques scientifiques. Certes, la perspective tracée par Vismann n'évite pas toujours les approximations. Mais l'exploration à laquelle invite l'auteur de la diversité des technologies d'écriture et d'enregistrement, et surtout de l'invention de la forme « dossier » indissociable de la conception de l'État de droit dans nos sociétés[2], apparaît complémentaire des considérations, déjà évoquées, sur l'équipement bureaucratique et sa matérialité. À une nuance près toutefois. Ces explorations des dossiers comme des actes, saisis comme des techniques d'écriture, de production de vérité juridique et de fabrication d'un point de vue d'État dont on peut décrire les propriétés et tracer l'histoire, éclairent prioritairement l'administration d'un point de vue général. Pour le dire autrement, le lecteur découvre la logique du droit, saisit la matérialité de sa production, comprend le travail nécessaire à sa confection, mais perd la spécificité sociologique ou historique de tel ou tel contexte politique d'État. Pénétrer au sein du Conseil d'État avec Bruno Latour, c'est finalement apprendre beaucoup sur la fabrication du droit et ses épreuves, mais beaucoup moins sur l'institution elle-même[3]. Parcourir les dossiers avec Vismann, c'est saisir l'intelligence des dispositifs d'enregistrement et d'écriture qui ont jalonné l'histoire occidentale, et plus centralement encore celle de l'administration

(*cancellation*). Cf. Vismann C., « Cancels: On the Making of Law in Chanceries », *Law and Critique*, 7(2), 1996. Et *Files, Law and Media Technology*, *op. cit.*, p. 26.

▲ 1. On pense par exemple aux questions obsédantes d'authentification des documents, dont l'histoire de la signature est notamment issue, et qui donnera lieu au XVIIe siècle à la diplomatique, science nouvelle dédiée à l'analyse et à l'authentification documentaire. Cf. Fraenkel B., *La signature…*, *op. cit.*

▲ 2. On pense à la trilogie dossier/État/bureau qui avait fait l'objet d'une analyse anthropologique encore plus large par Goody J., « The State, the Bureau and the File », *The Logic of Writing and the Organization of Society*, Cambridge, Cambridge University Press, 1986.

▲ 3. Du reste, Latour le reconnaît lui-même : « Nous avons extrait le travail du droit de l'institution comme un physiologiste aurait pu extraire la moelle épinière d'un chien, en sachant parfaitement qu'elle n'est pas tout l'animal » (*La fabrique du droit*, *op. cit.*, p. 271).

allemande, mais en renonçant à s'intéresser à la spécificité des différentes politiques d'État en tant que telles, que l'ouvrage ne manque pourtant pas de croiser[1].

Une dernière manière d'explorer les dossiers de l'administration pourra, enfin être remarquée, en parallèle avec les développements qu'on vient d'évoquer. Elle consiste à s'intéresser aux dossiers comme l'objet de pratiques renvoyant à des milieux professionnels, à des contextes politiques, à des stratégies sociales. Tel est le cas des recherches en sociologie historique ou politique déjà évoqués plus haut, menées notamment dans le sillage des travaux de Bourdieu ou de Noiriel, qui trouvent parfois, à propos de l'étude des dossiers, matière à dévoiler l'inégalité du « rapport social » ou des « logiques de domination » à l'œuvre dans les traitements administratifs. Eu égard aux discussions qui ont pu animer le débat en sciences sociales à propos du statut des objets dans l'analyse sociologique et, plus largement, de l'ontologie implicite qu'elle suppose des « acteurs », de la « technique » ou de la « société »[2], la perspective est ici plus classique : ce n'est plus le dossier comme technologie ou comme médiateur qui est mis en avant, mais comme l'instrument révélateur d'un « social » à décrire. Les enquêtes n'en sont pas moins informées, prenant en considération les dimensions matérielles de l'objet, pour rendre compte des compétences et des stratégies de ceux qui les utilisent. Ainsi, s'interroger avec Sylvain Laurens sur les formes et l'impact du pouvoir discrétionnaire des fonctionnaires au sein d'un service du ministère des Affaires Sociales de la fin des années 1970 dédié au traitement de demande de retour en France de travailleurs étrangers, c'est examiner les traces informelles du traitement des dossiers – mots griffonnés à la hâte sur des post-it, notes manuscrites, précisions éphémères ajoutées par un chef de bureau ou un sous-directeur (« dossier sensible », « ne pas répondre ») – révélant finement la manière dont les personnels engagent et négocient des interprétations morales sur ce qu'ils font[3]. De même, enquêter sur le pouvoir des fonctionnaires en charge de l'immigration avec Alexis Spire conduit à s'intéresser à ce qu'il appelle les « carrières de papiers » de plusieurs centaines de dossiers individuels sur

▲ 1. Comme celles du régime nazi (p. 124-125) ou de la Stasi (p. 151-160) dont les dossiers sont évoqués, mais finalement peu analysés en tant que tels.

▲ 2. On pense notamment aux débats autour de l'*Actor Network Theory* qui inspirent, depuis les premières recherches en sociologie des sciences de M. Callon et B. Latour, une abondante littérature. Cf. notamment ceux de Law J., « Objects and Spaces », *Theory, Culture and Society*, 19(5-6), 2002 ou Mol A., *The Body Multiple: Ontology in Medical Practice*, Durham, Duke University Press, 2002. Cf. également les discussions plus antérieures avec Law J., Hassard J., *Actor Network Theory and After*, Oxford, Blackwell, 1999.

▲ 3. Sylvain L., « Les agents de l'État face à leur propre pouvoir. Éléments pour une micro-analyse des mots griffonnés en marge des décisions », *Genèses*, 72(3), 2003. Sur ces questions centrales relatives au pouvoir discrétionnaire et à son analyse, nous renvoyons au chapitre 7. Sur l'éthos bureaucratique révélée par ces traces écrites, cf. également du même auteur « Une sociologie de la note administrative : notations sur un instrument du pouvoir administratif », *in* Eymeri-Douzans J.-M., Bouckaert G., dir., *La France et ses administrations : un état des savoirs*, Bruxelles, Bruyant, 2013.

une trentaine d'années, révélateurs de leurs pratiques et de ses effets[1]. Et pousser la porte des services sociaux de la Ville de Paris avec Delphine Serre, c'est décrire minutieusement les contraintes et les ressources qui pèsent sur l'activité de signalement des enfants en danger par les travailleurs sociaux, sans rien négliger du travail d'écriture, de ses inventions, ses censures et ses débordements, mais aussi de son contrôle par des dispositifs bureaucratiques et hiérarchiques[2]. Plus largement, les enquêtes réalisées dans cette veine s'efforcent de rendre compte des tensions qui traversent l'écriture administrative : injonctions paradoxales liées à l'organisation du travail, épreuves liées à la numérisation, enjeux de pouvoir et de contrôle social des usagers, etc. Le dossier apparaît ici comme une forme de production de savoir sur un espace ou sur des populations particulières, constituant à la fois la condition matérielle par laquelle les personnes accèdent à leur droit, et un instrument de pouvoir, dont les modalités d'usage font l'objet de jeux et de tensions[3]. Mais l'on pourrait également évoquer les travaux de plusieurs sociologues attentifs aux stratégies des usagers vis-à-vis des papiers administratifs, qu'il s'agisse d'explorer les ressources qu'ils mobilisent pour s'occuper ainsi de la « paperasse », compte tenu de leur propre position sociale et de leur trajectoire ou du travail d'écriture qu'ils doivent accomplir[4]. De même, on pourra songer à certains travaux d'anthropologues comme Akhil Gupta, décrivant longuement comment la paperasserie, et surtout la gestion des dossiers, pour restituer les pratiques ordinaires de corruption et de domination vis-à-vis des populations les plus fragiles, celles-là même que l'action publique qu'il étudie est censée favoriser[5]. Depuis ces perspectives, le dossier n'est, certes, plus qu'un élément parmi l'outillage bureaucratique et n'est pas examiné en tant que tel : il désigne un objet du travail, siège d'enjeux stratégiques et politiques dont les raisons et les enjeux sont ailleurs[6]. Si l'apport en termes

▲1. Spire A., *Étrangers à la carte. L'administration de l'immigration en France (1945-1975)*, Paris, Grasset, 2005.

▲2. Serre D., « Une écriture sous surveillance : les assistantes sociales et la rédaction du signalement d'enfant en danger », *Langage et société*, 126, 2008. Cf., plus largement, du même auteur, *Les coulisses de l'État social. Enquête sur les signalements d'enfant en danger*, Paris, Raisons d'Agir, 2009.

▲3. Par exemple, cf. les cas variés explorés par C. Coton et L. Proteau *in* Coton C., Proteau L., dir., *Les paradoxes de l'écriture. Sociologie des écrits professionnels dans les institutions d'encadrement*, Rennes, PUR, 2012.

▲4. On pense à Siblot Y., *Faire valoir ses droits au quotidien. Les services publics dans les quartiers populaires*, Paris, Presses de la FNSP, 2006 (en particulier, la première partie). Attentifs au travail d'écriture proprement dit, cf. également la thèse d'A.-J. Auvert, explorant les « écritures ordinaires » de particuliers adressées à l'administration (police, pôle Emploi, haut commissariat de lutte contre la pauvreté) pour solliciter une prestation, une protection ou un recours (cf. Auvert A.-J., *Les écritures populaires aux marges du droit social. Plaintes, litiges, protestations*, thèse de doctorat de sociologie, Université Paris 8 Saint-Denis, 2011) ainsi que, dans une réflexion sur les conditions d'accès au droit et ses usages, la thèse d'A. Pohn-Weidinger proposant une « sociologie des dossiers » (Pohn-Weidinger A., *Écrire dans les plis du droit social. Une sociologie du dossier*, thèse de doctorat de sociologie, Université Paris 8, 2014).

▲5. Gupta A., *Red Tape…*, *op. cit.*

▲6. Ainsi, à propos des « petites mains de l'État » et des dossiers qu'elles manipulent, Coton et Proteau rappellent que « les usages de l'écriture sont multiples et permettent, par exemple,

de portée critique est indiscutable, et permet d'éclairer les ambiguïtés de certaines politiques publiques depuis le travail administratif ordinaire, il reste que le rôle joué par l'instrument demeure peu exploré du point de vue du processus d'élaboration de la décision réglementaire. Pour le dire autrement, le contexte politique et social, la diversité des intérêts des acteurs concernés, les relations et les stratégies propres aux professionnels que suscite la confection des dossiers sont rapportés avec minutie, mais on aperçoit ces dossiers plus qu'on ne les voit vraiment, de sorte que leur contenu, leur carrière, et le rôle qu'ils jouent vraiment dans le processus d'élaboration de la décision réglementaire, ne sont finalement abordés qu'à la marge.

Au terme de ce tour d'horizon, il est clair que les dossiers apparaissent dans la littérature sociologique sous des appellations fort diverses : « technologie littéraire », « mobile immuable », « technique d'information », « artefact graphique », « infrastructure cognitive » ou, plus simplement, « écrit administratif » lorsqu'en vérité le dossier n'est l'objet d'aucune réflexion conceptuelle particulière[1]. À bien y réfléchir, cette variété fait écho au chatoiement de nos propres langues ordinaires qui, à l'égard de cette singulière liasse de papiers, témoignent elles aussi d'une indéniable inventivité. *Files* est le mot anglais pour désigner le dossier, parallèlement au terme *Record* qui renvoie à sa fonction. Il vient du latin *filum* (ficelle) par l'intermédiaire du français « filer », et appréhende l'objet d'un point de vue formel, le dossier étant l'instrument par lequel différents documents sont reliés au moyen d'un fil[2]. *Akten* est le mot allemand. Il dérive du latin *agere* (agir), et s'impose définitivement plutôt que le terme saxon *Händel* à partir du moment où le dossier devient le point de passage obligé pour toute activité administrative qui, pour exister, suppose son enregistrement[3]. Quant au terme français, il renvoie au fait que le carton ou la chemise qui renferme tous les papiers concernant une affaire ou un individu forme un paquet bombé qu'on a comparé à un dos[4]. Ces trois manières d'appréhender le dossier prolongent étonnamment les trois perspectives qu'on a voulu

la réalisation de stratégies de placement et de domination le plus souvent occultées par l'analyse interne du contenu des documents » (Coton C., Proteau L., *Les paradoxes de l'écriture…, op. cit.*, p. 13).

▲ 1. On pense respectivement aux travaux de Shapin S., « Une pompe de circonstance. La technologie littéraire de Boyle », art. cité ; Latour B., *La science en action, op. cit. ;* Agar J. , *The Government Machine…, op. cit. ;* Hull M., *Government of Paper…, op. cit. ;* Bruni A., « Shadowing Software and Clinical Records: On the Ethnography of Non Humans and Heterogeneous Contexts », art. cité, en référence aux travaux de Star S.L., « The Ethnography of Infrastructure », art. cité ; Vismann C., *Files. Law and Media Technology, op. cit.* On pourrait ajouter les notions de « dispositif » empruntées à Foucault, ou d'« instrument » qui ont pu être mobilisés à propos de certains outils graphiques comme la cartographie (par exemple, cf. le dossier introduit par Lascoumes P., « Gouverner par les cartes », *Genèses*, 3(68), 2007, p. 2-3) ou les bases de données (cf. Dagiral É., Peerbay A., « Voir pour savoir : concevoir et partager des "vues" à travers une base de données biomédicales », art. cité), susceptibles d'être employés pour désigner le dossier.

▲ 2. Vismann C., *Files. Law and Media Technology, op. cit.*, p. 137.

▲ 3. *Ibid.*, p. 49 et 95.

▲ 4. Littré É., *Dictionnaire de la langue française*, tome 2, 1873-1874, p. 2226.

dessiner, décrivant tour à tour le dossier comme une technologie matérielle (*file*), une activité d'écriture (*akte*) ou des pratiques sociales renvoyant à des conduites ou des postures proprement humaines (*dossier*). Ces différentes orientations ne s'imposent pas comme incompatibles en soi. Mais elles ne sont pas pour autant complémentaires, et révèlent à coup sûr des divergences.

Résumons. De manière simplifiée, l'on pourra considérer l'approche centrée sur le dossier comme activité, comme une extension de celle qui consiste à souligner l'importance de sa matérialité, même si bien évidemment il demeure une très large gamme de travaux, en sociologie des sciences, qui ne passent pas par le détour de l'action. Le dossier s'impose alors comme un objet central à explorer en tant que tel, et c'est depuis cet examen minutieux que les règles, les intérêts des parties concernées, les fictions mobilisées sont décrites. En d'autres termes, le dossier apparaît comme un médiateur - au sens où nous l'avons déjà évoqué plus haut à propos des écrits - sachant que les analyses varient, en revanche, selon qu'elles s'intéressent à l'élaboration des formes générales de l'État depuis telles ou telles politiques publiques, ou qu'elles focalisent leur attention plus particulièrement sur le droit : cette focalisation apparaît alors comme inédite[1]. Parallèlement à cette appréhension du dossier comme médiateur, une autre considération consiste à en faire un révélateur de phénomènes que le chercheur s'efforce de comprendre. C'est le cas des approches qui insistent sur l'épaisseur sociale des pratiques ou des politiques qu'on trouverait à propos des traitements administratifs, au nom d'une analyse externaliste des documents. C'est donc une sorte de perspective inversée qu'on trouve ici, dans la mesure où les approches centrées sur le dossier comme médiateur renoncent à considérer *a priori* ce qui est extérieur ou intérieur, pour en faire non un point de départ de l'analyse, mais un point d'arrivée. À deux nuances près, toutefois. La première est que, quand bien même l'on s'efforcerait de restituer les déterminants socio-historiques qui influent sur les formes d'usage et de traitement des dossiers, l'analyse n'en néglige pas pour autant les effets qu'exercent en retour ces instruments d'écriture sur leur environnement, y compris lorsque les enjeux circonstanciés qui en ont été la source deviennent moins lisibles, voire s'effacent complètement : c'est potentiellement le cas si l'on envisage appréhender le dossier comme un « instrument »[2]. La seconde nuance tient

▲ 1. « Les recherches juridiques souffrent d'un déficit de réflexion à propos des outils. Bien évidemment, les professionnels du droit consultent des fichiers pour récapituler les événements passés. Mais ils ne témoignent d'aucun intérêt pour ces technologies, qu'ils ne regardent pas comme un objet d'enquête scientifique. Les fichiers constituent pourtant la base de leur travail juridique et la production de la vérité, équipant les opérations quotidiennes » Vismann C., *Files. Law and Media* Technology, *op. cit.*, p. 11.

▲ 2. Au sens de P. Lascoumes et P. Le Galès, dont les réflexions s'efforcent d'articuler la perspective d'une sociologie politique et les apports de la sociologie des sciences. Dans cette perspective, s'il est vrai que les objets techniques sont toujours le résultat d'une problématisation, liée à un moment ou à une situation précise, leur matérialité impose au réel des plis qui perdurent dans le temps, parfois bien au-delà des seuls intérêts du moment, et que tout le monde a pu oublier. M. Callon a parlé des effets d'« irréversibilité ».

dans le caractère incertain de ce que serait vraiment une analyse proprement internaliste des dossiers. On pourrait penser à des enquêtes qui s'efforceraient de regarder les dossiers comme un « texte », c'est-à-dire des matériaux strictement littéraires avec leurs formes respectives de production et de réception, leurs genres, leurs registres, leurs styles[1], auquel cas la perspective rencontrerait également les tentatives d'une meilleure conceptualisation des actes performatifs d'écriture[2]. Pour résumer ce tour d'horizon, et selon la problématisation que le chercheur noue autour de notre singulier objet, une cartographie des différentes approches peut être proposée (encadré 1).

Encadré 1 : Cartographie des approches des écrits administratifs

La cartographie concerne ici le statut des dossiers, considéré comme un élément discriminant pour distinguer les multiples approches le concernant. On trouvera, selon le schéma proposé (Schéma 1), les principaux résultats des considérations évoquées plus haut, et leurs prolongements. On pourra ainsi, dans un premier mouvement, distinguer les approches selon qu'elles appréhendent le dossier comme un « objet », dont les chercheurs pourront par exemple recomposer l'histoire (O) ; comme une « affaire », dont ils s'efforceraient de restituer les opérations langagières pour dire le droit (A) ; comme des « pratiques », dont ils restitueraient les enjeux (P) ; ou encore comme des « textes », dont ils décriraient le genre et les usages (lecture, écriture, etc.) (T).

Ces considérations ne sont toutefois pas disjointes, et c'est bien souvent depuis l'intersection de plusieurs d'entre elles qu'il faut comprendre les travaux qui se sont déployés autour et à propos des dossiers. C'est, par exemple, le cas des explorations des dossiers depuis l'analyse des actes d'écriture qui oblige à prendre en compte la matérialité des supports et la diversité des activités accomplies en situation en vue de dire le droit (O-A). Plus largement, on pourra distinguer les problématisations suivantes, représentées respectivement par un numéro sur le schéma : ① le dossier comme *actes d'écriture*, dont la conceptualisation renvoie aux travaux qu'on vient de citer (O-A) ; ② le dossier comme *instrument*, dont il s'agit de restituer à la fois les enjeux et le contexte social (O-P) ; ③ le dossier comme objet de *pratiques administratives* spécifiques, inspirant des enquêtes ethnographiques remarquables à propos des usages de l'écriture par telle ou telle catégorie de population (P-T)[3] ; ④ les dossiers comme *environnement*, éléments de coordination et de cognition, mais ne participant à la situation à analyser qu'à ce titre, les activités

Pierre Lascoumes et Patrick Le Galès insistent sur l'« effet d'inertie » des instruments. Cf. Lascoumes P., Le Galès P., dir., *Gouverner par les instruments*, Paris, Presses de Sciences-Po, 2006. On retrouve ici un résultat des approches insistant sur la matérialité des dossiers : « Les artefacts graphiques ne sont pas simplement les instruments d'organisations sociales leur préexistant. Car leur discours et leurs formes contribuent tout autant à consolider des réseaux mouvants de groupes de personnes et de choses à la fois officielles et non officielles (Hull M., *Government of Paper...*, *op. cit.*, p. 21).

▲ 1. À vrai dire, de telles analyses existent potentiellement - mais ne concernent pas, à notre connaissance, les dossiers de l'administration. C'est le cas des *New Literacy Studies* qui s'efforcent de décrire les activités administratives de certaines populations (*local literacy*), dans le cadre d'une interrogation plus large sur les compétences et les usages des écrits, quels qu'en soient les formes et les supports. Dans sa préoccupation à rendre compte des effets de l'écriture, non d'une manière générale à la Goody mais en lien avec les contextes culturels et sociaux avec lesquels les écrits sont en prise, ce courant rencontre aussi potentiellement l'intérêt des approches centrées sur les pratiques. Sur la présentation de ce courant, cf. Fraenkel B., NBodj-Pouye A., « *New Literacy Studies*. Un courant majeur sur l'écrit », *Langage et Société*, 133, 2010.

▲ 2. On pense aux travaux de B. Fraenkel, dont les recherches se situent selon nous à ce point d'intersection.

▲ 3. On pense à Hoggart R., *The Uses of Literacy*, London, Chatto & Windus, 1957 (traduit en français avec un titre très différent : *La culture du pauvre*, Paris, Minuit, 1970).

communicationnelles étant examinées centralement sans rapport direct[1]. Deux grandes lignes de force peuvent permettre de distinguer, selon nous, ces multiples approches. La première concerne la question du droit et la distinction entre postures externaliste et internaliste, qui organise très classiquement les spécificités méthodologiques de la sociologie du droit[2]. La seconde, tout aussi classique, renvoie au statut des objets techniques dans l'analyse sociologique, selon qu'on les considère comme les révélateurs d'un « social » déjà là, ou les médiateurs d'un réel dont les catégories (« social », « politique », « technique », etc.) pour le saisir sont à construire. Ce sont, plus sûrement, les manières de dépasser ces tensions qui résultent de ces distinctions, quand elles sont pleinement appréhendées, qui pourraient caractériser les différents programmes de recherche évoqués ici.

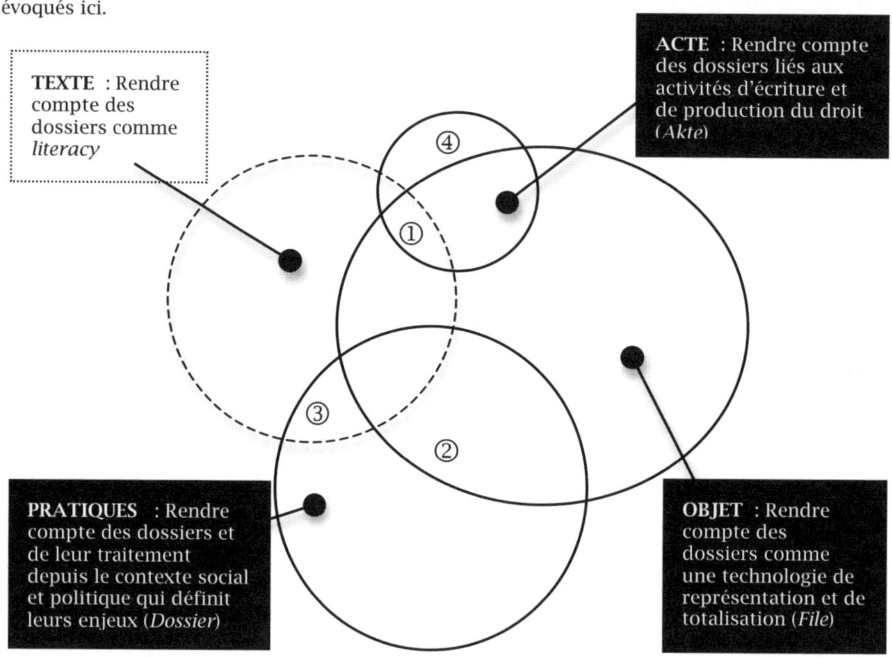

Schéma 1 : Cartographie des approches des dossiers comme objet d'enquête

Notre propre réflexion s'inscrit très clairement dans cette géographie. En restituant, au cours des chapitres précédents, le traitement administratif en actes qui s'accomplit au travers des dossiers, en insistant sur la matérialité des dossiers et de traitement, en nous efforçant de filer le processus d'élaboration de la décision réglementaire du double point de vue de ses chaînes techniques (procédure, informatique) et juridiques (textes légaux), c'est bien au carrefour d'une sociologie des activités de travail et d'une sociologie des sciences que nous nous trouvons. Mais pour avancer quels résultats ? Quels problèmes inédits à résoudre ? C'est ce que nous nous proposons d'examiner à présent.

▲ 1. Dans le cadre des *workplace studies*, cf. par exemple la question de la prise de rendez-vous à l'hôpital et la gestion du dossier dans Cicourel A., « La gestion des rendez-vous dans un service médical spécialisé. Organisation et communication en régime de "surcharge cognitive" », *Actes de la Recherche en Sciences Sociales*, 143, 2002.

▲ 2. Sur cette distinction et sa discussion, cf. Liora L., « Question(s) de méthodes. Se saisir du droit en sociologue », *Droit et société*, 69-70, 2008.

Le dossier, le travail administratif et ses tensions

Nous avons beaucoup insisté sur l'importance des dossiers. En effet, sans leurs informations, il n'est guère possible pour un professionnel d'apprécier la teneur d'une affaire, et encore moins de mobiliser les règles de droit qu'il estime devoir s'imposer. Sans les papiers, sans cet incessant travail administratif, sans ce réseau de circulation intense de documents, de tableaux et de fichiers, il s'avèrerait impossible de pouvoir élaborer une décision rationnelle légale, au sens où c'est là la légitimité de nos États modernes. Le dossier apparaît bel et bien comme une « infrastructure », au sens où nous l'avons déjà évoqué : un véhicule qui permet à tout bureaucrate de circuler parmi le dense réseau que forment les textes de droit, et sans lequel il ne pourrait arrêter une décision, tout en explorant les éléments d'une affaire depuis ses traces matérielles, et seulement elles. Exactement comme il a fallu des poteaux, des pylônes et des câbles d'acier pour distribuer l'électricité dans les villes, et des maisons équipées en ampoules et en prises pour la recevoir, il faut assurément des dossiers pour acheminer le droit jusqu'aux situations concrètes des intéressés. Dans la double perspective d'une exploration du travail administratif depuis ses activités et leurs équipements, nos enquêtes montrent que ce dernier n'en emprunte pas moins des formes différentes. Indiciaire ou calculatoire, fondées sur la tentative d'élaboration d'un récit à produire pour donner une cohérence aux éléments matériels d'une affaire ou sur un calcul pour agréger les informations et produire un résumé du cas, le travail ne décrit pas les mêmes opérations. Mais dans quelles mesures les recherches qu'on vient d'évoquer éclairent-elles ce constat ? Que nous apprennent-elles sur les dossiers et les activités qu'ils exigent d'accomplir pour produire une décision réglementaire et, plus largement, un point de vue d'État ? Pour répondre, nous nous proposons de mieux situer le *paperwork* d'un point de vue diachronique, en nous référant aux travaux historiques déjà évoqués[1] (premier point). Puis, à la lumière de cet examen où il apparaît que ce n'est pas seulement l'information contenue dans un dossier qui compte, mais la manière d'en concevoir les formats et les attachements, nous reviendrons sur nos propres constats d'enquête, pour reconsidérer les tensions que tout dossier rencontre (second point).

▲ 1. L'ouvrage de C. Vismann servira ici de guide, compte tenu de la centralité du propos avec l'objet qu'on se propose d'examiner. Quelques autres travaux historiques existent également, peu connus hélas au-delà du domaine spécialisé auquel ils appartiennent, auxquels nous ferons également référence. Un premier essai de revue de littérature a été proposé sur l'histoire de la paperasserie, par Kafka B., « Paperwork », *Cabinet*, 22, 2006, http ://cabinetmagazine.org/issues/22/kafka.php. Cf. également la récente publication en français de son premier livre *The Demon of Writing: Powers and Failures of Paperwork*, Cambridge, MA, Zonebooks, 2012. La perspective demeure toutefois ici celle des sciences de la communication, dans une tentative plus éloignée de la nôtre d'articuler à la fois la perspective historique et la lecture psychanalytique.

Le dossier et les trois révolutions

Le problème peut être formulé simplement : comment les agents de l'État faisaient-ils, lorsqu'ils ne disposaient pas de dossiers ? Comment déterminaient-ils les taxes à prélever, les personnes à identifier, les marchandises à évaluer ? On sait, depuis longtemps, que l'idée même de l'État est étroitement associée à une culture de l'écrit[1], mais beaucoup moins de ce que ce lien implique en termes de pratiques scripturales. La démarche inaugurée par Fraenkel à propos des techniques d'authentification [2] constitue, de ce point de vue, une source d'inspiration majeure pour rendre compte des outils d'enregistrement que sont les dossiers. Sans prétention à couvrir ici les connaissances à propos d'un objet qui obligeraient à mobiliser des domaines d'expertise qui vont au-delà de nos propres capacités, mais en espérant néanmoins proposer une histoire de ces technologies d'écriture sur la base des lectures qu'on a pu faire, trois étapes apparaissent déterminantes.

Le premier moment observé par les historiens est celui qui, au cours du XIIe siècle, voit les écrits administratifs se transformer[3]. Sur un plan matériel d'abord : le papier, dont les modes de fabrication s'avèrent moins coûteux et l'offre plus abondante, remplace progressivement le parchemin[4]. En sus des rouleaux, l'organisation en feuillets qu'on plie en quatre, puis en huit, reliés par un fil et rassemblés dans un cartulaire permet de consigner plus facilement et en plus grande quantité toutes sortes d'informations. Les techniques scripturales changent aussi : l'écriture gothique, qui associe le goût du compact et le besoin de clarifier l'exposé en procédant par paragraphes hiérarchiquement groupés, s'imposent désormais[5]. De fait, c'est

▲ 1. On pense notamment aux travaux déjà cités de Goody J. « The State, the Bureau and the File », art. cité.

▲ 2. Fraenkel B., *La signature…*, *op. cit.*

▲ 3. Clanchy M., *From Memory to Written Record, op. cit.*

▲ 4. Il est introduit en Europe par les Arabes à ce moment. Ce sont les services de chancellerie du célèbre empereur Frédéric II de Hohenstaufen, roi de Sicile qui régna sur le Saint Empire Germanique (1220-1250) qui servent ici de référence pour Vismann (*Files. Law and Media Technology*, *op. cit.*, p. 76-91). On le sait depuis Kantorowicz, dont les ouvrages servent de fil conducteur à l'auteur : ce sont dans ses services que s'inventent les fondements de nos États modernes en Occident. Cf. Kantorowicz E., *L'Empereur Frédéric II*, Paris, Gallimard, 1987.

▲ 5. Sur la comparaison des écritures romanes et gothiques, qui renvoient plus largement à des pensées parfaitement différentes et dont Bourdieu propose, en postface de l'ouvrage d'E. Panofski consacré à la pensée scolastique et la cathédrale gothique, une analyse le conduisant à une première élaboration du concept d'habitus (cf. Bourdieu P., « Postface », *in* Panofsky E., *Architecture gothique et pensée scolastique*, Paris, Minuit, 1967). Ainsi, citant les travaux de R. Marichal, le sociologue rappelle : « Si un lecteur non averti compare un manuscrit des IXe, X^e^ ou XIe siècles, un beau manuscrit cela va de soi, d'une œuvre en prose à un manuscrit également soigné de la *Somme théologique* [*i.e.* l'ouvrage de Thomas d'Aquin emblématique de la pensée scolastique du XIIIe siècle, ndla], il aura, je pense, l'impression que le premier est plus clair, moins rébarbatif que le second, mais s'il les regarde de plus près, il s'apercevra que le second permet de suivre beaucoup mieux la pensée de l'auteur. […]. [Dans le premier], une mise en page admirable de régularité, de densité et, cependant, attrayante, aérée grâce à la finesse de l'écriture, l'indépendance de chaque lettre, la largeur des interlignes. La page a l'élégance froide […] [de] cet "espace impénétrable" qu'est l'édifice roman ; elle ne manifeste en rien l'ordre du discours. […] [Dans le second], les interlignes ont été réduits, l'écriture est plus tassée. […] Les copistes ont réussi, comme les

la topographie de la page, telle que nous la connaissons encore, avec ses marges, ses titres, ses annotations possibles (calendrier, section), qui s'établit. Cette nouvelle technologie présentait pourtant un fâcheux défaut : le dégradation du papier, plus rapide que celui du parchemin. C'est, du reste, cette moindre qualité qui conduisait la papauté de l'époque à y voir une technologie inférieure, impropre à l'idée de transmettre des vérités *ad perpetuam rei memoriam*. Mais justement. À distance d'une conception du document administratif sans visée autre que celle qui consiste à préserver un message original, valable pour l'éternité, les services de chancellerie de Frédéric II élaborent des écrits que la qualité éphémère oblige à être sans cesse réactualisés, ajustés aux temps et aux lieux[1]. Contre le pouvoir papal et sa prétention à produire des énoncés pour tous les lieux et tous les temps, et dont la « bulle » constitue probablement la forme type, les techniques scripturales du pouvoir féodal changent désormais. Les écrits ne sont plus seulement là pour impressionner, à force de formules ampoulées de louanges et de salutations, révélateurs des fondements de l'autorité royale qui accompagnent sans cesse les souverains au cours de leurs pérégrinations – au risque parfois qu'on les leur vole[2] – mais des gestes administratifs consignant le réel en lui donnant les coordonnées incontournables du temps (*datum*) et de l'acte (*actum*). Les registres qu'ils forment – littéralement *res gestare*, les choses qu'on porte – constituent, à n'en pas douter, une révolution. D'une part, ils contribuent à produire l'idée d'une « information » qu'il faut stocker, enregistrer, corriger, compléter, répliquer en permanence : c'est là, dans ce *paperwork* ordonné et minutieux, que s'éprouve désormais le pouvoir. D'autre part, ils décrivent une métaphysique inédite, dans la mesure où les êtres fictifs auxquels les documents se réfèrent désormais – la couronne, le fisc, le trésor – « ne meurent jamais », pour reprendre la célèbre formule de Kantorowicz. Des rouleaux de compte aux cartulaires, c'est aussi une continuité inédite de ces êtres collectifs que les écrits donnent à lire, dont ils contribuent à rendre possible l'existence : dans la trame du papier qu'on peut insérer à l'envie dans des registres annuels, à travers ce qui s'écrit désormais dans des colonnes qui ne s'arrêtent jamais, ce ne sont pas seulement les recettes et les dépenses d'un prince, mais bien la fiction d'une continuité sans fin des corps politiques[3].

philosophes, à concilier les deux exigences contradictoires qui s'imposent à eux [...] : le goût du compact et le besoin de procéder par "parties de parties" hiérarchiquement groupées. [...]. D'un seul coup d'œil, quelle que soit la page où s'ouvre le livre, un lecteur entrainé sait où il se trouve » (p. 155-157).

▲ 1. Vismann C., *Files. Law and Media Technology*, *op. cit.*, p. 79.

▲ 2. C'est ce qui arriva au pauvre Philippe Auguste, contraint d'abandonner dans sa fuite son *thesaurus magnum* aux mains de Richard Cœur de Lion, victorieux de la bataille de Fréteval en 1194. Cette cuisante défaite serait à l'origine de la constitution d'archives royales, désormais centralisées (*ibid.*, p. 76-77). Sur l'histoire de ce « trésor des chartes », cf. également Potin Y., « L'État et son trésor », *Actes de la Recherche en Sciences Sociales*, 133, 2000.

▲ 3. Dans la genèse qu'il établit de ces fictions à l'origine de nos États modernes, qui durent éternellement bien qu'elles aient un commencement, Kantorowicz rappelle la

Une deuxième révolution affecte les écrits administratifs : elle découle de la technique de l'imprimerie qui, depuis sa mise au point vers 1450, augmente non seulement les capacités d'enregistrement et d'actualisation de l'information, mais favorise surtout l'éclosion d'un nouveau régime de pensée qui va s'épanouir au fur et à mesure de l'essor des nouveaux supports de l'écrit que constituent désormais les imprimés[1]. Il faut dire qu'à ce moment, le recours à l'écrit devient une véritable préoccupation des juristes, des secrétaires et autres officiers scripturaires au service du prince comme des souverains eux-mêmes[2]. Or, les manuscrits étaient souvent perdus ou dispersés, détruits par le feu ou l'humidité, rongés par les rats, abîmés par les consultations successives. En multipliant en grand nombre les exemplaires et en les rendant publics, l'imprimerie offre des capacités

conceptualisation scolastique et le statut des anges (*aevum*) dont découle la conception des deux corps du roi. Si l'origine de cette élaboration réside, pour l'historien, dans des controverses théologiques, elle n'en suppose pas moins une matérialisation, dans les médaillons, les pièces de monnaie, les sceaux royaux, mais aussi les écrits pragmatistes plus ordinaires : livres de compte, instruments comptables, etc. Ainsi, la fiscalité, au début du Moyen Âge était toujours extraordinaire, au sens où le prélèvement de l'impôt s'effectuait suite à des événements précis : rançon du seigneur, adoubement du fils aîné, dot de sa fille, défense du royaume en cas d'urgence proclamée. Mais l'imposition va progressivement devenir continue, sans plus dépendre d'aucun fait particulier autre que les besoins de l'État désormais permanents. *Perpetua necessitas.* Cette évolution renvoie à l'invention d'êtres métaphysiques éternels, et passe également par un certain nombre d'objets techniques qui contribuent à les faire exister. C'est le cas des registres permanents servant à enregistrer les actes administratifs, obligeant à lier les actes au temps. Cf. Kantorowicz E., *Les deux corps du roi. Essai sur la théologie politique au Moyen Âge*, Paris, Gallimard, 2000, p. 212-213.

▲ 1. Le passage du manuscrit au livre imprimé a été étudié par E. Eisenstein dans *La révolution de l'imprimé, op. cit.* La question n'est pas tant de rendre compte ici de la naissance de l'imprimerie et de sa mise au point par Gutenberg que de décrire les conséquences de ce passage, au cours des XVe, XVIe et XVIIe siècles.

▲ 2. La construction d'un territoire cohérent, notamment dans le cadre de la collecte de l'impôt, passe par le recours à ce que les médiévistes appellent des « écritures pratiques » (notamment autour de H. Keller à propos de la *pragmatische Schriftlichkeit*) : production de comptes de châtellenie annuels, mise en chantier de divers cartulaires princiers, élaboration des premières extentes (ou terriers comtaux) permettant de poser les bases durables d'une « principauté ». Ce faisant, la production de ces écrits administratifs rencontre deux types de tensions : celles qui découlent de l'émergence de professionnels scripturaires, spécialistes de la confection, de la conservation et de la certification documentaire, qui ne rencontrent pas toujours l'intérêt et la reconnaissance de leur souverain ; et celles qui émanent des seigneuries locales ou communautés ecclésiales rétives à leur alignement depuis des réseaux de comptabilité et des normes d'écriture dont le centre de calcul leur échappe désormais, voire des conflits qui découlent de ces tentatives avec d'autres centres de calcul comme les états pontificaux. À propos du cas de la principauté savoyarde, cf. Castelnuovo G., « Les Officiers princiers et le pouvoir de l'écrit. Pour une histoire documentaire de la principauté savoyarde (XIIIe-XVe siècle) », *in* Jamme A., Poncet O., dir., *Offices, écrits et papauté (XIIIe-XVIIe siècles)*, Rome, Publications de l'École française de Rome, 2007, p. 17. Consultable : http://books.openedition.org/efr/2377. Avant même que la technologie de l'imprimé ne vienne s'immiscer dans les pratiques administratives, l'idée d'un recours systématique à l'écrit semble devenir la norme : « "Tous les actes vertueux et dignes de mémoire doivent être mis par écrit" : ainsi s'expriment, en 1421, les représentants des États provençaux » note déjà Castelnuevo (*ibid.*, p. 17). Et quelque temps plus tard, au tournant des années 1500, C. Vismann insiste sur le même phénomène. À propos du souverain Maximilien du Saint-Empire, condamné à errer de cités en cités, et désespérant de pouvoir être informé de tout ce qui se passe dans son immense empire, s'impose l'idée d'une administration « qui ne dort jamais », enregistrant scrupuleusement et conservant soigneusement les écrits. Cf. Vismann C., *Files. Law and Media Technology, op. cit.*, p. 90.

inédites de sauvegarde documentaire. Elle assure aussi une circulation des textes, et notamment des textes légaux, telle qu'aucun juriste ne l'avait connue jusque-là. Mais le plus important est peut-être ailleurs : elle change le sens même de l'écriture administrative. Ainsi passe-t-on de l'annulation au recopiage : les versions brouillon ne sont plus graduellement effacées jusqu'au façonnement de l'écrit final, comme le seul et unique exemplaire à conserver, mais une succession de documents intermédiaires qui ont leur sens et qui sont archivés en tant que tels, selon une logique d'ordonnancement qui conduit au développement de techniques de classement inédites[1]. On le sait : il résulte de cet accroissement de papiers et des professionnels qui en ont la charge l'essor parallèle de critiques dénonçant leurs innombrables tracasseries[2]. On le sait aussi : cette augmentation des écrits administratifs témoigne d'une extension du domaine de l'intervention publique. À partir du XVIe siècle, les centres de pouvoir qui s'élaborent se soucient de plus en plus d'évaluer la population, de mesurer l'activité économique, de contrôler la circulation des denrées, au nom des principes de « souveraineté » ou de « bon gouvernement » qui reçoivent alors leurs premières théorisations. Mais ce sont les sciences camérales, aux XVIIe et XVIIIe siècles, se constituant comme la première tentative d'une science pratique de l'administration, et s'intéressant, entre autres choses, à la gestion et la production des documents administratifs qui peuplent désormais le monde des cabinets et des chancelleries[3]. C'est vrai des manières d'écrire : au-delà de la panoplie des techniques juridiques en usages - décrets, édits, règlements, instructions, patentes, etc. - une grammaire d'État s'invente et s'enseigne désormais, promouvant le détachement du fonctionnaire vis-à-vis des sujets au détriment de formules ampoulées et un peu hasardeuses qui ont pu être employées, avec ses formules stéréotypées, ses abréviations, et même sa langue de bois, bref, autant d'actes de langage qui composent désormais une *novlangue*

▲ 1. « Les informations relatives à l'émission d'un document (date, résumé, destinataire) ne servent plus à en remplacer le brouillon, comme c'était le cas du registre sicilien. Ils n'en sont pas un substitut, mais un index pour les copies » (*ibid.*, p. 93).

▲ 2. Qu'on songe, par exemple, aux critiques acerbes de Rabelais des pratiques de la magistrature et à son île des Chicanous ou au cas des Chats-Fourrez. Cf. Desan P., *L'imaginaire économique de la Renaissance*, Paris, Schena Editore/ Presses de l'Université de Paris-Sorbonne, 2002.

▲ 3. Ces sciences s'intéressent à des questions très diverses : le contrôle des populations et des meurs, les règles de gestion botanique ou minière, la réglementation du prix du pain, l'approvisionnement des villes, etc. Elles ont notamment reçu une attention particulière par Michel Foucault où elles désignent « la science des finances et de l'administration qui s'est développée, à partir du XVIIe siècle, dans les "chambres" des princes, ces organes de planification et de contrôle bureaucratique qui se substituèrent peu à peu aux conseils traditionnels » (Foucault M., *Sécurité, Territoire, Population, Cours au Collège de France, 1977-1978*, Paris, Gallimard, 2004, p. 27, n. 25). Cf. également Foucault M., « La Gouvernementalité », *Dits et Écrits*, tome 3, Paris, Gallimard, 1994, p. 635-657. Sur l'histoire de ces sciences, notamment en Allemagne et notamment en Prusse où elles sont l'objet d'une reconnaissance universitaire et s'enseignent, cf. plus récemment Laborier P., Audren F., Napoli P., Vogel J., dir., *Les sciences camérales. Activités pratiques et histoire des dispositifs publics*, Paris, PUF, 2011.

administrative qui n'existait pas[1]. C'est également vrai des manières d'organiser et de conserver ces écrits. Les dossiers, en tant qu'objet de consignation systématique, prennent définitivement la forme qu'on leur connaît : avec leurs liasses de papiers reliées par des ficelles, ils constituent la puissante technologie de la bureaucratie prussienne. Et les archives deviennent un bien public contribuant à la formation même des États, en Prusse ou en France. Pour Vismann, il est désormais question du principe de l'*Aktenmässigkeit*, tel que Weber l'a posé et qui consiste à transcrire par écrit, à enregistrer et consigner scrupuleusement toute instruction, toute décision, tout élément susceptible de concerner une affaire. Néanmoins, et ce détail est de taille, la référence au droit pour l'organisation et la tenue de ces écrits y demeure encore fragile[2]. Il faudra, pour cela, une autre transformation majeure.

Une troisième révolution concerne la production des écrits administratifs : sa mécanisation. Les écritures à la main, celles des commissionnaires et des secrétaires qui peuplent les administrations, œuvrant sur des registres annuels, des inventaires indexés et des grands livres, donnent lieu au cours du XIXe à une frénésie d'inventions mécaniques les plus diverses : plumes d'acier, claviers imprimeurs, presses à copier, machines à écrire, tabulateurs, carbones, etc. L'histoire est connue, et l'ouvrage que Delphine Gardey leur consacre montre combien ces outils ne constituent pas de simples innovations techniques mais bien des médiateurs contribuant à une reconfiguration des formes d'activités politiques et économiques[3]. Ils décrivent « l'infrastructure » de l'administration, ou des entreprises, sur laquelle s'appuiera ensuite la révolution de l'informatique[4]. La technologie du dossier est, certes, indissociable de cette nouvelle configuration du « bureau moderne ». Mais les analystes insistent sur d'autres éléments. Yates, dans ses travaux pionniers, évoquait déjà l'importance de ses formes suspendues et son rangement vertical[5]. Vismann s'étend longuement sur l'importance du classeur et de son système de fermeture à anneaux chromés[6]. En fait, tout se passe comme si la technologie du dossier, déjà existante, changeait littéralement de régime. Son pouvoir de réduction et d'amplification - pour reprendre ici la formulation de Latour - opère désormais au prix d'une information bien plus foisonnante et, surtout, plus élémentaire.

▲ 1. Sur la constitution de cette *state grammar*, C. Vismann cite notamment les travaux de Johann Jacob Moser. Cf. Vismann C., *Files. Law and Media Technology*, *op. cit.*, p. 104-108.

▲ 2. L'expertise juridique ne constitue pas un requis pour le recrutement des fonctionnaires, et Vismann insiste sur l'importance des bonnes manières et de la tenue, renvoyant davantage aux mondanités diplomatiques qu'à la règle (*ibid.*, p. 104). Ce point est exploré plus précisément par Dreyfus F., *L'invention de la bureaucratie. Servir l'État en France, en Grande-Bretagne et aux États-Unis, XVIIe-XXe siècles*, Paris, La Découverte, 2000.

▲ 3. Gardey D., *Écrire, calculer, classer...*, *op. cit.*

▲ 4. Agar J., *The Government Machine*, *op. cit.*

▲ 5. Yates J.-A., *Control Through Communication...*, *op. cit.*, p. 56-63.

▲ 6. Vismann C., *Files. Law and Media Technology*, *op. cit.*, p. 129-146.

a

b

Photos 1a et 1b : Du « monde du livre » à « l'esprit des cartes ».

Photo 1a : le bureau d'un notaire, en 1672, par Job Berckheyde, (huile sur toile, collection privée. Source : web gallery of art). Le spectateur découvre, par l'entremise d'un rideau (drapé au premier plan), un notaire à son bureau. Celui-ci est à son domicile (le notaire porte une robe de chambre de style japonais alors très à la mode), et il ne fait pas chaud (comme en atteste la présence d'un chauffe-pieds sur lequel le notaire a posé sa jambe, ainsi que l'estrade en bois qui protège du froid). Le notaire remet à un homme un document officiel en échange d'une somme d'argent que ce dernier s'apprête à verser, en déliant sa bourse. Outre celui du spectateur, la scène se déroule sous le regard amusé d'un jeune clerc. On distinguera, sur les murs du cabinet : à gauche de la porte (mur du fond), des registres reliés (étagère) et un amoncellement désordonné de papiers (au-dessus) ; à droite de la porte (mur du fond) des sacs étiquetés et d'autres registres (au-dessus) ; à droite (mur de côté), divers registres posés à plat, une étagère dite à casiers (« trous de pigeon ») contenant divers écrits, des papiers en cours de traitement suspendus à l'aide de crochets (dits « aanhangig gemaakt » ou en attente), le matériel d'écriture (encrier, plumes cassées jonchant le sol), le matériel à cacheter (tiroir). Photo 1b : la nouvelle salle des fichiers de la mairie de Baltimore, en cours d'aménagement, en 1940 (source : earlyoffice museum).

C'est là, en tout cas, un argument que développe Gardey à propos de la question du classement qui occupe désormais bibliothèques, laboratoires et organisations. L'historienne insiste, en effet, sur une transformation paradigmatique liée aux formats des écrits : le « monde du livre », clé de voûte de l'organisation et de la diffusion de la connaissance depuis la révolution de l'imprimé, laisse place à ce qu'elle appelle « l'esprit des cartes », inspirant désormais l'équipement documentaire et mobilier des bureaucrates (photos 1).

Le premier monde est celui du carnet de note, du registre de correspondance, du livre de comptes, c'est-à-dire celui où l'écrit relevait encore d'une économie de la rareté, faisait l'objet de copies attentives et scrupuleuses, consignées dans des registres cousus et reliés, certes peu maniables, mais dont le contenu demeurait maîtrisé par des personnes de confiance, attachées à la connaissance des affaires. Derrière ces pratiques d'enregistrement et de rangement, c'est une culture du livre qui se dessine, un monde de bibliothécaires et d'archivistes, inspirés par une logique conservatoire, dominés par un souci de sécurité et de préservation de l'information. L'« esprit des cartes » serait bien différent. C'est celui de la notice, de la fiche, du feuillet, c'est-à-dire celui où l'écrit, devenu prolifique, doit faire l'objet de techniques de classement selon des méthodes rationnelles et dans des meubles adaptés en vue d'optimiser sa circulation tout en mémorisant son stockage. L'enjeu est de rendre les écrits mobiles, détachables, à l'aide de nouveaux supports de formats de papiers (le bon, le feuillet mobile, la fiche cartonnée, etc.) et de meubles inédits (classements verticaux, taquets, intercalaires, onglets, index) destinés à en assurer le tri et le rangement. Au travers de ces innovations, c'est un autre monde qui se profile : celui où s'invente l'idée de « document », dont la gestion devient une affaire de méthodes, et plus largement de science[1].

À n'en pas douter, ces transformations des pratiques d'écriture disent quelque chose de la fabrication de la décision réglementaire et de l'autorité publique. Les trois « révolutions » qu'on vient d'évoquer pourraient inspirer des programmes entiers de recherche sur les dossiers, qu'on en explore les contenus et les évolutions depuis l'idée qu'ils constituent une technologie matérielle, une activité d'écriture, des pratiques sociales ou même des textes littéraires. Le point essentiel est que ces dossiers reposent sur une conception à la fois élémentaire et limitée des situations qu'ils donnent à voir. Le réel apparaît toujours « en pièces », dans une forme fragmentaire. La qualification juridique dont ce réel fait l'objet ne repose que sur ces écrits, dont le nombre est nécessairement réduit. Et il n'est pas possible de recourir à d'autres documents, d'autres informations, d'autres témoignages de ce que contiennent déjà les dossiers : seuls les écrits qu'ils contiennent comptent, et seulement eux. C'est donc cela que font les dossiers : soumettre au regard une collection éparse de documents, à la fois finie et discontinue, pour en permettre la manipulation et la sommation. Et c'est bien cela que font les dossiers administratifs qui nous ont intéressés : transformer des extractions d'un réel, sous forme le plus souvent de textes, en vue d'une qualification juridique par l'intermédiaire d'opérations successives de traduction. On pourrait, dès lors, considérer les éléments qu'ils contiennent comme des « données », au sens des formes de production et de circulation de l'information étudiées par Delphine Gardey et Christian Licoppe[2]. Encore

▲ 1. D. Gardey renvoie également aux travaux de Fayet Scribe S., *Histoire de la documentation en France : culture, science et technologie de l'information, 1895-1937*, Paris, Éditions du CNRS, 2000.

▲ 2. « La donnée sera ainsi tout d'abord pour nous une forme de texte (au sens généralisé de séquence alphanumérique signifiante) référant à un contexte local, situé dans le temps et l'espace et dans un ensemble de pratiques cognitives et matérielles. La donnée est donc un texte pris sur le vif et qui peut en rendre compte. Sa construction suppose la mise en œuvre d'horizons cognitifs et de savoir-faire instrumentaux partagés sous la forme de procédures de standardisation et de calibration des instruments qui permettront l'encodage textuel des situations pragmatiques, de représentations partagées mais souvent concurrentes de ce qui se passe dans le contexte de l'action et lui donne sens. [...] Mais ce qui caractérise la donnée, convient-il de rappeler, pour l'analyse de l'action publique qui nous intéresse ici, l'importance que revêtent les « pièces », dont l'analyse suppose d'être nuancée, compte tenu des spécificités du travail juridique.

Les « pièces », le droit et leurs attaches

Par certains côtés, le travail administratif peut s'assimiler aux traitements des données. Pour apprécier le passé pénal d'un prévenu, le juge de proximité peut consulter l'extrait de son casier judiciaire qui retrace l'ensemble des condamnations le concernant, et qu'il trouve systématiquement dans le dossier. Pour qualifier la superficie d'une parcelle, l'agent des services agricoles peut s'appuyer sur deux siècles de cartographie cadastrale, consignée dans des registres et réactualisée dans des bases numériques, dont il peut examiner les extraits sur l'écran. Il y est bien question de données qui circulent, qu'on traduit et qu'on s'approprie. Certes, le *paperwork* accompli par les agents peut être examiné de manière plus spécifique, tant il est vrai que les éléments qui composent n'importe quelle affaire constituent des « pièces », c'est-à-dire des documents écrits déposés selon une procédure précise et rassemblés dans un dossier[1]. Les données manipulées ont la teneur spécifique des régimes d'interprétation et d'écriture propre au droit où la question de la vérité légale, et pas seulement d'un réel à décrire, apparaît déterminante, contribuant à donner aux pièces des forces différentes selon leur qualité – pièces justificatives, pièces à conviction, actes authentiques, etc. Mais, au fond, l'activité accomplie par les professionnels peut être décrite selon des perspectives assez proches de ce que l'on a déjà évoqué à propos des approches plus généralement attentives aux écrits et aux techniques d'écriture : les pièces composent des points de passage obligés par lesquels les bureaucrates s'efforcent de produire un texte ultime – un jugement, une notification, une décision –, considérant que ce sont ces pièces qui sont le réel. Ces dernières s'inscrivent au croisement de deux chaînes d'interprétation : une chaîne renvoyant à des supports de

c'est que, moyennant un travail lourd et qui mobilise souvent l'alignement d'un vaste réseau d'acteurs, de lexiques et de situations, on peut attendre d'elle, parce qu'elle a été formatée et encodée, qu'elle puisse être extraite du contexte auquel elle se réfère pour être utilisée par d'autres acteurs ailleurs et/ou plus tard. Il y a là un double mouvement, celui de l'extraction d'une donnée de son contexte et celui de son utilisation. La donnée devient capable de représenter son contexte pragmatique pour un acteur distant de ce même contexte. Cette capacité de la donnée à représenter un moment ou une action située est ancrée dans une triple économie : l'économie immatérielle des formes de textualité, de leur circulation, de leur traduction et de leur appropriation » (Gardey D., Licoppe C., « Penser l'histoire des sociétés de l'information. Quelques questions », Arguments pour le séminaire co-organisé par le CRHST et le CNET, Cité des sciences et de l'industrie, 1999-2000, cité par Gardey D., Gardey D., *Écrire, calculer, classer…*,*op. cit.*, p. 174-175. Sur le double mouvement et le travail de mise en forme exigé par les données, cf. également Denis J., *Le travail invisible des données, op. cit.*

▲ 1. On distingue pour les affaires judiciaires trois sortes de pièces : les *pièces de forme*, constituées notamment par les citations adressées par le Greffe aux parties pour les affaires judiciaires ; les *pièces de procédure*, qui sont insérées en cours d'instance, comme les requêtes des parties, les réquisitions du Ministère public ou les procès-verbaux ; et les *pièces probatoires*, déposées par les parties et échangées avant l'audience (CPC, art. 11, 132 et s.).

stockage de l'information (fichier des casiers judiciaires, rôle du tribunal, fichier national des immatriculations, base de données nationale de l'identification, répertoire parcellaire graphique, etc.) d'où sont extraits les documents ; et une autre chaîne formée des textes réglementaires (code pénal, code de procédure pénale, code de la route, droit communautaire, code rural, etc.). Exactement comme pour des données qui renvoient à la fois à un corpus et à une littérature scientifique, ces deux références constituent les coordonnées avec lesquelles tout bureaucrate, à partir des pièces qui constituent les éléments matériels d'une affaire, doit pouvoir qualifier juridiquement une situation. Le dossier apparaît comme un élément majeur de l'équipement bureaucratique : c'est un oligoptique, offrant une collection finie d'informations sur une affaire, et dont les agents peuvent se saisir pour « voir » le cas, précisément parce que ce sont des « données » indissociables de chaînes interprétatives qu'ils peuvent déplacer pour qualifier la situation. La perspective des *sciences studies* attentives à la matérialité, notamment avec la théorie de l'acteur-réseau insistant sur les activités d'inscription et de traduction, offre ici des ressources déterminantes pour l'analyse.

Toutefois, par certains autres côtés, le *paperwork* accompli par les agents de l'administration résiste à être appréhendé depuis cette unique perspective. Pour apprécier la responsabilité pénale du prévenu, le juge ne saurait se contenter des pièces du dossier : il a besoin d'autre chose, et notamment d'un débat contradictoire qui oppose les parties concernées par l'infraction. Dans des proportions moindres, mais néanmoins non négligeables, l'agent des services agricoles peut avoir besoin de rencontrer l'exploitant, au guichet ou au téléphone, ou correspondre avec lui. Dans un cas comme dans l'autre, il n'est pas possible de réduire le dossier à ses pièces. Dans un cas comme dans l'autre, même si le réel est bien construit par les documents, même si la vitesse de l'automobile, la propriété du véhicule, l'abattage du bovin ou l'exploitation du champ de luzerne sont bien là, déposés dans des traces écrites qui s'imposent comme des éléments incontournables de la situation, il manque quelque chose. Ce manque est ce qui empêche le magistrat de pouvoir vraiment répondre à la question : « Mais qu'est-ce qui s'est passé ? » Et c'est un manque qu'il lui importe de maintenir, le plus longtemps possible, le plus loin possible, jusqu'au terme du débat, pour ne jamais refermer trop vite une affaire qu'on aura cru aisée à comprendre. Et, même si cette question ne hante pas les agents des services agricoles à toutes les heures de leurs journées, ils n'en rencontrent pas moins toutes sortes d'épreuves qui leur rappellent que le réel n'est pas aisément réductible aux données qu'ils manipulent. Il revient, par effraction, lorsqu'entre calculs et représentations topographiques, une bizarrerie surgit et oblige à s'interroger. Pour considérer le passé pénal d'un prévenu, le juge de proximité peut toujours consulter l'extrait de son casier judiciaire ; il ne peut s'en contenter. Pour qualifier la superficie d'une parcelle, l'agent des services agricoles peut s'appuyer sur la cartographie cadastrale ; mais il peut être conduit à enquêter davantage. Le dossier apparaît, dans ce cadre, comme un élément majeur de l'équipement de tout bureaucrate, en lui donnant l'accès à une collection de documents qui vaut par l'incomplétude qu'elle donne à voir, par les trous, les points aveugles qui sont ainsi rendus manifestes, par le seul fait de rassembler ces écrits dans une même chemise. Dit autrement, le dossier n'est plus ici qu'un oligoptique. C'est alors qu'il conviendrait mieux de parler d'indices que de données, étant entendu que les premiers seront toujours impropres au travail d'alignement que les secondes, seules, permettent[1]. L'horizon dessiné par les approches centrées sur les actes d'écriture et la narrativité, dans la mesure où elles intègrent les questions spécifiques de la production du droit, apportent ici un éclairage utile pour l'analyse.

Nous l'avons vu : les manières de lier des informations composites d'un même dossier diffèrent, selon qu'elles supposent la recherche d'une cohérence narrative depuis une affaire dont les éléments décousus invitent le bureaucrate à en retrouver une unité - quand bien même il sait cette histoire qu'il se raconte partielle, avec des zones d'ombre et des non dits[2], ou qu'elles impliquent une sommation sous la forme d'un calcul destiné à produire une mesure, rapportable à une échelle ou un barème susceptible de lui donner un sens, quand bien même l'agent n'ignore pas que l'information qui en résulte n'est jamais qu'une abstraction réductrice[3]. Ainsi, dans tout dossier, on retrouverait cette même tension entre, d'un côté, un travail d'alignement, qui emprunte volontiers une forme calculatoire, et dont les artefacts graphiques ont vocation à visualiser la situation que le bureaucrate doit qualifier juridiquement, et, d'un autre côté, un travail de correspondance, qui recourt davantage à une forme narrative, et dont les indices sur lesquels il prend appui signalent plus qu'ils ne résument, obligeant le même bureaucrate à s'enquérir de nouvelles informations. Les approches qu'on a présentées plus haut, et les terrains qu'on a exposés, montrent que la place de ces différentes facettes du travail administratif peut énormément varier. Dans le cas des agents des services agricoles, la première l'emporte largement : les pièces sont interrogées d'un point de vue formel, considérant que c'est seulement la compatibilité des formats qui importe pour s'assurer que « ça passe », et qu'une décision puisse être générée par la machine. Dans le cas des juges de proximité, c'est la seconde qui domine : les pièces sont examinées non seulement formellement, mais aussi du point de vue de ce qu'elles racontent, considérant qu'il faut comprendre ce qui s'est passé pour apprécier la portée et la responsabilité de l'infraction. Là aussi, les magistrats doivent veiller à ce que « ça passe », mais c'est dans la perspective du respect formel des règles de procédure afin d'éviter les recours susceptibles d'annuler leur décision[4] : l'horizon n'est pas

▲ 1. On renvoie ici au paradigme de l'indice, déjà évoqué au cours du chapitre précédent, et à sa problématisation chez Ginzburg C., « Traces. Racines d'un paradigme indiciaire », *Mythes, emblèmes, traces. Morphologie et histoire*, Lagrasse, Verdier/Poche, 2010.

▲ 2. Sur ce travail, cf. les activités des juges de proximité décrites dans le premier chapitre.

▲ 3. Sur ce travail, cf. les activités des agents des services agricoles, décrites dans le deuxième chapitre.

▲ 4. Rappelons, dans le cas qui nous a intéressé, que les jugements de proximité ne sont pas susceptibles d'appel, et ne peuvent faire l'objet que d'un pourvoi en cassation.

le même. Il n'en demeure pas moins que, dans un cas comme dans l'autre, les deux manières de travailler coexistent malgré tout. Dans des proportions variables, il est vrai, elles composent la trame des activités du travail administratif, celles-là même qui consistent à qualifier juridiquement des situations avec des papiers.

Dès lors, on comprend que deux dangers surgissent : aligner trop vite, et vouloir raconter une histoire cohérente de bout en bout. Dans un cas, c'est la force du calcul et de ses instruments qui projettent automatiquement les différentes pièces d'un dossier sur un même plan, de sorte que par l'intermédiaire d'une seule mesure - un taux de densité, un taux d'anomalies - c'est toute l'affaire qu'on croit pouvoir définir et qualifier en droit, au risque d'une erreur. Dans l'autre cas, c'est la préoccupation à rechercher la vérité qui conduit à s'interroger sans fin sur la cohérence de la totalité des pièces et du débat, au risque d'une décision impossible à prendre, faute de parvenir à un assemblage de tous ces éléments. Ces deux dangers - un alignement excessif qui rétrécit le champ de vision sur une affaire, une histoire impossible à raconter qui découle d'une vue trop ouverte sur le cas - rappellent que c'est dans cette tension que la lecture des « pièces » s'accomplit. Entre des données dont on se soucie seulement du format ou des indices qu'on interroge scrupuleusement, comment faire parler les dossiers ? Il faut pouvoir rendre compatibles les pièces qu'ils contiennent, établir des correspondances, dresser des perspectives sans l'irréversibilité du calcul automatique, ni l'hésitation infinie d'une décision impossible. Comment attacher sans trop attacher ? C'est, quand on y pense, une propriété commune à bon nombre d'outils bureaucratiques : des post-it qui collent mais ne collent pas, des trombones qui tiennent mais qui tiennent mal, des agrafes qui lient mais qu'on peut défaire, des classeurs qui relient mais qu'on peut ouvrir, des chemises qui ferment mais qui restent suspendues, etc. Ces outils, la plupart nés à la fin du XIXe siècle avec l'invention du « bureau moderne » (photo 2), n'ont de sens que parce que le dossier est lui-même composé d'éléments fragmentaires, dont la force et la qualité ne sont pas définies une fois pour toutes, et dont la place dans le dossier suppose un travail qui s'incarne matériellement au travers de ses *paperclips* (agrafes, trombones, etc.), véritables technologies inventées précisément pour les attacher par étapes progressives, au gré du travail d'interprétation et des contextes. Et c'est ce tâtonnement qui importe[1].

▲ 1. Fraenkel et Pontille, dans leur enquête sur les actes juridiques confectionnés par les huissiers, insistent sur l'importance de ce travail d'assemblage ou de désassemblage des écrits, insistant sur la ressource que constituent alors les agrafes (in « L'écrit juridique à l'épreuve de la signature électronique. Approche pragmatique », art. cité). Le rôle joué par les agrafes est également souligné, à plusieurs reprises, par Latour (par exemple dans *Petite réflexion sur le culte moderne des dieux faitiches*, Le Plessis-Robinson, Synthélabo, 1996, p. 59.). Il conviendrait d'examiner plus largement les outils bureaucratiques destinés plus largement à attacher, relier, coller de manière plus ou moins durable. Une histoire du trombone, de l'épingle à nourrice ou du scotch est évoquée par Petroski H., *The Evolution of Useful Things:How Everyday Artifacts-From Forks and Pins to Paper Clips and Zippers-Came to be as They are*, New York, Vintage Books, 1994, p. 51-77.

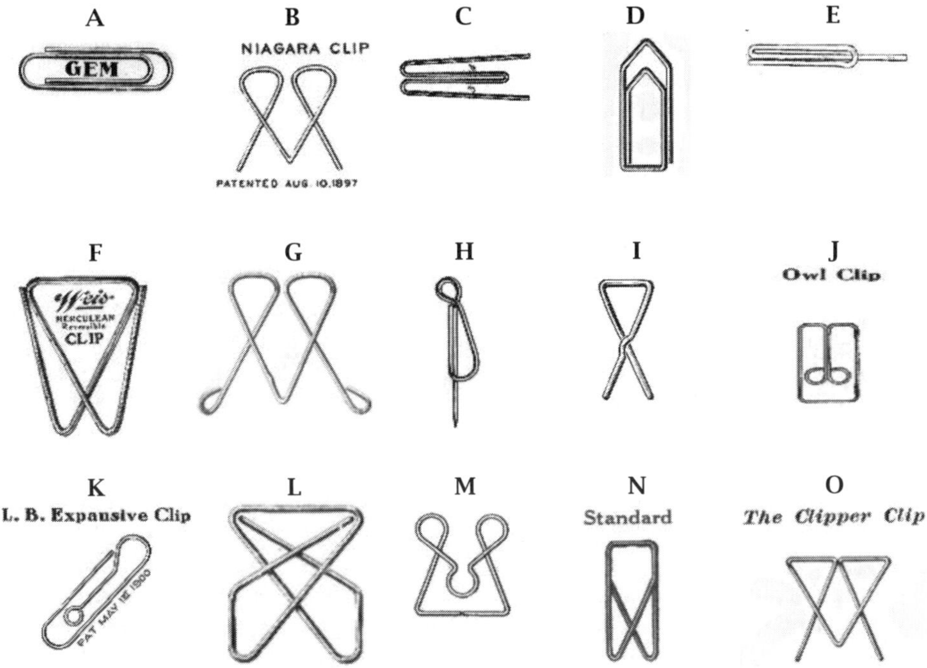

Photo 2 : Comment attacher sans trop attacher ? Quelques modèles de trombone (1877-1934). Source : Early Office Museum

Au terme de cet examen, il apparaît que le dossier constitue une véritable armature sans laquelle aucune affaire ne pourrait vraiment tenir et circuler, et sans laquelle aucune situation ne pourrait être rapportée, de sorte que le droit ne pourrait être dit. Les résultats, tels qu'exposés jusqu'à présent, s'inscrivent dans une double perspective : celle d'une sociologie des activités, soucieuse de restituer la place de cet objet – et plus largement de tout ce qui équipe le bureaucrate dans ses tâches de lecture, d'écriture et de calcul – dans le travail concrètement accompli nécessaire à la production d'une décision réglementaire ; et celle d'une sociologie des techniques et des connaissances, attentive à la matérialité, et dont procède la fabrication même du droit. Les tensions qu'on a pu décrire à ce propos, entre le travail d'alignement et le travail de correspondance, le calcul et le récit, la gestion des données et le traitement des indices, appellent toutefois plusieurs remarques qu'on pourrait aisément formuler depuis la troisième source d'inspiration des travaux relatifs aux papiers de l'État : celle qui consiste à rapporter la production et les usages des écrits à un contexte plus large, souvent présenté comme un contexte « politique » ou « social » – formulations que l'on utilisera ici avec une nécessaire prudence – mais qui n'en pose pas moins une série de problèmes irrésolus.

*

Les enjeux et les tensions que sucite le travail administratif renvoient, certes, à la manière dont les dossiers sont eux-mêmes constitués, par les papiers qu'ils rassemblent, les calculs qu'ils autorisent, les récits qu'ils permettent d'ébaucher, ils sont faits aussi des interrogations propres à ceux qui les lisent ou les manipulent, à la grandeur qu'ils accordent aux questions posées et, par-delà, à leur activité même. Dans son travail pionnier sur le *paperwork*, Zimmerman insistait sur l'importance du doute, ce scepticisme que tout bureaucrate entretient avec les écrits qu'il étudie, marque de son professionnalisme. S'il est vrai qu'il faut tâtonner pour prendre une décision réglementaire, et que ce tâtonnement découle de la technologie même du dossier, des visions fragmentaires et discontinues du réel qu'il permet de rendre visible, faut-il en conclure que l'hésitation dont font preuve les agents y puise entièrement sa source ? Les tensions entre les formes calculatoires et narratives, qui trouvent une expression différente selon qu'on enquête dans un tribunal ou un service déconcentré du ministère de l'Agriculture, ne renvoient-elles pas aux politiques d'informatisation qui émanent de leurs directions ? Les juges de proximité, par exemple, semblent douter davantage que les agents des services agricoles : les premiers interrogent la force des pièces, auscultent le bien-fondé des documents les plus officiels, fussent-ils couverts de leur qualité la plus irréfragable, quand les seconds n'en semblent visiter que la forme. À quoi tiennent ces variations ? Comment comprendre le souci des premiers à suspendre le plus longtemps possible leurs impressions premières pour n'asseoir leur décision qu'après avoir hésité ? À quoi tient la préoccupation des seconds à réparer malgré tout les bizarreries auxquelles ils sont confrontés dans le cours de leur travail, quand ils pourraient au contraire délaisser les affaires compliquées, remettre à plus tard ou à jamais ? Ne peut-on pas alors considérer que l'énergie toute particulière des premiers comme des seconds renvoie, en fait, à des éléments extérieurs aux dossiers eux-mêmes ? Que penser, en effet, des politiques de formation, des relations hiérarchiques, des modes de socialisation, et de tout ce que les travaux sociologiques ont coutume d'explorer lorsqu'ils s'intéressent aux pratiques professionnelles, cette autre perspective que nous avons évoquée à propos des études relatives au travail administratif mais que nous n'avons que peu suivie ?

Gardons-nous de répondre hâtivement. Mais convenons que nous n'avons jusqu'à présent guère étendu notre regard au-delà de la table de travail des bureaucrates. Aussi invitons-nous à élargir un peu loin l'horizon de notre propre tentative de considérer le travail administratif, en nous intéressant à un élément aussi incontournable que les dossiers qu'on vient de regarder : les bureaux.

Deuxième partie

Les bureaux

Dans le cadre d'une enquête sur les contrôles agricoles et la traçabilité alimentaire dont une partie se déroulait à l'étranger, j'accompagnais Laura Sayre, anthropologue américaine basée alors à l'INRA, pour une rencontre avec le responsable du service en charge de la certification et des assurances qualité au DEFRA, l'équivalent anglais de notre ministère de l'Agriculture[1]. Situé à Westminster, la *Nobel House*, immeuble de briques aux imposantes proportions où nous avions rendez-vous, affiche d'emblée une mise en scène digne de la série télévisée britannique consacrée au MI5, services célébrissimes de contre-espionnage : rangée de capsules barrant l'entrée et destinées à scanner le corps des visiteurs, portiques transparents contrôlant chaque entrée et sortie du bâtiment, enregistrement vidéo explicité, etc. Affublés chacun d'un badge autour du cou précisant que nous devions être escortés en permanence, nous attendîmes patiemment dans le lobby prévu à cet effet, contemplant le ballet des va-et-vient des personnels et le bip des portillons qui se mêlaient au son d'une télévision, située plus loin. Alors que cette dernière débitait les nouvelles fraîches de la Coupe mondiale de football, notre interlocuteur, apparut. Il nous accueilli très aimablement et, après les salutations d'usage, nous proposa de le suivre jusqu'au dernier étage, où se situait une cafétéria aménagée de larges canapés et de tables basses le long de larges baies vitrées. L'impressionnante vue donnant sur Millbank ne contrebalança toutefois pas l'impression qu'il s'agissait là d'un mauvais lieu pour démarrer l'entretien, compte tenu de son exécrable acoustique qui obligeait à tendre exagérément l'oreille et risquait de compromettre la qualité de l'enregistrement. Notre homme nous proposa alors un autre endroit, situé deux étages plus bas. Arrivés au sixième niveau, nous découvrîmes une terrasse extérieure sur laquelle avaient été disposés quelques fauteuils en teck et quelques tables autour desquels nous commençâmes à échanger pour de bon. Le temps, à Londres, demeure toutefois capricieux et le ciel devînt suffisamment menaçant pour nous obliger à battre en retraite, à l'intérieur du bâtiment. Ceci eut l'air de contrarier sérieusement notre hôte, dont je réalisai alors le problème : il n'avait pas de bureau ! Même si j'avais eu vent de cette tendance au *desk sharing* qu'on trouve dans certains grands cabinets d'audit ou certaines multinationales, je ne l'avais jamais vraiment rencontrée dans le monde des administrations publiques, et encore moins mesuré les conséquences. L'idée d'un lieu attribué, avec une table de travail, un ordinateur personnel, sans compter la photo des enfants ou quelques bibelots personnels, n'avait donc plus cours. Au lieu de cela, nous traversâmes d'immenses salles où des employés travaillaient derrière des tables comptoirs, d'autres depuis d'immenses plans alignés, tous partageant une vue sur un atrium lumineux au-dessus duquel étaient suspendus des mobiles géants. Notre fonctionnaire s'arrêta à une des étagères basses qui longeaient le mur, prit quelques documents à un des casiers apparemment prévus au dépôt des affaires personnelles, puis alla consulter un ordinateur situé non loin de là. Il nous

▲ 1. Department for Environment Food & Rural Affairs.

invita alors à pénétrer dans une des pièces vitrées qui, étanches au bruit ambiant et visibles par tous, barraient la perspective et servaient de lieu pour animer des réunions. Peu importe ici la teneur de nos échanges : le fait est que l'agencement des lieux donnait à voir une géographie inédite du travail. Avec ses *coffee points*, ses *meeting areas*, ses espaces de convivialité, ses capsules de travail, ses cuisines et ses canapés, elle semblait considérer que « l'unité du bureau », cette place attribuée de manière fixe à chaque agent, appartenait désormais au passé.

Cette évolution est un phénomène encore peu analysé. Et, quoiqu'il s'avère encore rare si l'on se fie à nos propres observations concernant les administrations françaises, il n'en demeure pas moins l'objet de commentaires de plus en plus réguliers. Des publications émanant d'architectes brossent de grandes fresques historiques pour montrer comment, après le « bureau cybernétique », le « bureau paysager » ou l'« open space », c'est la disparition des bureaux à laquelle l'on assisterait : d'un espace fixe, progressivement rationalisé, standardisé et même automatisé, le bureau serait devenu nomade, un simple écran sur lequel s'affichent désormais fenêtres et applications de nos ordinateurs portables[1]. D'autres publications inspirées notamment des sciences du design critiquent les grandes organisations bureaucratiques et promeuvent des lieux inédits où devraient se mêler espaces de travail et espaces de convivialité, au nom de la créativité et d'une plus grande coopération entre les professionnels[2]. Et même quelques analyses sociologiques invitent aujourd'hui à une meilleure considération de ces aménagements interrogeant les politiques managériales et révélant potentiellement des transformations plus profondes des cultures

▲ 1. Par exemple, Eickhoff H., « The Invention of the Office. A Cultural History », *in* Oswald A., *Construction and Design Manual: Offices*, Berlin, Dom Publishers, 2013. Dans une perspective plus critique, invitant à s'interroger sur le lien entre ces aménagements et les modes de management et plus spécifiquement le rôle de l'architecte, cf. le dossier consacré à « la fin des bureaux » par la revue *Criticat*, et notamment les descriptions des nouveaux bureaux de Novartis par Menu F., « Novartis, froide oasis », *Criticat*, 15, 2015, et d'Unilever par Wilson A., « Le manteau de l'huître », *Criticat*, 15, 2015. Il existe une littérature plus ancienne, peu connue nous semble-t-il en sociologie mais riche d'enseignements, sur l'histoire des bureaux vue par leurs concepteurs. Par exemple, le catalogue de l'exposition *L'empire du bureau 1900-2000*, Paris, CNAP/Berger-Levrault, 1984. Sur la question des espaces de travail et leurs transformations, cf. le dossier que leur consacrent M. Benedetto-Meyer et J. Cihuelo dans la *Nouvelle Revue du Travail* (5, 2016). À propos de l'histoire des modèles de bureaux, cf. notamment Pillon T., « Retour sur quelques modèles d'organisation des bureaux de 1945 à aujourd'hui », *La nouvelle revue du travail*, 9, 2016.

▲ 2. C'est le cas des *living labs* et autres lieux dédiés à la création dans les entreprises ou sur les campus universitaires, décrivant des espaces appelés loft ou studio, apparemment désorganisés mais dont l'agencement répond à des normes précises issues de certains mouvements du design comme le « design thinking ». Cf. Brown T., *Change by design. How Design Thinking Transforms Organizations and Inspires Innovation*, New York, Harper & Collins, 2009. Pour une description sociologique de ces laboratoires issus de la contre-culture libertaire comme ceux des hackers, cf. Lallement M., *L'âge du faire. Hacking, travail, anarchie*, Paris, Seuil, 2015. Pour un exemen récent de cette tendance dans les services publics, cf. Weller J.-M., Pallez F., « Les formes d'innovation publique par le design : un essai de cartographie », *Sciences du Design*, 5, 2017.

du travail[1]. Mais cette invitation à reconsidérer la place des espaces de travail se heurte à une limite qui est de taille. Car, il faut l'avouer : bien que l'étude de la bureaucratie jouisse d'une riche et longue tradition intellectuelle, nous ne disposons aujourd'hui, à propos des services de l'État, que de descriptions très partielles de ses bureaux. Que connaît-on vraiment de la diversité des guichets, des bureaux, des salles de réunion ou des halls d'attente qui définissent les lieux des activités de l'administration ? Que sait-on de leurs agencements, de leurs équipements, et même de leurs mobiliers ? Que connaît-on de leur histoire et de leurs transformations progressives avec le temps ? Est-on bien sûr que, sous prétexte qu'il s'agirait là d'éléments simplement contextuels, voire purement décoratifs, ils peuvent être négligés *a priori* de l'analyse ? Est-on bien certain qu'ils ne contribuent pas eux-mêmes à une certaine production du droit, voire de l'État ? Si l'on songe à l'importance des technologies d'écriture et de calcul sur lesquelles nous avons invité le lecteur à porter son attention au cours de la première partie de cet ouvrage, comment ne pas imaginer que le bureau tout entier, avec ses outils informatiques, ses meubles de classement, ses espaces de travail, ses lieux de circulation, ses hiérarchies, ne puisse exercer quelque effet ? Comment ne pas inviter à dépasser les considérations *a priori* des architectes ou des designers qu'il en aurait beaucoup ou, comme semble parfois le croire la tradition sociologique, qu'il en aurait très peu ? Tel est donc l'enjeu de cette deuxième partie : explorer les bureaux de plusieurs services publics, de la manière la plus précise possible, exactement comme nous avons tenté de le faire à propos des « dossiers ». Et pour en saisir à la fois les formes, la nature et les effets, nous nous proposons de tirer trois fils différents, chacun faisant l'objet d'un chapitre.

Le premier fil est celui de l'histoire. Pour mieux comprendre l'importance que revêt cette invention qu'est le bureau, les formes qu'il prend et la place qu'il occupe dans l'activité ordinaire du travail des agents, nous proposons de revenir sur un terrain étudié par le passé, et non encore évoqué jusqu'à maintenant : les caisses de Sécurité Sociale. Ce retour sur un terrain familier, mais qui a forcément évolué, consiste à nous pencher sur un aspect parfaitement inédit à nos travaux jusque-là : l'histoire des bureaux de ces caisses, depuis leur création en 1945 jusqu'à nos jours. Par certains côtés, cette histoire prolonge celle, plus connue, des grandes bureaucraties industrielles nées au tournant du siècle dernier, qu'il s'agisse de restituer les transformations générales du capitalisme du point de vue de l'émergence des organisations[2], de rendre compte des transformations culturelles et sociales

▲1. À propos de la remise en cause des bureaux individuels et des effets des modes de management, voir les récentes réflexions d'Alain d'Iribarne sur les nouveaux espaces de travail, et notamment « L'aménagement des bureaux. Un outil de management de la conduite du changement », *Cadres CFDT*, 457, 2013, et *Performance au travail : et si tout commençait par les bureaux ?*, Paris, Italiques, 2012.

▲2. Chandler A., *Stratégies et structures de l'entreprise*, Paris, Les Éditions d'Organisation, 1989 et *La main invisible des managers. Une analyse historique*, Paris, Economica, 1988.

auxquelles ces évolutions sont associées[1], ou d'explorer, à propos de l'administration publique et des outils de calcul et de communication, la construction d'idéal de gouvernement[2]. Mais notre démarche s'avère, par d'autres côtés, un peu différente. D'abord, parce qu'il s'agit de s'intéresser de près aux espaces matériels de travail, à leurs équipements, et notamment à l'outillage informatique, sur une période plus récente[3]. Ensuite, parce que notre perspective demeure délibérément circonscrite : décrire les bureaux du seul point de vue des activités qu'on y accomplit, étant entendu que c'est le travail réglementaire, depuis l'examen préliminaire des dossiers jusqu'à la production de la décision finale qui demeure notre point de fuite[4]. Enfin, notre appréhension des bureaux s'efforce de répondre à un objectif plus général : identifier les tensions récurrentes qui traversent l'organisation et structurent en quelque sorte l'espace bureaucratique, au cours de ses multiples transformations. Après avoir proposé au lecteur un aperçu général de la manière dont les bureaux des caisses de Sécurité Sociale apparaissent, depuis leur existence, dans les journaux télévisés des grandes chaînes nationales, ce quatrième chapitre invitera donc à une exploration des éléments incontournables de l'activité réglementaire. En soi, la liste est longue de ces multiples êtres humains et non humains qui s'imposent dans l'action, et qui participent à l'élaboration de la décision : des références légales rappelées dans une note distribuée sur des bureaux, des rubriques qui surgissent sur les écrans d'ordinateur qu'il faudra remplir, des cartes d'assuré qu'il faudra vérifier, des formulaires qu'il faudra signer, des usagers qui attendent derrière un comptoir et qui font la queue, des téléphones qui sonnent, des voyants qui s'allument, des indicateurs qui s'affichent, des chefs qui s'impatientent, des collègues qui demandent quelque chose, etc. Cette liste n'est toutefois pas infinie : à partir d'un matériau d'enquête constitué d'archives et de témoignages, elle apparaît même extrêmement limitée. Car les multiples éléments qui participent de cet inventaire peuvent être décrits comme relevant de trois instances précises : les textes, les fichiers et les assurés. Ce sont ces instances qui, par l'intermédiaire de

▲ 1. Anderson G., ed., *The White Blouse Revolution. Female Office Workers since 1870*, Manchester, Manchester University Press, 1989 ou les travaux de Gardey D., *Écrire, calculer, classer…*, *op. cit.* et *La dactylographe et l'expéditionnaire…*, *op. cit.*

▲ 2. Sur le cas anglais et la théorie machinique de l'administration, cf. Agar J., *The Government Machine…*, *op. cit.*). Sur le cas soviétique et l'idéal télégraphique de gouvernement, cf. Cohen Y., « Administration, politique et techniques. Réflexions sur la matérialité des pratiques administratives dans la Russie stalinienne (1922-1940) », *Cahiers du Monde russe*, 44(2-3), 2003.

▲ 3. Au-delà des travaux déjà évoqués de J. Agar qui concernent une partie de la période, il faut évoquer ceux de F. Hochereau sur l'histoire de l'informatique à France Telecom. Cf. Hochereau F., « L'évolution de la fonction commerciale à France Telecom (1978-1998) à travers son informatisation », *in* Deroche L., Jeannot G., dir., *L'action publique au travail*, Toulouse, Octarès, 2004.

▲ 4. D'autres considérations sociologiques auraient pu être retenues. Sur la mise en scène des espaces de bureaux et la dimension dramaturgique, cf. Desaleux D., Langumier J., Martinais E., « Enquêter sur la fonction publique d'État. Une approche photosociologique des lieux de travail de l'administration ». *ethnographiques.org*, 23, 2011. Ou sur les pratiques d'ornementation, Ossipow L., Csupor I., Lambelet A., « Lieux et objets d'assistance : mises en scène dans cinq Centres d'action sociale et de santé (CASS) ». *ethnographiques.org*, 9, 2006.

multiples médiateurs – hiérarchies, instruments, mobilier, etc. –, s'efforcent se faire entendre. À une nuance près toutefois, et c'est sans doute un intérêt de la démarche diachronique que l'on propose ici : selon les périodes de l'histoire, la place et la force de ces trois instances diffèrent de sorte que c'est le jeu tout entier de leur rapport qui se modifie. Parfois, elles exercent leur force de manière convergente, et s'équilibrent de manière stable. Parfois, elles se contredisent, et entrent en dissonance. En fonction des positions de chacune, se dessinent des manières de penser l'action des professionnels, d'appréhender le public, de concevoir l'usage du droit et de rendre des comptes qui changent du tout au tout. En fait, quatre périodes émergent distinctement, chacune reposant sur une forme précise de bureau : le « bureau moderne », le « bureau industriel », le « bureau de prestations » et la « plateforme d'offre de services ». Ces périodes, qui seront examinées en détail sur le cas de la caisse d'assurance maladie de Paris, sont autant de reconfigurations de l'activité réglementaire. Au-delà de leur équipement sociotechnique et de leur problématique spécifique, le chapitre rend compte des défis auxquels les bureaux des organismes de protection sociale sont invariablement soumis : comment concilier les conditions d'un travail rationnel et performant, et plus largement d'une production de masse, sans perdre en capacité d'ajustement aux cas particuliers lorsque cela s'avère nécessaire ?

Le deuxième fil qu'on se propose de suivre est celui du travail. Les enquêtes menées auprès des services agricoles et des magistrats, présentées au cours de la première partie, serviront de matériau empirique. Elles ont d'ores et déjà permis de décrire les activités de ces agents. Or, ces opérations, désormais connues, s'accomplissent dans des bureaux. En effet, elles s'avèrent indissociables d'un espace de travail, d'outils informatiques, d'instruments de gestion, de guichets, de salles de réunion, de tout un ensemble de liens complexes avec des collègues, des responsables hiérarchiques, des usagers. À l'instar de ce que montre l'histoire des caisses de Sécurité Sociale, elles décrivent un réseau d'instances dont on a cherché à rendre compte de la configuration en examinant les modes d'agencements des bureaux, sur un plan aussi bien matériel qu'humain. Ce cinquième chapitre invite donc le lecteur à arpenter les couloirs des services des administrations étudiées, à ouvrir les portes de leurs bureaux, à apprécier leurs modes de rangement, à s'enquérir des logiciels qu'ils utilisent, à s'aventurer dans les halls, les salles d'attente, les prétoires ou les bibliothèques, bref, à ne rien négliger des instruments, des lieux et des professionnels qui interviennent sur le cours des affaires. Un premier enjeu de cette exploration est de montrer la variété des agencements. D'un service agricole à un autre, il y a bien les mêmes textes réglementaires, la même prescription de définir les droits des agriculteurs, le même souci d'objectivité, mais aussi des configurations différentes des bureaux, des modalités plurielles de circulation des dossiers, des modes d'accès contrastés des usagers au service. D'un tribunal à un autre, il y a bien les mêmes codes de loi, la même mission à rendre justice et la même préoccupation à demeurer impartial, mais aussi des équipements hétérogènes, des ressources inégales en personnels, des aménagements variés des espaces de travail. Au-delà de ce constat, un deuxième enjeu porte sur les conséquences de ces différences. Parfois, les configurations à la fois matérielles et humaines semblent jouer un rôle déterminant dans la nature des épreuves que les agents rencontrent dans le cours de leur activité. Et, selon les géographies plurielles des instances que les bureaux dessinent, l'action accomplie par les personnels ne prend pas le même sens. Le cas des services déconcentrés du ministère de l'Agriculture est, en cela, révélateur : parfois, c'est la confection d'une intervention publique qui se voudrait strictement « technique » qui constitue l'objectif, séparée des enjeux « politiques » que soulève localement la politique des subventions agricoles ; parfois, c'est la production d'une action « désintéressée » inspirée par le seul intérêt général qui s'avère prioritaire, en opposition avec les intérêts « particuliers » qui ne manquent pas de s'exprimer localement. Mais ces fabrications n'ont rien d'automatique. Et, quand bien même nous penserions que l'agencement des bureaux a quelque importance sur le travail voire le sens de l'intervention publique, il ne s'en déduit pas qu'il en a toujours. C'est précisément ce que montre le cas des magistrats de proximité dont les bureaux, aux configurations et aux ressources fort diverses, semblent n'avoir qu'un impact mineur sur ce qu'ils font et le sens de ce qu'ils font. Dès lors, ce chapitre affiche un troisième enjeu : proposer une typologie plus générale des bureaux, du point de vue du travail qu'on y réalise. Le *centre de ressources*, le *bureau cellule*, le *bureau laboratoire* et le *bureau machine* constitue les quatre formes possibles, selon la focale, longue ou courte, du champ de vision qu'ils aménagent et du mode d'agrégation des affaires, narratif ou calculatoire, qu'ils organisent. Ces multiples formes apparaissent, chacune à leur manière, déterminantes au travers de ce qu'elles obligent à considérer ou à négliger, à voir ou à ne pas voir, et même à éprouver moralement, dans l'action de mise en droit du réel.

Le troisième fil, enfin, est celui du pouvoir discrétionnaire. La littérature est particulièrement riche sur le sujet. À propos du risque d'arbitraire, de la corruption ou de la discrimination, les travaux en sciences sociales sont nombreux. Ils ont inspiré d'importants débats à propos du statut des arrangements, de la qualité des relations entre fonctionnaires et usagers, des différentes cultures professionnelles de la règle et des styles de décision administrative. Ils ont contribué à mettre en lumière des phénomènes inédits ou mal évalués comme la charge émotionnelle auxquels les agents d'exécution sont confrontés au contact du public, l'importance des dilemmes qui surgissent dans l'action, l'ampleur de l'autonomie dont jouissent les professionnels sur le terrain, pour interroger la portée des arbitrages qui s'inventent localement, voire la capacité de ces agents à peser sur les conditions pratiques de mise en œuvre des politiques publiques. Or, bien que cette littérature inspire des enquêtes empiriques détaillées, le travail y demeure bien souvent décrit sans grande considération de la texture même des règles concernées, des technologies informatiques, des modes de circulation des dossiers, des instruments de calcul, des aménagements matériels des espaces, bref, de tout ce qu'on a vu comme étant autant d'éléments contribuant au processus de décision. En fait, ce sont les seuls humains qui peuplent les bureaux - agents, usagers, hiérarchie - qui sont généralement pris en compte, sans attention pour l'agencement sociotechnique plus vaste dans lequel ils sont pris. Pour mieux appréhender la place que peuvent jouer les formes de bureau, ce sixième chapitre propose donc de revenir sur cette analyse. Un tour d'horizon des recherches sera proposé, tour d'horizon où l'on rencontre théoriciens du droit, anthropologues, politistes et sociologues autour du phénomène de l'*administrative discretion*. Parmi les enjeux propres à ces travaux, deux constats nous ont paru essentiels : la nécessité du doute dans le processus de décision et l'importance d'une régulation de cette hésitation. Attentifs à l'action réglementaire en train de se faire et aux conditions de sa félicité, nous nous sommes interrogés alors sur les mouvements de la conscience que les agents accomplissent en situation, dans leur rapport au réel qu'ils perçoivent. Parfois, ils s'interrogent, demeurent perplexes ou indécis. Parfois, ils sont envahis par la colère ou un sentiment d'impuissance. Parfois ils sont pris par l'empathie. Parfois ils demeurent insensibles. Mais dans quelle mesure la production de cette charge émotionnelle et, plus largement, de dilemmes ne dépend elle pas des formes de leur bureau ? Dans la prolongation de la typologie posée au cours du chapitre précédent, nous insisterons tout particulièrement sur les propriétés optiques des bureaux et notamment du champ de vision qu'ils aménagent sur les affaires à traiter. Selon leur capacité forte ou faible à permettre de voir « au devant » ou « en arrière », ce sont quatre formes de bureaux, quatre organisations différentes des « vues » que l'on a dégagées, ou d'« oligoptiques », dont on cherchera à décrire les formes d'expérience morale qui leur sont potentiellement associées. En revisitant les différents terrains d'enquête qui ont nourri ce livre, invitant à considérer que le traitement des affaires dépend moins du seul pouvoir des bureaucrates que des bureaux tout entiers, ce sont alors les formes d'expression de l'activité discrétionnaire et de sa problématisation sociologique qui seront discutées.

Chapitre 4

La masse et le cas
Une histoire des bureaux de la protection sociale

L'exercice du droit dépend, comme on l'a vu précédemment, de tout un outillage. On pense au dossier, mais c'est bien plus largement le cas de l'organisation en « bureaux », dont on sait depuis Max Weber qu'elle constitue la clé de voûte d'une pratique neutre et objective de la règle. Car l'originalité de la démarche de Weber ne tient pas seulement dans son inversion des stéréotypes concernant la bureaucratie, perçue dès l'origine comme synonyme d'inefficacité[1]. Elle tient dans le souci de circonscrire un phénomène apparu en Occident en même temps qu'une économie monétaire et un capitalisme en formation, lequel supposait une sécurité du droit et une prévisibilité que la rationalité bureaucratique était à même de garantir[2]. L'argument historique prend, dans cette perspective, tout son sens : en rompant avec les formes traditionnelles ou patrimoniales de la bureaucratie, la bureaucratie « moderne » décrit les ressources collectives nécessaires pour déployer et entretenir la domination légale. Dit autrement, le caractère impersonnel, objectif et strictement technique de toute décision réglementaire, par opposition à ce qui serait intéressé, arbitraire ou proprement politique, repose sur ce que Weber appelle une « direction

▲1. L'invention du terme, volontairement péjoratif, de l'économiste français Vincent de Gournay, diagnostiquant vers 1740 la nouvelle maladie de la «bureaumanie» et la «bureaucratie» comme son emprise, est notée par Anter A., «L'histoire de l'État comme histoire de la bureaucratie», *Trivium*, 7, 2010.

▲2. Weber M., *Économie et Société*, Paris, Pocket, 1995. On s'inscrira ici dans les recommandations de H. Treiber : «Le modèle de bureaucratie de Weber est construit en fonction de la problématique qui l'intéresse particulièrement au sein des sciences de la culture : celle de la rationalité spécifique de l'Occident, qui est caractérisée par une série de phénomènes culturels propres à celui-ci. Ne pas en tenir compte conduit à des malentendus et des erreurs d'interprétation» (Treiber H., «État moderne et bureaucratie moderne chez Max Weber», *Trivium*, 7, 2010, p. 8).

administrative » définie par le modèle bureaucratique[1]. Or, même si cette construction idéal-typique n'a pas vocation à décrire le réel dans toutes ses variations[2], elle n'en propose pas moins un éclairage de ce qui constitue le centre des actes des fonctionnaires, et qui s'appelle, dit Weber, le « bureau »[3]. Comment, donc, penser cet agencement spécifique, si l'on considère avec lui le droit comme une activité[4], supposant un travail de lecture, d'écriture, de calcul et de raisonnement indissociables de techniques, qu'on a déjà examinées dans les chapitres précédents, mais dont on aimerait ici comprendre la cohérence plus générale ? Que dire de ce « bureau » ? Que dire de cette forme organisationnelle, si l'on renonce à n'y voir qu'un phénomène de civilisation – ce qu'elle est bien évidemment – et si l'on ne se satisfait pas des descriptions trop souvent stylisées dont elle est l'objet ? Que dire de ses outils informatiques, de ses meubles de rangement, de ses murs, de ses cloisons, de ses espaces de circulation ? Partons de la posture de départ que nous n'en savons rien, et que c'est l'étude de l'évolution dans le temps de ces éléments à la fois matériels et humains qui pourra nous aider à rendre compte de l'intelligence de cet assemblage, nous efforçant d'en dresser l'« inventaire des différences », pour reprendre la belle formule de Paul Veyne pour caractériser le travail de l'historien[5].

Pour ce faire, ce chapitre invite le lecteur à examiner un cas encore non évoqué : l'histoire des caisses de Sécurité Sociale, service public emblématique de la politique sociale. Nous y avons enquêté pour la première fois à l'occasion de notre thèse de doctorat, à propos de la transformation de l'organisation du travail, prolongée de plusieurs recherches ayant largement

▲ 1. Le modèle rationnel-légal, élaboré notamment depuis ses travaux sur l'administration prussienne, est présenté par Weber dans *Économie et Société*, *op. cit.*, tome 1, p. 290-301. Se distinguant des formes patrimoniales, la synthèse de ses caractéristiques, qui en découle, est la suivante : (a) des affaires administratives traitées de manière linéaire et continue, selon des règles fixes et abstraites ; (b) des affaires organisées selon un principe de division du travail permettant de délimiter objectivement les compétences et limitant l'exercice de la coercition ; (c) des affaires dont le traitement est intégré à une hiérarchie administrative, supposant l'organisation d'une discipline stricte et homogène, et d'un contrôle, avec droit d'appel et de requête pour les subordonnés ; (d) des règles techniques et des normes dont l'application est assurée par des membres recrutés sur une base professionnelle, supposant une formation particulière, révélée par l'examen et attestée par un diplôme ; (e) une absence d'appropriation du poste par le titulaire ; (f) le principe de la fixation des discussions préliminaires, des propositions et des décisions, des dispositions et des règlements par l'écrit, l'archivage des dossiers (*Aktenmäßigkeit*) étant de mise ; (g) les devoirs d'obéissance aux règlements et de fidélité à la fonction sont réglés par des garanties et une rétribution (poste garanti à vie, traitement gradué selon le rang, perspective d'une carrière en fonction de l'ancienneté, etc.). Le modèle concerne à la fois la qualité des règles définissant la domination légale (stabilité, objectivation, abstraction), la qualité des professionnels qui ont en charge leur application (compétence, obéissance, impersonnalité des décisions, fidélité) et la qualité de l'organisation (règles de l'écrit, règles de gestion du personnel, statut).

▲ 2. Sur le malentendu des critiques sociologiques adressées à Weber dont on a reproché entre autres choses que son concept de bureaucratie travestissait la réalité et ne proposait qu'une catégorie d'analyse limitée, cf. l'article ancien récemment traduit de Mayntz R., « L'idéaltype wébérien de la bureaucratie et la sociologie des organisations », *Trivium*, 7, 2010.

▲ 3. Weber Max, *Économie et société*, *op. cit.*, p. 293.

▲ 4. Sur cette perspective, cf. Lascoumes P., Serverin É., « Le droit comme activité sociale : pour une approche wébérienne des activités juridiques », *Droit et Société*, 9, 1988.

▲ 5. Veyne P., *L'inventaire des différences*, Paris, Seuil, 1976.

déjà fait l'objet de publications. Leur intérêt concerne moins ici leurs résultats spécifiques que l'opportunité qu'elles ont donnée d'une « revisite » sur un terrain devenu familier[1]. Ces différents éléments d'investigation, présentés plus bas (encadré 1), répondent à un triple objectif. Le premier : proposer une description des bureaux des caisses en prenant en compte la dimension matérielle de leur organisation, comme l'outil informatique ou la configuration des espaces de travail. Cette attention, plus rarement mise en œuvre par l'enquête sociologique, devra nous permettre une meilleure considération des enjeux qui se trament autour de l'organisation. Elle rejoint, en cela, un deuxième objectif : replacer cette description dans une perspective historique de l'évolution des bureaux des caisses de Sécurité Sociale, depuis leur création en 1945 à nos jours. Cet examen doit permettre – et c'est là un enjeu central de ce chapitre – de dégager les mêmes tensions qui, d'une période à l'autre de l'histoire, courent invariablement dans l'organisation des bureaux. Enfin, un troisième objectif porte sur les transformations plus générales des organismes de protection sociale : dégager en quoi le détour proposé par l'étude des bureaux permet d'enrichir la connaissance bien établie déjà de ces organismes et des grandes bureaucraties auxquelles ils ont donné lieu.

Compte tenu de ces enjeux, nous chercherons donc, dans un premier temps, à identifier les éléments les plus saillants susceptibles d'être retenus pour décrire un bureau. Autant l'avouer d'emblée : c'est là une mission impossible, car les candidats à une telle élection sont, en soi, innombrables. Mais notre ligne de fuite – celle-là même qui inspire notre réflexion depuis le début – est plus précise : c'est la question de l'action concrètement accomplie par les agents. En l'occurrence, il s'agit de s'intéresser au bureau du point de vue de l'activité qui s'y accomplit. Cette dernière repose sur toute une gamme de technologies d'écriture et de calcul dont la manipulation s'inscrit dans des réseaux d'interdépendances, des modes d'organisation du travail dont le « bureau » reste à décrire. À n'en pas douter, le travail des agents des caisses, à l'instar de ceux qu'on a pu déjà décrire plus haut, ressemble à une activité technique, au sens où la caractérise Nicolas Dodier : une « production continue de compatibilité entre les êtres qui sont en position de voisinage sur des chaînes de solidarité[2] ». Et, de fait, le traitement des dossiers passe par une série d'épreuves, mettant en jeu des êtres hétérogènes qui supposent, pour être rendus compatibles, des déplacements, des négociations, des arbitrages. Ce travail de rapprochement – nous l'avons largement décrit lors de la première partie – peut s'opérer avec plus ou moins de souplesses ou de difficultés. Il décrit des manières de s'ajuster, compte tenu d'un réseau d'interdépendances entre les êtres dont la force normative et la malléabilité sont variables et dont les liens forment

▲ 1. Le retour sur le lieu d'enquête, plusieurs années après un travail fouillé d'investigation, est une technique couramment pratiquée dans certaines disciplines comme l'ethnologie. Cf. Burawoy M., « Revisits: An Outline of a Theory of Reflexive Ethnography », *American Sociological Review*, 68, 2003.

▲ 2. Dodier N., *Les hommes et les machines*, *op. cit.*, p. 49.

précisément cette « solidarité technique » qu'explore Dodier. Le travail administratif accompli par les agents apparaît toutefois, dans cette perspective, plus spécifique : il décrit des modes d'ajustement où certains êtres – c'est le cas des textes réglementaires par exemple – prévalent plus que d'autres ; il désigne des manières de s'engager – c'est le cas de l'objectivité censée inspirer tout fonctionnaire – qu'on ne devrait pas trouver ailleurs. Après avoir identifié la nature des êtres qui composent ces assemblages sociotechniques, il conviendra alors de nous pencher sur leur transformation au cours du temps. Car certains éléments de ce réseau – les usagers, les indicateurs de gestion, etc. – dont procède l'activité réglementaire n'occupent pas nécessairement la même place, ni n'exercent la même force sur ce qu'accomplissent les agents, quelles que soient les périodes. Et c'est exactement ce qui va nous intéresser ici, dans ce chapitre, en nous interrogeant sur l'histoire de cette forme spécifique de solidarité que recouvrent les bureaux des caisses de Sécurité Sociale.

Encadré 1 : Les données d'enquêtes

L'exploration des bureaux des caisses de Sécurité Sociale repose, en tout premier lieu, sur une série d'enquêtes menées entre 1990 et 1995 ayant constitué nos premiers terrains de chercheur. Une deuxième série de données procède d'opérations d'expertise ou de formation, menées la plupart entre 2000 et 2011, qui ont constitué des sources utiles d'information. Une troisième série, enfin, recouvre une exploitation originale de plusieurs ensembles distincts d'archives et de témoignages. Quatre sources ont été surtout explorées : (1) l'exploitation des archives mises en ligne par l'INA (Institut National de l'Audiovisuel) concernant la place et le statut des bureaux des caisses de Sécurité Sociales dans les journaux télévisés de 1947 à 2011 (n = 145) ; (2) la constitution d'un corpus de publications internes (revues institutionnelles internes, rapports d'activité) ; (3) la consultation des travaux de divers comités régionaux d'histoire de la Sécurité Sociale mis à disposition des chercheurs dont notamment le CRHSS Auvergne et Bourgogne Franche-Comté et leurs sites web respectifs ((http ://www.histoire-securite-sociale-auvergne.org/ et http ://travailler-securite-sociale.fr/) recueillant les témoignages d'agents entrés à la Sécurité Sociale entre 1945 et 1975 (n = 42) ; (4) la réalisation d'entretiens auprès d'anciens agents (n=5). Ces investigations ont également bénéficié des traitements d'archives réalisés dans le cadre de travaux d'étudiants[1].

Des hommes, des machines et des textes

Pour apprécier à sa juste mesure l'importance de cette invention qu'est le bureau, les formes qu'il prend et la place qu'il occupe dans le cadre du travail des agents, imaginons un bref instant les découvertes que pourrait faire un explorateur, ignorant des choses de la protection sociale en général, qui pénétrerait pour la première fois dans une caisse de Sécurité Sociale. Imaginons que ce même individu dispose d'une machine à remonter le temps, lui permettant d'arpenter les halls d'accueil, de s'asseoir derrière les guichets ou de circuler parmi les services de *back office* d'il y a dix, vingt,

▲ 1. Fustec J., *Le personnel de la Caisse Primaire d'Assurance Maladie du Nord-Finistère de 1946 à 1990*, mémoire de maîtrise d'histoire, Université de Bretagne Occidentale, Brest, 1993, et Jaouen A., *De la caisse armoricaine de compensation à la caisse d'allocations familiales du Nord-Finistère (1921-1955). Histoire d'un système d'allocations familiales dans le Finistère*, mémoire de maîtrise d'histoire, Université de Bretagne Occidentale, Brest, 2000.

trente ou même quarante ans : qu'est-ce que ce visiteur constaterait ? C'est la question que nous nous sommes posée en visionnant une série d'extraits de journaux télévisés où apparaissaient des bureaux de caisses de Sécurité Sociale : comment sont-ils rendus visibles[1] ? À quelles thématiques sont-ils associés ? Quels éléments apparaissent porteurs de sens, du point de vue du « public » que ne manquent pas de fabriquer ces journaux ? Cet examen conduira notamment à s'interroger sur la manière de saisir l'ensemble de ces scènes éparses de bureau pour décrire la bureaucratie (premier point). La notion de réseau, déjà investie précédemment[2], nous servira alors de guide pour décrire les bureaux de la Sécurité Sociale du point de vue de l'activité qui y est accomplie, à partir de l'exploitation du matériau empirique constitué (second point).

Max Weber à la télé

De manière continue, quoiqu'irrégulière, les bureaux des caisses de Sécurité Sociale apparaissent sur les écrans télévision, à l'occasion des journaux d'information (figure 1).

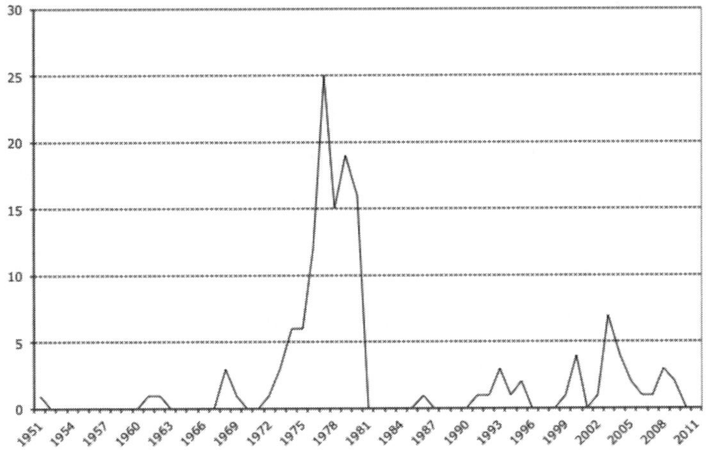

Figure 1 : Fréquence d'apparition des bureaux de la Sécurité Sociale dans les JT (1951-2011) (n = 145). Source : Institut National de l'Audiovisuel.

▲ 1. Parmi les archives mises en ligne par l'INA (Institut National de l'Audiovisuel) des JT consultées en 2012, on comptait 718 vidéos concernant la « Sécurité Sociale », de 1947 à 2011. Les thématiques abordées sont variées : la politique sociale en général (conférences de presse de ministres, politiques de remboursement des frais, montant des allocations familiales, etc.), les questions de santé et de prévention (l'usage des médicaments, les examens, les centres médicaux), les négociations collectives (les conventions avec les médecins), etc. Pour illustrer ces sujets, les bureaux apparaissent régulièrement à l'écran : c'est ce corpus d'extraits vidéos destinées à un public général qu'on a plus précisément examiné (n = 145).

▲ 2. C'est notamment le cas du chapitre 2.

Parmi les différentes branches de la Sécurité Sociale[1], c'est l'assurance maladie qui focalise de très loin l'attention des journalistes. Et parmi les caisses mises en image, c'est celle de Paris qui sert le plus souvent de lieu de reportage. D'un point de vue formel, cette production d'images de bureaux emprunte des voies diverses, selon que celles-ci découlent de reportages spécifiques dont le tournage se déroule dans les locaux professionnels des caisses ou qu'elles servent seulement de référence pour évoquer l'institution, sans constituer d'autres enjeux que sa dimension iconographique – la Sécurité Sociale étant rendue visible par ses bureaux.

Photos 1a à 1i : Journalistes vedette des journaux télévisés des chaînes nationales, abordant la Sécurité Sociale avec ses bureaux comme diapositive de fond (1976-1980, source : INA)

Du reste, des scènes de la vie quotidienne de l'organisation (scènes d'attente au guichet, scènes de tri de dossiers, scènes de traitement, etc.) alimentent une banque d'images régulièrement renouvelée, disponible pour les journalistes pour illustrer leurs sujets. Ces bureaux figurent parfois, à ce

▲ 1. Le régime général est organisé par branches de risques, chacune faisant l'objet d'une organisation autonome depuis 1967. On distingue ainsi la branche de l'assurance maladie (risques maladie, maternité, invalidité, décès, comprenant également les accidents du travail), de l'assurance vieillesse (pensions de retraite) et de la famille (allocations familiales au premier chef).

titre, comme diapositive de fond, servant alors de décor au présentateur-vedette (photos 1).

Au-delà de cette production formelle, les thématiques abordées sont hétérogènes, même si ce sont les comptes financiers de la Sécurité Sociale qui constituent le sujet le plus évoqué (tableaux 2).

Production formelle des images de bureaux	Effectif	Fréquence
Archives (images filmées)	63	0,44
Reportage spécifique	40	0,27
Archives (diapositives)	37	0,26
Campagne d'information	3	0,02
Dessins animés	2	0,01
Total	*145*	*1,00*

Tableau 2a : Distribution formelle audiovisuelle des bureaux de la Sécurité Sociale dans les JT (1951-2010) (n = 145). Source : INA

Thématiques abordées	Effectif	Fréquence
Comptes financiers de la Sécurité Sociale	56	0,45
Organisation du travail	29	0,23
Mouvements sociaux, négociations paritaires	16	0,12
Politiques et mesures sociales	14	0,11
Fraudes, escroqueries	10	0,08
Élections Sécurité Sociale	1	0,01
Total	*126*	*1,00*

Tableau 2b : Distribution thématique audiovisuelle des bureaux de la Sécurité Sociale dans les JT (1951-2010) (n = 126)[1]. Source : INA

Un rapide examen de l'évolution de ce matériau audiovisuel permet de distinguer plusieurs périodes. Une première où les bureaux constituent un instrument au service d'une politique que l'on affiche ou que l'on critique, avec leurs professionnels et leur équipement technique. Cette production d'images, qu'on peut situer parmi notre corpus à partir de 1951, recouvre en vérité une diversité de thématiques : mesures de politique familiale ou sanitaire qu'on détaille depuis un reportage dans un centre de paiement de Sécurité Sociale, interviews d'assurés rencontrés dans les halls à propos de prochaines élections de Sécurité Sociale dans les années 1960 ; mouvements sociaux de mai 1968 ou des débuts des années 1970 où les caméras enregistrent le spectacle désolé des grilles fermées des guichets ; agents

▲ 1. La distribution thématique n'a pu être observée sur la totalité de la population (n = 145), compte tenu de la production spécifique de diapositives servant de décor pour le plateau du JT, sans thématique précise.

d'accueil qu'on suit dans une camionnette sillonnant la campagne, etc. On peut considérer que cette production s'achève en 1974, à l'occasion d'une affaire de « fausses vignettes », fait divers d'une escroquerie que le journaliste met au regard des instruments résolument modernes dont dispose désormais l'organisation pour les en empêcher, et qu'incarnent les dérouleurs de bandes des ordinateurs, promesse d'une plus grande efficacité des contrôles. À partir de 1975, le statut de l'image change. En effet, le bureau des caisses sert à illustrer un nouveau personnage qui s'invite désormais sur les écrans : le « trou » de la Sécurité Sociale[1]. Car ce sont les scènes du travail administratif ordinaire et des halls d'accueil des centres de paiement qui servent à créer les images d'un déficit financier qu'on trouve probablement difficile à représenter. Les bureaux sont alors sur tous les écrans. Ils ne constituent toutefois que rarement un sujet de reportage en tant que tels : c'est leur statut de référence symbolique qui est mise en avant. Après ce flot important d'images de bureaux et de guichets qu'on constate jusqu'en 1980, une troisième période contraste, là encore, radicalement : la disparition des locaux professionnels de la scène audiovisuelle. Entre 1981 et 1992, c'est en effet la rareté des représentations de cet univers bureaucratique qui frappe, en dépit d'actualités qui ne manquent pas. Faut-il y voir le résultat de politiques rédactionnelles inédites des journaux télévisés ? Peut-on y déceler un lien conjoncturel avec l'alternance politique qui intervient au même moment avec l'élection présidentielle ? Ou préfèrera-t-on y lire l'indice d'une transformation plus profonde, où le travail, valeur cardinale de nos sociétés nées de l'industrialisation, serait condamné à disparaître, et que signalerait son absence soudaine des écrans télé[2] ? Quoiqu'il en soit, les bureaux de la Sécurité Sociale reviennent à nouveau parmi la production d'images télévisées, à partir de 1993. Simples références à propos de mesures destinées à combler le déficit « de la Sécu » ou objet d'enquêtes inédites sur le traitement des populations défavorisées, l'embouteillage de centres de paiement ou le contrôle des dépenses. À cet égard, la thématique de la « fraude sociale » et des abus rencontre un essor inédit, en lien avec l'équipement informatique de l'organisation des caisses (figure 2).

▲ 1. Sur l'histoire du fameux « trou » de la Sécurité Sociale et du mythe qu'il constitue, compte tenu des politiques économiques engagées depuis une trentaine d'années, cf. Duval J., *Le mythe du trou de la Sécurité Sociale*, Paris, Raisons d'agir, 2007.

▲ 2. Cette thèse de la disparition du travail doit être resituée avec les publications qui lui seront consacrées, quelques années plus tard, avec les ouvrages de Rifkin J., *The End of Work: The Decline of the Global Labor Force and Dawn of the Post-Market Era*, Putnam Publishing Group, 1995 et de Méda D., *Le travail. Une valeur en voie de disparition*, Paris, Aubier, 1995.

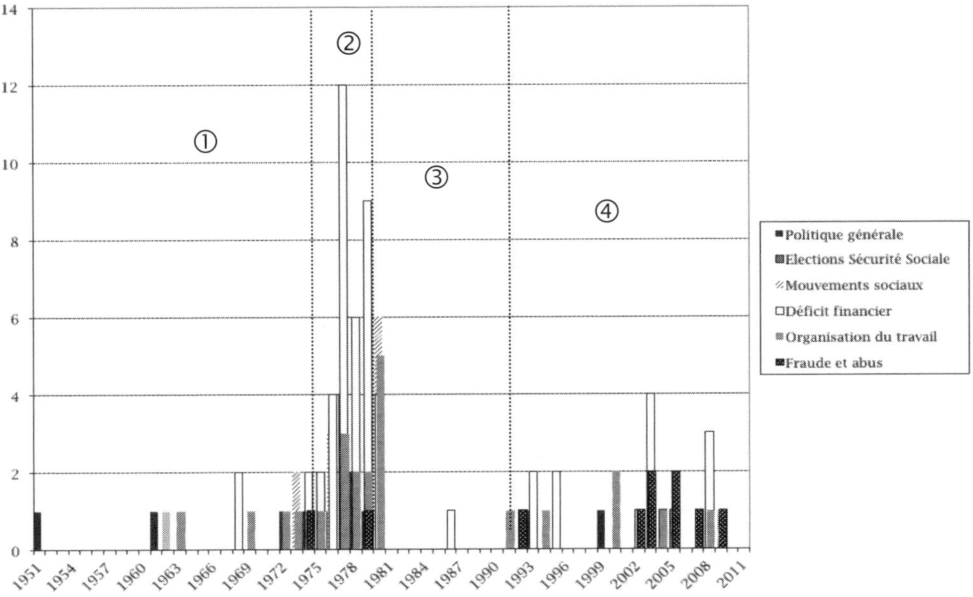

Figure 2 : Chronologie des thématiques de la production audiovisuelle des bureaux de la Sécurité Sociale dans les JT (1951-2010). Source : INA

Lorsqu'on examine plus globalement ce corpus d'images, les bureaux y apparaissent comme les éléments d'un tout. Les scènes tournées en plans séquences dans les salles d'attente ou en longs travellings défilant dans les allées des back offices, s'interposent les unes après les autres pour donner à voir le spectacle tout entier d'une organisation dédiée au traitement de masse (photos 2).

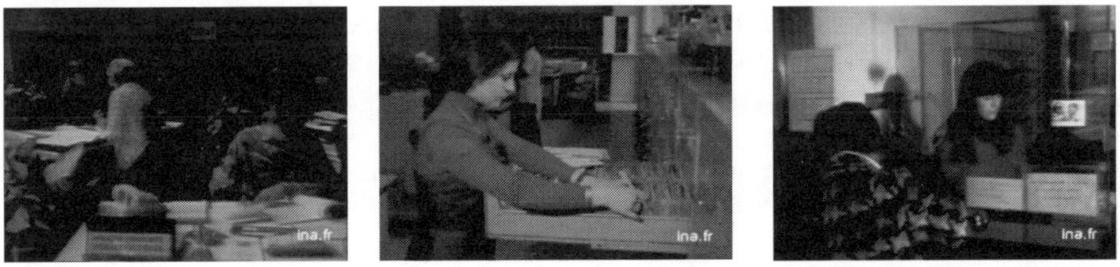

a b c

Photos 2 : Quelques scènes de travail mis en scène dans les JT. (2a : bureau spécialisé sur l'invalidité, 1er jan 78) ; du fichier des assurés (2b : caisse primaire assurance maladie, 13 avr. 77) et de l'hygiaphone (2c : centre de paiement, 27 mars 80) (source : INA)

La quantité des papiers qui circule dans ces bureaux sur lesquels la caméra ne manque pas de zoomer, l'importance des équipements informatiques qui apparaissent à l'écran, ou la présence d'un personnel affairé, tel des armées secrètes de femmes œuvrant à l'abri du regard, semblent attiser spontanément le regard du journaliste[1].

Ces représentations audiovisuelles prolongent deux propriétés mises en évidence par les travaux des historiens à propos de la bureaucratie. Une première est liée au traitement inédit de l'information, dont la notion de *data* née dans les années 1920 constitue l'élément emblématique de ce que produit et centralise tout bureau : elle invite à penser l'organisation comme un tout, décrivant une théorie machinique de l'administration. Et c'est particulièrement vrai du monde des assurances dont la Sécurité Sociale est issue, pour laquelle les activités de calcul sont déterminantes[2]. Une autre propriété qui apparaît est morale : en recourant au calcul objectif, en divisant le travail en opérations spécialisées agencées selon une procédure stricte, et en veillant au contrôle à la fois hiérarchique et fonctionnel de ces opérations, l'organisation s'impose comme un gage de neutralité. Cet enjeu apparaît comme central pour les caisses qui opposent une logique de solidarité fondée sur le droit à l'ancienne logique de charité telle que la déployaient encore les anciens bureaux de secours publics et de bienfaisance au tournant du siècle, distinguant les bons et les mauvais pauvres pour distribuer leur aide[3].

Ces éléments généraux, quoique sommaires, invitent à plusieurs perspectives de recherche susceptibles d'affiner notre examen. Une première consisterait à compléter le matériau évoqué par des investigations plus fines destinées à repérer, sur un certain nombre de traits emblématiques de la structure et de l'intervention administrative – la structuration formelle des décisions, les organigrammes, la division technique du travail, etc. –, à quel « modèle » répond la forme « bureau » des caisses de Sécurité Sociale : répondent-elles aux caractéristiques du « modèle wébérien » ? Peut-on repérer, dans le cours de leur histoire, des inflexions notables de ce modèle[4] ? Une deuxième perspective ajouterait à cet examen préalable une enquête auprès des intéressés eux-mêmes, pour rendre compte, à travers leurs témoignages, de tout ce qui a trait au monde informel que la sociologie

▲1. Sur ces questions où l'organisation bureaucratique croise l'histoire des femmes, cf. les travaux de Gardey D., « Mécaniser l'écriture et photographier la parole. Des utopies au monde du bureau, histoires de genre et de techniques », *Annales. Histoire, Sciences sociales*, 54(3), 1999.

▲2. C'est vrai du monde des affaires, et tout particulièrement des assurances qui, avec les chemins de fer ou les banques, désignent un des secteurs les plus novateurs en matière d'équipement et d'aménagement de bureaux dès le début du siècle. Cf. en particulier les travaux de Yates J.A., *Structuring the Information Age. Life Insurance and Technology in the Twentieth Century*, Baltimore, Johns Hopkins University Press, 2005. Plus largement, cf. Delphine Gardey, *Écrire, calculer, classer…, op. cit.*, p. 267-270.

▲3. Renard D., « Assistance publique et bienfaisance privée, 1885-1914 », *Revue Politiques et management public*, 5(2), 1987.

▲4. On ne se risquera pas ici à présenter l'abondante littérature, en science politique, en sociologie ou en sciences de gestion, qui, au modèle wébérien ou bureaucratique, caractérisé par une organisation centralisée, hiérarchique, impersonnelle, réputée fermée sur le public, oppose le modèle « post-wébérien » ou « post-bureaucratique », célébré pour sa plus grande décentralisation, une organisation plus participative, et ouverte sur les usagers. Sur ces questions, cf. Chevallier J., *L'État post-moderne*, Paris, LGDJ, 2008.

des organisations explore généralement : les tensions hiérarchiques, les relations entre collègues, les rapports aux usagers, les cultures professionnelles existantes, etc. L'enjeu ici serait alors de restituer les transformations du bureau, décrit comme un « système » en interaction avec des acteurs, dont on s'efforcerait de retracer l'histoire[1]. La préoccupation qui est la nôtre de rendre compte du travail administratif se prête toutefois mal à de telles approches : les notions de modèle ou de système sont indissociables de l'idée d'une stabilité des formes d'agencement et d'une clôture des activités que l'on postule *a priori*. Mais suivre l'activité réglementaire des agents de la Sécurité Sociale, avec ses multiples composantes et ses évolutions, suppose de pouvoir décrire une activité en interaction avec une foule d'êtres hétérogènes dont la limitation et la récurrence sont les conséquences *a posteriori* d'assemblages organisationnels qu'il faut pouvoir décrire. À cet égard, la notion de « réseau » paraît mieux ajustée.

Pour décrire ce réseau, il faut partir des activités et des raisonnements situés, et plus largement des modes d'engagement et des manières de s'ajuster des agents, dont l'action est indissociable d'un équipement matériel, de technologies et plus largement d'infrastructures. C'est cet agencement qui constitue, en quelque sorte, cette forme de solidarité spécifique que Dodier a analysé pour rendre compte de l'activité technique[2]. Or, tous les êtres qui composent ce réseau, dont dépend la production d'une décision réglementaire, ne sont pas équivalents. Ils sont manipulés, déplacés selon une géométrie qui attribue à certains plus de poids et de force qu'à d'autres, de sorte que certains deviennent indépassables, et s'imposent comme des points fixes tandis que d'autres apparaissent plus contournables, ou ne se maintiennent qu'au prix d'une forme dégradée. Pour rendre compte de ces configurations variables, Dodier propose notamment la notion d'« instance ». S'appliquant aussi bien aux humains qu'aux non-humains, exprimant aussi bien les exigences d'êtres singuliers que de collectifs agrégés, elle désigne « des points-fixes qui s'imposent avant tout », des « porte-parole des êtres [...] atteints par l'ancrage du réseau dans un milieu concret », qui supposent un travail de négociation, et dont procède précisément la solidarité technique[3]. Compte tenu des observations de l'activité des agents que nous

▲ 1. Les travaux les plus connus sont ici ceux de M. Crozier, montrant comme le « système bureaucratique » diffère, de ce point de vue, du « modèle bureaucratique » défini par Weber, de par les interactions qui se jouent entre les règles et les acteurs d'une part, et de par l'existence de phénomènes culturels propres à la France, d'autre part. Cf. Crozier M., *Le phénomène bureaucratique*, Paris, Seuil, 1964. Mais on pourra évoquer des travaux récents dont la perspective historique. C'est, par exemple, le cas des recherches d'A. Spire sur les services préfectoraux aux étrangers, dont il étudie les transformations de 1945 à 1975. Dans une optique bourdieusienne, et à partir d'entretiens menés auprès d'anciens fonctionnaires, il retrace notamment l'histoire des bureaux décrits comme un « système » de positions occupées variablement par des agents dont il analyse, par ailleurs, les dispositions. Cf. Spire A., *Étrangers à la carte. L'administration de l'immigration en France (1945-1975)*, Paris, Grasset, 2005.

▲ 2. Dodier N., *Des hommes et des machines, op. cit.*

▲ 3. « La solidarité technique est une solidarité de négociation entre ces instances, c'est-à-dire un affrontement entre des points de vue différents, dans un cadre commun orienté par la visée

avons faites par le passé[1] et du matériau rassemblé de l'histoire des caisses de Sécurité Sociale, trois instances se dégagent alors comme des éléments incontournables de l'activité réglementaire quelles que soient la période ou les circonstances locales.

Trois instances majeures : les textes, les fichiers et les assurés

La première concerne le droit : elle recouvre ce que les agents appellent « les textes ». Même si les images des caisses qu'on vient d'exposer ne semblent pas témoigner d'un univers spécifiquement juridique, notre découverte du travail des agents rappelle que ce dernier s'inscrit d'abord dans l'ordre du droit. Au moment où nous enquêtions, au début des années 1990, le métier par excellence qui occupait la plus grosse partie des effectifs du personnel, longtemps pensé comme au cœur de l'organisation, était celui de « liquidateur » – liquidatrices devrait-on dire, compte tenu du fait qu'il concernait en très grande majorité des femmes. Il consiste à déterminer les droits d'un assuré et à calculer le montant des prestations qui en résultent. Cette référence au droit vaut quelle que soit la période qu'on examine. Qu'il s'agisse de traiter des demandes de remboursement des frais de santé, d'attribuer les prestations familiales ou de déterminer le montant des pensions de retraite, la règle désigne l'incontournable tamis au travers duquel la situation des assurés est passée pour évaluer la légitimité d'une requête, qualifier des ayants droit, considérer les revenus d'une famille, dénombrer les enfants, etc. Du coup, ces « textes » – ou leurs représentants – ne manquent pas de participer à l'activité. C'est le cas de l'équipement, lorsque les agents sont amenés à consulter une documentation technique destinée à leur permettre de retrouver, sous la forme d'abrégés et d'index, les informations réglementaires utiles au traitement des dossiers[2]. C'est le cas de la division horizontale du travail : la maîtrise de la législation s'impose comme un critère pour attribuer des affaires, compte tenu des différentes prestations existantes et des situations de droit à qualifier. C'est le cas de la division verticale du travail : les responsabilités en matière de décision obéissent au principe de l'obéissance, la hiérarchie s'imposant comme l'expert légitime de la réglementation et le point de passage obligé pour apprécier, au besoin, le nécessaire ajustement du droit aux situations. Et c'est le cas d'une division morale du travail : dans les caisses, les services qui ont en charge le versement des aides sociales dites « non contributives » ou

du fonctionnement de l'ensemble. Chaque réponse donnée à une friction de voisinage [...] oriente la transformation du réseau. Plus le réseau s'aligne durablement sur une instance, plus on dira qu'il est polarisé par les exigences de celle-ci. Les autres instances devront alors s'aligner sur ses impératifs : elles seront "dégradées" en subissant des attaques progressives contre leur intégrité, elles seront "transformées" en se recomposant à l'intérieur d'elles-mêmes et en préservant une certaine intégrité, et elles sont "exclues" si elles n'arrivent pas à s'aligner », *ibid.*, p. 57.

▲ 1. Nous renvoyons ici à l'ouvrage que nous leur avions spécifiquement consacré : *L'État au guichet*, Paris, Desclée de Brouwer, 1999.

▲ 2. Ce que les agents appellent « les textes » renvoie à un jeu d'outils textuels – guides, classeurs thématiques, cahiers de liquidation, portail documentaire – destinés à les équiper dans leur effort à qualifier juridiquement les situations des assurés.

« extra-légales » (bons de vacances, aides à l'équipement ménager et mobilier, aides au domicile, etc.) sont construits comme des mesures d'ajustement, certes nécessaires, mais dont la qualité paraît moindre au regard du modèle légal. Il résulte de ces éléments une organisation du travail, dont les bureaux de liquidation ont longtemps constitué le cœur. Ainsi, lorsqu'on écoute les agents témoigner de l'organisation du travail telle qu'ils l'ont connue dans les années 1970 ou 1980, ils rappellent que certains services intervenaient en amont, dans la préparation des dossiers destinés à être examinés, soit parce qu'il convenait d'en préparer les données pour en permettre le traitement (préparation des décomptes, gestion des comptes individuels, etc.), soit parce qu'il fallait tout simplement réceptionner le courrier et attester de sa bonne réception (pool secrétariat). D'autres services intervenaient en aval, en vérifiant la justesse des calculs et la validité des décisions avant leur mise en paiement (vérification, contrôle *a priori*). Quant aux bureaux de prestation eux-mêmes assurant la liquidation, ils adoptaient bien souvent des spécialisations internes liées à la réglementation, confiant à certains agents le traitement d'une prestation en particulier (allocation logement, demande de pension au titre de l'inaptitude, accidents du travail, etc.) ou un type précis de droits (droits propres, premières demandes, droits dérivés, etc.). Et ce qui était vrai il y a vingt ou trente ans l'est toujours : les « textes » constituent à la fois l'objet d'un savoir expert distribué au sein de l'organisation (technicité réglementaire), un mode de coordination dans l'action permettant à des agents, à des services ou à des institutions différentes de s'ajuster, et un principe de justification, la légalité réglementaire constituant le fondement de cette organisation bureaucratique, conforme en cela au modèle wébérien.

a

b

Photo 4a et 4b : Enquête dans un « centre pilote », à Châtillon (Seine-et-Oise), en 1962. À gauche, l'accès des liquidateurs au public, depuis des comptoirs ouverts sur leur bureau (4a) ; à droite, derrière l'employée au premier plan, les mêmes bureaux en contre-champ, que prolongent probablement des employés au décompte ou vérificateurs, directement en lien avec les affaires en cours (source : INA, JT 20H, 1er oct. 1962).

Ce schéma général ne veut pas pour autant dire que tous les bureaux de la Sécurité Sociale présentent toujours la même configuration, même à une période identique. D'une caisse à l'autre, certains éléments peuvent changer. Ainsi, c'est une moindre étanchéité des différents services spécialisés que revendiquent certaines caisses « pilotes » que l'on aperçoit, dès les années 1960, dans des reportages télévisés (photos 4).

De même, lorsqu'Antoinette Catrice-Lorey réalise, au début des années 1970, une enquête pionnière pour l'époque sur les rapports des caisses d'allocations familiales avec les usagers, elle décrit des organisations qui varient selon leur degré de spécialisation du travail, certaines adoptant une forme jugée alors innovante pour l'époque, fondée sur une polyvalence des agents et leur plus grande interchangeabilité, tandis que d'autres décrivent une plus stricte division[1]. Lorsque nous-mêmes, au début des années 1990, nous menions nos enquêtes, c'était encore une diversité d'aménagements que nous rencontrions, la polyvalence des agents qui devenait la norme pouvant faire l'objet en réalité de traductions organisationnelles variées. Et lorsque les chercheurs enquêtent, depuis les années 2000, sur la même organisation, la respécialisation des services qu'ils constatent par le biais de « pôles d'expertise » peut prendre des modalités diverses selon les centres, notamment du point de vue du contrôle des bénéficiaires[2]. D'un point de vue général, on peut affirmer que les « textes » exercent sur l'organisation du travail un jeu de forces contradictoires. D'un côté, ils invitent à une maîtrise des conditions d'attribution des prestations qui plaide en faveur d'une spécialisation du travail. Au fur et à mesure que le législateur introduit de nouvelles mesures au cours du temps, destinées à répondre à la couverture d'une population particulière ou de répondre à un problème inédit[3], les caisses aménagent leur organisation en y ajoutant des bureaux entièrement consacrés à l'application de ces prestations supplémentaires. D'un autre côté, ces mêmes « textes » soutiennent une autre perspective. Compte tenu de la difficulté croissante rencontrée par le droit social à pouvoir discriminer les populations réputées fragiles ou démunies depuis quelques critères universels et compatibles avec les formes générales qu'impose l'appareillage statistique[4], le législateur imagine dès le milieu des années 1970 des critères volontairement inédits pour définir l'attribution des aides, afin d'obliger les caisses à évaluer chaque cas avec une attention radicalement différente[5]. Ces

▲1. Catrice-Lorey A., *Rapports avec le public et politiques de gestion des caisses d'allocations familiales*, CNAF/Centre de Recherches en Sciences Sociales du Travail, coll. Études, 15, 1973, p. 210-213.

▲2. Leduc S., « Les résistances à la modernisation des techniciennes de l'Assurance maladie. Quand le contrôle des populations devient enjeu d'affirmation professionnelle », *in* Durand J.-P., Dressen M., dir., *La violence au travail*, Toulouse, Octarès, 2011.

▲3. Pour le seul cas de la politique familiale dont les CAF servent les prestations, il faut ainsi ajouter aux allocations familiales et allocation de salaire unique les prestations mères au foyer (1951), familles modestes (1961), mineurs infirmité (1963), l'allocation orphelin (1970), l'allocation parents isolés (1975), l'allocation logement (1977), l'allocation adulte handicapé (1984), le revenu minimum d'insertion (1988) et l'allocation personnalisée d'autonomie (2002). Pour un aperçu général de cette histoire, cf. les travaux de Lenoir R., « Politiques familiales et modes de gestion des populations », *Informations sociales*, 139, 2007, p. 10-21.

▲4. Rosanvallon P., *La nouvelle question sociale. Repenser l'État-Providence*, Paris, Seuil, 1995.

▲5. Ce mode d'attribution de l'argent public en matière sociale s'inaugure avec l'Allocation Parents Isolés (API) créée en 1976, dont l'attribution repose sur le critère inédit d'« isolement », éloigné des critères universels généralement mobilisés par le législateur (âge, statut familial, résidence, revenu fiscal, nombre d'enfants, etc.) pour discriminer une « population-cible » et définir, sur cette base, les conditions d'ouverture des droits. Les mesures, qui prolongent la nature des normes juridiques déjà en vigueur fondées sur un *droit des faits*, invitent à prendre en compte la situation de l'assuré dans sa globalité et sa complexité[1]. Elles supposent un travail d'appréciation des situations de la part des agents qui se prêtent mal à une organisation trop segmentée, promouvant au contraire une personnalisation des traitements où les techniciens traitent chaque cas du début jusqu'à son terme, à rebours d'une division du travail par type de réglementation et par activités. Car au fur et à mesure que le droit entend se rapprocher de la situation réelle des intéressés, il est fort à parier qu'un travail excessivement parcellisé s'avère trop coûteux en termes de coordination. Ce qu'on gagne en adaptation pratique de la règle, dès lors que l'organisation amoindrit son degré de spécialisation, elle risque toutefois de le perdre en discriminations possibles et en contentieux, l'agent rencontrant du même coup quelques difficultés pour savoir quoi examiner, jusqu'où enquêter pour qualifier clairement la situation de l'assuré[2] ? C'est, dès lors, le risque de l'arbitraire qui surgit, et le danger de rendre plus tendue l'intervention administrative qu'on croyait pourtant améliorer. Tant qu'il demeurait retranché dans son bureau spécialisé, l'agent demeurait incapable de visualiser la situation de l'assuré, sinon de manière abstraite. Mais dès lors qu'il est en mesure de s'en représenter la totalité, comment faire face lorsque celle-ci apparaît inextricable ? Ces orientations qu'inspirent « les textes », la spécialisation du traitement ou la prise en compte des situations dans leur globalité, apparaissent antinomiques et c'est aussi au réglage de ces forces contradictoires qu'est dédiée, pour partie, l'organisation.

prestations qui s'inventent dans les années qui suivent procèdent de ce mouvement – l'Aide Personnalisée au Logement (APL) en 1977, l'Allocation de Soutien Familial (ASF) en 1984 ou le Revenu Minimum d'Insertion (RMI) en 1988 au travers des critères de la solvabilité ou des capacités d'insertion – pour lesquelles on retrouve parmi les concepteurs les membres du réseau à l'initiative de l'API. Sur l'histoire inédite de l'API, cf. Choquet L.-H., *Le traitement des situations de rupture au sein des familles dans le cadre de la politique familiale (1970-1990)*, Rapport de recherche, MIRE, ADRESSE, 1996. Sur les cas de l'APL et du RMI, cf. respectivement Ogien A., « Situation de décision : une analyse des pratiques d'attribution d'argent public », *Droit et Société*, 42-43 et Astier I., *Revenu minimum et souci d'insertion*, Paris, Desclée de Brouwer, 1997.

▲ 1. Un droit des faits se distingue d'un *droit du statut*, ce dernier faisant reposer la décision de l'agent sur la seule qualité juridique de l'intéressé (statut marital, nationalité, etc.). Un *droit des faits* invite, au contraire, l'agent à constater une situation de faits, indépendamment du statut. C'est le cas des allocations familiales formellement versées à la personne qui assume la charge des enfants, cette dernière n'étant pas nécessairement la mère ou le père, mais parfois la grand-mère, une tante ou quelqu'un d'autre. Cette manière de penser le droit des usagers suppose de « coller » à leur situation sociale et familiale. Sur cette distinction, cf. Sayn I., *Droit et pratiques du droit dans les caisses d'allocations familiales*, Rapport de recherche, CNAF/MRASH, 1998, p. 104-107.

▲ 2. L'exposition des agents des caisses d'allocations familiales à la pauvreté apparaît, à ce titre, particulièrement éclairante. V. Dubois, qui en a exploré le quotidien, souligne le problème moral qui naît de cette confrontation avec une population précaire au cours des années 1990. Cf. Dubois V., *La vie au guichet. Relation administrative et traitement de la misère*, Paris, Economica, 1999. Il importe de rappeler, de notre point de vue, que c'est l'évolution de la réglementation et les transformations de l'organisation qui confèrent au travail de ces agents un caractère problématique dont la régulation demeure à trouver, pris entre les exigences du droit volontairement plus ouvert, les contraintes d'un traitement de masse et la situation des intéressés proprement dite.

Une deuxième instance qui s'impose dans le travail administratif désigne ce que les techniciens appellent « les fichiers ». Il s'agit de la mémoire de l'organisation – les décisions administratives s'appuient sur une série d'éléments qui prend sens depuis un vaste ensemble d'informations : état civil, situation familiale, cotisations sociales versées, employeurs, prestations antérieures, droits ouverts, etc. En effet, qu'il s'agisse du remboursement de soins, de l'attribution de prestations familiales ou du calcul des pensions de retraite, la capacité des agents des caisses à pouvoir effectuer des recherches, à retrouver une information manquante, à comparer des situations entre elles apparaît indissociable de ces enregistrements. Les bases que doivent construire, dès leur origine, les caisses de Sécurité Sociale, afin de permettre le stockage, la circulation et la mise en relation de ces informations sous forme de « données », s'imposent comme des enjeux majeurs[1]. C'est vrai dès l'origine de l'institution, avec le « fichier central » dont se dotent, en 1947, les caisses de Sécurité Sociale destiné à identifier les assurés du régime général. C'est vrai de l'immense fichier national des comptes individuels, qui détient les informations relatives à la carrière des salariés du régime général ou des données sociales relatives aux cotisations versées. Et c'est toujours vrai aujourd'hui, avec le « répertoire national commun de la protection sociale », qu'utilise, depuis 2006, l'ensemble des organismes dans le cadre de la lutte contre la fraude. Peu importe, à ce stade de la réflexion, de constater que ces fichiers traduisent des intérêts divers, portés par des acteurs hétérogènes et ne s'imposent qu'au prix d'une histoire compliquée. Contentons-nous de remarquer que leur production s'impose, compte tenu des volumes des transactions qui circulent quotidiennement[2], au moyen d'une quantité de répertoires, de bases et de fichiers avec lesquels les agents doivent pouvoir être en relation, impliquant de décrire les données, de les organiser logiquement, de les actualiser sans cesse, de les rendre disponibles et en même temps de pouvoir les conserver[3]. Ces enjeux de contrôle de l'information et de traitement, que l'on ne peut que constater dans l'observation de l'activité des agents et des témoignages qu'ils rapportent, rapprochent les caisses de Sécurité Sociale de n'importe quelle production de masse (photo 5).

▲ 1. Sur l'importance de l'étude de ces bases de données, cf. Desrosières A., *La politique des grands nombres*, Paris, La Découverte, 1993 et *Pour une sociologie historique de la quantification.* Tome I : *L'argument statistique*, Paris, Presses de l'École des Mines. 2008, et Agar J. , *The Government Machine, op. cit.*. Sur une exploration sociologique de leur usage, cf. également le numéro de *Réseaux* (178-179, 2013) consacré au sujet et coordonné par P. Flichy et S. Parasie.

▲ 2. Ainsi, les caisses d'assurance maladie traitent chaque année plus d'un milliard de feuilles de soins.

▲ 3. On distingue notamment les fichiers permanents, les données de production et les bases de données informationnelles. Pour le cas de l'assurance maladie par exemple, les techniciens sont connectés à une série de répertoires où sont mises à jour les données sur les assurés, les professionnels de santé, les établissements de soins ainsi que les nomenclatures faisant référence pour le codage des actes (fichiers permanents), et tout un ensemble d'informations relatives aux prestations servies, en nature ou en espèces (données de production), alimentant elles-mêmes toute une série d'archives à des fins de suivi statistique ou d'études épidémiologiques (bases informationnelles).

Photo 5 : Les enjeux du traitement de masse et du contrôle de l'information rapprochent les caisses des organisations industrielles. Ici, l'alimentation du fichier central et la mécanisation du travail administratif dans les années 1960, avec un convoyeur mécanique de fiches (CNAF, siège de la rue Viala, 1962)

Et parmi les services publics qu'il nous a été donné à voir, force est de constater que c'est au sein de ces organismes qu'on aura trouvé une aussi forte proximité avec le monde industriel. Le vocabulaire qui s'épanouit dans les consignes de prescription ou dans les rapports d'activité des caisses y fait explicitement référence. Les dénominations formelles de postes ont longtemps emprunté au lexique ouvrier : agents spécialisés, agents techniques qualifiés, agents techniques hautement qualifiés, agents de maîtrise, etc. Et l'activité des caisses est centralement appréhendée comme une activité de « production », astreinte à des contraintes de productivité, dont les personnels sont soumis au « rendement ». Pour cela, les caisses ont introduit, dès leur origine, les techniques des organisations administratives telles qu'elles s'étaient développées avant la guerre dans les compagnies d'assurance et les banques[1]. Une notion centrale qui s'impose est notamment celle de « chaîne de travail », désignant une suite d'opérations de manipulation et de fabrication de l'information en cohérence avec les données du « fichier » et conduisant à la production d'une décision réglementaire. La notion donne lieu à des formalisations des « chaînes de production » (traitement des dossiers) ou des « chaînes de paiement » (versement des prestations). À cet égard, une question se pose au cours des diverses périodes qui jalonnent l'histoire de cette organisation : comment agencer les « chaînes » compte tenu de l'automatisation croissante des traitements ?

▲ 1. Sur cette histoire, cf. les travaux de Yates J., *Structuring the Information Age*, *op. cit.*

a

b

Photos 6a et 6b : à gauche, l'inauguration du premier « atelier électronique », dans un centre régional de Bretagne, en 1963 ; à droite, l'inauguration des nouveaux locaux de la CNAF, en présence du Président de la République (Valéry Giscard d'Estaing) et de la ministre de la Santé (Simone Veil), en 1978. (source : INA, Journaux télévisés, 20 juillet 1963 et 14 décembre 1978).

c

d

Photos 6c et 6d : à gauche, service d'un centre de traitement électronique avec ses dérouleurs de bandes, en 1979 ; à droite, un liquidateur au travail dans une caisse primaire, en 1980 (source : INA, Journaux télévisés, 26 juillet 1979 et 27 mars 1980). Ce n'est qu'avec l'arrivée de la micro-informatique, en 1984, que le travail de liquidation s'opérera de moins en moins manuellement.

e

f

Photo 6e et 6f : à gauche, une zone réservée à la saisie sur micro-ordinateur, dans une caisse d'assurance maladie, probablement autour de 1985. On notera l'absence de souris ; à droite, un gestionnaire des flux du service prestation d'une caisse d'allocations familiales, équipé d'un progiciel, en 2010 (source : Musée national de l'assurance maladie et revue *Dialogue*, CAF de Quimper, 14).

Les réponses diffèrent selon les caisses, les techniques disponibles permettant d'effectuer un certain nombre d'opérations (convoyage de dossiers, mise sous pli du courrier, manipulation mécanique de l'archivage, calcul automatique, frappe administrative, etc.) pouvant faire localement l'objet d'investissements variables. Toutefois, elles varient plus sûrement encore selon les périodes. Au travers des étapes qui jalonnent l'histoire des technologies de calcul et de traitement (photos 6), l'automatisation des activités de liquidation est traversée par une même tension. D'un côté, les impératifs du traitement de masse, en termes de rendement et de productivité, plaident en faveur de cette délégation à des automates. Avec des données plus étendues, plus homogènes et plus intégrées, c'est désormais un traitement plus efficace et plus rapide qui est offert. Mais ce qui est ajusté à une production de masse l'est moins pour un examen des cas individuels, comme peut l'exiger la particularité des situations quand ces dernières l'exigent, d'autant qu'on rappelle volontiers les invitations d'une réglementation à « coller » davantage aux faits et à ne pas se contenter d'une attribution « automatique » des prestations sur la seule base de critères formels. La question de comment concilier à la fois les exigences d'une production de masse et d'un traitement des cas particuliers oblige à penser les conditions de l'autonomie du travail des agents. C'est un défi auquel l'organisation répond nécessairement, au prix de configurations différentes des bureaux.

Enfin, une troisième instance s'impose dans le travail des agents des caisses : les assurés. Ils surgissent de multiples manières. À travers le courrier auquel il faut répondre, les appels téléphoniques qu'il faut traiter, les visites au guichet qu'il faut recevoir, les usagers rappellent qu'ils ne sont pas uniquement des sujets de droits à liquider ou les éléments d'un flux de données à saisir - comme les « textes » ou les « fichiers » auraient tendance à le faire penser - mais aussi des personnes. Des personnes qui ont des attentes, des appréhensions, des requêtes, et même un corps physique et des émotions. L'organisation répond parfois à ce défi en séparant les activités relationnelles du reste du travail : le contact avec le public relève alors de services spécialisés, détachés du traitement proprement dit des affaires. Il prend la forme d'une fonction réservée à la diffusion de l'information et à l'ajustement au cas par cas, mais sans qu'aucune opération proprement « technique » ne soit vraiment accomplie[1]. Il s'incarne, dans les murs, par des espaces dédiées et disjoints du reste des bureaux : les guichets. Ainsi, la gestion des « visites » des assurés à la caisse ou de la « réception » des appels téléphoniques a longtemps relevé de « l'accueil », une fonction disjointe de la « production ». De même, le traitement du courrier est accompli par un service spécialisé, qui se contente de répondre de manière générale aux requêtes : ce n'est que lorsque l'examen suppose d'ouvrir véritablement le dossier que l'affaire est alors confiée aux services de « liquidation ». Ces

▲ 1. Nous nous contentons ici, bien évidemment, de reprendre le vocable indigène, entre guillemets. L'idée que l'accueil des assurés serait une activité de communication ou sociale disjointe de tout un équipement technique et matériel est, en soi, une construction.

derniers n'ont, en retour aucune relation directe avec les assurés, sinon au travers des courriers qui leur sont transmis. Ainsi, la gestion des contacts avec le public est désormais pensée dans les termes d'une séparation entre *front office* et *back office.*

Ce schéma général appelle toutefois quelques nuances. Parce que les fonctions d'accueil supposent une certaine maîtrise de la législation, et que cette dernière est pensée comme un ensemble complexe de règles, les conditions d'accès aux postes de guichet sont réservés, dès les années 1960, aux techniciens formellement les plus qualifiés. Le fait que les agents d'accueil seraient, par construction, périphériques à l'organisation, simples variables d'ajustement d'une administration et, par conséquent, moins experts techniquement n'est pas confirmé ici. C'est qu'en vérité, les relations avec les assurés sont l'objet d'une série d'attentions. Parmi elles, on pourra citer celles qui découlent du projet institutionnel de la Sécurité Sociale : une gestion « par les intéressés », confiée aux représentants des salariés et des employeurs, et qui, selon les propres mots de son concepteur, aurait dû contribuer à produire chez les usagers un sentiment de responsabilité, à la différence de ce qui se passe lorsqu'on pénètre dans un bureau de poste. Certes, cet idéal paritariste n'a pas vraiment abouti, mais on peut penser néanmoins qu'il a pu inspirer l'organisation dans sa préoccupation à toucher le public[1]. Une autre source d'attention aux assurés, qui prolonge elle aussi l'idée de Sécurité Sociale, tient au caractère social de son intervention. Les prestations offertes par les organismes touchent aux conditions d'existence même des individus[2]. Ainsi, en parallèle à leurs activités de « production », les caisses développent une politique d'information de leurs bénéficiaires et de l'accueil au moyen d'implantations d'antennes, de permanences assurées dans des mairies ou de « bureaux mobiles » sillonnant les campagnes. Enfin, un dernier facteur qui milite en faveur d'une attention nécessaire à l'accueil

▲ 1. P. Laroque reconnaîtra lui-même l'échec de ce projet : « Il faut bien reconnaître qu'à l'heure actuelle les assurés sociaux ne voient pas grande différence entre une caisse et un bureau de poste. Ils ne se sentent pas responsables » (Laroque P., « Quarante ans de Sécurité Sociale », *Revue française des affaires sociales*, 39, 1985, p. 134). Sur la question du paritarisme à la Sécurité Sociale et les questions de l'organisation, cf. Duclos L., « Le paritarisme au quotidien. La médiation du conseil d'administration dans la production du service public », *Recherches et prévisions*, 54, 1998.

▲ 2. Ce souci de l'usager distinguerait, en l'occurrence, les organismes sociaux de l'administration au sens strict du terme. Ainsi, en préface du rapport d'A. Catrice-Lorey, P. Laroque rappelle que les caisses de Sécurité Sociale ont, « comme la plupart des administrations, à appliquer des règles générales, des textes législatifs ou réglementaires, à verser automatiquement certaines prestations lorsque les conditions prescrites sont remplies [...], [et elles] ont aussi une vocation sociale qui les amène à des contacts avec des individus et des familles, dont chacun et chacune sont des cas particuliers. [Elles] sont ainsi au contact de l'automatisme des mécanismes et de l'individualité du cas social » (*Rapports avec le public et politiques de gestion des caisses d'allocations familiales, op. cit.*, p. 7). De même, l'auteure du rapport distingue les « administrations de service », telles que la Poste, rendant un service « technique et matériel », des organismes de sécurité sociale où les personnes sont frontalement en jeu (*ibid.*, p. 21). Cette spécificité a inspiré l'institution dans le soutien des enquêtes réalisées dès la fin des années 1950 sur le même objet, dessinant une perspective originale dans le paysage des études des services publics. Cf. Reynaud J.-D., Catrice-Lorey A., *Les assurés et la Sécurité Sociale. Études sur les assurés du régime général*, Institut des sciences sociales du travail, Paris, 1952.

du public tient au caractère industriel de l'activité des caisses : en assurant un traitement de masse, elles doivent aussi pouvoir recevoir leurs ressortissants en nombre. Les choix d'organisation qui en découlent – en termes de rationalisation de l'attente, de canalisation des flux, de formation des personnels en relation avec le public – témoignent de ces enjeux. Ainsi, le « public » fait l'objet de problématisations diverses (photos 7).

a

b

c

d

Photos 7a à 7d: Quelques exemples de la politique d'accueil des assurés dans les caisses. 7a: l'uniforme des hôtesses d'accueil, créé en 1964, qui évoque la modernité des compagnies aériennes et qui s'imposera jusqu'à la fin des années 1970 (source: musée national de l'assurance maladie); 7b: campagne d'information des permanences itinérantes d'un « bureau mobile » à la fin des années 1960 (source: CPAM Nord Finistère); 7c: hygiaphone de l'agent-caissier d'une CPAM parisienne au milieu des années 1970 (source: INA, JT avril 1977); 7d: plateforme téléphonique d'une caisse d'assurance maladie au début des années 2000 (source: CNAM).

Ces dernières ne sont toutefois pas nécessairement convergentes entre elles, et les contradictions entre le caractère « social » du service public et les contraintes industrielles du traitement de masse sont légion. Outre que ces tensions résultent elles-mêmes d'une construction – la distinction entre les contraintes « techniques » de la production et la nature « sociale » des relations en est une, bien évidemment – c'est le réglage de ces tensions que l'organisation a charge d'assurer, selon des modalités qui varient localement selon les caisses et les périodes historiques.

Ainsi, pour ne prendre qu'un exemple, un facteur qui apparaît déterminant dans la gestion des relations avec les assurés, et qu'on trouve centralement dans les témoignages et les archives, est l'argent. En effet, les organismes sociaux ne sont pas désignés par le terme de « caisse » par hasard : ils ont longtemps distribué de l'argent, avec ses billets et ses pièces de monnaie sonnantes et trébuchantes. Pour parvenir aux assurés, et sachant que le réseau bancaire n'a pas toujours eu la consistance qu'il a aujourd'hui[1], plusieurs procédés de paiement cohabitent, jusqu'aux années 1970, dans des proportions variables selon les branches et les époques[2]. Quelle qu'en soit la proportion exacte dans les caisses, ils décrivent une même tension : d'un côté, des modes de versement en espèces, au guichet ou au domicile, réputés archaïques, coûteux en termes de coordination et de recrutement, mais auxquels les populations les moins aisées semblent attachées et dont les agents peuvent apprécier eux-mêmes les avantages en termes de capacité à toucher les assurés les plus démunis[3] ; d'un autre, des modes de distribution différés, par mandat, peu rentables dans la mesure où ils sont facturés par l'administration postale, mais qui ont l'avantage de déplacer les coûts de coordination et de permettre le traitement de masse sans souffrir de ses inconvénients, de sorte qu'ils conserveront longtemps la préférence des caisses[4]. Ces contradictions ne trouveront une solution définitive qu'avec le recours exclusif au virement bancaire, au début des années 1980[5].

▲1. Dans les années 1960 le monde ne dispose pas d'un compte bancaire. C'est le cas des travailleurs horaires, payés à la quinzaine, dont le niveau de rémunération n'exige pas l'ouverture d'un compte (sur le phénomène de la mensualisation, cf. Catrice-Lorey, *Rapports avec le public et politiques de gestion des caisses d'allocations* familiales, *op. cit.*, p. 130). Ou encore des femmes mariées dont la détention d'un compte sans l'autorisation de leur mari ne devient effective qu'à partir de 1965.

▲2. On distingue notamment le paiement immédiat en espèces au guichet, le paiement en espèces par agent payeur qui se rend au domicile de l'assuré, le paiement par mandat postal, qui suppose que le bénéficiaire se rende à un bureau de poste pour retirer l'argent, le paiement par virement bancaire ou postal, et le paiement assuré par l'employeur. Jusqu'aux années 1970, les remboursements d'assurance maladie sont majoritairement opérés au guichet, puis par mandat. Les prestations familiales, quant à elles, sont versées dans une proportion légèrement supérieure par mandat postal, le versement au domicile par agents payeurs venant juste derrière. Le versement de l'argent par virement s'avère, au début des années 1970, encore minoritaire. Cf. Catrice-Lorey A., *Rapports avec le public et politiques de gestion des caisses d'allocations familiales.*, *op. cit.*, p. 97 et 115.

▲3. C'est, par exemple, le cas des femmes des catégories sociales défavorisées, mères au foyer, gérant l'argent du ménage sans disposer de comptes, et qui trouvent dans le versement des espèces au domicile le moyen inédit d'une autonomie.

▲4. Concrètement, l'assuré ne fait plus la queue à la sécu, mais au bureau de poste. Sur le rôle pivot du réseau postal dans la circulation monétaire, qui s'impose comme un acteur central dès le XIXe siècle, cf. Vézinat N., *Les métamorphoses de la Poste. Professionnalisation des conseillers financiers (1953-2010)*, Paris, PUF, 2012. Cette délégation à l'administration postale s'incarnera notamment dans le rôle de distributeur des espèces joué par les facteurs. Sur ce travail, cf. Cartier M., *Les facteurs et leur tournée. Un service public au quotidien*, Paris, La Découverte, 2003.

▲5. Plusieurs solutions avaient déjà été trouvées, comme le « mandat Colbert » permettant, à partir de 1965, le règlement des paiements sur un compte chèque postal de l'assuré.

Ces trois instances - les textes, les fichiers, les assurés - forment les êtres incontournables de l'activité réglementaire, tel que l'accomplissent les agents de la Sécurité Sociale. Chacune impose ses exigences, en référence à un principe de légitimité qui lui est propre : le respect de la légalité et la connaissance des règles pour la première, la fiabilité des données et l'efficacité des traitements pour la deuxième, la réponse aux requêtes du public et la transparence de l'information en matière d'accès aux droits pour la troisième. Tous ces éléments sont des considérations extraordinairement stables au travers du temps. Certes, ils peuvent faire l'objet de controverses sur la manière d'être mobilisés, selon qu'on se fonde exclusivement sur la lettre des textes ou qu'on y intègre l'esprit, qu'on entend limiter le travail au seul respect des normes industrielles qui inspirent la gestion des fichiers ou qu'on considère que ces normes n'épuisent pas l'intégralité de l'action à conduire, qu'on s'efforce de toucher la totalité des publics ou qu'on se contente seulement à répondre à ceux qui viennent, etc. Mais, quelles que soient les thèses en vigueur, la maîtrise des textes, le souci des fichiers et l'attention aux publics s'expriment avec force. Dans les discours, les politiques d'organisation et les espaces matériels de travail, ils trament littéralement l'action accomplie dans les bureaux, et ce, aussi bien dans une caisse des années 1950 que dans un centre des années 2000.

a

b

c

Photos 8a à 8c : la rhétorique institutionnelle du « service ». 8a : stand de foire, à Meaux, où la Sécurité Sociale s'affiche « au service de la santé », en 1963 ; 8b : exposition où elle est « à votre service », début des années 1970 ; 8c : plaquette de présentation des « engagements de service », en 1995 (source : CPAM Paris, Véronique Lefebvre, *Histoire de caisses, op. cit.*)

Au-delà de cette permanence des instances des réseaux administratifs, cette description invite néanmoins à s'interroger sur l'évolution de leurs relations. Car, comme nous l'avons esquissé, la configuration même de ces êtres qui composent les assemblages sociotechniques ne manque pas d'évoluer. Certaines instances prévalent plus que d'autres. Certaines se dilatent quand d'autres se concentrent. Certaines rapprochent certains êtres quand d'autres les en éloignent. Et les paradoxes ne manquent pas. Tel est le cas, par exemple, des assurés dont la place serait aujourd'hui renforcée, grâce à une organisation du travail désormais configurée en termes de « relation de service ». Cette nouveauté supposée ne manque pas de surprendre, quand on l'examine à l'aune de l'histoire : la revendication d'un « service » y apparaît très largement comme une ritournelle (photos 8).

Les configurations du réseau et leurs transformations

Afin de mieux rendre compte de l'histoire des rapports entre les instances majeures que les agents rencontrent dans le cours de leur activité, examinons avec plus de détails que nous ne l'avons fait jusqu'à présent le cas précis d'une caisse (premier point)[1]. Compte tenu de cette exploration, nous dégagerons alors un ensemble d'enseignements sur le rôle et la place des bureaux comme forme organisationnelle de solidarité, dont nous proposerons une typologie (second point).

Forces, intensités et éloignements des instances à travers le temps : le cas de la caisse primaire d'assurance maladie de Paris (1945-2005)

Le cas de la caisse primaire d'assurance maladie de Paris a fait l'objet d'un ouvrage qu'on se propose de relire ici, à partir de nos propres matériaux, en focalisant notre attention sur la question de l'organisation des bureaux[2]. Quatre étapes peuvent alors être distinguées[3].

La première se caractérise par une organisation s'imposant progressivement jusqu'au début des années 1960. Les deux instances qui prévalent sont alors les « textes » et les « fichiers » : élaboration des textes à destination du personnel (codification des dispositions légales, mémento du guichetier, etc.), organisation du « fichier central » regroupant l'ensemble des assurés, mises au point des techniques d'immatriculation, etc[4]. Ces entités apparaissent fortement disjointes et supposent un ensemble d'opérations de médiation pour parvenir, de proche en proche, à s'articuler : classements, décomptes, vérifications, calculs intermédiaires, validations successives, reclassements, etc [5]. Face à ces impératifs de traitement, les assurés

▲1. Une présentation partielle du matériau empirique a été effectuée dans Weller J.-M., « L'aménagement des bureaux et l'accueil du public. Une histoire des espaces de travail dans les caisses de Sécurité Sociale (1945 - années 2000) », *La Nouvelle revue du travail*, 9, 2016.

▲2. Lefebvre V., *Histoires de Caisses. L'assurance maladie de la CIAS à la CPAM de Paris*, Paris, EPH Éditions Public Histoire/Félix Tores, 2001. L'ouvrage résulte d'une commande institutionnelle à l'occasion des 70 ans de la Sécurité Sociale. Rédigé par une spécialiste de l'histoire des entreprises, il offre au lecteur un matériau d'archives et de témoignages particulièrement riche. Bien qu'il souffre par endroit d'un point de vue exclusivement managérial, il constitue une source pertinente pour éprouver notre propre problématisation de l'organisation. C'est en tant que tel qu'il y est fait référence ici.

▲3. On ne suivra pas la chronologie proposée par V. Lefebvre, qui structure son ouvrage en fonction des mandats des directeurs de la Caisse parisienne sur la période étudiée (1945-2000).

▲4. Au début des années 1950, un fichier des assurés est ni plus ni moins à construire, compte tenu des pertes de documents dues aux destructions militaires et de l'hétérogénéité des données disponibles parmi la constellation des organismes d'assurances sociales de l'entre-deux guerres auxquels succède la Sécurité Sociale. Si c'est la Caisse interdépartementale des assurances sociales (CIAS), née de la loi instituant les assurances sociales en 1930, qui demeure de loin la plus importante avec ses 1,5 million d'assurés, il existait 58 autres caisses, avec chacune leur organisation et leurs fichiers.

▲5. Lefebvre décrit cette chaîne de travail : « L'employé ou commis d'ordre extrait le dossier position de l'assuré. Le guichetier, armé d'un crayon à encre, s'assure de l'ouverture du

constituent alors une variable d'ajustement, les délais apparaissant de plus en plus longs. Une mauvaise interprétation conduirait à considérer ce public comme une instance plus éloignée du travail, avec laquelle les agents ne feraient que s'ajuster à la marge, l'essentiel demeurant « la production ». C'est pourtant le contraire ; les assurés apparaissent omniprésents. Et pour cause : ils font la queue. Ils attendent de pouvoir percevoir en espèces le remboursement des frais dont ils viennent de confier au guichetier les feuilles de soin. Ces attentes peuvent s'avérer longues[1], et les agents expriment régulièrement leur mécontentement[2]. Mais ils sont là, et bien là, collés aux comptoirs, examinant les mouvements des personnels derrière des hygiaphones flambant neuf, compte tenu des impératifs imposés par le paiement immédiat des prestations[3] (photo 9).

Dans ces conditions, la longue chaîne de travail fait l'objet d'une mécanisation accrue tout au long des années 1950, au fur et à mesure que de nouveaux équipements, de nouveaux appareils de calcul ou dispositifs de circulation des documents sont introduits pour améliorer les traitements[4]. Mais la solution prioritaire consiste surtout à augmenter les ressources matérielles et humaines pour faire face aux afflux : ouvertures de nouveaux centres permises par une politique immobilière offensive, recrutements

compte, calcule le montant des remboursements et rédige le décompte. Le contrôleur effectue une vérification du décompte avant de le passer au caissier qui se charge de régler l'assuré sur place », *ibid.*, p. 47. À propos de la caisse du Nord Finistère étudiée par J. Fustec, les mêmes opérations sont décrites. En outre, l'intervention d'un tarificateur pouvait s'imposer afin de vérifier que les produits ou préparations pharmaceutiques sont bien remboursables (compte tenu de l'absence de vignettes à ce moment). À la fin des années 1950, le liquidateur, au guichet, opérait en tandem avec un mécanographe qui saisissait, sur des fiches de décompte, les notes rédigées au crayon (Fustec, *op. cit.*, p. 31-32).

▲ 1. V. Lefebvre ne donne pas d'indications mais évoque « la pression en salle » et « l'ambiance parfois survoltée » (*Histoires de Caisses*, *op. cit.*, p. 48). J. Fustec, à propos de la caisse bretonne, fait état d'un rapport de la Fédération Nationale des Organismes de Sécurité Sociale qui évalue, en 1955, un délai moyen d'une heure et demie. Certains procès verbaux du conseil d'administration parlent également de plus de deux heures d'attente, « dans un hall extrêmement bruyant » (*Le personnel de la Caisse Primaire d'Assurance Maladie du Nord-Finistère de 1946 à 1990*, *op. cit.*, p. 33).

▲ 2. Plusieurs mouvements de grève sont mentionnés, notamment en 1949, mais les données n'indiquent pas s'il s'agit de mouvements nationaux ou strictement locaux. Apparemment, un enjeu de revendication porte sur le refus des heures supplémentaires, compte tenu de la nécessité de traiter parfois en masse les dossiers après la fermeture au public. Rappelons aussi que certaines opérations liées au reclassement manuel ou à la saisie des fiches pouvaient être effectuées au cours de la nuit.

▲ 3. Sur l'histoire de l'hygiaphone, cf. Ribeill G., « 1947, L'hygiaphone terrasse les corpuscules de Plügge », *Historail*, 8, 2009.

▲ 4. V. Lefebvre insiste sur l'introduction du stylo bille au début des années 1950, et le mobilier métallique à rangement amovible qui dessinera le paysage des services de liquidation jusqu'aux années 1980. J. Fustec évoque certains équipements bricolés localement, comme une machine en bois qui tournait à la main pour gérer les fiches, ou un monte-charge manuel. D'autres témoignages parlent du passage du dossier à sangle à la boîte métallique. Ou encore de l'introduction de « fiches de décompte » et de leur saisie mécanographique, qui remplacent les inscriptions manuelles tracées parfois directement sur le carton des dossiers. Au sein des services centraux, l'introduction de dispositifs mécaniques ou pneumatiques est également évoquée (cf. photo 5).

massifs de personnels[1]. Cette réponse rencontre toutefois des limites au tournant des années 1960. Une première tient, selon Lefebvre, à la capacité de la direction à maîtriser les dépenses de fonctionnement de l'organisme qui s'accroissent : cette difficulté attise une série de projets de réformes considérant qu'il faut renforcer le pouvoir de la direction au détriment des élus[2]. Par ailleurs, l'embauche de personnels apparaît contrariée par des salaires peu attractifs et des perspectives de promotion qui se tarissent[3]. Dans ces conditions, l'augmentation des gains de productivité devient un enjeu prioritaire.

Photo 9 : Caisse de Sécurité Sociale de Paris, Guichets de la rue Dunkerque, 1949. Source : rue des Archives/Taillandier

▲1. Cela concerne notamment, à la fin des années 1950, le recrutement de dactylographes chargées de confectionner le décompte, libérant ainsi le guichetier d'une partie de sa charge de travail. De 1947 au milieu des années 1950, la caisse passe de 102 centres à 155. Les effectifs, en 1949, sont déjà de 8 122 agents. Au début des années 1960 (1964), ils atteindront 14 587. Ce recrutement apparaît toutefois malaisé, notamment à cause de salaires jugés moins attractifs. L'embauche d'agents faiblement qualifiés est assurée par la promesse de promotion interne : le niveau de recrutement concerne surtout les postes de commis au classement, qui peuvent alors accéder au terme de quelques mois à la catégorie d'employés aux écritures qualifiés. Au bout d'un an, ils ont alors la possibilité de suivre les cours de guichetier, leur assurant ensuite l'accès aux postes de tarificateurs, décompteurs, liquidateurs, contrôleurs et rédacteurs juridiques.

▲2. Les décrets du 12 mai 1960 opèrent ainsi une révision du fonctionnement de l'assurance maladie, décrivant une nouvelle répartition des pouvoirs entre l'État et les régimes sociaux d'une part, et au sein des organismes entre les élus et les gestionnaires. Divers projets de réforme des modes de gouvernance vont exacerber les tensions entre partenaires sociaux et pouvoirs publics au cours des années 1960. Le ministère engage notamment, dès cette période, un projet de « départementalisation » de la Sécurité Sociale en région parisienne destinée à s'aligner sur les nouveaux départements de la région institués en 1964. Le projet sera toutefois maintenu en échec jusqu'au tournant des années 1980.

▲3. L'obligation de reclassement d'agents rapatriés constituera, de ce point de vue, une opportunité, conduisant la caisse à recruter plus de 800 agents, en 1963.

Une deuxième étape s'inaugure alors, en 1963, avec une politique d'automatisation du travail. Une caractéristique de cette nouvelle période tient dans le raccourcissement des chaînes de traitement permis par ce qu'on appelle alors « l'électronique » et qui, à partir des années 1970, devient « l'informatique ». Plusieurs phases sont successivement déployées, affectant au départ des opérations périphériques au travail de liquidation proprement dit (émissions de titres de paiement, comptabilité, gestion des stocks, appels à cotisations, déclarations des honoraires, gestion des accidents du travail, etc.), puis intéressant progressivement les tâches de calcul et de traitement des dossiers. À partir de 1973, les changements sont encore plus nets : les machines facturières sont remplacées par des machines optiques, les précomptes remplis à la main sont désormais lus par des lecteurs, des cassettes mémorisent l'information saisie, des supports magnétiques s'ajoutent aux fichiers papier. Quant aux assurés, ils font l'objet, à partir de 1964, d'une politique d'accueil destinée à pallier les « risques de déshumanisation » que le programme d'automatisation semble contenir en germe, mais que les salles d'attente encombrées et bruyantes signalaient déjà très largement[1]. Les halls d'attente se couvrent donc de sièges permettant d'attendre assis. Des postes d'hôtesses sont créés, destinés à orienter les assurés et à vérifier la complétude de leur dossier. Des permanences d'accueil itinérantes sont mises en place afin de décharger les bureaux fixes. Et l'inauguration des premiers centres « à box » veut offrir les conditions matérielles d'un accueil plus individuel. Mais c'est surtout la multiplicité des centres et des bureaux d'accueil qui entend répondre au défi du flux croissant du public[2]. En fait, si l'on examine l'ensemble de ces éléments, tout se passe comme si les deux instances que sont les fichiers et les textes, autrefois éloignées, se rapprochaient, au fur et à mesure du déploiement des programmes d'automatisation, alors même que les assurés, troisième instance du réseau, faisaient, eux, l'objet d'une spécialisation. Car l'enjeu de cette dernière est bien là : désengorger les centres de paiement, en favorisant la réception du public ailleurs qu'aux guichets – dans des camionnettes, auprès d'hôtesses en uniforme séparées du reste de l'organisation, ou

▲ 1. Lefebvre V., *Histoires de Caisses*, *op. cit.*, p. 68. L'expression est directement issue des rapports du conseil d'administration de la caisse. Cette politique doit être resituée dans le contexte plus large de l'époque qui fait de « l'humanisation » des guichets un enjeu national. Ainsi, le ministre du Travail Gilbert Grandval, en 1963, considère l'accélération de la liquidation et de l'amélioration de l'accueil comme un objectif national. Dix ans plus tard, le ministre de la Santé Michel Poniatowski exprime, en 1974, sa volonté de simplifier les rapports entre les caisses et les administrés afin d'« humaniser » la Sécurité Sociale (source : INA, JT 21 janvier 74, Actualités2). Il faudrait ici s'interroger plus largement sur la manière dont les organisations font apparaître – ou disparaître – « l'humanité » des usagers. Le cas de la médecine, et notamment de l'hôpital, constitue un parallèle possible pour lequel un même programme d'humanisation émerge à partir des années 1950.

▲ 2. La caisse passe de 175 centres en 1964 à 223 en 1974. En 1975, l'objectif est de parvenir à un centre de paiement pour 30 000 habitants. Rappelons qu'au même moment, la population de la région parisienne (7,3 millions en 1954 ; 9,8 millions en 1975) et la population des assurés du régime général (2,9 millions en 1946 ; 5,4 millions en 1975) augmentent dans des proportions croissantes. Cette augmentation des centres est également rendue possible par un recrutement ininterrompu, jusqu'en 1979.

derrière des box d'accueil spécifiquement dédiés. L'essor du paiement différé, évoqué plus haut, prend ici tout son sens : non seulement il permet d'éviter le règlement des prestations en espèces et, donc, les interminables attentes au guichet, mais il autorise, en amont, un traitement des dossiers plus automatisé, garanti par des services spécialisés en *back office* préservé de toute relation avec le public - les « groupes techniques de liquidation » - qui dessinent alors les traits de l'organisation considérée, à ce moment, comme la plus efficace par ses dirigeants. Créés en 1966, ces groupes traitent un volume croissant d'affaires. C'est là, en 1977, qu'apparaissent pour la première fois, les premiers et rares écrans de terminaux destinés à l'enregistrement des données. Cette réponse organisationnelle paraît se généraliser au début des années 1980, avec la suppression définitive du règlement en espèces des prestations au guichet en 1983.

Mais c'est, en réalité, plus subtil : le projet d'une liquidation assistée par ordinateur inspire des expérimentations multiples à partir de la fin des années 1970. Or, plusieurs projets opposent la caisse parisienne avec la caisse nationale, qui conçoit une politique informatique, dont le programme finira par l'emporter[1]. S'ouvre alors une troisième étape, en 1984, avec un programme d'automatisation appelé LASER[2]. Par certains côtés, ce dernier prolonge le rapprochement de plus en plus serré entre un traitement proprement réglementaire des situations imposé par les textes et une gestion industrielle des fichiers : les opérations de classement, de gestion des fiches, de calcul intermédiaire, de décompte et de saisie sont intégrées à l'activité que réalisent les personnels, depuis des claviers d'ordinateurs, dans les centres de paiement. Les services de mécanographie, les pools de dactylo, et même les groupes techniques de liquidation en back office sont progressivement supprimés. Les kilomètres de fichier papier Kardex sont voués au pilon. C'est en fait tout le processus de liquidation qui est désormais réalisé par le même agent, profilant alors les traits d'une organisation inédite qui s'impose au tournant des années 1990 : d'un côté, la polyvalence et une plus grande autonomie des agents redéfinissent le travail du liquidateur autour de l'activité de conseil en relation directe avec les assurés, tandis que, d'un autre côté, s'exerce un pilotage plus homogène et plus centralisé des traitements. L'introduction des téléphones dans les services de prestation, l'attribution des dossiers aux agents depuis une logique de portefeuilles, l'invitation managériale à passer d'une « culture de

▲1. Cette tension entre une politique nationale et des projets régionaux doit être resituée depuis les critiques adressées à la caisse parisienne par la direction nationale ou le gouvernement, dont on reproche le «gigantisme» et, très précisément, le «bastion syndical» qu'elle constitue, capable de paralyser la fonction de l'assurance maladie de toute la région parisienne. Le projet de départementalisation, conçu depuis 1964 mais jamais mis en œuvre, et perçu comme une remise en cause de ce pouvoir par la partition qu'il oblige à mener, s'impose finalement en 1980. Après de vives tensions qui opposèrent les partenaires sociaux, les directions et la tutelle, il est confirmé par la gauche arrivée au pouvoir en 1981. De fait, le programme national d'automatisation peut alors se déployer. V. Lefebvre donne un aperçu gestionnaire de cette crise dans *Histoires de Caisses*, *op. cit.*, p. 94-103.

▲2. Liquidation Assistée Sur Équipement Réparti.

la production » à une « culture de service »[1] contribuent à redéfinir le travail dans les termes d'une action personnalisée, soutenue en cela par l'apparition d'une nouvelle génération d'outils informatiques et, en particulier, du « poste multifonction », le nouveau bureau du technicien équipé d'un ordinateur et d'un téléphone[2]. À cette orientation, largement relayée par les autres caisses de Sécurité Sociale et les services publics en général[3], s'ajoute une autre perspective : la production centralisée de base de données dont les caisses primaires entendent s'imposer comme des « pivots » pour la définition des politiques sanitaires (fichiers des malades hospitalisés, suivi de l'activité des hôpitaux, fichier historique des paiements, consommation médicale par secteur de soins, etc.). Ainsi, au cours de cette période, non seulement les instances proprement réglementaires (les textes) et informationnelles (les fichiers) apparaissent plus intégrées, mais les assurés eux-mêmes, dont la mise à distance avait été jugée nécessaire au cours des années précédentes, apparaissent désormais plus proches. Cette proximité renouvelée n'a toutefois que peu à voir avec celle de la première période, lorsque les services de liquidation, à la vue du public, calculaient et assuraient le versement des prestations en espèces. Il ne s'agit plus tant, en effet, de pouvoir accueillir le public en général pour lui verser les prestations auxquelles il a droit, mais de penser la production du service en fonction de la diversité des situations des assurés. En d'autres termes, il n'y a plus un public abstrait et universel - un public avec un grand P - mais des publics avec des besoins et des attentes spécifiques - des publics avec un S[4]. Cette redéfinition des usagers apparaît concomitante avec l'apparition de personnes en situation de précarité qui peuplent de plus en plus les guichets[5], conduisant les organismes sociaux à reconnaître la diversité des

▲ 1. *Ibid.*, p. 127. L'auteur reprend ici les formules de J. Raynaud, devenue directrice générale de la Caisse en 1993.

▲ 2. V. Lefebvre décrit ainsi le travail des agents : « Ainsi les techniciens se voient attribuer un groupe d'assurés par mois ou années pour lesquels ils gèrent l'ensemble des prestations. Dans ce cadre, il est plus facile d'entretenir une relation personnalisée avec le client par écrit, par téléphone ou en rendez-vous » (*Histoires de Caisses*, *op. cit.*, p. 138).

▲ 3. En 1988, le gouvernement Rocard inaugure une politique de « renouveau des services publics » dont le leitmotiv est le rapprochement des administrations avec les usagers. Sur le cas de la Sécurité Sociale, cf. notre ouvrage déjà cité sur *l'État au guichet* consacré à ce tournant. Sur ces mesures et les recherches qu'elles ont suscitées, cf. aussi notre article « La modernisation des services publics par l'usager : une revue de la littérature (1986-1996) », *Sociologie du travail*, 3, 1998. Pour une mise en perspective plus large de ces politiques depuis l'histoire des réformes de l'État, cf. Bezes P., *Réinventer l'État. Les réformes de l'administration française (1962-2008)*, Paris, PUF, 2009.

▲ 4. On pourrait, dans cette perspective, lire les conceptions du « service » qui s'affichent sur les photos 8 comme le passage de la première à la seconde. Cf. *infra*.

▲ 5. Ainsi, lorsque la caisse primaire de Paris inaugure, en 1987, la carte Paris Santé permettant aux assurés parisiens bénéficiant de l'aide sociale et médicale de la ville de n'engager aucun frais, c'est au moyen d'un réseau inédit de cellules d'accueil dans les centres. Ce dispositif, variable selon les départements, sera dix ans plus tard étendu à l'ensemble du pays avec la couverture médicale universelle (CMU), en 1999. Au tournant de ces années, le débat public focalise l'attention sur cette précarisation d'une partie de la population, appelée tour à tour « nouveaux pauvres », puis les « exclus », pour culminer lors de la campagne présidentielle de 1995 autour du thème de la « fracture sociale ». Pour une lecture rétrospective de cette période, de la production intellectuelle qui l'a accompagnée et de la politique sociale, cf.

populations qu'ils touchent et à s'interroger sur la pertinence de leur organisation[1]. Tout se passe comme si l'instance des assurés avait éclaté en de multiples éléments distincts, certaines populations d'assurés étant désormais rendues invisibles par la gestion automatique des droits quand d'autres, au contraire, ont surgi. Les réponses organisationnelles, menées sous la bannière commode de la « relation de service », se heurtent néanmoins à plusieurs difficultés : tensions dans le traitement juridique, compte tenu des risques d'arbitraire évoqués plus haut et des marges d'interprétation, rendues simultanément plus souples par une capacité organisationnelle inédite des agents à examiner les situations des assurés, et plus rigide, compte tenu d'une inflation des circulaires et notes internes destinées à guider leur travail[2] ; dilemmes moraux et problèmes d'action des techniciens à l'épreuve de la confrontation directe avec le public et certaines situations de misère des assurés[3] ; contradictions avec un certain nombre d'outils industriels de gestion et de mesure de la production, hérités de la précédente période (contrôles *a priori*, indicateurs de stock, délais, etc.), et

Duvoux N., « Nouveaux pauvres, nouvelles politiques », *Politiques sociales et familiales*, 104, 2011.

1. Le cas de réflexion la plus aboutie concerne, à notre connaissance, la branche famille avec les travaux de Nicole Bardaille et Jean-Luc Outin, dont la typologie des allocataires des caisses d'allocations familiales rencontre alors un écho sensible dans l'institution (cf. Outin J.-L., *Les allocataires et leur caisse d'Allocations familiales. L'accès aux prestations à l'épreuve des inégalités*, S.E.T., Université Paris I-CNRS U.A. 919, rapport pour la CNAF, 1992, et « Logique de besoins et logique d'usage. Caisse d'allocations familiales et typologie des allocataires », *Espaces & Familles*, 29, 1993). Les auteurs distinguent quatre types d'allocataires : les « allocataires abonnés », dont les situations familiales et les compétences sont ajustées aux normes de l'action administrative et dont les prestations servies par les caisses apparaissent annexes ou marginales en termes de source de revenu ; les « allocataires citoyens », eux aussi parfaitement ajustés aux pratiques des caisses, qui tirent des prestations une source plus conséquente de revenus ; les « allocataires usagers », dont les revenus apparaissent encore plus dépendants des prestations servies par les caisses et dont les pratiques s'avèrent relativement ajustées, sinon informées ; et les « allocataires exclus », à la fois très dépendants des prestations et éloignés culturellement des pratiques administratives requises. La manière d'équiper la relation de service (brochures, services minitel, serveur vocal, relation téléphonique, guichet, antennes locales, etc) suppose une prise en compte de ces publics d'allocataires pour une réflexion sur les canaux pertinents d'accès au service (le guichet aux « allocataires exclus » et « usagers », le serveur vocal aux « abonnés », etc.). Pour une lecture rétrospective de cette catégorisation, cf. Debordeaux D., « Les allocataires et leur caisse d'allocations familiales », *Recherches et prévisions*, 34, 1993. Pour une lecture historique de la politique d'accueil dans cette institution, cf. également Montes J.-F., « L'accueil du public dans les CAF : une mise en perspective historique (1946-1990) », *Recherches et prévisions*, 63, 2001.

▲2. Sur ces tensions, cf. Weller J.-M., « Le travail administratif, le droit et le principe de proximité », *L'Année sociologique*, 53(2), 2003, ou Choquet L.-H., Sayn I., « Droit de la Sécurité Sociale et réalité de l'organisation : l'exemple de la branche famille », *Droit et société*, 44-45, 2000.

▲3. Citons l'article de P. Strobel, alors directeur de la recherche à la CNAF, qui insista, à cette période, sur ces difficultés (« L'angoisse du liquidateur derrière le guichet », *in* Obadia A., dir., *Entreprendre la ville*, La Tour d'Aigues, L'Aube, 1997). Nous avons nous-mêmes très largement décrit ces dilemmes moraux et problèmes d'action, compte tenu des impératifs réglementaires, industriels et proprement éthiques auxquels les agents sont soumis. Cf., sur le cas plus large des agents des services publics, Weller J.-M., « Les agents administratifs : travail d'arbitrage et conscience professionnelle », *in* Demazière D., Gadéa C., dir., *Sociologie des groupes professionnels*, Paris, La Découverte. Quant à l'exposition à la pauvreté dans les guichets des caisses de Sécurité Sociale, cf. le cas bien étudié des allocations familiales par Vincent Dubois, *La vie au guichet*, *op. cit.*

limités dans leur faculté à rendre compte de la « qualité » du service[1]. Or, précisément, le Plan Juppé de réforme de la Sécurité Sociale, introduit en novembre 1995 dans l'objectif d'un meilleur contrôle des dépenses de protection sociale, conduit à subordonner les ressources financières des organismes sociaux au budget de l'État : dans le cadre d'une contractualisation budgétaire entre les caisses avec la tutelle, chaque organisme est désormais tenu de respecter un ensemble d'indicateurs de performance et de qualité[2] qui contribuent à modifier le réseau des instances du travail réglementaire.

On peut, en effet, considérer qu'une quatrième étape s'inaugure, à partir de la deuxième moitié des années 1990. Par certains côtés, elle prolonge les deux caractéristiques de ce qu'on vient déjà d'évoquer pour caractériser ce réseau : une intégration toujours plus serrée des « fichiers » et des « textes » (centralisation des centres informatiques de traitement pour l'ensemble de la région en 1997, lancement de la nouvelle carte à puce Sésam-Vitale en 1999 permettant la saisie et l'enregistrement des prestations, production de bases de données nationales combinée aux ressources d'un nouveau système-expert informatique dont la caisse achève le déploiement en 2001)[3] ; et, simultanément, une gestion de la relation avec les « assurés » dans des termes toujours plus différenciés (politique spécifique d'accueil aux guichets, notamment des publics précaires dont la visibilité s'est accrue avec la création en 2000 de la CMU, gestion automatique et accueil à distance des autres populations)[4]. Toutefois, par certains autres côtés, cette étape rompt

▲ 1. Sur le cas des caisses d'allocations familiales, ces tensions ont été bien mises en évidence par Boussard V., « Quand les règles s'incarnent. L'exemple des indicateurs prégnants », *Sociologie du travail*, 43, 2001.

▲ 2. Les Conventions d'objectifs et de gestion (COG) que signent désormais tous les cinq ans les caisses nationales et leur tutelle sont prolongées par un contrat pluriannuel de gestion liant la caisse nationale et les caisses locales. Ce contrôle à distance ne se réduit pas à une instrumentation managériale inédite, il contribue aussi à modifier l'écologie des pouvoirs de l'institution. La modification des attributions ou de la composition des conseils d'administration (suppression du pouvoir de nomination des directeurs de caisse, rééquilibrage numérique des représentants à la faveur du patronat, ouverture des délibérations à des « acteurs qualifiés », etc.) comme la fiscalisation d'une part croissante des prestations contribuent à faire de l'État l'épicentre de cette nouvelle gouvernance, en substitution d'un paritarisme déclinant. Pour une synthèse des commentaires qui ont accompagné le Plan Juppé, cf. Duclos L., Mériaux O., « Le paritarisme en mauvais État », *Espace Social Européen*, 317, 1996. Pour une analyse plus générale du paritarisme à la Sécurité Sociale et son évolution, cf. la thèse de Duclos L., *Paritarismes et Institutions. La représentation du rapport Capital-Travail dans la gestion de services établis dans l'intérêt général : les cas de l'électricité et des allocations familiales*, thèse de doctorat, Institut d'Études Politiques de Paris, 2006.

▲ 3. Le système PROGRES (PROduction et Gestion des REmboursements Santé) remplace définitivement l'ancien système et substitue une base de données mise à jour en temps réel à la diversité des fichiers locaux qui existent jusqu'alors. Ce système permet aux agents de consulter directement les dossiers des usagers et de les traiter.

▲ 4. Cette visibilité ne signifie pas pour autant qu'elle fait l'objet localement d'une gestion pleinement assumée. Au contraire, dans ses observations de l'organisation matérielle de l'accueil, P. Martin décrit les « stratégies d'invisibilisation » de la file d'attente (accueil sur rendez-vous, dépôts simplifiés des dossiers, traitement réservé aux personnels vacataires, etc.) assurant aux personnels permanents une mise à distance de ces publics qu'ils considèrent différents. Même si l'on reste réservé quant à l'interprétation proposée par

radicalement avec la période qui la précède. Sacha Leduc, dans les travaux récents qu'il a consacrés à l'assurance maladie, décrit la réorganisation dont le travail des agents a été l'objet depuis le tournant des années 2000[1] : le retour à une spécialisation de l'activité en « pôles d'expertise » (pôle indemnités journalières, pôle feuilles de soin, etc.) remplace la polyvalence et la communication directe avec les assurés qui avaient été de mise jusqu'à présent, le recours à des outils de pilotage centrés sur l'évaluation quantitative du traitement des flux (visites, décrochage téléphonique, délais d'attente, délais de traitement des courriers, etc.) exerce une pression plus difficilement contournable, l'attention désormais revendiquée aux niveaux les plus élevés de l'institution à mener une politique de lutte contre la fraude, signale son éloignement de ce qui, dix ans plus tôt, caractérisait encore ce qui a été appelé parfois la « gestion sociale » des prestations[2]. Mais l'appréhension industrielle des assurés dans les termes d'une offre segmentée de service contribue simultanément à rendre visibles des phénomènes inédits. Tel est le cas du « non-recours » des usagers à leurs droits sociaux qui, en problématisant la question de l'accès aux droits dans les termes d'un demandeur individuel, responsable et informé, oblige à repenser les obstacles institutionnels générés par la complexité de l'offre de prestations et les dysfonctionnements de l'organisation, compte tenu du constat que certains assurés renoncent à bénéficier de leurs droits[3]. Paradoxalement, si l'identification et la réduction du non-recours apparaissent aujourd'hui comme une cible affichée des politiques sociales, c'est aussi parce qu'il existe une métrologie qui équipe les relations de service en mesure de tracer ce que font les agents et les usagers.

l'auteur, qui emprunte à P. Bourdieu l'idée d'une stratégie institutionnelle signalant une « mauvaise foi » délibérée où l'État récuse une part des actions qui légitiment son intervention (en l'occurrence, l'action sociale), force est de constater que la différenciation des publics est de mise et qu'elle attise de vives tensions. Cf. Martin P., « Gestion de la file d'attente et invisibilisation des précaires. Mensonge institutionnalisé dans une caisse d'assurance maladie », *Actes de la Recherche en Sciences Sociales*, 189, 2011. Il serait intéressant de comparer ce constat à celui que d'autres chercheurs font, à propos des caisses d'allocations familiales, où la confrontation à la population de la pauvreté semble désormais intégrée à la fois à la politique d'accueil des caisses et au travail accompli par les techniciens pour lesquels « l'angoisse du liquidateur », mise en évidence par plusieurs travaux, ne serait désormais plus de mise. Cf sur ce point, Mazet P., « La qualité dans l'accueil ou l'exemple paradoxal d'une modernisation réussie. Le cas des agents d'accueil des caisses d'allocations familiales », *Recherches et prévisions*, 87, 2007.

▲ 1. Leduc S., « La Couverture Maladie Universelle. De la fabrique du soupçon aux contrôles des bénéficiaires », *Carnets de bord*, 13, 2007.

▲ 2. Comme le souligne L. Duclos, l'expression a même eu un caractère traditionnel dans la branche famille, intégrée comme élément de doctrine et objet de nombreux commentaires spécialisés, voire d'éléments de prescription. Cf. Duclos L., *Paritarismes et institutions, op. cit.*, p. 398. Duclos cite notamment l'article de P. Steck, longtemps directeur du service des prestations à la CNAF (« L'horlogerie des prestations familiales », *in* Chauvière M. *et al.*, *Les implicites de la politique familiale*, Paris, Dunod, 2000, p. 143). À propos de la caisse primaire de Paris, il faudrait aussi ajouter, à ce tableau, le réaménagement du réseau local au prix de fusions et de fermetures de centres de paiement et la politique de recours à une main-d'œuvre temporaire dans des proportions inédites.

▲ 3. Sur le phénomène du non-recours, Warin P., *L'Accès aux droits sociaux*, Grenoble, PUG, 2007.

Au travers de ces différentes étapes, le travail réglementaire semble bel et bien dépendre d'un réseau d'instances dont la géométrie a changé. Exerçant une pression sur l'activité parfois incontournable, parfois plus aisée à oublier temporairement, voire à négliger, chaque instance est indissociable d'un agencement à la fois matériel et humain : le bureau. Composite de machines, de personnels, de procédures, de langages, ce dernier contribue à donner une force, une intensité, une présence aux textes, aux fichiers ou aux assurés qui, selon les périodes, se modifient au gré des politiques d'équipement, d'aménagement et de configuration des espaces de travail (figure 3). À la lumière de l'exposition qu'on vient de proposer, tentons alors d'en dégager un certain nombre de propriétés et de caractéristiques.

Cinq enseignements sur l'histoire des bureaux et l'activité réglementaire

Un premier constat concerne le rapport au public. L'intérêt d'appréhender les bureaux en considérant l'activité réglementaire que les agents y accomplissent concrètement tient dans le fait de devoir nous faire renoncer à des simplifications exagérées, comme celle qui consisterait à penser qu'avant, l'administration imposait son *imperium* sans égard pour ses usagers au moyen de bureaux « fermés » ou que, désormais, elle les prendrait en compte grâce à des bureaux plus « ouverts ». Quelle que soit la période, on trouve immanquablement dans les caisses de Sécurité Sociale, un *front office* dédié à la réception du public, et un *back office* réservé à la gestion des dossiers. Toute la question n'est pas de savoir si les bureaux sont, en soi, « ouverts » ou « fermés », mais de comprendre à quelle étape du traitement s'impose la séparation entre *back office* et *front office*, et comment les coordonner ? Dans les années 1960, c'est la question de l'argent associé à la foule qui canalise l'attention : comment assurer le paiement des prestations sans que les assurés ne viennent au guichet recevoir leurs espèces ? Trente ans plus tard, c'est la question de la pauvreté qui met à l'épreuve les techniques d'accueil du public. Les inventions de l'hygiaphone, du comptoir, du box ou du module apparaissent, dès lors, comme d'authentiques investissements. Chacun à leur manière, ils articulent deux registres d'appréhension du public : un registre cognitivo-pratique, qui renvoie au champ visuel et aux interactions rendues possibles par la configuration de l'espace (souci du corps des usagers, confidence, etc.) pour étudier les situations ; et un registre moral, qui recouvre la production de sentiments aussi variés que l'indifférence ou l'implication, du fait de la propension des différentes formes de guichets à rendre plus visibles certaines propriétés des usagers que d'autres, comme leur homogénéité, leur compacité ou, au contraire, leur singularité, leur individualité.

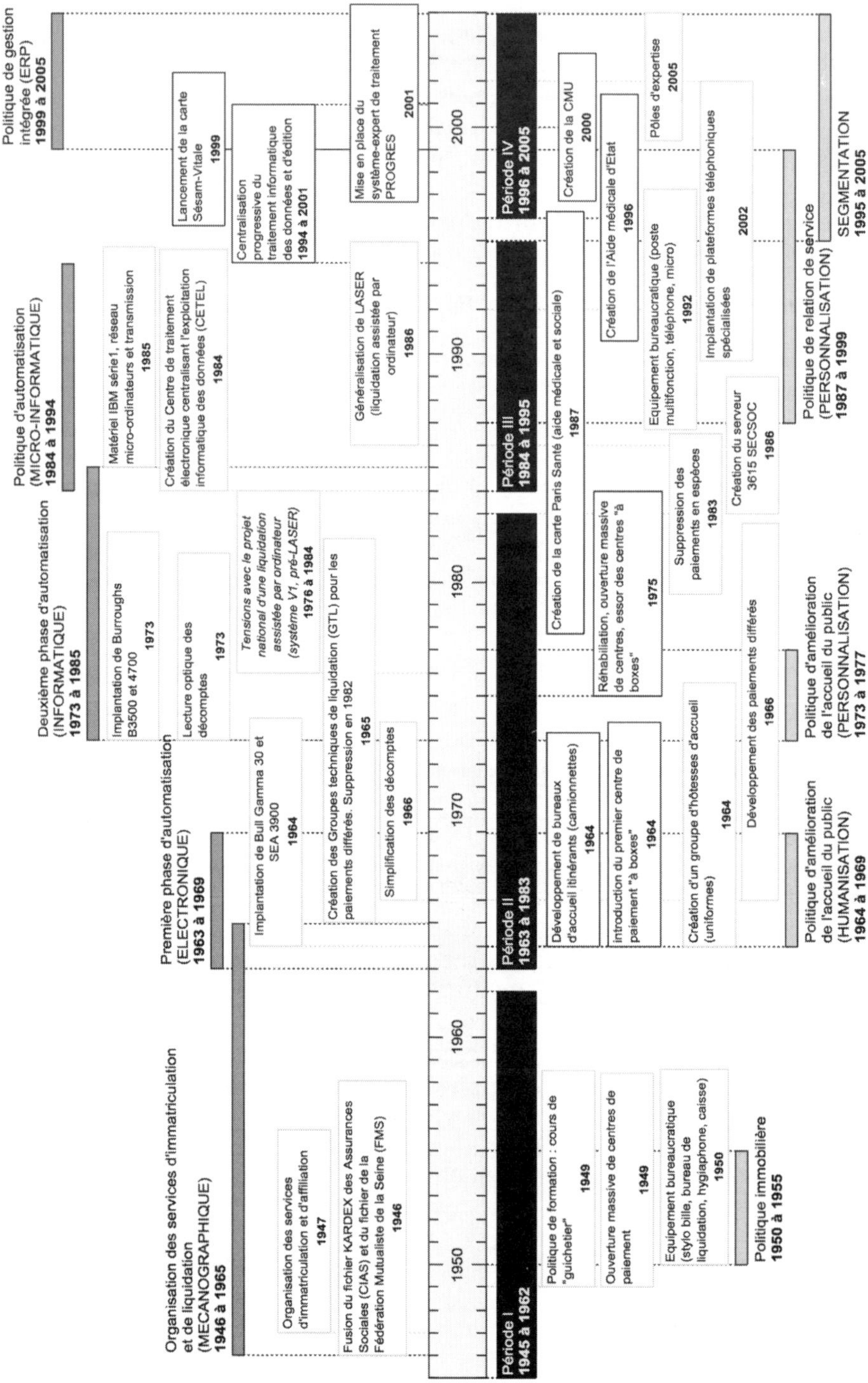

Schéma 3 : Chronologie des principales étapes concernant l'histoire de l'aménagement et de l'équipement de bureaux de la caisse primaire d'assurance maladie de Paris (1945-2005)

Le fait de placer les employés dans une posture de distanciation susceptible de transformer n'importe quel proche en lointain n'annule pas le fait de faire d'un demandeur éloigné brusquement un proche dont on va examiner la situation ! Et c'est l'histoire de cette ligne de démarcation *back/front offices* - plus ou moins continue, plus ou moins compliquée à dessiner - qu'il apparaît utile d'étudier, à la fois du point de vue du corps des usagers qu'elle donne à voir et des interactions qu'elle rend possibles, ou interdit (photos 10)[1].

a

b

c

d

Photos 10 : L'hygiaphone, le comptoir, le box et le module comme technologies de visibilisation et d'interaction avec le public. 9a : le public apparaît fortement visible et en masse (caisse primaire inconnue, probablement au début des années 1950. Source : Musée d'Assurance maladie) ; 9b : le public apparaît visible, avec une capacité accrue d'interaction (caisse primaire parisienne en 1962, source : INA) ; 9c : le public apparaît faiblement visible en masse mais davantage comme des cas plus personnalisés, avec lesquels les capacités des agents à interagir sont toutefois disjointes de la production, depuis des box désarmés de toute capacité de traitement et séparés de la caisse (en

▲ 1. La question de la construction du corps politique des hommes par le pouvoir au moyen de dispositifs architecturaux a déjà été étudiée, même si c'est à propos d'édifices ou d'aménagements urbains plus monumentaux que nos guichets. On pense, par exemple, aux travaux sur la compacité de Abensour M., *De la compacité. Architectures et régimes totalitaires. Le cas Albert Speer*, Paris, Sens et Tonka, 1997.

blanc, au fond) (caisse primaire inconnue, probablement au début des années 1980. Source : Musée d'Assurance maladie) ; 9d : la file d'attente, devenue moins visibles, pénètre désormais dans les bureaux, au prix d'une capacité des agents à interagir de manière plus singulière en lien avec la production. L'argent n'est plus visible (caisse primaire parisienne vers la fin des années 1990). Source : Lefebvre, *op.cit.*, p.139).

Un deuxième constat concerne la conception du travail bureaucratique. Là encore, l'appréhension des bureaux depuis la prise en compte de l'activité qu'on y accomplit conduit à recenser une diversité de considérations. Avec la première période, le « guichetier » s'impose comme un employé formé, expérimenté, généralement le plus qualifié, et à même de traiter l'ensemble des dossiers. Il est le point de passage obligé pour l'évolution professionnelle des agents, et notamment l'accès aux niveaux hiérarchiques supérieurs. C'est la notion de traitement et de compétences réglementaires qui servent à penser l'activité, et d'où découle une division du travail réglée. À partir des années 1960, le centre de gravité se déplace des guichets aux immenses salles de liquidation dédiées aux paiements différés et abritées du public. Le « liquidateur » apparaît comme le personnage phare de l'organisation. Ses compétences sont désormais pensées depuis des équipements (machines dédiées au paiement, lecteurs optiques, LogAbax[1], etc.) et des spécialisations réglementaires à l'abri de l'exposition frontale avec les assurés. C'est la notion de « chaînes » de travail (liquidation, paiement, etc.) qui en constitue le concept, contribuant à en faire un agent de « production » par opposition à l'accueil du public. Au tournant des années 1990, ces distinctions éclatent au bénéfice des « techniciens-conseils », agents désormais polyvalents en charge de « portefeuilles » de dossiers, et dont la gestion suppose désormais de maîtriser l'ensemble des étapes du traitement. Quant aux années 2000, une autre conception du travail réglementaire autour de la notion de « processus » et de traitement des « flux » impose une respécialisation autour de « pôles d'expertise » révélant une segmentation des publics et de l'offre de service. Chacune de ces étapes signale la prévalence d'une instance sur les autres, dès lors qu'on prend en considération l'ensemble des éléments de l'assemblage duquel procède l'activité réglementaire (tableau 3)[2].

Troisième constat : ces différentes manières d'agencer le travail de liquidation interrogent plus largement les conditions pratiques de l'exercice de la discrétion, c'est-à-dire ce pouvoir de choisir dans la règle ou dans l'exception le moyen de l'application d'un droit. Cette part discrétionnaire est inévitable : la diversité empirique des situations à qualifier, le flou des interprétations possibles, la « texture ouverte » de la règle constituent autant de facteurs favorables à sa manifestation. Le contrôle fonctionnel (vérificateur, service de contrôle *a priori*) et la division du travail constituent la réponse qui domine très largement la première période, sachant que lorsque des doutes sur la conformité légale d'une interprétation n'arrivent pas à être levés, c'est le recours hiérarchique qui permet de statuer, le chef ayant un statut d'expert reconnu des textes. Le « suivi législatif », qui désigne la

▲1. LogAbax est une marque d'ordinateur.

▲2. Cf. *infra*.

production expresse par les services centraux de notes internes destinées à guider l'interprétation sur la base des textes et de la jurisprudence, apparaît avec la seconde période. Lié à la politique informatique, l'enjeu est de mettre sous forme binaire le droit dans le cadre de la conception des logiciels, cette préoccupation de modélisation cédant progressivement le pas sur les services de prestation de sorte que le suivi devient l'outil de référence pour les praticiens[1]. Par son souci d'anticiper la diversité des situations susceptibles de se présenter aux guichets et d'épuiser les possibles de la règle, ce suivi législatif procède par « voie d'interprétation » dont la ligne hiérarchique conserve le monopole. Cette réponse n'est toutefois pas sans limite. Outre qu'elle apparaît propice à l'inflation réglementaire en interne – la réalité, facétieuse par nature, ne manquant pas de faire surgir dans les bureaux quelques problèmes inédits impropres aux traitements imaginés à l'avance –, ce suivi apparaît plus difficile encore à inscrire dans le quotidien du travail dès lors que l'activité concerne, avec la troisième période, des agents ayant une plus grande maîtrise de l'intégralité du processus de traitement et en contact direct avec les usagers. C'est dans ces conditions qu'émerge la notion de « magistrature sociale », reconnaissant l'existence de marges de liberté dans le travail de catégorisation des situations dont les agents témoignent, et destinée à les guider en référence à une jurisprudence locale de décisions déjà prises[2]. Cette reconnaissance de possibles compétences juridictionnelles se referme toutefois avec la quatrième période[3] : c'est alors un contrôle *a posteriori* qui se déploie, sur une base probabiliste et de plus en plus automatisée, dans le cadre d'une politique de réduction des risques.

Quatrième constat. Ces différents éléments soulignent l'importance de cette « solidarité technique » dont parle Dodier, et que nous évoquions en introduction de ce chapitre, considérant l'activité réglementaire depuis un réseau d'instances hétérogènes et périodiquement en recomposition. Si le bureau constitue la forme organisationnelle depuis laquelle s'accomplit cette activité, il est aussi un agencement en charge d'une mission, d'un projet. Autrement dit, s'il est bien cet ensemble composite de ressources multiples – hommes, objets, bâtiments, documents, etc. – qui agit et pense à sa manière propre, il est aussi l'agent d'un mandat pour lequel il est expressément habilité[4]. C'est ce qui fonde sa compétence. Aussi les bureaux des caisses de

▲ 1. L'origine est de 1977, lors de l'élaboration des premiers logiciels de liquidation assistée par ordinateur. Pour une présentation de son introduction et de ses transformations dans la branche famille, cf. Choquet L.-H., *Législature administrative et magistrature sociale*, *op. cit.*, p. 66-68.

▲ 2. Les travaux font notamment référence aux analyses de Rosanvallon P., *La nouvelle question sociale...*, *op. cit.* Sur le cas de la Sécurité Sociale, cf. notre article « Une controverse au guichet : vers une magistrature sociale ? », *Droit et Société*, 44/45, 2000. Cf. plus largement le dossier proposé par I. Astier sur ce thème, dans ce même numéro.

▲ 3. La notion de magistrature sociale aurait pu contribuer à réactiver cette dimension juridique, débouchant sur une reconnaissance des compétences juridictionnelles des agents, sans omettre de donner aux usagers une capacité accrue à les contester. Sur cette mise à l'écart de la qualification par l'organisation, cf. Choquet L.-H., Sayn I., « Droit de la Sécurité Sociale et réalité de l'organisation... », art. cité.

▲ 4. C'est J. Girin qui a mené le plus loin cette double considération, avec sa notion d'« agencement organisationnel » qu'il conçoit en référence aux travaux sur la « cognition

Sécurité Sociale connaissent-ils, au cours de leur histoire, des inflexions dans le mandat qu'ils ont charge de réaliser. À l'origine de l'institution, on trouve le projet tel qu'il est défini par les motifs des ordonnances du 4 octobre 1945 : un système d'assurances financé par des cotisations sociales, destiné à « débarrasser les travailleurs de l'incertitude du lendemain » contre « l'ensemble des facteurs d'insécurité », qui appelle à « l'aménagement d'une vaste organisation nationale d'entraide obligatoire » dont l'objectif est, à terme, de couvrir « l'ensemble de la population du pays », cette dernière étant conçue comme l'ensemble des travailleurs et leur famille. Les bureaux de la première période qu'on a décrits découlent de ce projet originel : garantir l'accès aux droits des assurés et assurer l'attribution de leurs prestations constitue leur mandat, et la multiplication des centres de paiement, la propagation des antennes d'accueil ou des camionnettes mobiles sillonnant la campagne comme la permanence du versement en espèces des prestations expriment cette préoccupation. À partir des années 1960, au régime des aides contributives s'ajoute progressivement une gamme de prestations plus ciblées, appelant un examen plus détaillé des situations, non réductible à l'état des lieux des cotisations, et se prêtant mal à une gestion automatique. Dès lors une tension se dessine dans l'agencement même de l'organisation : aux salles de liquidation, spécialisées sur les seules prestations contributives, gérant la masse des affaires depuis les services de prestation et abritées de tout rapport avec l'extérieur, s'opposent les guichets aux prises directes avec le public et, plus vivement encore, les travailleurs sociaux des services d'aide sociale en charge des prestations non contributives. Cette tension s'inscrit dans les murs séparant *front* et *back office*, expression de l'ambigüité du modèle de la protection sociale « à la française » et du mandat qui est confié aux caisses : un système assuranciel, auquel sont assignés des objectifs de lutte contre la pauvreté[1]. Et cette tension s'intensifie au fur et à mesure que

distribuée » pour une part, et au courant néo-institutionnaliste de la théorie de « l'agence » pour une autre part. Cf. Girin J., « Les agencements organisationnels », *in* Charue-Duboc F., dir., *Des savoirs en action, Contributions de la recherche en gestion*, Paris, L'Harmattan, 1995.

▲ 1. Les comparaisons internationales qui étudient les différents modèles nationaux de protection sociale distinguent le modèle bismarckien, le modèle beveridgien et le modèle libéral. Cf. Esping-Andersen G., *Les trois mondes de l'État Providence. Essai sur le capitalisme*, Paris, PUF, 1999. Un modèle bismarckien de protection sociale est caractérisé par le fait qu'il s'adresse aux travailleurs, conditionne l'ouverture des droits par le versement de cotisations professionnelles, sert des prestations dites contributives proportionnelles aux revenus, financées par des cotisations sociales payées à la fois par les employeurs et par les salariés, ces derniers étant les gestionnaires du système, définis comme des organismes autonomes de l'État (les caisses). Il se distingue du modèle beveridgien, financé par l'impôt, délivrant des prestations forfaitaires, dont l'attribution est universelle ou soumise à condition de ressources, et gérée par les services de l'État. Le modèle bismarkien a généralement pour objectif le maintien du revenu du travailleur ; le modèle beveridgien vise la lutte contre la pauvreté. Quant au modèle libéral, il repose entièrement sur les mécanismes de marché. Dans le cadre de l'importante littérature ayant analysé l'histoire et les évolutions de ces politiques de solidarité, le modèle français est considéré comme bismarckien. À une nuance près toutefois. Pour B. Palier et G. Bonoli, ce modèle de la protection sociale « à la française » est plus ambigu qu'il n'y paraît. Et si les méthodes qu'il emploie empruntent bel et bien au système assuranciel, les objectifs de lutte contre la pauvreté qu'il s'assigne s'avèrent, eux, parfaitement beveridgiens. C'est cette ambiguïté que matérialiserait le mur séparant *back* et

les contradictions en deviennent plus vives. Les bureaux des caisses, réaménagés lors de la troisième période selon le modèle de la relation de service, en déplacent l'expression. Elle s'incarne désormais dans les vives oppositions, que nous avions nous-mêmes largement constatées dans nos enquêtes, entre les techniciens-conseil, devenus polyvalents, et les services de contrôle, protégés du public. Ces disputes s'exacerbent autour des enjeux de qualification des situations administratives et des questions de fraude, et rappellent que c'est, là encore, la frontière entre *back* et *front office* qui dessine une fracture dans la manière de lire le mandat. La quatrième période, qui s'ouvre à partir de 1995, inaugure, de ce point de vue, un tournant. La gestion spécialisée des différents processus de traitement, la segmentation accrue des publics, l'essor des outils permettant un contrôle « à distance » qu'on constate dans l'agencement des bureaux signalent une plus grande séparation des prestations d'assurance et celles de solidarité, un ciblage accru des politiques d'intervention au moyen d'indicateurs, une attention inédite à des phénomènes laissés jusque-là dans l'ombre comme le « non-recours », autant d'éléments qui ont été interprétés comme l'essor d'un modèle « libéral » dans le système de protection sociale[1].

Enfin, un cinquième constat découle de l'analyse précédente : si le bureau est un mandataire, c'est qu'il reçoit son mandat de quelque part[2]. À ce titre, on rappellera que les bureaux des caisses de Sécurité Sociale s'inscrivent dans un réseau d'instances de décision et de représentation qui contribuent à définir leur mandat : le conseil d'administration de la caisse locale où siègent notamment les représentants des salariés et des employeurs, la direction de la caisse proprement dite, mais aussi la direction de la caisse nationale et sa tutelle, le ministère des Affaires sociales. On notera alors que les changements de période qui ponctuent régulièrement l'histoire des bureaux correspondent à une crise des relations entre ces multiples instances qui avaient jusque-là prévalu, signalant une remise en cause possible de la définition du mandat. Avec la première période, c'est le conseil d'administration de la caisse parisienne qui a la primauté. La deuxième

front office dans les caisses. Cf. Palier B., Bonoli G., « Entre Bismarck et Beveridge. "Crises" de la Sécurité Sociale et politiques », *Revue française de science politique*, 45. (4), 1995.

▲ 1. C'est-à-dire, pour le dire autrement, un équilibre différent des deux logiques beveridgienne et bismarckienne qui le composent. Cf. Palier B., Bonoli G., « Entre Bismarck et Beveridge... », art. cité.

▲ 2. Dans la perspective de la théorie du principal-agent, la lecture proposée par Jacques Girin le conduit à s'interroger sur la qualité du lien entre le mandataire (agent) et son mandant (principal), compte tenu de l'asymétrie d'information qui les oppose et de la nature plus ou moins complexe du mandat à exécuter. Formellement, le principal (mandant) délègue à un agent (mandataire) le soin d'accomplir une tâche, un service, une mission pour lesquels ce dernier a compétence, au bénéfice d'une certaine autonomie : « Le mandataire est agent, au sens où c'est bien lui qui agit pour le compte d'un mandant, lequel se décharge sur lui de cette activité particulière [...]. Ce dernier [...] ne s'implique pas directement, autrement que dans la définition du mandat, dans des tâches de contrôle, de pilotage et d'évaluation, dans l'activité qui est l'objet du mandat » (Girin, J., « Les agencements organisationnels », art. cité, p. 237-238). Les problèmes d'asymétrie d'information, d'incomplétude des contrats ou de confiance font explicitement référence à la théorie économique. Cf. l'article fondateur de R. Coase sur la nature de la firme, « The Nature of the Firm », *Economica*, 4, 1937, trad. in *La firme, le marché et le Droit*, Paris, Diderot, 1998.

période inaugure un renversement : celui où la direction locale l'emporte sur les élus, et plus largement sur sa propre direction et en dépit de projets, longtemps avortés, de reconfiguration de son périmètre. Au tournant des années 1980, lorsque s'ouvre la troisième période, ces liens s'inversent : c'est la caisse nationale qui reprend la main, à travers la départementalisation et la centralisation de la politique informatique. Elle opère jusqu'au plan Juppé de 1995 qui dessine alors une nouvelle configuration, contractualisant le lien entre l'institution et l'État au bénéfice de ce dernier. Au travers des politiques de rationalisation du travail, de définition d'indicateurs de gestion et de mesures de performance, de choix techniques et de logiciels informatiques, on peut lire non seulement les rapports de force qui se nouent entre les multiples instances en charge d'écrire le mandat, mais plus largement l'« inquiétude fondamentale » du mandant qui se demande s'il va effectivement obtenir ce qu'il attend[1]. Ces tensions jouent directement sur la manière de définir les « textes », les « fichiers » et les « assurés », d'en problématiser la nature, d'en dessiner les contours et d'en asseoir la force. À condition toutefois de ne pas voir dans l'agencement du bureau le simple écho d'un rapport de force qui se jouerait ailleurs. Il en est plutôt un élément de médiation. C'est tout particulièrement vrai de la production d'informations en matière de dépenses de santé pour l'assurance maladie, de la gestion des déclarations de données sociales pour l'assurance vieillesse, des informations concernant les bénéficiaires de minima sociaux pour les allocations familiales, autant d'éléments qui constituent une ressource stratégique pour les acteurs politiques et économiques dans le cadre de leur activité de pilotage ou d'estimation. En d'autres termes, la maîtrise des chaînes métrologiques en matière de production d'informations par le biais d'un outillage bureaucratique procure aux caisses de Sécurité Sociale une capacité à rendre visibles certains phénomènes, à opposer une certaine définition du réel, sur la base d'une expertise. C'est, par exemple, le cas des relations qui opposent l'assurance maladie au ministère : le pouvoir de l'institution repose sur le pouvoir de ses bureaux. C'est essentiellement un pouvoir bureaucratique qui se distingue d'autres manières de jouer des rapports de force[2].

▲ 1. Girin J., « Les agencements organisationnels », art. cité, p. 264.

▲ 2. C'est, par exemple, le cas du pouvoir corporatiste des médecins. Sur le cas évoqué de l'assurance maladie, les recherches comparatives montrent ainsi que la capacité de l'assurance maladie à peser dans les négociations collectives apparaît plus élevée en Allemagne qu'en France. Cf. Catrice Lorey A., Steffen M., « La mise en œuvre des réformes des systèmes de santé bismarkiens : des capacités inégales », *Revue française des affaires sociales*, 2, 2006.

	Période I Le bureau « moderne »	Période II Le bureau industriel	Période III Le bureau de prestation	Période IV Les plateformes de service
Dénomination des agents en charge des dossiers	Guichetier	Liquidateur	Technicien-conseil	Gestionnaire
Concept de désignation du travail pour penser l'organisation	Traitement	Chaîne de travail	Portefeuille	Processus
Mode d'appréhension du public	Public	Public	Publics	Clients
Instance de référence mise en exergue	Textes	Fichiers	Assurés	Fichiers
Condition d'exercice de la discrétion réglementaire	Vérification Recours hiérarchique	Suivi législatif	Magistrature sociale	Contrôle probabiliste
Instance de référence dans la définition du mandat	Conseil d'administration	Direction locale	Direction nationale	Tutelle

Tableau 3 : Agencement et conceptions du travail réglementaire selon les périodes de l'histoire de l'organisation des caisses de Sécurité Sociale

*

Au terme de ce panorama consacré à l'histoire des bureaux des caisses de Sécurité Sociale, force est de constater qu'il y a bien une transformation des organisations publiques, mais pas nécessairement dans les termes simplifiés qu'on mobilise parfois pour la caractériser. Par exemple, il apparaît difficile d'opposer une bureaucratie réputée fermée sur son environnement, qui serait celle des temps anciens, à une bureaucratie ouverte sur l'usager censée prévaloir depuis. Ou encore, de considérer qu'on assisterait au passage d'une bureaucratie inspirée par les valeurs de service public dénouées de tout souci de rentabilité à une bureaucratie désormais dominée par la logique managériale. Il apparaît, au contraire, que le rapport à l'usager ou la mobilisation des techniques de rationalisation gestionnaire ont toujours été des éléments stratégiques des organisations, donnant lieu à des interprétations différentes selon les moments de l'histoire, et témoignant de tensions récurrentes. C'est même là tout l'intérêt, à nos yeux, d'une description du réseau sociotechnique depuis lequel s'accomplit l'activité réglementaire : rappeler un certain nombre de contradictions qui pèsent invariablement sur l'organisation des caisses. Ces tensions constituent autant de défis qu'il leur faut résoudre : la difficulté à garantir l'expertise réglementaire, compte tenu du morcellement des compétences et de la texture ouverte des règles qui augmente le risque de l'arbitraire ; le paradoxe à devoir assurer simultanément les exigences d'une production de masse et l'examen nécessaire des cas particuliers ; ou encore les frictions dues au caractère « social » du service public concerné et les contraintes du traitement industriel. Comment, d'un côté, assurer les conditions d'un travail objectif et efficace visant l'examen des droits des assurés et, d'un autre côté, témoigner d'une capacité à s'ajuster aux situations lorsque cela est nécessaire ? Comment parvenir à s'imposer comme une organisation rationnelle, légitime dans ses décisions réglementaires prises sans délais excessifs ni erreurs manifestes, mais sans être monstrueusement aveugle ?

Ces permanences ne signifient pas pour autant que rien ne change. Articulant à la fois un espace matériel, un ensemble relationnel possible et des missions, des projets à mettre en œuvre, les bureaux décrivent, au contraire, des configurations variables selon l'histoire (tableau 3). Certes, ces dernières restent difficiles à repérer, si l'on se contente de les examiner de manière générale, un peu comme l'on en a regardé dans un premier temps les images produites par le journalisme télévisé[1]. Mais, dès lors qu'on examine le traitement des archives ou le résultat des enquêtes à la lumière de l'activité réglementaire accomplie par les agents, ce sont bien quatre périodes qui se dégagent. Il y a le temps du *bureau moderne*, héritier des conceptions mécaniques de l'entre-deux-guerres et de l'ère de conquête qui s'exprime jusqu'au tournant des années 1960, celui où il faut toucher

▲ 1. Il demeure que les périodes qu'on a pu distinguer en fonction de la quantité et de la qualité de cette production correspondent très largement aux quatre périodes constatées à propos de l'histoire de la caisse parisienne.

l'ensemble des salariés directement intéressés à une institution majeure de l'État d'après-guerre, où l'expansion immobilière, la formation d'un personnel de professionnels, les modes de redistribution des espèces monétaires, les modalités du rapport hiérarchique fondé sur l'expertise réglementaire constituent des éléments déterminants. Il y a le temps de ce qu'on se propose d'appeler le *bureau industriel*, dans les années 1970, celui où l'enjeu devient celui de rationaliser les traitements selon des procédés calculatoires de plus en plus prégnants, celui de l'informatique lourde et de la conception du travail administratif dans les termes d'une gestion de stocks calée sur ce qui se fait dans l'industrie, celui où l'expertise réglementaire ou la gestion des relations avec les publics reposent sur des services spécialisés, et où les modalités du rapport hiérarchique s'apparentent à des tâches de surveillance d'une activité lue comme une « production » et de maintien de la paix sociale. Il y a le temps de la relation de service mise en œuvre par des *bureaux de prestation*, au tournant des années 1990, celui où l'essor de la microinformatique questionne le travail administratif et ses spécialisations, où la mise sur agenda public de problématiques inédites interrogeant les politiques sociales - les « nouveaux pauvres », « l'exclusion » - invite à repenser les termes de l'action sociale, où le travail, devenu polyvalent au regard de la période qui l'a précédé et en contact direct avec les assurés, favoriserait une autonomie accrue des agents redéfinis comme des professionnels et où l'action hiérarchique serait davantage dévolue à des fonctions de coordination. Et il y a le temps de l'offre de service, à partir du tournant des années 2000, celui où le traitement des data rencontre de nouvelles capacités calculatoires, où les enjeux de rationalisation renforcent de nouvelles formes de spécialisation du travail et de nouvelles modalités de contrôle, en termes de segmentations des publics et d'offres différenciées pilotées depuis des *plateformes*.

À chacune de ces périodes, la forme des bureaux apparaît différente. Au travers de leurs murs et leurs guichets, des interactions qu'ils favorisent ou qu'ils interdisent, des compétences qu'ils rendent possibles ou empêchent, des espaces d'interprétation des textes qu'ils organisent, de la nature des mandats qui se dessinent en filigrane ou des enjeux de pouvoir qu'ils ne manquent pas de cristalliser, les bureaux se transforment. Or, au travers de leur évolution, un intrigant paradoxe semble pouvoir être dégagé : plus les bureaux décrivent une automatisation des traitements, et plus ils semblent déployer une personnalisation de la relation avec l'usager. Bien sûr, il faudrait revenir sur chacun de ces termes. Mais force est de constater que, d'un côté, les centres de paiement deviennent groupe technique, puis services de prestation, puis pôle d'expertise, décrivant un processus de calcul et d'agrégation des informations toujours plus outillé, toujours plus automatique, assurant un contrôle et une production toujours plus distants. Et, de l'autre, les bureaux n'ont de cesse de se doter d'abord de guichets, puis de box d'accueil, puis d'antennes ou de box parfaitement équipés, puis d'agences qui revendiquent une considération plus attentive, plus singulière, plus proche des requêtes qui s'y manifestent. Ces contradictions apparentes semblent au fondement de l'organisation bureaucratique, qui doit toujours concilier la masse et le cas.

Mais ce n'est là qu'une première ébauche. Car que dire de ces formes bureaucratiques, telles qu'on a pu les mettre en évidence au travers de l'histoire des caisses de Sécurité Sociale, dès lors qu'on examine les modes d'organisation d'autres services publics ? Que dire à la fois de qui constituent leurs propriétés communes et leur diversité, dès lors qu'on examine ce qui n'a de cesse de nous préoccuper : l'action concrète qu'on y accomplit. C'est cette nouvelle exploration que se propose de poursuivre le prochain chapitre.

Chapitre 5

Le travail et ses bureaux

L'exploration proposée dans le chapitre précédent invite à reconsidérer les modes d'organisation des services publics depuis les formes que prennent leurs bureaux, compte tenu de l'activité pratique qu'on y accomplit, des interactions que ces derniers rendent possibles, des raisonnements qu'ils permettent de poursuivre, des liens entre les instances qu'ils contribuent à produire, avec leurs asymétries, leurs tensions, leurs rapports de force, et même des théories politiques dont ils permettent le déploiement. Or, ce qu'on s'est efforcé de retracer à propos de l'histoire des caisses de Sécurité Sociale peut être mené à bien à propos d'autres administrations, tout l'enjeu étant de pouvoir contribuer au renouvellement de l'analyse des transformations de l'organisation concrète des services publics et, par-delà, de l'État qu'elles donnent à voir. L'attention aux bureaux va donc continuer à nous inspirer ici. Pour tenter d'élaborer un cadre d'analyse susceptible de les inventorier et de les comparer, nous nous proposons de revenir sur les enquêtes empiriques déjà exposées précédemment. La première concerne le travail des agents des services agricoles, l'intérêt de ce cas étant de montrer comment, pour une même activité réglementaire, les bureaux de l'administration décrivent des agencements différents, avec tout ce que cela implique en termes d'activités, de rapports de force entre les instances, de sens de l'intervention publique et, par-delà, de fabrique de l'État. La seconde concerne le travail des juges de proximité, l'enjeu de cette exploration ayant l'avantage de s'interroger sur les conséquences de situations où les magistrats disposent de bureaux très variablement équipés, voire n'en disposent pas. Ces expositions empiriques permettront alors d'établir une typologie des formes possibles de bureaux, chacune décrivant une manière de problématiser le travail de mise en droit des situations, l'objectif étant de saisir un certain nombre de transformations contemporaines de l'organisation des administrations dont l'enjeu est parfois de passer d'une forme à l'autre.

Les bureaux des services agricoles

Rappelons le : les services agricoles sont des services appartenant aux services déconcentrés de l'administration en charge d'étudier les droits à subvention des agriculteurs, notamment dans le cadre de la Politique Agricole Commune (PAC). Cette dernière ne manque pas de commentaires avisés et d'enquêtes de toutes factures – recherches, audits officiels, rapports d'activistes, etc. – pour en souligner les contradictions et les limites[1]. Ces critiques, particulièrement vives au moment où nous enquêtions[2], ne s'intéressent toutefois qu'à la marge aux modes concrets d'organisation de la mise en œuvre de ces politiques, au risque de limiter l'analyse de ce que font les services administratifs en charge de l'attribution des primes au seul inventaire des écarts entre la réglementation d'un côté et les pratiques de l'autre. C'est, à l'inverse, à une meilleure compréhension de la place et du rôle joués par les médiations organisationnelles et, en particulier des bureaux, qu'invite cette première section : comment en décrire les formes ? Comment en comprendre l'impact sur le travail accompli ordinairement ? Comment en saisir le sens et les enjeux ?

Pour instruire cette enquête, nous mobiliserons les données déjà évoquées plus haut à propos des services d'économie agricole (encadré 1), dont l'intérêt tient notamment dans la comparaison possible de deux organisations du travail : celle de la *DDAF des Plaines*, qui se situe dans une région dominée par de grandes exploitations céréalières, et la *DDAF des Montagnes*, qui concerne un département d'élevage avec des petites

▲ 1. C'est vrai du manque de cohérence des textes réglementaires mobilisés : la Cour des comptes recensait déjà, un peu avant notre propre enquête, près de 300 aides payées annuellement à l'agriculture française, dont 120 européennes. Elle notait, à propos de ces dernières, que les fonctionnaires devaient se référer à quelque 170 règlements communautaires, auxquels s'ajoutent 160 textes nationaux de portée réglementaire mais de nature diverse (décrets, circulaires, règlements internes) dont l'irrégularité ou l'insuffisance est parfois manifeste. (cf. Cour des comptes, *Rapport public annuel*, 2001, p. 256-257). C'est vrai également des procédures administratives, jugées illisibles : la même Cour dénonçait la profusion des structures administratives et une dispersion des responsabilités défavorables à « la cohérence administrative, financière et comptable d'un système qui permet de payer des subventions par dizaines de milliards » *(ibid.*, p. 263-264). Mais c'est vrai aussi du défaut de transparence régulièrement critiqué, compte tenu du fait que les principaux bénéficiaires des aides sont constitués par des groupes industriels et des grandes exploitations : la publication de leur identité a fait l'objet de luttes ardentes. Cf., par exemple, le projet du groupe activiste de journalistes et programmeurs farmsubsidies.org.

▲ 2. Menée en 2004, l'enquête était alors confrontée à la mise en œuvre de « la nouvelle PAC », c'est-à-dire des accords de Luxembourg de 2003, qui prolongeaient la perspective inaugurée par la réforme de 1992 en y introduisant désormais un certain nombre de préoccupations environnementales et en accusant le découplage des primes avec les productions. Ces tendances sont toujours valables aujourd'hui, compte tenu d'un budget globalement en baisse pour la période 2014-2020.

exploitations plus nombreuses [1]. Pour en décrire les bureaux, nous inaugurerons notre voyage en assistant à une réunion, animée dans le but de préparer l'organisation du service au lancement de la nouvelle campagne d'aides de l'année : ce sera là l'opportunité de repérer ce qui mobilise l'attention des bureaucrates, compte tenu des enjeux qui sont les leurs (premier point). Nous nous intéresserons alors à ces choses ou ces êtres qui leur importent tant : les textes et leurs évolutions récentes, les dossiers et leur rangement, les vacataires recrutés pour la circonstance et leur formation, les usagers et leur accueil. Cet examen révèlera des variations qui existent du point de vue de l'organisation des bureaux, entre ceux des Plaines et ceux des Montagnes (deuxième point). Mais, pour mieux saisir l'importance de ces contrastes, nous veillerons à entrer, une fois encore, dans la chair du travail que ces personnels accomplissent. Car l'enjeu est d'apprécier, à sa juste mesure, l'impact véritable de ces différences organisationnelles, et non d'en présupposer les effets sans vraiment aller regarder de près de quoi il en retourne. Après tout, ce n'est pas parce qu'on occupe un bureau différent qu'on travaille différemment. Les résultats qui ressortent de cette exploration dans les services administratifs de l'administration agricole s'avèrent toutefois saisissants par leur contraste : non seulement le travail n'y est pas le même, mais c'est plus largement la conception de l'action publique et le sens de l'État qui en ressortent modifiés (troisième point).

Encadré 1 : Protocole d'enquête

L'enquête, rappelons-le, repose sur une méthodologie qualitative combinant observations de l'activité de travail et entretiens. Outre le suivi d'affaires qu'il a été possible d'accomplir, compte tenu de la diversité des scènes de travail observées et de la répartition de ces observations sur la totalité d'une année afin de pouvoir suivre effectivement le cours des traitements et d'apprécier les variations de la charge d'activité, nous avons réalisé une série d'entretiens auprès des agents des deux services d'économie agricole (tableau 1).

	DDAF des Plaines	DDAF des Montagnes	total des cas
Agents titulaires catégorie A	03	02	05
Agents titulaires catégorie B	03	02	05
Agents titulaires catégorie C	03	08	10
Agents vacataires (contrat 10 mois ou renouvelés)	04	05	09
Agents vacataires (contrat 3 mois)	05	05	10
total des cas	17	22	39

Tableau 1 : Répartition des cas en fonction des phases du traitement

Réalisé le plus souvent en dehors des scènes observées, l'enjeu de ces entretiens était de revenir sur l'itinéraire professionnel des intéressés, leur jugement sur le travail qu'ils font et, plus largement, sur l'organisation. Ce corpus intègre des agents dont le statut diffère (permanents, vacataires) et couvre, à ce titre, l'ensemble des

▲ 1. Nous reprenons ici l'ancien sigle des Directions Départementales d'Agriculture et des Forêts, tel que nous l'avons rencontré au moment de l'enquête. Ces directions ont, depuis, fusionné avec les directions départementales de l'équipement, donnant lieu en 2010 à une nouvelle administration appelée Direction Départementale des Territoires (DDT).

postes de travail (guichet, saisie, instruction, relation téléphonique, visite sur place, etc.).

Une réunion en hiver

Aperçues de loin, nos deux administrations se ressemblent fort : les mêmes bâtiments situés à proximité du centre-ville de deux préfectures, les mêmes casernes militaires reconverties dans les années 1950 en cité administrative, les mêmes édifices aux alignements austères, les mêmes frontons sévères, jouxtant les mêmes anciennes places d'armes reconverties en parking. Rien ne les distingue vraiment, en fait, sinon leur géographie : l'une située au sommet d'une ancienne citadelle médiévale domine de vastes plaines quand l'autre, au pied des montagnes, paraît regardée par les sommets (photos 1).

a b

Photos 1 : Le service d'économie agricole de la DDAF des Plaines (a) et de la DDAF des Montagnes (b)

Lorsque, pour la première fois, nous découvrîmes ces services, cette impression de grande similitude s'est toutefois rapidement éteinte. Car, dès l'ouverture de la porte du service, ce sont deux mondes contrastés qui s'offrent au regard du visiteur. Les bureaux des Plaines, qui ont fait l'objet d'un réaménagement en 2001, exhibent un ordre impeccable. Depuis les impressionnants linéaires rassemblant l'ensemble des dossiers répartis dans une grande salle, jusqu'au couloir central parfaitement net et débarrassé de tout encombrement, rien ne semble dépasser de ce soigneux ordonnancement. Chaque chose y paraît à sa place, classée, rangée, étiquetée. Les bureaux des Montagnes, en revanche, présentent des atours plus vétustes, bien qu'ils aient fait, eux aussi, l'objet d'un réagencement en 2000. Plus nombreux mais plus exigus, ils paraissent crouler sous les piles de papiers, parfois impressionnantes, qui s'accumulent sur les tables ou à même le sol. L'ensemble des dossiers n'est pas centralisé, de sorte que ces derniers ne sont pas toujours visibles, colonisant des espaces plus insolites, comme un grenier, un garage ou le couloir central, prenant alors la forme tantôt de murs, tantôt de pyramides[1].

a

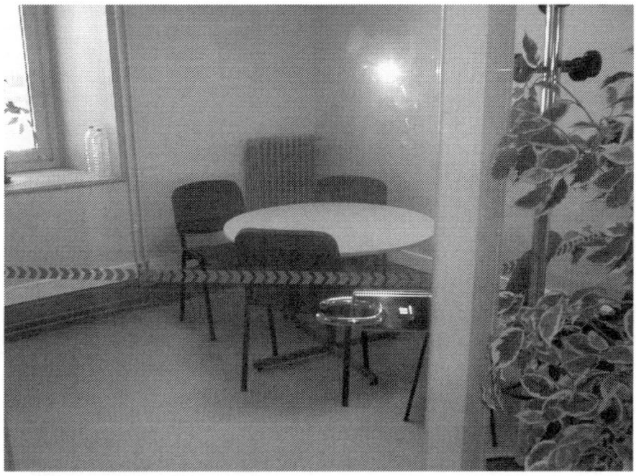

b

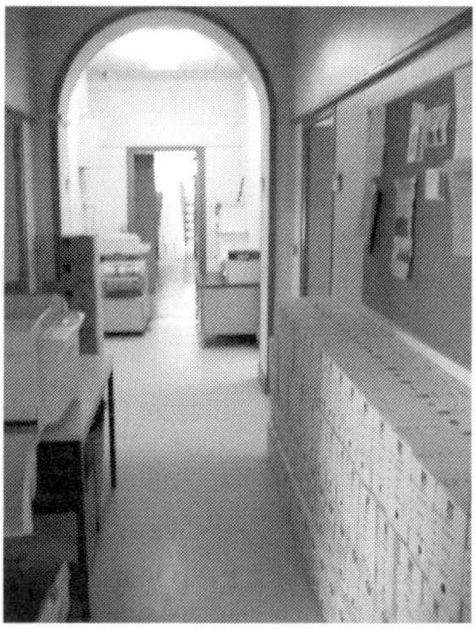

c

d

Photos 2 : Le couloir (2a) et le box d'accueil (2b) du service des Plaines : depuis l'alignement sans encombre jusqu'aux plantes artificielles, les bureaux affichent ici un ordre impeccable et sans attaches. Le couloir (2c) et le box d'accueil (2d) du service des Montagnes : des cartons de dossiers qui envahissent le couloir jusqu'aux posters célébrant les produits du terroir local, les bureaux témoignent d'un ordonnancement différent.

Ce contraste est également visible au travers des pratiques d'ornementation. Les bureaux des Plaines affichent une façade parfaitement neutre, sans attaches ni signes particuliers, de sorte que seul un œil expert pourrait déceler, à travers le détail d'un sigle qu'on affiche ou d'une note punaisée sur un mur, leur appartenance au milieu agricole. Les bureaux des Montagnes abondent, à l'inverse, de références au terroir. La gastronomie locale ou les sites touristiques de la région y sont exhibés à l'envi, à travers

▲ 1. Nous renvoyons ici à notre article « Comment ranger son bureau ? Le fonctionnaire, l'agriculteur, le droit et l'argent », art. cité, dont nous reprenons ici plusieurs éléments d'analyse, en les développant différemment.

des posters sur les murs ou des écrans de veille des ordinateurs, célébrant la variété des sommets montagneux, des fromages au lait cru et des races bovines emblématiques du « pays ». Bref, à n'en pas douter, ce sont là deux services contrastés (photos 2).

Au-delà de ce premier aperçu, une opportunité d'observation de la vie de ces services s'est offerte à nous, en assistant à une réunion de préparation de « la campagne ». Nous étions alors au début de l'année 2004, au démarrage de l'enquête présentée quelques semaines auparavant à une partie du personnel, leur expliquant que l'enjeu était de les accompagner tout au long de l'année pour comprendre leur travail. Ce dernier, il faut le préciser, varie fortement selon le calendrier. À l'instar de celui des agriculteurs cadencé au rythme des semences et des récoltes, la nature et l'intensité du travail réalisé par les services administratifs diffèrent selon les saisons. En hiver, c'est le traitement des primes animales qui l'emporte. Et, même si les demandes de ces dernières affluent tout au long de l'année, elles se retrouvent majoritaires à cette période : la campagne des aides végétales, qui s'ouvre chaque année au printemps, n'a pas encore commencé. De même, les contrôles sur le terrain, sans se cantonner à cette période, s'en trouvent augmentés à cette saison car facilités par la maintenance des bêtes à l'intérieur des étables. Jusqu'au printemps, les champs se reposent. Les végétaux connaissent leur période de dormance. Le traitement administratif des surfaces peut se cantonner à une gestion de routine, recevoir les agriculteurs qui se rendent à la DDAF pour des informations et démêler les affaires plus complexes demeurées irrésolues. Mais dès le mois de mars, tout change. La période des « aides surfaces » ou « végétales » est officiellement ouverte, et les agriculteurs ont désormais quelques semaines pour déposer leurs demandes. Tandis que s'ébranle dans la terre le processus de germination des graines, le volume des dossiers à traiter s'épanouit dans les bureaux. Les guichets voient leur affluence augmenter, particulièrement par jour de pluie lorsque les agriculteurs ne peuvent être au champ. Les téléphones sonnent plus qu'à l'accoutumée, on se presse davantage dans les couloirs. Des locaux sont parfois loués pour la circonstance, du personnel vacataire est massivement recruté pour saisir l'information. C'est « la campagne ». C'est donc en vue de préparer ce moment particulier de la vie du service que se tient la réunion à laquelle nous assistons. On est en janvier, rien n'a vraiment démarré. Mais les agents de ce service des Montagnes le savent : à partir d'avril, ce sont plusieurs milliers de dossiers qui parviennent à la DDAF qu'il faut traiter[1]. Ils seront alors confrontés à toute une série de contraintes : réception en nombre du public, traitement de masse accru des dossiers, gestion complexe avec divers organismes extérieurs, pression de l'administration centrale pour « tenir les délais », etc. Dans ce but, le personnel « permanent » a été convoqué, pour être informé des préparatifs[2]. Compte tenu de la difficile

▲ 1. En moyenne, on compte entre 4 000 et 6 000 dossiers par DDAF.

▲ 2. Les agents qui assistent alors à la réunion, au nombre de quatorze, sont pour la plupart des fonctionnaires du service, ainsi que deux vacataires régulièrement embauchés pour des durées longues, et qui seront concernés par la campagne.

campagne de l'année précédente – les agents ne manqueront pas d'évoquer les interminables files d'attente des agriculteurs dans l'escalier ou des moyens jugés insuffisants en personnels – le chef de service annonce que la DDAF des Montagnes pourra disposer de locaux supplémentaires : au sein du bâtiment que le ministère de l'Agriculture loue à une mutuelle, une partie du rez-de-chaussée sera utilisée, et une somme d'argent destinée à son aménagement a été allouée. Cette opportunité de bureaux supplémentaires va toutefois faire l'objet de polémiques. Tandis qu'un plan de l'ensemble du service est dessiné au mur afin de pouvoir affecter les personnels et discuter de la nouvelle configuration, trois objets de controverses éclatent, concernant respectivement le recrutement des vacataires, le stockage des dossiers et la circulation des usagers (extrait d'observation ci-dessous).

> 13 janvier 2004, 8 H 25. Le personnel est arrivé un peu plus tôt et s'installe dans la salle de réunion : un local où seules des chaises sont disposées en rang, face aux deux intervenants, le chef de service et l'ingénieur en charge de la gestion des aides directes de la PAC. 14 personnes sont présentes (titulaires et vacataires 10 mois exclusivement). L'ingénieur évoque ma présence (je dis quelques mots pour me présenter). Puis, il annonce la suppression des tickets de pesée « dans la *circulaire* » pour la prime d'abattage et la disparition de la liste des bovins qui était à vérifier pour la prime de maintien dans le troupeau de vaches allaitantes. Puis il aborde un premier objet : le recrutement des vacataires. Il faut savoir que la DDAF des Montagnes, comme beaucoup d'autres services agricoles, gère la campagne des aides surface en recrutant massivement des intérimaires. Mais combien exactement ? Et pour combien de temps ? Plusieurs arguments sont opposés. Il y a ceux qui défendent un recrutement plus important et plus long que l'année précédente, sous prétexte que l'évolution technique des dossiers impliquée par la numérisation cadastrale – vaste chantier qui survient cette même année – requiert du personnel plus conséquent : « Moi je le dis tout de suite, je peux pas gérer le RPG[1] avec uniquement deux vacataires qui savent même pas lire des plans et qui vont s'en aller sitôt arrivés... » Il y a ceux qui considèrent que le maintien d'un personnel intérimaire sur une longue durée n'est plus possible : « Les temps ont changé... C'est pas dans l'objectif du *ministère*... » Parmi les premiers, on trouve exclusivement des agents de base, gestionnaires et experts de leurs dossiers. Parmi les seconds, on trouve la hiérarchie. La discussion est vive, mais finit par se trancher en faveur d'un recrutement plus important de vacataires pour une durée courte de trois mois (22 vacataires sont envisagés). Des résistances s'expriment, soulignant la charge accrue du travail qu'entraîne une rotation excessive du personnel : il faut pouvoir recruter des candidats, former les arrivants, les suivre et les surveiller. Mais l'embauche de vacataires de courte durée présente aussi l'avantage d'une plus grande flexibilité dans l'ajustement du volume en personnel à l'évolution partiellement imprévisible de la charge de travail due aux incertitudes réglementaires (« pour la PHAE[2], on n'a pas encore *les textes*, on sait pas comment ça va évoluer... » ; « pour la PAB[3], on pourra commencer uniquement en septembre vu la simplification. Mais pourquoi *la BDNI* (base de données recensant les bovins) n'est pas encore reconnue par *l'Europe* ? (cela réduirait le taux de contrôle, et donc la charge de travail). ») Il résulte de ces discussions une réaffirmation de la hiérarchie à maintenir sur toute la période de la campagne un effectif permanent de vacataires, garanti par un « tuilage » des contrats, considérant que « le problème c'est la coupure... pas forcément embaucher plus ». Un autre enjeu de discussion porte sur le stockage des dossiers. L'exiguïté des locaux a conduit le service à devoir imaginer toutes sortes d'emplacements, dans les pièces où travaillent quotidiennement les gestionnaires, mais aussi dans le couloir, dans le grenier qui constitue le lieu principal de l'archivage, voire au fond d'un garage, à l'extérieur. La campagne 2004, qui s'accompagne désormais de photos aériennes des îlots de culture, oblige à reconsidérer l'emplacement de ces dossiers « qui vont grossir » sous l'angle d'un enjeu ergonomique (réintégrer les dossiers en cours ou de l'année précédente dans les bureaux de leurs gestionnaires), disciplinaire (disposer les dossiers de manière à pouvoir veiller les surveiller et

▲ 1. Répertoire Parcellaire Graphique.
▲ 2. Prime herbagère agro-environnementale.
▲ 3. Prime à l'Abattage Bovin.

« avoir l'œil » sur leur circulation : « Des gens de *Bruxelles* sont venus une fois pour dire qu'il faudrait une clé... ») et cognitif (obtenir un archivage plus rationnel). Enfin, un dernier élément de discussion concerne la place des usagers (Les lieux d'attente sont difficiles à aménager. « Les *agriculteurs*, dans la cour comme l'année dernière ! » lance ironiquement un agent. « Dans l'escalier à faire la queue ! », répond un autre). La campagne est source d'une affluence beaucoup plus élevée que sur le reste de l'année de sorte que l'accueil physique prend une importance stratégique, dans la mesure où il est un lieu de premier contrôle pour réceptionner les pièces et dire leur conformité réglementaire. La question posée est toutefois de savoir jusqu'où poursuivre ce premier examen et, par voie de conséquence, comment délimiter l'espace physique dédié au public. La discussion est vive, parce qu'elle met en jeu la charge effective du travail et sa répartition entre les agents du front office et ceux du back office. Mais elle concerne aussi ce qu'on accepte de rendre visible au public, ou de cacher du regard (« si on prend le café dans le couloir, ils [les agriculteurs] vont nous voir... » ; « on n'a pas à se cacher ! S'ils nous voient prendre un café, on peut aussi leur proposer d'en prendre avec nous ! »).

Extrait d'observation : Les échanges font surgir de multiples instances (en italiques) auxquelles le travail des agents est immanquablement lié, désignant successivement des textes réglementaires (circulaire, etc.), des autorités administratives (ministère, etc.), des fichiers (RPG, etc.) et les usagers (agriculteurs).

Cette réunion de préparation témoigne des enjeux qui affectent les bureaux. On y trouve un certain nombre d'éléments déjà rencontrés dans le chapitre précédent, indissociables de l'activité réglementaire : les « textes », qui doivent faire l'objet d'un travail régulier de rédaction et d'édition, et dont on découvre ici qu'ils ne sont pas toujours stabilisés ; les « fichiers », et notamment dans le cas présent la constitution d'une base de données inédite destinée à se substituer à l'ancien cadastre ; et les usagers, qui se rendent aux guichets pour compléter ou déposer leurs demandes d'aides.

Photo 3 : Les trois flux et les outils de régulation de leur mode d'accès dans l'organisation : les personnels, les dossiers et les usagers, à l'entrée du service (DDAF des Montagnes).

On y mesure combien les services agricoles, à l'instar de beaucoup d'autres administrations, sont traversés par d'immenses flux qu'il leur faut canaliser et orienter : celui des pièces, qu'on réceptionne et qu'on archive au sein du service sans lesquelles aucune décision en droit ne peut être dite ;

celui des personnels, qui entrent et qui sortent de l'organisation et dont le travail décrit au cours du chapitre précédent demeure majeur ; et celui des usagers qui visitent l'administration et qu'on accueille (photo 3). On y rencontre, enfin, des instances inédites comme « le ministère » de l'Agriculture ou « Bruxelles » qui imposent des points de passage obligé dans la fabrication de la décision. C'est donc ce vaste réseau qu'il nous faut décrire, considérant qu'il peut prendre des configurations locales variables selon qu'on examine le cas des Plaines ou celui des Montagnes.

Le réseau agricole du travail réglementaire et la configuration des bureaux

Les « textes » constituent une préoccupation constante et une référence souvent mobilisée, dans les situations de travail observées. En réunion, ou simplement dans le cours d'une interaction, il n'est pas rare que les agents fassent allusion à l'attente de l'actualisation d'une circulaire, se plaignent du manque de précision d'une notice ou s'interrogent sur la manière de qualifier une situation apparemment compliquée : ce sont là des constats qu'on a pu faire à la DDAF des Plaines comme à celle des Montagnes, et dont nous avons déjà décrit abondamment les manifestations empiriques dès lors qu'on suit le traitement des dossiers [1]. Mais les textes inspirent plus largement l'organisation des bureaux. C'est le cas de la distinction entre les « aides végétales » (appelées encore « primes à la surface » ou « aides à la surface ») et les « primes animales » (appelées également « aides animales ») susceptibles d'inspirer des spécialisations du travail administratif, compte tenu de la spécificité des délais et des modes d'attribution de ces différentes subventions[2]. Du reste, les équipements informatiques ou la production des bases de données sont longtemps restés disjoints, selon ces deux types de subventions. Une autre distinction couramment mobilisée concerne les aides du « premier pilier »[3] et celles du « deuxième pilier » (appelées encore aides au développement rural) : les premières constituent 75 % des subventions en termes de masse financière, basées exclusivement sur l'activité agricole, tandis que les secondes intègrent notamment des enjeux environnementaux (aides au démarrage, aides à l'investissement en matière de gestion durable, aides au maintien de l'activité agricole en zones défavorisées au nom de la

▲ 1. Cf. le chapitre 2.

▲ 2. Les premières sont annuelles, quand les secondes sont trimestrielles. Les premières sont calculées à l'hectare, en référence aux activités de culture menées lors de l'année. Les secondes sont déterminées par unité gros bétail, en référence aux animaux détenus et exploités. Au moment de l'enquête, le « découplage » partiel entre le niveau des aides et la production effective commandée par la révision de la PAC en 2003 était en cours d'introduction : aujourd'hui, la majorité des attributions reposent sur des montants forfaitaires (droits à paiement unique). Certaines primes animales demeurent toutefois encore partiellement découplées (primes au maintien du troupeau des vaches allaitantes).

▲ 3. Appelées encore « aides directes », par opposition aux aides indirectes qui dominaient la PAC avant 1992 en garantissant aux producteurs un prix supérieur à celui du marché.

préservation de l'environnement, etc.)[1]. Le fait, pour le service des Plaines, d'être principalement confronté à des céréaliers et, pour le service des Montagnes, d'être en rapport avec des éleveurs peut s'avérer déterminant, quand on connaît la nature des aides versées aux intéressés (encadré 2). Les aides directes, dites du premier pilier de la PAC, concernent surtout les surfaces (les aides végétales), reposent sur la considération de la seule production végétale et de ses conditions, alors que les mesures agro-environnementales, dites du deuxième pilier, associent la gestion des surfaces et les pratiques d'élevage, supposent la prise en compte d'éléments plus hétérogènes (zone environnementale, densité animale, revenus de l'exploitant, etc.) et obligent l'agent à apprécier l'exploitation dans son ensemble, et pas seulement du seul point de vue d'une production particulière. Une hypothèse qu'un visiteur pourrait formuler consisterait alors à se dire que la configuration des bureaux dépend en partie de ce constat : plus l'usage des textes n'appelle guère à prendre en compte la gestion d'autres aides ou d'autres éléments, et plus les bureaux décriraient une logique de spécialisation. Au contraire, là où la coopération apparaît indispensable, le bureau spécialisé laisserait place à un traitement plus polyvalent. Cette hypothèse n'est toutefois pas confirmée. En explorant les services agricoles et arpentant leur couloir, nous avons suivi le défilement de portes sur lesquelles s'affichait leur attribution respective : « prime à l'abattage », « prime spéciale bovins mâles », « prime à l'herbe », « indemnité compensatrice pour handicap naturel », etc. Mais c'est dans le cas des Montagnes que nous l'avons rencontré, et non dans celui des Plaines où il eût été plus vraisemblable de constater cette spécialisation réglementaire. Dans le cas des Plaines, la division du travail y est de nature fonctionnelle, organisée selon les étapes qui jalonnent le traitement : il y a le bureau chargé de l'instruction, celui de la saisie, celui du contrôle et des anomalies. Ces affectations formelles sont recomposées en fonction des campagnes d'aides qui s'étalent sur l'année, et dont la complexité technique et les enjeux financiers en jeu peuvent conduire à des découpages plus précis encore – en distinguant par exemple la réception ou le traitement des anomalies – ou plus grossiers – en mêlant l'instruction et la saisie. Il en résulte une intense circulation de caisses de plastique où sont entreposés les dossiers en cours, circulant de table en table, de bureau en bureau, qu'accompagne un jeu de fiches destinées à tracer leurs pérégrinations. En revanche, aucune de ces spécifications imaginées par le service des Plaines ne se retrouve dans celui des Montagnes : l'instruction, la saisie ou le contrôle des données sont gérés dans un même mouvement, par le même agent, dans le même bureau, dans le cadre d'une spécialisation réglementaire. Pas plus qu'il n'existe de caisses en plastique ou de fiches accompagnant le moindre tremblement des dossiers : les agents se coordonnent par ajustement mutuel, le plus souvent dans le couloir du service, exactement là où se trouve le photocopieur.

▲1. Au moment de l'enquête, le montant annuel des aides directes avoisinait les 10 milliards d'euros (en 2013, il est de 8,5 milliards d'euros environ et en très légère baisse pour les années futures).

Encadré 2 : L'agriculteur des Montagnes, l'agriculteur des Plaines

Les deux départements sont contrastés. Le premier est un pays de moyennes montagnes dont 80 % de la surface agricole est constituée de prairies permanentes dédiées au pâturage. Le second est une terre de plaines fertiles dont plus des trois-quarts sont consacrés à la culture de céréales, d'oléagineux ou de betteraves. Le premier est une figure emblématique de l'élevage bovin, avec une nette orientation en faveur de la filière allaitante, le renouveau récent des races rustiques, la pratique de la transhumance : 90 % des exploitants sont des éleveurs. Le second incarne les « grandes cultures » qui concernent trois exploitants sur quatre, même si une tradition d'élevage intensif existe aussi, au nord du département en zone de bocages, ou en production « mixte ». Pour situer les deux départements d'un point de vue économique, rappelons que la part des aides communautaires dans le revenu agricole n'y est pas la même, parmi lesquelles il faut considérer à la fois les aides directes du premier pilier et les aides environnementales du second pilier. Les premières bénéficient très largement aux zones de grandes cultures : c'est le cas de la DDAF des Plaines. Les secondes, parce qu'elles se fondent notamment sur les notions de handicap naturel, favorisent les zones de montagnes parmi lesquelles la DDAF des Montagnes étudiée fait partie des premières bénéficiaires. On mesure alors les disparités qui opposent les environnements des deux services administratifs étudiés : une agriculture tournée vers la production intensive végétale atteignant des niveaux de revenus importants, à laquelle s'adjoint une zone d'élevage d'un côté ; une agriculture consacrée très massivement à l'élevage extensif procurant des revenus relativement bas[1]. Dans le premier cas, les aides directes du premier pilier atteignent un niveau élevé. Dans le second cas, ce sont les aides agro-environnementales, et l'Indemnité Compensatrice pour Handicap Naturel (ICHN) au premier chef, qui occupent une place centrale dans la constitution des revenus (tableau 2).

	DDAF des Montagnes	DDAF des Plaines
SAU moyenne	55,6 ha	82 ha
Nombre d'exploitations	6640	6070
Niveau de revenu par exploit (*)	37 869 €	66 293 €
Niveau des aides par exploit (**)	24 593 €	26 260 €

Tableau 2 : Revenu agricole et subventions. DDAF des Montagnes et des Plaines au moment de l'enquête (source : SCEES, Service central des enquêtes des études statistiques, Ministère de l'Agriculture, comptes départementaux de l'agriculture, 2002).

(*) : Résultat d'exploitation départemental ou résultat agricole ; il représente la somme des revenus du travail et du capital dégagés par l'activité agricole départementale divisé par le nombre d'exploitations du département.

(**) : Est ici confondu l'ensemble des aides et des subventions économiques.

Un autre élément déterminant concerne l'accueil des agriculteurs. À l'instar de beaucoup d'autres services publics engagés dans toute une série d'opérations de « modernisation », la politique du ministère de l'Agriculture ne manque pas de rappeler l'importance de ce thème. Formation à l'accueil, rénovation des banques d'accueil et des locaux, standards téléphoniques performants, mise en place d'une charte constituent autant d'éléments officiels arguant en faveur de cette préoccupation à « écouter les usagers » et à « améliorer le service rendu », dans le cadre plus large de « démarches de

▲ 1. La synthèse proposée, au moment de l'enquête, par le CNASEA résume ces éléments in *Cahier du CNASEA*, Les aides des premier et second piliers de la PAC et les résultats d'exploitations départementaux en France, 1-4, 2004.

qualité » et de « simplifications administratives »[1]. Et comme dans toute bureaucratie, les services agricoles disposent d'un *front office* dédié à la réception du public, et d'un *back office* réservé à la gestion des dossiers. Mais comment concevoir ces espaces ? D'un côté, il faut veiller à séparer ces espaces de manière à ce que ni l'accueil, ni le traitement technique des affaires ne soit gêné l'un par l'autre. D'un autre côté, il faudrait pouvoir faire exactement l'inverse, en mélangeant volontairement l'accueil et le traitement technique afin de mieux ajuster les décisions aux situations des usagers avec lesquels l'agent peut désormais communiquer. Mais jusqu'où ? Faut-il que les agriculteurs puissent joindre à volonté les techniciens en charge de leurs demandes ? Est-il préférable de supprimer les guichets et prévoir un accueil directement dans les bureaux ? Faut-il plutôt canaliser le public dans des zones dédiées à leur seule réception ? À quelle étape du traitement séparer *back office* et *front office ?* À quel moment les fusionner ? Longtemps, le service agricole des Montagnes a fait le choix d'un accueil intégré au traitement, les agriculteurs pouvant aisément joindre les agents directement dans les bureaux, au téléphone ou physiquement. Les contraintes du traitement de masse l'ont toutefois conduit à concevoir deux sas, dédiés respectivement à l'accueil physique et à l'accueil téléphonique. Dans ces deux cas, il ne s'agit pas de simples lieux de dépôt ou de livraison d'informations générales : les agents sont équipés d'ordinateurs, peuvent accéder aux informations relatives à un dossier et, depuis le poste d'accueil, intervenir dans son traitement. L'enjeu est clair : délester les gestionnaires d'une part de la charge de travail qu'accroît inévitablement la gestion des appels ou des visites. Cet aménagement de l'espace de travail s'inscrit plus largement dans le souci d'aller au devant des agriculteurs de manière à pouvoir anticiper les problèmes avant que le dépôt des demandes ne soit définitivement clôturé, et de s'assurer ainsi de la meilleure configuration possible des dossiers aux contraintes normatives du travail administratif. C'est cette même préoccupation qui conduit l'administration à organiser, à l'occasion de la campagne des aides surface, des permanences dans des mairies sur l'ensemble du département. De la même façon, le service agricole des Plaines est équipé d'un local dédié à l'accueil du public et à la réception des appels téléphoniques de sorte que, là aussi, les bureaux des gestionnaires se trouvent déchargés du traitement frontal de ces flux. À une nuance près toutefois. Ici, la réceptionniste n'intervient jamais dans une affaire. Elle s'assure seulement de savoir si le problème mérite d'être transmis aux techniciens. De même, les box servant à recevoir le public sont utilisés par les agents en cas de rendez-vous ou de visites improvisées, mais sans que personne n'y soit durablement présent pour les y accueillir. En fait, c'est là

▲ 1. Cette politique inspire régulièrement le ministère. Au moment de l'enquête, une « stratégie ministérielle de réforme » concernait aussi bien l'administration centrale que les services déconcentrés ou les établissements publics et reposait en particulier sur le développement des technologies numériques (télédétection, numérisation cadastrale, etc.), la simplification administrative des procédures avec internet (télé-procédures), l'introduction des démarches qualité ou l'externalisation de certaines missions. Source : Stratégie ministérielle de réforme, MAAPAR, octobre 2003.

encore la réceptionniste qui, depuis son comptoir, assure une fonction de filtrage, entreposant les documents qu'on lui apporte, informant le visiteur et, au besoin, prévenant le gestionnaire. Du reste, ces box ne sont équipés d'aucun ordinateur, révélant leur vocation à assurer une gestion générale et ponctuelle de l'information (photo 2b). Ainsi, les deux services séparent et mélangent assurément *back office* et *front office*. Mais à des moments et à des endroits différents. La DDAF des Montagnes assure ce qu'on désignera comme une *hybridation par l'amont :* traitement et accueil se mêlent très tôt dans le processus de mise en règle des situations. Le guichet est équipé, les dossiers accessibles, l'agent parfaitement qualifié et informé de la réglementation. La DDAF des Plaines développe, quant à elle, une *hybridation par l'aval :* traitement et accueil ne sont appelés à se rencontrer qu'à propos des cas les plus complexes. Le box d'accueil est désarmé, dédié à la seule livraison d'informations générales. Les dossiers ne sont pas immédiatement accessibles, et l'agent d'accueil moins qualifié (schéma 1).

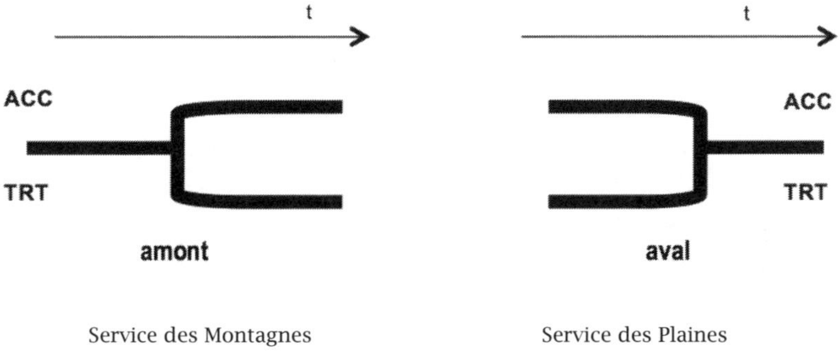

Schéma 1 : Les deux modes d'hybridation de l'accueil (ACC) et du traitement (TRT) au cours du traitement (t) des dossiers

Une autre instance qui intervient régulièrement dans les propos des agents pour apprécier l'organisation de leur bureau est « Bruxelles ». La raison tient dans la nature communautaire des fonds distribués aux agriculteurs, dont l'attribution fait l'objet de multiples contrôles administratifs : contrôles documentaires et physiques menés par les offices agricoles, audits internes réalisés par les corps d'inspection du ministère de l'Agriculture, audits externes menés régulièrement par la Cour des comptes, etc [1]. Parmi ce foisonnement, ce sont les « contrôleurs de Bruxelles » qui apparaissent particulièrement redoutés. Du reste, au service des Montagnes

▲ 1. Les appellations formelles de ces différents audits ont évolué depuis le moment de l'enquête, mais les principes demeurent inchangés. Au moment de l'enquête, les audits internes émanaient du Comité permanent de coordination des inspections (COPERCI) qui rassemblait alors les différents corps de contrôle du ministère, dont notamment l'inspection générale de l'agriculture (IGA). Aujourd'hui, c'est le Conseil général de l'alimentation, de l'agriculture et des espaces ruraux (CGAAER), créé en 2006, qui assure entre autres choses cette mission.

comme à celui des Plaines, les récentes interventions de ces derniers restaient en mémoire.

Les agents conservent bien souvent en mémoire ces inspections musclées qui déboulent dans les services : « Quand ils débarquent, la tension... personne ne parle c'est clair. On entend des soupirs dans le couloir » (agent, service des Montagnes) ; « Oh ça quand Bruxelles débarque, ouh là, je peux vous dire qu'on s'en souvient tout de suite... » (agent, service des Plaines) ; « Tout le monde était sur le pont, ça a été affreux ! » (agent, service des Montagnes). Il y a l'inévitable crainte de trouver une défaillance ou une erreur dans la manière d'avoir traité un dossier ou une affaire dont on a le souvenir qu'elle était compliquée : « On aurait cru qu'ils avaient l'œil, qu'ils le faisaient exprès mais ils nous demandaient systématiquement les dossiers qu'il aurait pas fallu voir... Enfin je dis ça mais...ceux qui étaient bariolés de rouge vous voyez. Je me souviens, ils étaient là haut (fait un hochement de tête en désignant l'étage de la direction) et ils demandaient de leur apporter des dossiers... J'allais les chercher et je voyais les dossiers épais comme ça (signe de la main indiquant un volume important)... oh là là je me disais, pas celui-là... » (agent, service des Montagnes) ; « Ils ont dit c'est bon ici, les agriculteurs ils sont dorlotés... La DDA leur remplit les formulaires ! » (agent, service des Montagnes). Mais il se mêle aussi le sentiment que les inspections ne considèrent pas véritablement le travail lui-même : « Ils regardent leur critère, les fiches, ils font leur calcul, ils regardent leurs trucs je sais pas... pas le travail » ; « on a refait un contrôle sur place avec l'inspecteur, il y avait un de ces mondes qui a débarqué, les voitures, les gens... mais c'est absolument pas la réalité ! On a pris le temps de tout faire bien, l'agriculteur on l'avait prévenu que c'était pas lui qu'on contrôlait de toutes les façons, alors... ça se passe... mais c'est complètement artificiel » (agent, service des Plaines). Ces contrôles dits de « re-performance » concernent aussi le suivi des dossiers, dont les auditeurs s'appliquent à observer le retraitement par les agents, pour évaluer la qualité des procédures.

Ces contrôles communautaires sont menés dans le cadre d'une procédure précise : celle de l'apurement comptable des dépenses agricoles par la Commission Européenne. En effet, les aides de la PAC sont préfinancées par les États membres, puis remboursées par le budget communautaire. En cas d'irrégularités constatées dans la gestion et le contrôle national de ces aides, la Commission Européenne procède alors à une réfaction sur les remboursements qu'elle octroie aux États membres, dite « refus d'apurement ». Ainsi, chaque année, cette dernière recourt à une centaine d'audits. Sur la base des anomalies constatées dans les départements, elle estime le montant national du préjudice financier à partir d'un calcul correctif par extrapolation. Or, ces cas d'« irrégularités » ne cesse de croître, et conduisent la France à faire l'objet de refus d'apurement[1]. On comprend alors les pressions que l'administration centrale fait exercer sur ses services déconcentrés : c'est le cas du service des Montagnes, mais c'est peut-être plus encore celui des Plaines, compte tenu de la place de premier rang que le département occupe dans la distribution des aides directes, de la configuration locale des parcelles qui se prêtent aisément aux techniques de calcul de la Commission (délimitation géométrique simple des parcelles, part

▲1. Les refus d'apurement concernent les aides directes que la Commission estime avoir été indûment versées au regard de la réglementation. Leur montant annuel est de 116 millions d'euros en moyenne pour la France, et sont alors à la seule charge du budget national. Cf. Commission des finances du Sénat, *Rapport d'information*, 93, 2008. Ce montant, qui représente moins de 1 % du montant des aides directes distribuées par la France, peut sembler modeste. Une comparaison parmi les États membres montre néanmoins que la France est le quatrième pays de l'Union le plus affecté par les refus d'apurement pour non-conformité.

importante des aides du premier pilier) et de l'existence d'une autoroute reliant d'un trait la capitale européenne et la préfecture des Plaines. Telle est, en tout cas, la conviction des responsables du service. Et c'est là, de leur propre aveu, un enjeu de la rationalisation du travail de bureau : la prévention des pénalités en cas de contrôle communautaire. Les dossiers, rassemblés dans une même salle, sont distribués sur des rayonnages par exploitation : à chaque chemise correspond l'ensemble des aides demandées par l'agriculteur, celle-ci rassemblant la totalité des pièces nécessaires à l'administration. Ce rangement facilite l'exécution des contrôles administratifs en centralisant l'information, cohérente avec la gestion « intégrée » prescrite par la réglementation et imposée par le logiciel informatique de traitement. Les fiches déposées dans les caissettes de plastique permettent elles-mêmes de conformer la traçabilité des opérations aux mesures imposées par les démarches de certification (ISO9000), celles-là même qui servent de lecture à la Commission en cas d'inspection. Le cas des Montagnes tranche avec cette description. Au-delà d'une spécialisation réglementaire déjà évoquée, les dossiers se répartissent sur les linéaires en fonction du numéro INSEE de commune des exploitations. Cet ordonnancement peut paraître abstrait à première vue. Mais ce qui ressemble à une logique anonyme pour le visiteur est beaucoup plus coloré pour le professionnel, qui connaît les territoires qu'elle concerne, et qui peut voir, derrière des codes postaux qui s'affichent sur la tranche des chemises, des plateaux rudes battus par le vent, des forêts giboyeuses ou des vallées isolées. L'œil de Bruxelles paraît éloigné d'un tel ordonnancement. Mais il n'en a pas moins sa cohérence : celle de rappeler que la fiction de l'entrepreneur économique portée par la figure de l'« exploitant » venue se substituer à celle de paysan, est parfois moins opératoire que celle d'une inscription dans un territoire local[1].

Ces différents éléments – les textes, les agriculteurs, Bruxelles, auxquels il faudrait ajouter le système informatique d'exploitation PACAGE ou les fichiers nationaux si nous ne les avions pas déjà abondamment décrits – forment les instances obligées de l'activité réglementaire des agents. Les politiques d'aménagement des espaces de travail et d'organisation des bureaux auxquelles elles donnent lieu diffèrent néanmoins (tableau 3). Mais, aussi contrastées soient-elles, ces configurations organisationnelles ont-elles vraiment un impact sur l'activité réglementaire des agents ? Après tout, les formes des bureaux n'ont pas nécessairement de conséquence sur le travail administratif proprement dit. Peut-être le rendent-elles parfois plus simple ou plus compliqué, sans vraiment changer sa nature : n'est-il pas question de dire le droit, et seulement cela ? Mais peut-être en modifient-elles le sens, de sorte que, selon qu'il s'adresse au service des Plaines ou à celui des Montagnes, l'agriculteur ne rencontre pas exactement la même

▲ 1. Lemery B., « Les agriculteurs dans la fabrique d'une nouvelle agriculture », *Sociologie du travail*, 45(1), 2003.

administration, et par-delà le même État. Pour le savoir, revenons brièvement sur ce travail administratif qu'on a déjà analysé.

		DDAF des Plaines	DDAF des Montagnes
Mise en scène des bureaux	Pratiques de rangement	Peu de stocks apparents	Beaucoup de stocks apparents
	Pratiques d'ornementation	Formes générales	Formes locales
Dossiers traités et rangés	Logique de stockage	Dossiers fermés centralisés dans une même pièce	Dossiers fermés distribués dans différents bureaux
	Logique de classement	Exploitation	Prime légale
	Sous-logique de classement	Numéro de dossier	Numéro de commune
Dossiers en cours de traitement	Mode de spécialisation	Spécialisation fonctionnelle	Spécialisation réglementaire
	Outil de coordination	Caisses en plastique	Piles

Tableau 3 : Modes de rangement des dossiers des services d'économie agricole dans deux DDAF (source : échantillon enquête 2004)

Les deux problématisations du travail réglementaire

Lorsque nous avons cherché à décrire le travail administratif accompli par les agents, nous avons insisté sur les actes d'écriture et de calcul qu'ils accomplissent. Plus exactement, nous nous sommes intéressés à l'activité de « mise en droit » des situations des agriculteurs, sachant que c'est là une opération traversée d'embûches. Ces difficultés ont fait l'objet d'une description minutieuse, permettant notamment d'en distinguer les qualités, selon leur étendue (c'est-à-dire leur niveau de propagation dans l'organisation) et leur intensité (c'est-à-dire l'ampleur du désalignement). Or, lorsqu'on compare la nature de ces problèmes à résoudre parmi les deux services étudiés, force est de constater plusieurs différences. Certes, on y trouve dans des proportions voisines un certain nombre d'épreuves qui surgissent dans le cours des affaires (tableau 4). On y retrouve également les quatre catégories d'épreuves identifiées. Mais les proportions changent (tableau 5) : les affaires présentant une étendue et une intensité importantes apparaissent plus nombreuses dans le cas des Plaines (34 % des épreuves) que dans celui des Montagnes (12 %) ; celles dont le désalignement conduit à une forte étendue mais une faible intensité concernent davantage les Montagnes (19 %) que les Plaines (10 %) (schéma 2).

	DDAF des Plaines		DDAF des Montagnes		Total
	Effectif	Taux d'épreuves par affaire	Effectif	Taux d'épreuves par affaire	
Nombre d'épreuves rencontrées dans le cours de traitement des affaires	173	0,81	226	0,79	399
Nombre d'affaires suivies en cours de traitement	214		286		500

Tableau 4 : Effectif et taux des épreuves du travail administratif (source : corpus d'enquête, 2004)

	DDAF des Plaines		DDAF des Montagnes		Total
	Effectif	Fréquence	Effectif	Fréquence	
Dossiers désalignés de classe I	58	0,34	80	0,35	138
Dossiers désalignés de classe II	38	0,22	76	0,34	114
Dossiers désalignés de classe III	59	0,34	26	0,12	85
Dossiers désalignés de classe IV	18	0,10	44	0,19	62
Total de dossiers désalignés	173	1,00	226	1,00	399

Tableau 5 : Distribution des épreuves du travail administratif dans le service des Plaines et le service des Montagnes (source : corpus d'enquête, 2004)

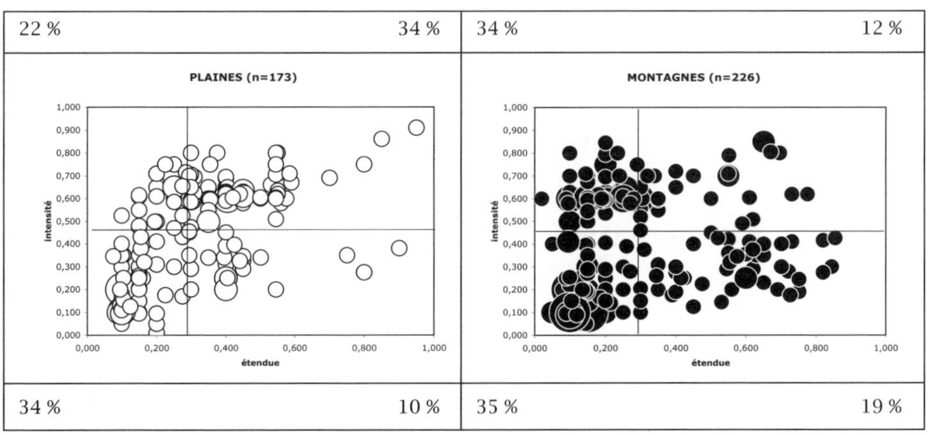

Schéma 2 : Cartographie des épreuves du travail administratif dans le service des Plaines et le service des Montagnes (source : corpus d'enquête, 2004)

Dans quelle mesure ces variations découlent-elles de l'agencement des bureaux ? Pour le savoir, il convient de se rappeler que l'agent de base, confronté à une épreuve, a plusieurs solutions. Il peut chercher à résoudre lui-même le problème : corriger une erreur de saisie, compléter une information depuis une pièce du dossier encore non examinée, confronter les données à celles de l'ordinateur, recalculer des totaux, évaluer plus attentivement la situation. Mais il peut aussi demander un conseil auprès de ses collègues pour introduire le bon code d'une culture dont il ne se souvient plus du nom, délivrer à l'agriculteur une précision réglementaire à propos du calendrier, connaître le traitement d'une autre demande. Enfin, il peut s'en remettre à sa hiérarchie, faire remonter ainsi l'affaire et confier à son responsable, voir au chef de service le soin de résoudre son problème. Or, la configuration du bureau influe directement sur cette circulation. Le fait, par exemple, de disposer d'un téléphone ou de pouvoir accéder par informatique à l'ensemble des données – comme c'est le cas des guichets des Montagnes – augmente la capacité d'intervention de l'agent, de sorte que les affaires qui parviennent sur sa table de travail auront une probabilité d'y rester plus longtemps pour y être traitées que dans le cas où, au contraire, les box ne disposent d'aucun ordinateur – comme c'est le cas des Plaines.

Les modes de rangement des dossiers, selon qu'ils se distribuent dans les bureaux à proximité des opérateurs ou qu'ils sont centralisés dans une seule pièce, influent également dans la capacité qu'ils permettent aux agents de pouvoir se saisir des affaires qu'ils n'ont pas forcément sous la main, et ce d'autant que les agents des Montagnes sont conduits de se déplacer régulièrement – les piles de chemises qui s'emmagasinent dans leur bureau étant par nature peu déplaçables – à l'inverse de leurs collègues des Plaines, dont les caisses de plastique remplies de dossiers parfaitement mobiles, les rivent littéralement à leur siège. Parallèlement à ces différents éléments matériels – équipement des bureaux, modes de rangement, type de division du travail – il faudrait aussi mentionner les personnels qui y travaillent. Car il est vrai qu'en matière d'expérience ou de qualification, les agents ne disposent pas nécessairement des mêmes capacités d'action, de sorte que des demandes épineuses examinées par quelqu'un qui ignore tout des races bovines ou des productions végétales auront plus de chance de passer dans d'autres mains, et de poursuivre ainsi leur périple dans les bureaux, que si elles se trouvent traitées directement par des mains expertes. Mais, sur ce point, les deux services diffèrent peu si ce n'est par l'ancienneté de leur personnel, plus importante dans le cas des Montagnes : la part des emplois considérés comme « technique » par opposition aux emplois « administratifs » y est la même[1], et le recours à du personnel vacataire y est

▲ 1. La plupart des membres du ministère de l'Agriculture et de ses services déconcentrés distinguent, en conformité avec l'organisation statutaire de la fonction publique, les agents « techniques » et les agents « administratifs ». Les premiers sont formellement « adjoints techniques » (catégorie C) ou « techniciens » (catégorie B), et s'inscrivent dans la filière noble des métiers du ministère de l'Agriculture incarnée par l'ingénieur du corps des IGREF (Ingénieurs du Génie Rural, des Eaux et des Forêts), fusionné avec celui des Ponts depuis 2009. Les seconds sont « adjoints administratifs » (catégorie C) ou « secrétaires » (catégorie B). Aux premiers, tous issus de formations agricoles, les agents prêtent volontiers une bonne connaissance des techniques et du monde paysan. Les services agricoles enquêtés ne se distinguent pas : la part du personnel technique parmi les fonctionnaires y constitue une minorité, dans des proportions analogues, et concerne le personnel encadrant (mis à part la

massif dans les deux cas[1]. C'est l'ensemble de ces éléments - modes de rangement, équipements, ressources humaines - qui concourent à définir les modes de circulation des affaires dans les services. Or, les différences sont ici notables. Le formatage du traitement en spécialités fonctionnelles, le recours massif à une main-d'œuvre précaire étrangère au service ou encore le sous-équipement délibéré des guichets, conduisent les agents des Plaines à ne pouvoir saisir l'ensemble des éléments d'une affaire quand survient une épreuve plus intense, de sorte que les dossiers sont rapidement transmis à la hiérarchie directe.

	DDAF des Plaines		DDAF des Montagnes		Total
	Effectif	Fréquence	Effectif	Fréquence	
Affaires désalignées résolues par l'agent seul	95	0,55	164	0,64	259
Affaires désalignées résolues avec des collègues	51	0,29	87	0,34	138
Affaires désalignées résolues avec recours hiérarchique	53	0,31	29	0,11	82
Total	199	1,15	280	1,09	479

Tableau 6 : Distribution comparée des affaires en fonction du mode de résolution des épreuves (source : corpus d'enquête, 2004)[2]

À l'inverse, la spécialisation réglementaire qui oblige à fréquenter les textes, l'expérience plus ancienne des agents des Montagnes dans le service, fussent-ils des vacataires de longue durée régulièrement renouvelés, ou l'accès direct aux données depuis la totalité des bureaux garantit leur capacité à appréhender la situation des agriculteurs dans une plus grande globalité, à développer une connaissance partagée des exploitations et à

gestion des contrôles sur place, mais à propos de laquelle nous reviendrons dans le chapitre suivant).

▲ 1. Au moment de l'enquête, les DDAF des Montagnes et des Plaines recouraient respectivement à l'emploi temporaire à hauteur de 51 % et de 64 % de leur effectif total (en équivalent temps plein). La durée moyenne des contrats, ou leur renouvellement, s'avère plus fréquent pour la première (on y parle de « vacataires permanents ») que pour la seconde. Cette part importante du recours à une main-d'œuvre précaire dans des services néanmoins stratégiques en termes de masses financières en jeu, était connue et controversée. La Cour des comptes relevait déjà, en 2001, que « l'existence d'un nombre élevé de vacataires pour effectuer des tâches administratives délicates n'est pas sans poser des problèmes. Leur recrutement est limité à moins de 112 jours, parce qu'une durée supérieure leur donnerait le droit de percevoir l'allocation pour perte d'emploi, qui devrait être payée sur les crédits destinés à leur recrutement. Cette pratique, peu conforme à l'intérêt du service et à celui des vacataires, entraîne un fort taux de rotation des agents chargés des contrôles sur place et l'augmentation de la charge et du coût de leur formation. L'encadrement de ces personnels s'en trouve également rendu plus difficile ». Cf. Cour des comptes, *Rapport annuel 2001*, p. 269.

▲ 2. Le total est supérieur à 1, car une même affaire peut obliger l'agent à recourir simultanément à plusieurs modes de résolution (par exemple, demander conseil à un collègue et prévenir son chef).

intervenir en coopérant pour résoudre les épreuves, même les plus compliquées. Ainsi, c'est quasiment le tiers des dossiers désalignés qui, dans le cas de la DDAF des Plaines, sont transmis à la hiérarchie pour être résolus, quand c'est seulement le cas pour une affaire sur 10 à la DDAF des Montagnes (tableau 6).

C'est donc toute une circulation des affaires éprouvées qui diffère d'un service à l'autre, directement liée à la forme des bureaux (schéma 3). Au service des Plaines, l'argument développé par la direction pour justifier un tel choix est entendu : les dossiers désalignés y gagnent plus rapidement en étendue et en intensité parce que la qualification en droit des situations y est perçue comme plus délicate à mener. C'est le souci de se constituer une culture juridique, qui conduit la hiérarchie à s'équiper de procédures internes destinées à faire remonter les affaires dès lors qu'un désalignement se pose avec la réglementation. Et c'est pour cette raison que les bureaux, et plus encore les guichets, sont sciemment désarmés et que le ballet incessant de caisses opère sous l'œil vigilant de la maîtrise. Les affaires éprouvées sont construites comme autant de risques judiciaires possibles. Il est vrai que les agriculteurs du département sont parfois à la tête d'importantes exploitations de sorte qu'ils recourent aux prestations de cabinets de gestion spécialisés ou aux services d'avocats qui, en cas de contestation de la décision, ne manquent pas d'emprunter les voies judiciaires. Mais la contrainte majeure qui conduit la direction des Plaines à considérer les désalignements depuis le prisme du droit renvoie surtout, de son point de vue, à la procédure d'apurement et à la proximité de Bruxelles évoquée plus haut. Au service des Montagnes, l'enjeu est différent. Si les affaires éprouvées gagnent moins en intensité et en étendue, si le travail qu'exige leur réalignement s'avère plus collégial et mené par les agents d'exécution sans l'intervention systématique de la hiérarchie, c'est parce que l'intéressement des agriculteurs aux démarches administratives y est posé comme un défi. L'accessibilité au service assuré à la fois par un accueil téléphonique et des guichets en mesure d'offrir un premier traitement, l'organisation de réunions d'information sur le terrain accompagnant les campagnes d'aides, les ajustements mutuels auxquels procèdent les personnels dans le couloir pour mieux saisir le détail d'une affaire dont l'éparpillement des pièces parmi les différents bureaux oblige à la collégialité, et parfois même la pénétration d'agriculteurs dans l'enceinte du *back office* n'ont d'autres buts que de faciliter ce travail d'accompagnement que les agents estiment nécessaire. C'est particulièrement vrai des « agridiffs », ce public composé d'agriculteurs en difficulté que l'isolement social conduit parfois à des pratiques périlleuses (transgressions réglementaires, maltraitance animale, accidents du travail, etc.). L'enjeu du travail réglementaire est ici traduit dans les termes d'un risque « social ». Cette construction n'a, du reste, rien d'étonnante : le département se caractérise par une forte proportion d'éleveurs pauvres, peu modernisés et en fin de carrière, confrontés aux handicaps dits « naturels » de la montagne.

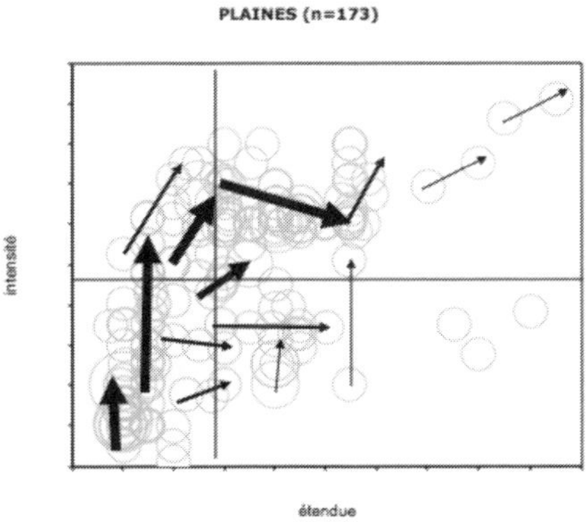

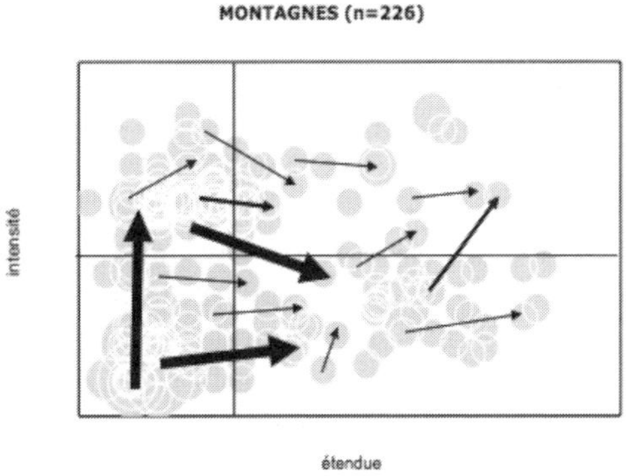

Schéma 3 : Circulation de 20 affaires parmi le corpus des affaires éprouvées dans les services des Plaines et des Montagnes (source : corpus d'enquête, 2004)

Les médiations organisationnelles, dont on s'efforce ici de mettre en lumière les formes et l'impact, ne se cantonnent pas à influer sur la manière dont se déplacent des chemises de papier. Elles favorisent le déploiement d'une véritable théorie d'action publique et, par-delà, une certaine conception de l'État. Si les activités de saisie, d'instruction et de contrôle sont soigneusement séparées et outillées dans le cas du service des Plaines, à force de règles de procédure et de caisses de plastique, c'est aussi dans la perspective d'une externalisation des tâches administratives, confiée possiblement à des organismes tiers au prix d'un suivi et d'un contrôle que seuls gèreraient des fonctionnaires, peu nombreux. Cet aménagement, qui découle de la réglementation communautaire pour penser la responsabilité en matière d'attribution des aides[1] et décrit un processus d'agencification[2], entend garantir la traçabilité des décisions au nom d'un idéal de neutralité, le service des Plaines intervenant de manière strictement « technique », par opposition à des enjeux « politiques » dont les fonctionnaires n'ignorent pas qu'ils existent, mais pour lesquels d'autres instances de gestion de compromis entre les pouvoirs publics et la profession sont déjà dédiées[3]. Ce

▲ 1. Sur l'organisation du paiement des aides européennes, voir le règlement du 7 juillet 1995 (CE) n° 1669/95. Les textes distinguent formellement le mandataire (les « organismes payeurs ») en charge de l'exécution du service (instruire les demandes et verser les subventions) et le mandant (les « services de l'État »). Ce modèle, décrit par la théorie comme celui de l'agence, demeure toutefois un idéal. Au moment de l'enquête, le paiement des aides était assuré, en France, par les Offices agricoles (devenus aujourd'hui l'agence de services et de paiement), qui en étaient les responsables formels. Mais l'instruction et le suivi des dépenses leur échappaient (et continuent aujourd'hui de le faire), puisque ce sont les services d'économie agricole qui les réalisent concrètement. Ce trouble, qui nuit à la clarté des responsabilités, n'a pas échappé aux critiques (Cour des comptes, *Rapport public annuel*, 1995 ; 2001).

▲ 2. Linhardt D., Muniesa F., « Du ministère à l'agence ? Étude d'un processus d'altération politique », *Politix*, 95, 2011.

▲ 3. Rappelons que l'idéal paritariste trouve, en France, avec les politiques agricoles, un de ses terrains d'expression les plus aboutis. Sur l'histoire de cette construction du « modèle de la cogestion », devenu un cadre d'analyse consacré, cf. les travaux de Muller P., *Le technocrate et le paysan*, Paris, Éditions ouvrières/Éditions Économie et humanisme, 1984, et Jobert B., Muller P., *L'État en action*, Paris, Seuil, 1987. Les dirigeants de la DDAF des Plaines,

n'est pas forcément le cas de la DDAF des Montagnes, dont les services peuvent être exposés frontalement à ces tensions opposant les agriculteurs à l'État[1]. Ici, c'est la nécessité d'accompagner les agriculteurs dans leurs démarches administratives qui désigne la conviction la plus partagée par les agents, conscients que les contraintes réglementaires font elles-mêmes l'objet de vives contestations par les syndicats agricoles, inspirés selon eux par des intérêts locaux auxquels, seul, peut s'opposer le désintéressement du bureaucrate. Cette construction dont ils se réclament renvoie au modèle classique du service public « à la française » et à sa notion d'intérêt général, par opposition aux intérêts particuliers[2]. Ainsi, derrière le désordre apparent du service des Montagnes et le travail coopératif qu'il rend possible, c'est aussi l'idéal d'un traitement égalitaire des agriculteurs qui s'exprime, en cohérence avec les débordements générés par les cadrages métrologiques de plus en plus fins destinés à performer l'activité agricole. À la conception d'un État « transparent » déployé par le service des Plaines, c'est ici un État « réparateur » intervenant auprès des exploitants les plus démunis, qui est revendiqué.

Au terme de cet exposé consacré aux bureaux de l'administration agricole, les configurations à la fois matérielles et humaines apparaissent donc centrales. Elles semblent jouer un rôle déterminant dans la nature des épreuves que les agents rencontrent concrètement dans le cours de leur activité, et participent de la conception qu'ils se font du sens de leur intervention. Aux Plaines comme aux Montagnes, il y a bien les mêmes textes de loi, la même prescription de définir le droit des agriculteurs, le même souci de neutralité et d'objectivité. Mais il y a un travail d'organisation qui diffère. Et ce travail d'organisation[3], dont témoigne l'agencement des bureaux, apparaît ici central. Mais est-ce toujours le cas ? Doit-on conclure ici, sur la base de cette exploration, que la forme de bureau constitue un élément clé du travail accompli et de la construction de la chose publique ? Peut-être. Mais peut-être pas.

Le bureau des juges de proximité

La justice constitue un domaine de l'action publique par excellence où l'agencement de l'organisation paraît particulièrement important. Car si les principes de justice sont définis dans des codes et des jugements, ils ne s'expriment pas moins dans des formes architecturales reconnaissables par

connaisseur de cette littérature des sciences sociales, ne manqueront pas d'en évoquer les travaux. Notons que les instances paritaires du département des Plaines constituent un point de passage obligé pour des carrières syndicales ou administratives.

▲1. Rappelons que les tensions entre la profession agricole et l'administration sont souvent vives. Dans le cas du département des Montagnes, elles ont pu prendre des formes particulièrement violentes qu'on nous a rapportées : séquestration d'agents de contrôle, dégradation de véhicules de fonction, spectaculaires autodafés (destruction de dossiers sur la place publique). Sur le cas des violences agricoles, cf. plus généralement Duclos N., *Les violences paysannes sous la Ve République*, Paris, Economica, 1999.

▲2. Bodiguel J.-L., Garbar C.-A., Supiot A., dir., *Servir l'intérêt général*, Paris, PUF, 2000.

▲3. Sur cette notion, cf. Terssac G. de, *Le travail : une aventure collective*, Toulouse, Octarès, 2002.

les justiciables et généralement très visibles dans la cité. Les boiseries des salles d'audience, le faste des antichambres, les escaliers monumentaux et les décorations peintes sont autant de manifestations symboliques de l'État de droit que les palais de justice, avec les mairies, incarnent le plus immédiatement. Et même si les juridictions où nous avons enquêté revêtent moins ostensiblement la superbe des atours des cours d'appel, les prétoires des tribunaux où siègent leurs magistrats n'en affichent pas moins une certaine solennité. Ce n'est toutefois pas cette dramaturgie qui nous a intéressés, déjà explorée au demeurant, qu'il s'agisse d'en faire l'histoire[1], d'en dévoiler le jeu social[2] ou d'en révéler les transformations par les nouvelles technologies de communication[3]. Notre ambition a plutôt consisté à pousser la porte de service, à l'arrière des salles d'audience, pour nous aventurer dans les couloirs, les salles de réunions, les bibliothèques et les bureaux. Exactement comme nous venons d'en tracer le périple au sein de l'administration agricole, nous nous intéresserons donc ici au cheminement des dossiers en cherchant, dans un premier temps, à restituer les lieux et les moments de l'organisation apparus importants dans le traitement des affaires (premier point). Les bureaux des juges de proximité rencontrés dans le cadre de l'enquête menée (encadré 3) n'en présentent pas moins des formes contrastées. Compte tenu de ces variations, nous nous interrogerons sur leur impact quant aux activités accomplies concrètement. Là encore, il s'agit donc de mieux comprendre les effets qu'une forme particulière de bureau peut induire sur le travail lui-même et, par-delà, le sens même de l'intervention publique (second point).

Encadré 3 : Protocole de l'enquête

L'enquête, déjà présentée au cours du premier chapitre, a adopté une orientation méthodologique qualitative combinant observations de l'activité de travail et entretiens[4].

L'observation directe a consisté à accompagner neuf juges de proximité. Pour la plupart d'entre eux, nous avons pu décrire, tout au long de leurs journées de travail, les étapes significatives de leur activité et suivre le cours de leurs raisonnements en contexte. Cette attention aux situations de travail se devait d'être la plus complète possible, en nous intéressant aux moments apparemment les moins spectaculaires (relecture, signature, préparation des dossiers, rédaction des jugements) et aux plus manifestes (audience, décision). L'enjeu était de pouvoir dresser un tableau morphologique de l'ensemble des activités de travail, sur la base d'une description qualitative et de comptages systématiques. Les neuf juges suivis concernent quatre juridictions de proximité.

Les entretiens semi-directifs (n = 30) avaient pour enjeu d'apprécier la manière dont ce travail est perçu et défini par les intéressés et, plus largement, par d'autres acteurs comme les greffiers ou les juges de carrière. Là encore, la description de l'aménagement

▲ 1. Sur cette histoire des formes architecturales de la justice, cf. Collectif, *La justice et ses temples, regards sur l'architecture judiciaire en France*, Paris, Errance, 1992.

▲ 2. C'est ici tout l'intérêt d'un Pierre Bourdieu pour le faste judiciaire à travers le jeu des étiquettes et des étoffes, qu'on retrouve dans ses écrits sur le droit et l'État. Pour une lecture critique, cf. Jobard F., « L'État, de l'appareil à l'apparat », *Critique*, 780, 2012.

▲ 3. Licoppe C., Dumoulin L., « L'ouverture des procès à distance par visioconférence… », art. cité.

▲ 4. Rappelons qu'elle fut menée collectivement et a donné lieu à un rapport. Cf. Weller J.-M., Ughetto P., dir., *Les juges de proximité au travail. Une sociologie pragmatique et comparative*, *op. cit.*

et des activités de travail se devait d'être systématiquement abordée, tout en veillant à restituer, pour chaque individu, sa propre trajectoire professionnelle. L'enjeu n'était pas de proposer une recension complète et exhaustive du vécu de cette population, mais de compléter les analyses tirées des observations. La sélection des interviewés, outre leur accord, a reposé sur quatre critères susceptibles de nous assurer une variété d'expériences de la fonction : a) le nombre de JP en exercice dans la juridiction. Ainsi, certains JP rencontrés exercent seuls, d'autres exercent au sein d'un collectif plus nombreux. À deux reprises, nous avons eu l'occasion d'interroger l'ensemble des juges de proximité exerçant au sein d'une même juridiction, ce qui nous a permis d'étudier la répartition des tâches entre ces derniers ; b) le volume des affaires traitées par la juridiction ; c) l'implantation géographique, étant considéré que l'expérience peut varier selon que la juridiction est celle d'une importante agglomération ou se trouve, au contraire, dans une agglomération plus modeste ; enfin, d) les conditions d'activité des personnes rencontrées ont également été prises en compte, étant entendu que les personnes rencontrées occupent leur fonction en étant retraitées ou en occupant par ailleurs une activité professionnelle (tableau 7).

	Nbre de juges de proximité dans la juridiction		Volume des affaires		Implantation géographique		Situation professionnelle	
	≥3	≤2	Elevé	Faible	Grande agglo-mération	Petite agglo-mération	Retraité	En activité
Nbre d'entretiens	18	12	20	10	16	14	15	15
Total	30		30		30		30	

Tableau 7.- Critères utilisés pour la sélection des juges interviewés de l'échantillon

En incluant les monographies qui ont donné lieu à des observations approfondies, nous avons rencontré - *i.e.* observé et/ou interviewé - des juges de proximité exerçant dans 24 juridictions différentes.

Outre les juges de proximité, nous avons également mené 14 entretiens supplémentaires auprès de juges d'instance vice-présidents en charge de l'administration du tribunal (n = 7), de greffières (n = 5, dont un entretien collectif comprenant une partie du personnel d'un Greffe d'un tribunal d'instance parisien), et de conciliateurs (n = 2). Si quelques rares interviews ont été réalisées en moins d'une heure, la majorité de ces 46 entretiens ont duré 2 heures.

L'organisation des tribunaux d'instance et la juridiction de proximité

L'organisation du travail des juges de proximité (réception des dossiers, gestion des audiences, enregistrement des décisions, etc.) est placée sous l'autorité du Président du tribunal d'instance dans lequel est localisée la juridiction, cette dernière en ayant le même ressort. La gestion des affaires de justice de proximité repose donc très largement sur les ressources matérielles et humaines des tribunaux d'instance. Un premier aperçu de cette organisation peut être donné en suivant la trace du cheminement des dossiers dans les bureaux. Trois lieux en constituent les points de passage les plus fréquents, dès lors qu'on pénètre dans l'enceinte des services d'un tribunal.

Le premier est le Greffe, qui est l'endroit que trouvent les justiciables en quête d'information. Au-delà de ces éléments généraux de procédure que l'agent chargé de l'accueil indique aux intéressés, le Greffe assure les tâches de confection, d'enregistrement et de suivi des dossiers. C'est lui qui réceptionne les demandes de déclaration, directement au guichet ou par voie postale, notamment lorsqu'il s'agit d'avocats connaissant parfaitement le déroulement de la procédure auprès du tribunal et disposant des formulaires à déposer. Ces premiers éléments (fiches de déclaration au Greffe de la juridiction, pièces justificatives)[1] font alors l'objet d'un enregistrement formel : l'inscription au rôle. Cette opération, appelée « l'enrôlement », conduit à donner une existence juridique à chaque affaire. C'est peu dire qu'elle est déterminante, et c'est pourquoi elle s'accompagne d'un travail de vérification et de consignation parfaitement scrupuleux (identification des parties, inventaire des pièces fournies, etc.) conduisant, pour chacun des cas, à la création d'un fichier informatique et d'une chemise cartonnée : c'est le dossier[2]. Les affaires peuvent alors être attribuées aux juges de proximité, selon des règles internes qui varient selon les tribunaux, mais dont le principe reste celui d'une régulation de la charge de travail tenant compte de l'effectif des magistrats, de la masse globale des affaires à traiter, et d'une distinction selon la nature de la procédure concernée (pénale, civile). L'activité du Greffe ne s'arrête toutefois pas à cette première étape de réception et de confection du dossier ; elle accompagne le travail du magistrat en assurant la collecte des pièces déposées par les parties tout au long de la procédure, en veillant à l'organisation matérielle de l'audience, en réalisant la prise de notes lors du procès, en établissant, au pénal, la notification adressée au particulier. À cet égard, l'organisation du Greffe peut s'avérer très différente d'un tribunal à l'autre. Au cours de l'enquête, nous avons rencontré deux formes particulièrement contrastées : dans un cas, un greffier est formellement attribué à la juridiction de proximité, parfois même spécialisé quant à la nature de la procédure (civile ou pénale), assurant un suivi régulier des affaires, allant de la classification des documents à la relecture des jugements, attirant l'attention des magistrats sur des questions que lui semble soulever telle ou telle pièce, l'informant des détails de la procédure qu'ils ne connaissent pas toujours parfaitement ; dans un autre cas, un temps de travail partagé est seulement dédié à la juridiction, sans qu'un même agent en ait exclusivement la charge, réalisant alors le suivi et la gestion nécessaire des affaires dans un rôle cantonné volontairement à « l'administratif ». L'adoption de l'une ou de l'autre de ces figures dépend très sûrement des ressources en personnels, l'effectif des greffiers nécessaires au fonctionnement d'un tribunal étant jugé souvent insuffisant. Elle rappelle, au besoin, que la qualité de la coordination entre les juges de proximité et les services du Greffe dépend de la capacité de l'organisation à réguler la masse de travail, permettant un ajustement au flux des affaires sans retard excessif.

▲ 1. On notera que la procédure qu'on évoque ici concerne uniquement les affaires civiles, celles-là même qui opposent un « demandeur » (celui qui initie le procès) et un « défendeur » (celui à qui le procès est adressé), et non les affaires pénales, comme c'était le cas du premier chapitre. Dans ce dernier cas, l'inscription est directement opérée depuis la transmission de l'affaire par le Parquet.

▲ 2. Pour une minorité de cas, les éléments matériels fournis sont incomplets et rendent impossible l'enrôlement. Le Greffe met alors l'affaire en attente, et prend contact avec le demandeur pour obtenir les pièces requises (par exemple, un numéro Kbis manquant nécessaire à l'identification d'une société).

Ainsi, lors de nos observations dans un tribunal de police, la juge de proximité que j'accompagne me fait visiter les lieux, et notamment le service du Greffe. Elle m'indique l'armoire où certaines informations sont rangées et discutées avec ses collègues, autres magistrats de proximité comme elle. Puis elle me parle de « son » greffier : une personne en qui la juge exprime sa confiance, qui est présente lors des audiences, assure la mise en forme des jugements, vérifie toujours la complétude des dossiers, affirmant qu'elle peut vraiment compter sur elle. À l'occasion d'une rencontre fortuite avec ce dernier, le greffier m'expliquera derechef tout le plaisir qu'il a de travailler avec la magistrate et tout le soin qu'il accorde, avec elle, au dialogue et au travail de préparation des dossiers (juridiction de P). Dans d'autres cas, lorsqu'on suit le travail des magistrats, certains dossiers affichent la présence de post-it placés sur certaines pièces : « C'est la greffière qui fait ça... » (pour indiquer une pièce réclamant, de son point de vue, un examen scrupuleux) (juridiction de R). L'importance de cette collaboration est pensée plus largement par les professionnels, au nom de la sécurité juridique : « Le Greffe assiste les magistrats. Et ce n'est pas un vain mot... Comme ce ne sont pas [les juges de proximité] des magistrats professionnels, des problèmes de procédure peuvent leur échapper. Donc on attire leur attention sur tel ou tel point, pour que le jugement puisse être valablement rendu et puisse être exécutoire » (entretien, chef du Greffe, juridiction de L) ; « le dernier rempart, c'est le greffier... Assurément, le rôle du greffier n'est pas le même qu'avec un juge professionnel. On se rapproche ici du greffier du conseil des Prud'hommes, qui a un rôle moteur. Le sachant, c'est le greffier » (entretien, vice-président du tribunal d'instance, juridiction de L.). À l'opposé de cette figure de coopération, on trouve des cas où le retranchement est de mise. Ainsi, un juge raconte au sociologue son hésitation, à l'audience : « Je demandais à la greffière : on met quoi là ? Radiation ? Désistement ? Et la greffière me répond : prenez vos responsabilités. (silence). Prenez vos responsabilités, bonjour les dégâts ! » Ou, en examinant un dossier : « Bon ce que me dit la greffière, je ne leur dis pas, mais c'est absolument nul... Parce que c'est pas la demande qu'elle doit me remettre [à propos d'une affaire civile], elle doit me mettre les éléments substantiels qui peuvent me permettre d'aider à ma décision » (JP, juridiction d'I.). Ces tensions renverraient, selon les professionnels, au manque de moyens en personnels, compte tenu du volume d'affaires à traiter et de l'ampleur du travail de relecture et de correction que le manque d'expertise des juges rendrait nécessaire mais qu'il faut limiter, au risque d'être débordé : « Les agents passent trop de temps à relire et à corriger les juges de proximité. Ca devient impossible après » (entretien, vice-président du tribunal d'instance, juridiction de LF) ; « il manque des greffiers. J'avoue, c'est un gros problème, c'est que beaucoup font fonction de greffier. Mais ce sont des catégories C. Alors, à un moment donné, ils font des bras d'honneur, parce qu'ils sont payés comme C, c'est-à-dire rien du tout, alors qu'ils font fonction de greffier » (entretien, vice-président du tribunal d'instance, juridiction de L).

Le deuxième lieu vers lequel migrent les dossiers de la juridiction est le bureau du juge de proximité. Bien que nous en ayons déjà décrit pour partie l'activité, il importe d'indiquer que cet espace donne lieu à des traductions matériellement diverses : pièce attribuée à la juridiction au sein du tribunal, simple meuble dédié au magistrat parmi d'autres postes de travail répartis dans une même salle, ou purement et simplement aucun bureau, la bibliothèque du tribunal faisant alors office d'espace de travail. Qu'il soit fixe ou mobile, dédié ou partagé, stable ou précaire, le bureau des juges de proximité ne se réduit toutefois pas au tribunal : dans de nombreux cas, le magistrat travaille également sur ses dossiers à son domicile. La nature de l'équipement informatique et documentaire témoigne aussi de variations, selon que le magistrat est équipé d'un ordinateur, qu'il dispose des ressources propres aux bases de données recensant les textes et la jurisprudence (Légifrance, Nexis, etc.) et au forum d'échange mis en place par l'association des juges de proximité (Proxiforum). L'insertion au sein du tribunal d'instance pourrait, de ce point de vue, s'avérer très utile : quand bien même les ressources humaines et matérielles mises à leur disposition viendraient à manquer, elle assurerait une certaine socialisation des magistrats avec le reste du personnel, et notamment avec les juges d'instance auprès desquels ils pourraient échanger sur les affaires estimées délicates qu'ils ne manquent pas de rencontrer. Mais la réalité apparaît là encore hétérogène. L'origine de la création de la juridiction de proximité n'y est pas pour rien : la volonté de promouvoir une « autre justice », censée plus proche des citoyens parce qu'assurée par des profanes, a suscité le scepticisme des magistrats professionnels, quand ce n'est pas une vive opposition[1]. Ainsi, dans plusieurs cas, nous avons rencontré des juges souffrant d'isolement, exprimant leurs difficultés à s'insérer dans un milieu professionnel qu'ils ressentent comme peu accueillant, et dont l'organisation du tribunal ne lasse pas de les surprendre. Les difficultés renvoient d'abord aux contraintes procédurales et à la diversité des textes mobilisables : comment trouver, à l'occasion d'affaires délicates, la « solution juridique » quand ces dernières font potentiellement intervenir des branches hétérogènes du droit qu'aucun individu retraité ou en activité ne peut intégralement maîtriser sauf à avoir déjà l'expérience des juges professionnels, mais avec qui les magistrats de proximité éprouvent difficulté à pouvoir échanger ? Dans d'autres cas, en revanche, l'échange et la discussion semblent de mise, et les juges non professionnels trouvent auprès des juges d'instance dont ils partagent parfois le même bureau une ressource précieuse, même si cet échange demeure pratiqué avec parcimonie. L'organisation du tribunal en matière de recours à la conciliation apparaît, de ce point de vue, révélatrice du degré d'intégration à la fois matérielle et humaine des juges de proximité[2]. Parfois, il est organisé en dehors de l'expertise de ces derniers, les professionnels du tribunal ayant déjà mis en œuvre une procédure spécifique concernant certains dossiers et le Greffe adressant systématiquement une convocation pour qu'une conciliation soit tentée. Parfois, ce recours est intégré aux pratiques des magistrats de proximité qui, à propos d'affaires dont ils estiment que le contentieux peut se régler à l'amiable, proposent aux parties une conciliation en coordination avec le Greffe, voire y recourent lors du

▲ 1. Sur l'histoire de la création de la juridiction, cf. Pélicand A., « Les juges de proximité en France, une réforme politique ? Mobilisations et usages de la notion de proximité dans l'espace judiciaire », art. cité, et « Les juges de proximité : la création difficile d'une figure judiciaire », art. cité. Les ambiguïtés, notamment sur la nature de cette « autre justice » à promouvoir (jugement en droit ou en équité ?) et la nature du profil des recrutements, ont été levées, à la faveur d'un rapprochement avec la juridiction d'instance : « Telle qu'elle se présente actuellement, conclut A. Pélicand, la juridiction de proximité s'apparente davantage à une délégation du service public de la justice à des professionnels du droit qu'à une justice alternative. » (Pélicand A., « Les juges de proximité en France, une réforme politique ?... », art. cité, p. 294). Mais est-ce au point de garantir que les juges de proximité, une fois qu'ils prendraient leur poste, seraient épargnés par ces tensions d'origine ?

▲ 2. La conciliation participe de ce qu'on appelle les modes alternatifs de règlement de conflits : celui qui la pratique n'est pas soumis à l'obligation de juger en droit et peut donc, dans ce cadre, résoudre un litige en se référant seulement à l'équité. Elle constitue une des missions de tout magistrat, comme le mentionne explicitement le Nouveau Code de Procédure Civile (Dispositions liminaires, section VIII, art. 21), *a fortiori* les juges de proximité dont la création par la loi de 2002 entend originellement lui donner une place centrale : [...] le projet de loi prévoit d'instituer un juge disposant du temps nécessaire pour privilégier l'écoute des justifiables ainsi que, toutes les fois où elle est possible, la voie de la conciliation » (loi d'orientation et de programmation pour la justice du 9 septembre 2002, OPJU n° 2002-1138).

contradictoire, au cours du procès, lorsque le tribunal a prévu qu'un conciliateur soit présent à la tribune.

Ainsi, certains juges rencontrés expriment leur déconvenues : « Rien n'était prévu (en termes de bureau). Chaque fois que j'y suis allé (au tribunal), j'ai été obligé d'occuper la place d'une personne qui était absente [...] et quand il n'y en avait pas, j'allais siéger dans la salle du tribunal. Je m'installais et je travaillais dans la salle, qui était vide, avant l'audience » (entretien juge de proximité, juridiction de L.). Ou encore tel est le cas de cet ancien huissier de justice, qui garde le sentiment d'une parfaite absence de considération, expliquant avoir toutes les peines du monde à obtenir les informations relatives à l'accès aux ressources documentaires : « Dès que j'ai une recherche à faire, je double le temps passé sur le dossier. Tout ça à domicile. Ici [au tribunal], j'aurais la possibilité d'accéder à la jurisprudence de la cour de cass, au réseau intranet du ministère de la Justice, mais c'est un peu complexe. Il faut avoir un mot de passe, se faire reconnaître... » (entretien juge de proximité, juridiction de C). La méconnaissance des juges de proximité sur les outils qu'utilisent les magistrats d'instance apparaît alors flagrante : « Je sais pas trop ce qu'ils utilisent, mais ils font des recherches par rapport à... ils ont quand même une jurisprudence Dalloz hein, [...] mais je ne sais pas trop comment ils font au niveau de la recherche Légi... [...] Je leur ai demandé des fois, je leur expose le problème que je peux avoir... mais pas souvent, ça m'est arrivé deux ou trois fois... » (entretien juge de proximité, juridiction de I). Et à l'isolement de ces juges de proximité répond la critique des magistrats professionnels considérant qu'ils ne les voient jamais : il leur manque « la vie de palais » : « Avec les magistrats professionnels, on se voit. On se voit dans les couloirs. Dès que quelqu'un a un problème, il voit son collègue dans le couloir ou il appelle. Alors que les JP on peut pas les voir » (juge d'instance, juridiction de L.) ; « Le juge de proximité, il est à plus d'une centaine de kms d'ici. Ca pose problème quand les justiciables envoient des pièces complémentaires pour les leur communiquer » (juge d'instance, juridiction de L.) ; « Les juges de prox, je n'arrive pas à les réunir » (juge d'instance, juridiction de R.). Mais d'autres magistrats expriment, *a contrario*, la qualité de l'encadrement dont ils bénéficient et l'importance des ressources matérielles et humaines du tribunal : « J'ai été très, très, très bien accueillie quand je suis arrivée [...]. À savoir que j'étais vraiment très bien accueillie et par les deux magistrates et par les greffières, notamment par une greffière qui est partie à la retraite, là, qui était vraiment extraordinaire, donc, franchement, j'ai eu une chance... et puis d'autres juges de proximité qui étaient très bien aussi. Donc, vraiment, je n'ai eu aucun souci en arrivant et, au contraire, à mon avis, enfin, intelligemment, ils ont considéré les unes et les autres que s'il fallait que je sois opérationnelle c'est en mettant un maximum de choses à ma disposition... [intervieweur : on vous a transmis les ficelles ?] [...] Au maximum. [...] Les magistrates, oui, bien sûr, les greffières. Elles m'ont corrigé mes jugements au début, mais pas quand j'étais en fonction... avant dans la période probatoire » (entretien juge de proximité, juridiction de S. ; « Je viens ici [au tribunal] essentiellement certains soirs et les jours d'audience. Comme vous voyez, ici, les bureaux sont lumineux, climatisés, tous bien équipés. On est nombreux comme juges de proximité, et très bien logés. La présidente du tribunal [...] considère ici que la proximité, c'est une juridiction importante... » (entretien juge de proximité, tribunal de police de P).

Enfin, un troisième lieu décisif est la salle d'audience. Au-delà du procès lui-même et du déroulement du contradictoire, l'espace de travail qu'elle constitue dans un tribunal pose la question de sa disponibilité. Certes, des roulements sont prévus, prévoyant des plages horaires dédiées à la juridiction de proximité, de sorte que les affaires y sont systématiquement programmées. Mais que faire lorsque les dossiers s'accumulent, que les délais de convocation s'allongent, que le volume des affaires à audiencer augmente exagérément ? Les juridictions rencontrées dans l'enquête ne sont pas toutes également exposées à ces contraintes du traitement de masse. Dans les cas les moins sensibles, les ressources humaines et matérielles propres au tribunal parviennent à un écoulement jugé acceptable[1]. Dans les cas les plus sensibles, les tensions s'exacerbent, se cristallisant notamment autour du Greffe en charge de l'organisation matérielle des audiences.

Dans les cas sensibles rencontrés, les juges de proximité se plaignent de l'ampleur de la charge de travail et des audiences dont le temps s'allonge, difficilement conciliable avec l'activité professionnelle qu'ils mènent par ailleurs, ou trop envahissante quand ils sont à la retraite. Les juges professionnels, et notamment lorsqu'ils occupent la charge de présider le tribunal, ne sont pas en reste : « Je n'arrive pas à dégager suffisamment du temps de Greffe, bien qu'ayant réduit au maximum les audiences. Mais ça devient trop chargé. J'en suis à 8, 9 audiences, et il faudrait passer à 10 » (entretien juge d'instance, vice-présidente juridiction de L) ; « Il y a un problème d'évacuation suffisamment rapide. Le contentieux enfle, et les JP ont du mal à procéder à la mise en état. Le stock enfle » (entretien juge d'instance, vice-présidente juridiction de R) ; « On essaie de dégonfler les audiences pour qu'il y ait un volume d'affaires qui soit raisonnable, et que les juges puissent consacrer du temps à chaque justiciable. Parce que vous allez voir une audience de proximité... vous verrez que c'est quasiment la même que celle d'un juge professionnel, en moins serein. C'est de l'abattage ! » (entretien juge d'instance, vice-présidente juridiction de L).

Ces trois lieux, qui se succèdent au cours du traitement des affaires, éclairent sur la division du travail propre à un tribunal (photos 4 et schéma 4, pages suivantes).

Ces lieux révèlent de fait une « solidarité technique » très variable. Si l'on considère celle-ci dans la perspective déjà tracée précédemment dans ce chapitre, en considérant les liens qui se nouent autour des dossiers, les configurations formelles du bureau des juges de proximité varient selon qu'un espace de travail matériel existe ou pas dans l'enceinte du tribunal, qu'un accès aux ressources documentaires est facilité, que la coordination avec les services du Greffe repose sur la spécialisation d'un agent greffier dédié à la juridiction ou que des réunions régulières sont prévues avec les autres magistrats. Sans prétention à constituer une véritable typologie de portée générale – trois formes de bureau peuvent alors être dégagées : une forme *intégrée*, au sens où la totalité des ressources sont concentrées dans un même lieu de travail (le « bureau ») ; une forme *éclatée*, au sens exactement inverse de sorte que le lieu de travail est démultiplié (bibliothèque du tribunal, bibliothèque d'un autre tribunal, autre bureau professionnel, domicile, etc.) ; et une forme composite, dans une position intermédiaire par rapport aux deux premières (tableau 8).

▲ 1. Les juges considéraient que le seuil acceptable était de 40 affaires par audience. Nos observations ont concerné des audiences dont le volume des affaires varie assez fortement (de 19 à 68).

a

b

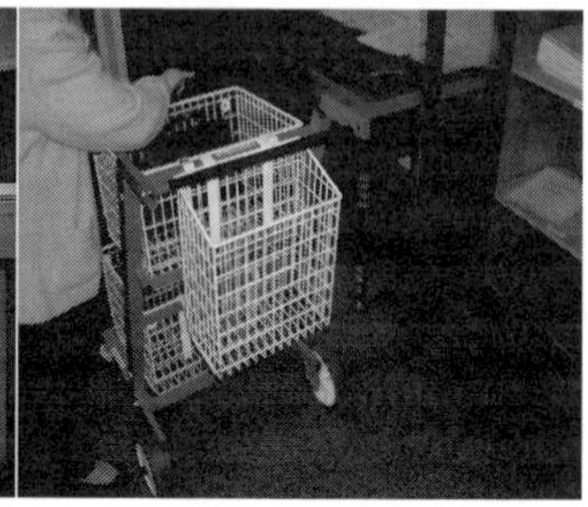

c

d

e

f

g

h

i

Photos 4 : Les trois lieux du traitement des affaires d'un tribunal : le Greffe (4a : l'accueil du public ; 4b : le bureau du Greffe en charge de la juridiction affaires civiles ; 4c : un chariot de transfert des dossiers depuis le Greffe vers les bureaux des juges) ; les bureaux des juges (4d : bureau dédié d'un juge de proximité ; 4e : un juge de proximité sans bureau, au travail dans la bibliothèque ; 4f : dessin du bureau partagé d'un juge de proximité, à gauche, dans le bureau du vice-président du tribunal d'instance, à droite) ; et la salle d'audience (4g : la salle d'audience du tribunal de F. ; 4h : la salle d'audience du tribunal de police de P ; 4i : la salle d'audience du tribunal d'instance de P.)

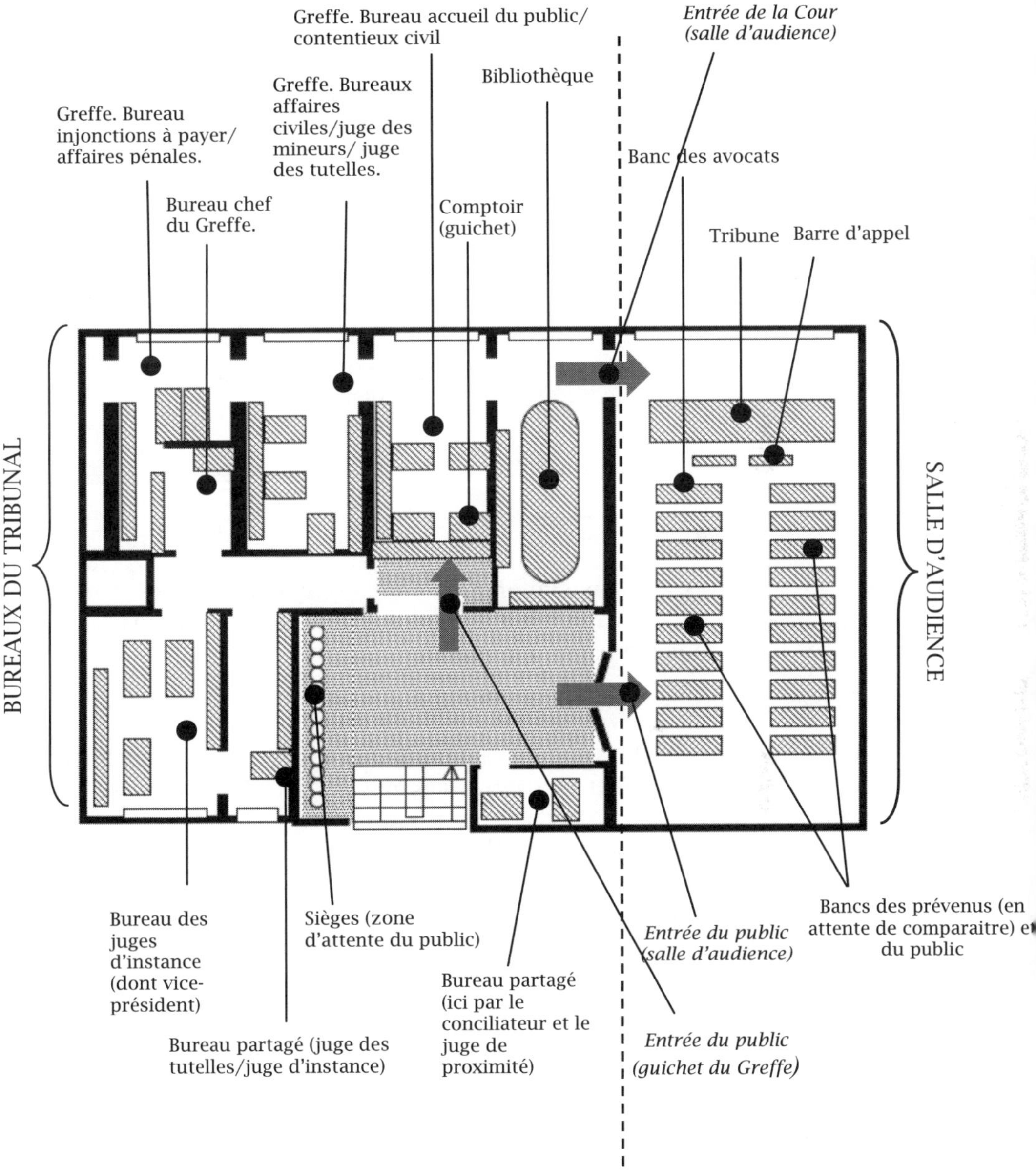

Schéma 4 : Plan du tribunal d'instance de R. et de la juridiction de proximité[1]

▲ 1. Plan reconstitué, sans considération des proportions et comprenant quelques approximations. Dans le cas présent, le juge de proximité dispose d'un bureau d'appoint, partagé avec le conciliateur, mais travaille ses dossiers dans la bibliothèque. Il n'y a pas d'agent greffier attitré, mais une intégration des affaires de la juridiction parmi les autres affaires ordinairement traitées par le Greffe du tribunal.

Éléments de caractérisation du bureau des juges de proximité				Effectif des juges de proximité rencontrés		Forme de bureau
Espace de travail, dédié ou partagé, mis à disposition	Accès documentaire facilité	Existence de réunions avec d'autres magistrats	Suivi et spécialisation d'un agent greffier			
OUI	OUI	OUI	OUI	4	13	Intégrée
OUI	OUI	OUI	NON	9		
NON	NON	NON	NON	3	13	Éclatée
OUI	NON	NON	NON	4		
NON	OUI	NON	NON	5		
OUI	OUI	NON	NON	1		
OUI	NON	NON	OUI	1	4	Composite
NON	NON	NON	OUI	2		
NON	OUI	NON	OUI	1		
Total				30	30	

Tableau 8 : Les configurations du bureau des juges de proximité (source : corpus d'enquête)

Il reste toutefois à mieux comprendre les conséquences de ces multiples configurations des bureaux sur le travail des juges eux-mêmes. C'est ce que nous nous proposons à présent d'examiner.

Les formes de bureau et le travail des juges

Revenir sur le travail accompli par les juges, c'est rappeler préalablement un résultat établi : on peut le décrire comme un travail narratif au cours duquel les magistrats s'efforcent de produire un cas « qui se tient », c'est-à-dire un scénario plausible et qualifiable juridiquement permettant de faire tenir ensemble des textes (norme légale), des faits matériels (des pièces d'un dossier) et une histoire. C'est un travail à la fois très équipé (nous avons très largement insisté sur l'importance des écrits et de la technologie du dossier), hétérogène (subtile alchimie pour combiner, puis purifier, la pluralité des savoirs nécessaires à l'activité de typification), interactif (l'enjeu ultime de faire parler une situation « comme un texte » passe par l'oral, au travers du contradictoire). Il est aussi parfaitement incertain tant que le traitement de l'affaire est en cours, ce qui est par nature intrinsèque à l'activité de jugement. De ce fait, il rencontre tout un ensemble d'épreuves, dans le cours même de son accomplissement. En reprenant le schéma relatif au travail accompli qu'on vient de rappeler, trois ruptures sont alors susceptibles de survenir. Elles décrivent, chacune à leur manière, les natures différentes de l'hésitation que tout juge rencontre dans son travail (schéma 5)[1].

▲ 1. Une description complète a été proposée dans un article, auquel nous renvoyons ici : Weller J.-M., « Comment décrire ce qu'on ne voit pas ? L'hésitation des juges de proximité au travail », *Sociologie du travail*, 53(3), 2011.

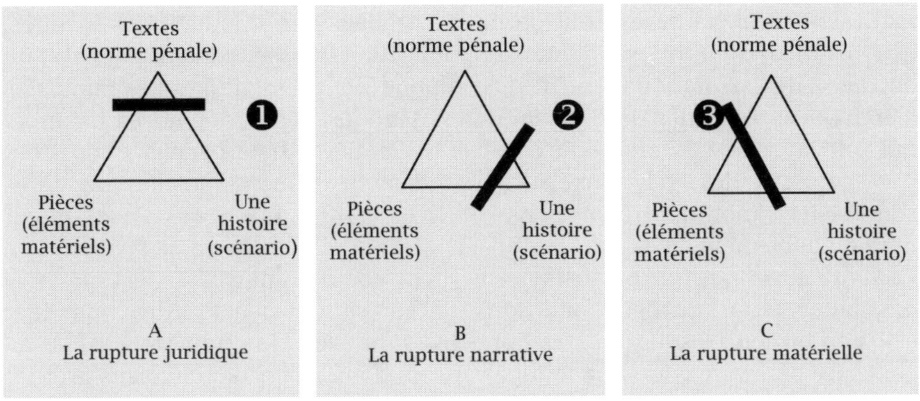

Schéma 5 : Les trois ruptures comme forme d'épreuve du travail des juges de proximité

La première rupture est juridique : c'est l'impossibilité de pouvoir se référer à une norme légale clairement énoncée et donc mobilisable. En matière pénale, elle rend impossible le bouclage des pièces matérielles et de l'histoire que le juge se raconte depuis leur assemblage avec les textes légaux désignés dans le dossier pour qualifier les faits : il s'est bien passé quelque chose, cette chose est bien une infraction, il n'y a aucun doute sur l'existence des faits. Mais leur rapprochement depuis la norme pénale conduit à une incongruité (pertinence de la qualification par les policiers, problème de référence, contradiction des normes, etc.). La deuxième rupture est narrative. Les textes juridiques qui font référence sont connus, sans ambiguïté et devraient s'imposer sans heurts. Les faits matériels sont constitués, rassemblés par des pièces dont l'authenticité est implacable. Et pourtant, le magistrat a beau reprendre élément par élément le dossier, en disséquer chaque détail, affûter toujours davantage ses questions à l'audience, il ne comprend pas. Il ne peut répondre à la question : « Que s'est-il passé ? » Il s'agit à proprement parler de l'impossibilité de raconter une histoire (incertitude sur les intentions des protagonistes, possibilité de plusieurs cohérences narratives entre les pièces sans qu'aucune version ne s'impose dans le contradictoire, bizarrerie d'une situation proprement illisible à l'aune des conventions de sens commun qu'aucun fait matériel ne permet de clarifier ; etc.). La troisième rupture est matérielle, produite par l'incongruité des pièces rassemblées dans le dossier. En matière pénale, la norme est connue et parfaitement claire. L'histoire que l'on est en mesure de tisser paraît sans anicroche, ni bizarrerie. Seulement voilà : les faits ne semblent pas scrupuleusement consignés ou apparaissent incohérents, ce qui empêche de pouvoir stabiliser fermement le récit (défaut de pièces suffisantes, illisibilité de certains documents, etc.).

Ces ruptures sont exactement comme ces « drames sociotechniques » qu'on a décrits pour les agents des services agricoles : un texte légal qui entre possiblement en contradiction avec une autre norme, des brigadiers de police qui ont probablement mal qualifié l'infraction, un prévenu qui présente des pièces parfaitement conformes tout en affichant une possible mauvaise foi, des injures dont on ne sait si elles sont vraiment des insultes, des insultes dont on se demande pourquoi elles ne constituent pas un outrage, des situations sociales compliquées, des situations familiales alambiquées, bref, des démêlés qu'il faut dénouer, délier, détendre un à un et qui ont la caractéristique d'être pétris de matières hétérogènes - du droit, des papiers, des relations sociales, des instruments techniques, des sentiments moraux, etc. Mais si ces difficultés, qui constituent immanquablement le sel du travail en général, et la poésie si spécifique à l'activité juridique en particulier, méritent d'être rappelées, c'est pour se demander ici à quelles conditions l'organisation peut influer sur leur éclosion ou leur résolution : les épreuves sont-elles plus nombreuses, ou au contraire plus rares, lorsque le juge est seul dans sa juridiction, sans greffier dédié, sans collègues avec qui partager ses hypothèses, et sans bureau ? Dans quelle mesure les ressources documentaires, relationnelles, cognitives qu'offre tout espace de travail constituent-elles un élément déterminant dans la nature du travail à accomplir, compte tenu des économies d'information et de coordination qu'elles peuvent permettre de procurer ? À quelles conditions les configurations à la fois matérielles et humaines apparaissent centrales, à l'instar de ce que nous dégagions plus haut à propos des agents des services agricoles ?

Encadré 4 : Un corpus corrigé des affaires

Dans le cadre du protocole d'enquête déjà présenté[1], nous avons constitué un corpus d'affaires rassemblant les contentieux significatifs de la juridiction de proximité (n = 212). Concernant les affaires seules pénales, les données sont tirées de 12 situations d'observations - 4 concernent le travail de préparation pénale quand l'accès en a été possible et 8 le travail en audience. Soit parce que le magistrat a lui-même traité certaines affaires en dehors de la situation d'observation, soit parce qu'il est allé trop vite dans ses opérations de sorte que nous n'avons compris qu'imparfaitement de quoi il retournait, il n'a pas toujours été possible de suivre le travail des juges en situation pour la totalité des affaires. C'est pourquoi un corpus corrigé a dû être produit. Il recouvre les cas répondant positivement aux trois critères suivants : (a) le traitement de l'affaire a été observé de bout en bout ; (b) la nature de l'infraction est parfaitement connue ; (c) la décision finale est également connue. Ce corpus corrigé (n = 100) se distribue sur trois juridictions, excluant un quatrième terrain (tableau 9).

	Corpus général	Cas-limites de l'observation			Corpus corrigé
Monogr.	Nbre de cas appartenant au corpus général	Nbre d'affaires non observées de bout en bout	Nbre d'affaires dont la décision demeure inconnue	Nbre d'affaires dont la nature de l'infraction demeure inconnue	Nbre d'affaires retenues
Juridiction A	76	2	3	18	53
Juridiction B	65	37	3	0	25
Juridiction C	23	0	1	0	22
Juridiction D	48	48	5	6	0
Total	212	87	12	24	100

Tableau 9 : Corpus corrigé des affaires pénales

▲ 1. Cf. chapitre 1, encadré 2.

Pour le savoir, examinons à nouveau le corpus d'affaires constitué au cours de l'enquête pour lesquelles nous avons pu suivre de bout en bout l'ensemble du traitement (encadré 4)[1].

On remarquera tout d'abord que les ruptures évoquées ne s'expriment pas toutes dans les mêmes proportions. C'est ce qu'indique le tableau ci-dessous (tableau 10) présentant l'ensemble des épreuves repérées parmi les affaires de notre corpus. Les épreuves relèvent moins souvent de ruptures juridiques, et la moindre dispersion de ces problèmes de droit soulevés parmi les dossiers étudiés semble indiquer que seules quelques affaires concentrent des difficultés amenant les juges à s'interroger sur la nature ou la manière de mobiliser la norme pénale ($\bar{x} = 0{,}29$ par affaire). À l'inverse, les ruptures narratives sont les plus fréquentes, l'incertitude étant largement répartie parmi la masse des affaires de sorte qu'il y a moins de variations d'un dossier à l'autre ($\bar{x} = 0{,}79$ par affaire). La difficulté à raconter ce qui s'est passé depuis des pièces matérielles et des références juridiques apparaît bien plus partagée que celle qui conduit à s'interroger sur la qualité ou la légitimité de l'attache aux textes juridiques.

	Ruptures sociotechniques			Total
	Rupture juridique	Rupture narrative	Rupture matérielle	
Nombre d'épreuves	29	79	66	174
Moyenne $\bar{x}$	0,29	0,79	0,66	1,74
Ecart-type σ	0,64	0,81	0,77	1,29
Coeff. de var. $\sigma/\bar{x}$	2,21	1,02	1,16	0,74

Tableau 10 : Caractéristiques des séries des épreuves par rupture sociotechnique (source : corpus pénal corrigé n = 100)

Pour interpréter ces différences, plusieurs hypothèses peuvent être avancées. Parmi elles, l'idée que l'organisation du travail influe directement sur la nature des épreuves que rencontrent les magistrats apparaît plausible. C'est tout l'enjeu de se pencher sur les configurations de leur bureau. Car, après tout, il paraît raisonnable de penser que le fait de disposer d'un espace de travail dédié, que les facilités procurées par l'accès à une documentation complète, que l'existence d'échanges organisés avec des collègues juges de proximité ou juges d'instance constituent des éléments influents sur l'ampleur et la nature des épreuves. À cet égard, les juridictions du corpus d'affaires pénales retenu (A, B, C) présentent trois configurations distinctes : l'une affiche d'importantes ressources mises à la disposition des juges (bureau, documentation, réunions régulières, Greffe dédié) ; une autre paraît, à l'inverse, offrir très peu de ressources mis à part une bibliothèque (pas de bureau, pas de réunion avec les autres juges, pas de Greffe dédié) ; une autre, enfin, semble dans une situation intermédiaire. Outre que cette diversité

▲ 1. L'enjeu de cet examen, précisons-le, n'a pas vocation à une quelconque prétention statistique : la trop faible taille de l'échantillon ne nous y autorise pas. Il a pour objet de tester quantitativement des hypothèses élaborées depuis l'observation ethnographique.

reflète la diversité des formes de bureau qu'on a déjà évoquée, allant du bureau le plus intégré à un bureau éclaté, elle témoigne aussi d'une intensité variable des épreuves, de sorte que la question du lien entre ces dernières et l'environnement du travail paraît effectivement fondée. Ainsi, on trouve que l'ampleur des épreuves est variable selon la forme du bureau (tableau 11). Mais comment l'interpréter ? Comment attribuer, parmi ces variations, ce qui appartient potentiellement à un « effet bureau » sans toutefois considérer qu'il joue de manière systématique ?

Pour répondre, nous nous appuierons sur deux types de matériau. Le premier est directement issu des observations : c'est ce corpus d'affaires pénales suivies de bout en bout, dont la cohérence doit nous permettre d'apprécier la qualité des épreuves qui se posent dans le travail, et dont la forme objectivée permet de tester des hypothèses et d'établir des comparaisons. Le second découle des échanges avec les magistrats, dans le cadre des mêmes observations et des entretiens : c'est en considérant les raisons qui, de leur point de vue, permettent d'éclairer les différences d'ampleur des épreuves qu'ils rencontrent, que nous nous proposons de mieux identifier l'impact possible des formes de leur bureau. Examinons donc successivement les trois ruptures sociotechniques, et regardons comment se comportent nos types de matériau.

	Éléments pris en compte des ressources de l'organisation du tribunal				Ruptures sociotechniques			
Monogr.	Bureau mis à disposition	Accès documentaire facilité	Existence de réunions avec d'autres magistrats	Spécialisation d'un agent du Greffe	Forme de bureau	Nombre d'épreuves	Nombres d'affaires traitées	Fréquence d'épreuves par affaire
Juridiction A	NON	OUI	NON	NON	Éclaté	71	53	1,33
Juridiction B	OUI	OUI	OUI	OUI	Intégré	61	25	2,44
Juridiction C	NON	NON	NON	OUI	Composite	42	22	2,18
Total						174	100	1,74

Tableau 11 : Forme de bureau et épreuves du travail des juges (source : corpus pénal corrigé, n = 100)

Ainsi, penchons-nous sur le seul cas des épreuves juridiques. L'organisation matérielle et humaine du travail pourrait jouer en faveur de leur manifestation, dans la mesure où le fait de pouvoir échanger avec d'autres magistrats, d'accéder facilement aux sources documentaires, voire à bénéficier de la lecture préalable d'un agent du Greffe au fait de la procédure pourrait conduire à davantage s'interroger sur le bien-fondé d'une norme pénale. La fréquence des épreuves par rupture juridique serait alors liée, pour partie, aux ressources mobilisables par les juges, dans le cadre de l'organisation interne du tribunal, pour pouvoir enquêter, s'informer, poser des questions, consulter la jurisprudence. Mais cette hypothèse, aussi plausible qu'elle puisse paraître, est loin d'être confirmée. Les juridictions enquêtées affichent, certes, des taux de rupture juridique variables, mais la forme des bureaux ne semble guère jouer en la matière (tableau 12). À vrai dire, deux variables paraissent plus à même d'éclairer la distribution de nos données : la nature contraventionnelle des affaires, et l'expérience professionnelle des magistrats. La première explication possible tient au fait que certains domaines infractionnels sont plus propices que d'autres aux ruptures juridiques, en raison de leur spécificité : c'est, par exemple, le cas des affaires pour mineurs qui, comparées au contentieux général, soulèvent de toute évidence des incertitudes plus fréquentes[1]. La seconde explication renvoie aux ressources que le magistrat peut mobiliser depuis sa propre expérience professionnelle : c'est, par exemple, le cas lorsque le juge mène ou a mené une activité proche de la scène judiciaire de sorte que l'aisance à manipuler les textes et à discuter de la qualification pénale établie par les services de police peut faire l'objet d'une habileté variable (tableau 13).

	Rupture juridique			
Monogr.	Nbre d'épreuves	Nbre d'affaires concernées	Fréquence des épreuves par affaire	Forme de bureau
Juridiction A	16	53	0,30	Éclaté
Juridiction B	12	25	0,48	Intégré
Juridiction C	01	22	0,05	Composite
Total	29	100	0,29	

Tableau 12 : Épreuves par rupture juridique et ressources organisationnelles (source : corpus pénal corrigé n = 100)

▲ 1. Ainsi, parmi les affaires pour mineurs analysées, la fréquence d'épreuve par rupture juridique s'élève à 0,52 par affaire, contre 0,29 pour la totalité du corpus. Rappelons que les dispositions pénales spécifiques en matière de délinquance juvénile (ordonnance du 2 février 1945, normes internationales, etc.) appellent à une appréciation fine des situations, dont l'enjeu est d'ajuster la décision judiciaire à l'environnement familial et social du prévenu. Ainsi, pour ne donner qu'un exemple, la notion de « capacité pénale » repose sur le critère de « discernement », non pas défini sur un âge fixé *a priori*, mais sur une capacité que le juge doit évaluer au cas par cas. Ces dispositions peuvent s'avérer difficilement compatibles avec le droit pénal contraventionnel qui, de manière générale, opère de manière inverse, au nom d'un allègement de la procédure et d'un certain nombre de formalisme relatifs à l'administration de la preuve (présomption de responsabilité, statut des intentions, etc.). Le juge de proximité se retrouve à choisir parmi un éventail très restreint de sanctions possibles (admonestation ou amende) qui peuvent s'avérer inadaptées, voire contre-productives selon les magistrats (l'amende sanctionnant les parents plus que les intéressés).

Expérience de la scène judiciaire des juges de proximité	Rupture juridique		Fréq. des épreuves par affaire	Expérience professionnelle passée ou actuelle en lien avec la scène judiciaire
	Nbre d'épreuves	Nbre d'affaires concernées		
Groupe 1	22	60	0,37	Proche[1]
Groupe 2	07	40	0,17	Éloignée[2]
Total	29	100	0,29	

Tableau 13 : Épreuves par rupture juridique et expérience professionnelle des magistrats (source : corpus pénal corrigé n = 100)

Pour explorer le lien possible entre le travail des juges et l'organisation du tribunal, intéressons-nous à présent aux épreuves narratives. Là encore, la capacité des magistrats à comprendre ce qui s'est passé depuis l'assemblage des pièces dans les dossiers ou les échanges qui ont lieu durant le procès pourrait découler des politiques de gestion du service : une collaboration serrée avec les agents du Greffe peut conforter le magistrat dans son travail de compréhension de l'affaire ; des audiences volontairement peu chargées peuvent faciliter le travail de compréhension de ce qu'il s'est passé, le temps de l'écoute du contradictoire n'entrant pas en tension avec les impératifs du traitement du flot des affaires qui parviennent à la tribune. Mais, là encore, ni la forme de bureau (tableau 14), ni même la charge des audiences ne semblent influer sur le travail des magistrats[3]. En fait, la seule variable susceptible d'éclairer les variations de ces épreuves semble la présence d'avocats : l'existence de conclusions dans le dossier et la représentation lors de l'audience du contrevenant, ou de la victime lorsqu'il y en a une, assurent la recherche de la règle de droit applicable par le juge et une mise en récit plus aisées (tableau 15).

Monogr.	Rupture narrative		Fréq. des épreuves par affaire	Forme de bureau
	Nbre d'épreuves	Nbre d'affaires concernées		
Juridiction A	33	53	0,62	Éclaté
Juridiction B	21	25	0,84	Intégré
Juridiction C	25	22	1,13	Composite
Total	79	100	0,79	

Tableau 14 : Épreuves par rupture narrative et ressources organisationnelles (source : corpus pénal corrigé n = 100)

▲ 1. Dans le groupe 1, on trouvait notamment deux anciens magistrats et un avocat.

▲ 2. Dans le groupe 2, on trouvait un notaire en exercice, un responsable juridique d'association et un ancien syndicaliste d'entreprise.

▲ 3. On trouve, parmi les audiences observées, des charges variables (de 23 affaires à 60 affaires) sans que la fréquence d'épreuves par affaire, qui varie également (de 0,38 à 1,09 par affaire), n'apparaisse corrélée.

Représentation	Nbre d'affaires concernées	Nbre d'épreuves (rupture narrative)	Fréq. d'épreuves par affaire (rupture narrative)
Représenté par au moins un avocat	22	12	0,55
Sans représentation	78	67	0,86
Total	100	79	0,79

Tableau 15 : Distribution des épreuves de rupture narrative selon présence d'avocat (prévenu et partie civile mêlés) (source : corpus pénal corrigé n = 100)

Enfin, une dernière piste concerne les ruptures matérielles. Si les difficultés des magistrats à comprendre ce qui s'est passé depuis les pièces des dossiers s'avèrent régulières, la part des épreuves de ce type n'occupe pas la même fréquence d'une juridiction à l'autre (tableau 16). Est-ce à dire que l'organisation du tribunal joue ici un rôle spécifique ? Après tout, l'on pourrait imaginer que l'intervention du Greffe, selon le degré de coopération avec le juge de proximité, pourrait jouer : lorsqu'une collaboration étroite est possible, le greffier prépare le travail pour un magistrat qu'il connaît, échange avec lui, parcourt à l'avance les pièces du dossier, y insère des marque-pages ou des post-it afin de guider la lecture préparatoire, etc., de sorte que la probabilité d'apparition des épreuves matérielles pourrait avoir un lien avec la qualité de cette collaboration. Mais, là encore, nos données d'enquête ne le montrent pas (tableau 17). Et si des facteurs explicatifs doivent être trouvés, c'est davantage vers des éléments extérieurs au tribunal qu'il faudrait se tourner. C'est le cas, à en croire les magistrats rencontrés, des conséquences des contraintes de gestion auxquelles sont aujourd'hui soumis les services de police : la pression des indicateurs de résultat les conduirait à poursuivre en justice des affaires qu'ils savent pourtant « mal ficelées », que le défaut d'éléments matériels obligera de renvoyer[1].

▲ 1. Ainsi, parmi les juridictions étudiées, la juridiction B affichait un nombre de renvois bien plus élevé que les autres. Selon les juges rencontrés, ce constat était lié à la présence de migrants spécialisés dans la vente à la sauvette dans le métro de la ville, dont le patronyme invariablement identique fait échec aux poursuites judiciaires (la « dynastie des Singh »). Ces affaires, dont ils savaient qu'on ne trouverait probablement jamais le prévenu, encombraient inutilement les piles de leurs dossiers. Mais elles flattaient les indicateurs d'activité des services du Parquet. Sur les enjeux et l'impact de la quantification sur les activités policières, cf. Didier E., « "Compstat" à Paris : initiative et mise en responsabilité policière », *Champ pénal*, 8, 2011.

Monogr.	Ruptures matérielles		Fréq. des épreuves par affaire	Forme de bureau
	Nbre d'épreuves	Nbre d'affaires concernées		
Juridiction A	22	53	0,42	Éclaté
Juridiction B	28	25	1,12	Intégré
Juridiction C	16	22	0,73	Composite
Total	66	100	0,66	

Tableau 16 : Épreuves par rupture narrative et ressources organisationnelles (source : corpus pénal corrigé n = 100)

Monogr.	Fréq. par affaire (rupture matérielle)	Indice de collaboration avec le Greffe	Éléments pris en compte pour caractériser la collaboration avec les services du Greffe			
			Agents greffier dédié aux affaires pénales de la juridiction	Pré-classement des affaires en fonction du domaine infractionnel ou de certains éléments (avocat, affaires déjà renvoyées, etc.)	Première lecture de conformité des éléments du dossier comportant le marquage de certaines pièces	Rédaction finale des jugements
Juridiction A	0,42	Faible	NON	NON	NON	OUI
Juridiction B	1,12	Fort	OUI	OUI	NON	OUI
Juridiction C	0,73	Très fort	OUI	OUI	OUI	OUI
Total	0,66					

Tableau 17 : Les épreuves par rupture matérielle et l'organisation interne du Greffe (source : corpus pénal corrigé n = 100)

Au terme de cette exploration des bureaux des juges de proximité, force est de constater que l'impact des configurations des premiers sur le travail des seconds apparaît finalement limité. Que le bureau de ces magistrats épouse une forme intégrée ou éclatée, l'ampleur et la qualité des épreuves du travail réglementaire – celles-là même qui en font à la fois le sel et les difficultés – semblent peu liées à l'espace de travail et à ses ressources. Au contraire, à chaque fois qu'on examine le détail de ce travail, ce sont des variables extérieures à l'organisation – la trajectoire professionnelle des magistrats, la présence d'avocats dans les affaires ou la politique du Parquet en matière de rationalisation – qui semblent constituer des facteurs plus déterminants. Ce constat ne signifie pas que l'organisation ne compte pas. Il indique plutôt que l'activité des juges, au-delà des technologies d'écriture largement décrites plus haut qui en constituent l'équipement, s'accomplit selon un idéal dont le sens est ailleurs : celui d'une certaine conception de la justice, dont le contenu fait l'objet de déclinaisons variables selon les expériences antérieures du droit des intéressés [1], et qui suppose la mobilisation de ressources non réductibles à l'organisation des bureaux. Dit autrement, qu'ils disposent d'un espace de travail au tribunal ou qu'ils n'en soient pas dotés, qu'ils bénéficient d'un greffier dédié à leur juridiction ou qu'ils n'en bénéficient pas, qu'ils puissent aisément solliciter les ressources de leurs collègues professionnels ou qu'ils en soient incapables, que leurs audiences croulent sous le volume d'affaires à traiter ou demeurent préservées d'une forte charge, les juges de proximité préparent leurs dossiers et décident à l'issue des procès comme n'importe quel professionnel le ferait[2]. Il leur faudra peut-être se rendre à la bibliothèque d'un autre tribunal pour trouver l'information. Il leur faudra peut-être siéger jusque tard dans la soirée, voire jusqu'à la nuit[3]. Il leur faudra peut-être emporter chez eux, dans leur sacoche, une pile de dossiers, et consacrer une part du week-end à la rédaction des jugements. L'activité qu'ils accomplissent déborde littéralement du bureau.

Les quatre bureaux de l'administration et le travail réglementaire

Après avoir exploré les bureaux des services agricoles responsables de l'attribution des subventions européennes, après avoir décrit ceux des magistrats de proximité en charge du règlement judiciaire des petits délits, et dans la perspective des éléments historiques précédemment mis en évidence à propos des caisses de Sécurité Sociale, nous proposons, dans cette troisième section, une synthèse de nos résultats. Comment caractériser un bureau ? Comment en décrire les formes possibles et les transformations ? Comment, pour le dire autrement, rendre compte des dynamiques propres à la bureaucratie sans omettre les bureaux, indissociables du travail qu'on y accomplit ? Pour répondre, nous tenterons de dégager les principaux constats des enquêtes qu'on vient d'exposer depuis l'idée que le bureau constitue le nœud d'un réseau d'instances plurielles (premier point). À la suite de ces éléments, nous proposerons une typologie générale des bureaux possibles des agents publics (second point).

La forme bureau et le réseau

Il y a un point commun à tous les bureaux qu'on vient d'examiner : ils sont le lieu d'une intense activité de lecture, de calcul et d'écriture dans laquelle sont engagées un réseau d'instances multiples. Les « textes » en

▲ 1. Sur ce point, cf. Mathieu-Fritz A., « Sens du travail et éthique(s) des juges de proximité. Au-delà de la normalisation du recrutement, une pluralité de conceptions de l'activité », *Droit et société*, 76, 2010.

▲ 2. Ce constat intègre, bien évidemment, la qualité des décisions rendues : la proportion des jugements de proximité frappés d'un recours en cassation n'est pas supérieure à celle des jugements d'instance.

▲ 3. C'est le cas des audiences correctionnelles au TGI de Paris qui, en dépit d'une politique de rationalisation de la programmation des affaires appelées, voyaient leur séance durer au-delà de minuit.

composent un premier ensemble. Ils peuvent prendre des formes diverses, selon qu'ils s'incarnent dans des documents officiels (codes, traités, textes législatifs, circulaire ministérielle, etc.), des instruments (procédure informatique, formulaires, notices, imprimés, etc.), des lieux de centralisation (base de données numériques, bibliothèque, etc.) ou d'autres instances en charge de veiller à la conformité légale des décisions et susceptibles de peser (corps spécifique ministériel de contrôle, commission paritaire d'orientation agricole, procédure communautaire d'audit, cour de cassation, etc.). Lorsque le technicien en charge des primes végétales reçoit un agriculteur ou lorsque le magistrat relit, au calme, le jugement dont il a prononcé la sentence en audience, ce sont avec ces instances qu'il dialogue en silence. Les « fichiers » forment une autre composante de ce réseau. Là encore, leur nature peut s'avérer diverse, selon qu'ils s'incarnent dans des fiches rangées localement dans des tiroirs ou des bases de données nationales centralisées dans des disques durs bardés de câbles et de ventilateurs. Répertoire cadastral numérique, base d'identification des bovins, extraits du casier judiciaire, certificat du fichier national des immatriculations, rôle des audiences : les agents n'ont de cesse d'en explorer le contenu, incontournables dans la définition des faits et la production des décisions. Enfin, les « usagers » interviennent, d'une manière ou d'une autre. Parfois peu visibles du fait de la conformité de leur situation avec les traitements administratifs, parfois massivement présents, ils sont toujours incontournables. Selon des médiations variables (correspondance, relations physiques, etc.), des motifs d'intervention divers (demande d'information, dépôt d'une demande, réclamation, etc.) et à des moments différents de la procédure (accueil, contentieux, etc.), les publics sont présents dans les bureaux. Ouvrir la porte d'un service agricole, d'un tribunal ou, comme nous l'avons fait antérieurement, d'une caisse de Sécurité Sociale, et accompagner leurs agents en train de traiter les dossiers, c'est immanquablement tomber sur ce réseau d'êtres hétérogènes, dont leur bureau est précisément un nœud. Ce constat conduit à donner une place au bureau dans la production des faits juridiques comparable à celle qu'occupe le laboratoire dans la fabrication des faits scientifiques, toute chose étant égale par ailleurs[1].

▲ 1. Callon M., dir., *La science et ses réseaux*, Paris, La Découverte, 1988 et Latour B., *La science en action*, Paris, La Découverte, 1989. Toute chose étant égale par ailleurs, car il va de soi que les textes auxquels les chercheurs font référence sont d'une autre facture, les fichiers et autres bases de données ne compilent pas les informations selon des procédés identiques, et les êtres sur lesquels se penchent les savants - enzymes, particules, microbes ou rats - ne ressemblent pas exactement à des usagers ! Dans son ethnographie de « la fabrique du droit », Bruno Latour s'applique à comparer l'activité des conseillers d'État à ceux des chercheurs d'un laboratoire en neurosciences. La place qu'y occupent les hommes, les instruments, les documents, et même les passions, révèle des régimes de circulation des énoncés et, plus largement, des types d'attachement qui diffèrent radicalement. La manière de mobiliser les textes, de se soumettre à l'activité d'écriture, de s'efforcer de stabiliser les faits et de les qualifier, de s'interroger, de douter, et même de s'engager, change pour le moins. Un élément déterminant qui apparaît dans l'analyse de Latour concerne la place des dossiers dans les deux processus de réduction et de définition du réel : dans le cas des chercheurs, les dossiers s'imposent comme des supports cognitifs de référence, sans interdire à ceux qui les manipulent de revenir sur le terrain, de refaire des calculs ; dans le

Parallèlement à ce fond invariant qui définit le réseau d'instances du travail réglementaire, un autre constat tient, au contraire, à son caractère mouvant. Les textes réglementaires, les fichiers ou les usagers constituent des instances dont la force et l'intensité varient. D'un bureau à l'autre, l'intensité de leur présence diffère : parfois, comme dans le cas des services agricoles, l'alimentation et l'entretien des fichiers occupent une place prépondérante dans la gestion ordinaire des affaires et les préoccupations des agents, la fiabilité des bases de données s'imposant comme une condition préalable pour le bon exercice du droit ; parfois, comme dans le cas de la justice, la lecture et l'interprétation des textes envahissent le temps et l'énergie des professionnels, la mobilisation d'une norme légale pertinente pour qualifier la situation étant incontournable. Ainsi, le poids et l'intensité des instances dans les différents bureaux étudiés apparaissent à chaque fois différentes. C'est vrai d'une institution à une autre, comme c'est vrai au sein d'une même organisation : selon qu'on observera l'activité des guichetiers ou des contrôleurs, des greffiers ou des magistrats, la configuration du réseau change. La « pression » du public, comme la désignent parfois les indigènes, opère variablement selon notamment le degré d'exposition du corps des agents. L'urgence des indicateurs de gestion - délais, volumes de traitement, stocks d'en-cours, etc. - ne s'impose pas équitablement dans tous les bureaux. Et les textes de loi, aussi incontournables soient-ils, ne font pas l'objet d'un même travail d'exégèse. En fait, cette labilité des relations qui lient les composantes d'un réseau n'a rien d'étonnant : elle est intrinsèque à la dynamique de son fonctionnement. Elle n'en est pas pour autant chaotique : s'il est vrai que le réseau dont procède le travail réglementaire est changeant d'un bureau à l'autre, d'une organisation à l'autre, et même d'une période historique à une autre, il n'en dessine pas moins certaines régularités.

Prenons le cas de la Sécurité Sociale évoqué lors du chapitre précédent : la mobilisation nécessaire de l'instance que sont les « usagers » y apparaît comme un enjeu particulièrement vif, faisant l'objet d'aménagements organisationnels différents et inspirant des rhétoriques politiques et managériales fort diverses. Il n'y a de cas que nous ayons explorés où cette instance, au-delà des multiples configurations possibles du réseau,

cas des magistrats, ils constituent un opérateur de qualification, qui limite formellement les éléments pertinents de définition et interdit d'en ajouter d'autres : « La réduction juridique vise à rapidement stabiliser le monde des faits indiscutables [...] pour rattacher le fait à une règle de droit (en pratique un texte) de façon à produire un jugement (en réalité un arrêt, un texte). La réduction savante obtient la même stupéfiante économie, puisqu'elle remplace le monde, sa complexité, sa richesse, ses innombrables dimensions, par du papier et des textes. Mais le cheminement qu'elle établit diffère du tout au tout, puisque, une fois en possession du papier, du document, de la carte, il est toujours possible de revenir en arrière et de retourner au territoire [...] autorisant les visées et les calculs d'angle. [...] (En droit) celui qui conserve le dossier a établi une connexion qui va lui permettre de ne plus avoir à en apprendre davantage et qui va lui permettre de transporter, au retour, de l'arrêt indiscutable ». Cf. Latour B., « Objet des sciences, objectivité du droit », *La fabrique du droit*, *op. cit.*, p. 243-244.

n'apparaisse avec autant de vigueur. Certes, les relations avec le public peuvent faire l'objet de réflexions apparemment proches au sein des ministères de l'Agriculture et de la Justice : c'est, par exemple, le cas des téléprocédures dont le déploiement a été mené sous la bannière de la simplification des démarches administratives des agriculteurs, comme c'est le cas du projet qui fonde la juridiction de proximité qu'on a étudiée, censée rapprocher la justice avec les citoyens. Mais leur problématisation ne génère pas les mêmes tensions dans le travail, n'oblige pas les directions à inventer sur une aussi longue durée et avec autant de diversité, ne constitue pas la cible de réflexions et de politiques aussi manifestes, depuis l'ancienne problématique de « l'humanisation » des guichets aux multiples déclinaisons de la notion de « relation de service »[1]. Peut-être la relative jeunesse des relations directes des agriculteurs avec l'administration, qui découlent de la réforme de la PAC en 1992, y est pour quelque chose, le rapport entre ces mêmes agriculteurs et l'État étant par ailleurs réglé par une gestion paritaire, singulière dans le paysage français et différente, pour le moins, du cas de la Sécurité Sociale[2]. Peut-être que la relation des magistrats avec les justiciables, pour être parfaitement déterminante, n'en est pas moins réglée, croit-on, par une procédure codifiée qui rendrait moins problématique la mobilisation de l'instance des usagers[3]. La qualité de « social », dont on considère parfois qu'elle constitue un trait culturel du personnel des caisses, trouverait peut-être ici une origine possible, dans cette difficulté permanente d'ajuster une organisation industrielle de traitement de masse à la gestion nécessaire des relations : ce n'est pas seulement des valeurs qui en fondent le projet, c'est aussi une question pratique qui interroge le quotidien de l'action.

Ce constat qu'on peut établir à propos des usagers peut être poursuivi à propos de la force des autres instances que sont les textes ou les fichiers. Concernant ces derniers, il apparaît évident qu'ils attisent une attention et une activité moindres de la part des magistrats que des agents des autres institutions explorées. Bien sûr, il est question à propos des affaires qu'ils traitent de bases de données, de fichier d'identification et autres casiers judiciaires, extraits dont ils examinent immanquablement l'information. Bien sûr, le traitement des affaires fait lui-même l'objet d'enregistrements et de suivis par le biais d'indicateurs imposés par la procédure (enrôlement) et des contraintes de gestion auxquels les juges sont confrontés dans leur travail (délais, stockage). Mais ces enjeux, qui renvoient au traitement industriel de l'information et apparaissent si vifs dans les autres organisations étudiées, semblent peser de manière secondaire. Et même lorsque ces informations,

▲ 1. Sur l'usage et les problématiques nés autour de cette notion, cf. Weller J.-M., « Relations de service », *in* Bevort A., Jobert A., Lallement P., Mias A., dir., *Dictionnaire du travail*, Paris, PUF, 2012.

▲ 2. Pour l'étude comparée des formes de paritarisme, cf. la thèse de L. Duclos, *Paritarismes et Institutions, op. cit.*

▲ 3. Ce qui n'est pas le cas, même en matière contraventionnelle. Sur la place de la compassion et le statut des sentiments des magistrats dans le procès pénal, cf. Dodier N., Barbot J., « Repenser la place des victimes au procès pénal. Le répertoire normatif des juristes en France et aux États-Unis », *Revue française de science politique*, 64 (3), 2014.

centralisées dans des bases, concernent la jurisprudence des décisions, l'accès ne s'impose qu'autant que les magistrats l'auront jugé nécessaire. On est loin des situations de travail observées où ces bases s'imposent comme des points de passage obligé aux agents : pénétrer dans le bureau des juges de proximité, c'est tomber sur cette plus faible considération des fichiers. Il ne faudrait toutefois pas en conclure que ces derniers composent une instance nécessairement mineure de l'activité judiciaire, comme si les magistrats étaient par nature détachés des contraintes industrielles[1]. Ils ne le sont pas. Le traitement numérique de l'information, avec son cortège d'innovations[2], pourrait contribuer à modéliser certaines décisions judiciaires débouchant sur une automatisation possible des jugements, à propos de situations infractionnelles relativement simples et dans le respect de la contestation possible de l'usager. Du reste, de telles innovations existent déjà. C'est le cas du traitement en temps réel (TTR) des infractions pénales qui, introduit dans les années 1990 dans les Parquets pour accélérer le traitement des affaires, conduit à une charge excessive des audiences de sorte que les juges de proximité expriment un manque de distanciation par rapport au dossier et estiment ne pas toujours pouvoir y mener à bien la réflexion nécessaire[3]. C'est encore le cas de la gestion des obligations pénales en matière d'infraction routière, qui voit l'introduction d'un traitement

▲1. C'est, par exemple, ce que la lecture de B. Latour à propos des conseillers d'État pourrait suggérer, en rappelant l'irréductibilité du droit à une ingénierie ou une technique : « C'est [le droit] la moins technique de toutes les formes d'énonciation : jamais il ne remplace l'oralité, la textualité, la reprise laborieuse du sens par des corps d'humain. [...] Un coup d'œil sur le Palais-Royal : Caton en toge n'y serait pas dépaysé. En dehors de la base informatique qui permet un archivage plus commode que les tablettes de cire, pas le plus petit outillage qui permette d'accélérer l'efficacité du droit de 2001, par rapport à celui de César. On a dit que les armées de Napoléon marchaient à la même vitesse que celles d'Alexandre jusqu'à l'invention du chemin de fer qui vint bouleverser l'art de la guerre. Aucune innovation radicale ne vient modifier l'art de dire le droit : les requêtes progressent au Palais-Royal à la même vitesse et se tricotent avec les mêmes aiguilles qu'à la Curie d'Auguste. On peut certes parler de techniques juridiques, mais le sens reste métaphorique : que l'on n'attende du Conseil aucun tableau de bord, aucun bouton à presser d'où le vice-président pourrait contrôler plus directement et plus efficacement la fabrique du droit aujourd'hui qu'hier » (Latour B., *La fabrique du droit, op. cit.*, p. 293).

▲2. Le droit pénal rencontre aujourd'hui nombre de dispositifs destinés à outiller les professionnels dans le traitement des situations, contribuant à une rationalisation des décisions légales et une évaluation selon des critères industriels. Cf. notamment les travaux de C. Mouhanna et B. Bastard sur la production des décisions pénales des procureurs (cf. Mouhanna C., Bastard B., « Procureurs et substitut : l'évolution du système de production des décisions pénales », *Droit et société*, 74, 2010) ou la thèse d'A. Jonckeere à propos d'un logiciel permettant le suivi et le contrôle intégré des prévenus, et l'activité des agents de probation en Belgique (cf. Jonckeere A., *Dés)équilibres. L'informatisation du travail social en justice*, Louvain-la-Neuve, Larcier, 2013).

▲3. Cette attitude critique concerne également les magistrats professionnels du siège, cf. Mouhanna C., Bastard B., « Procureurs et substitut... », art. cité, p. 48-49. Les juges de proximité siègent, en tant qu'assesseur, aux audiences correctionnelles. Mais, selon les juridictions, soit du fait du vice-président du tribunal d'instance, soit du fait des juges eux-mêmes, tous ne siègent pas à ces audiences, éloignées selon eux de la mission première censée inspirer la justice de proximité (écoute, pédagogie, conciliation).

automatisé parallèlement à la politique de déploiement des radars au tournant des années 2000[1].

Le bureau s'impose comme le nœud d'un réseau d'instances qu'on retrouve bel et bien d'un terrain à l'autre, même si la place de ces dernières peut s'avérer différente compte tenu de son histoire. Il n'apparaît pas moins au croisement de forces contradictoires. D'un côté, le bureau apparaît comme une forme organisationnelle stable, historiquement repérable, même s'il apparaît comme la cible de politiques d'aménagement visant à lui préférer à certains moments, certaines formes à d'autres réputées plus efficaces, plus économes, plus ajustées, au nom de la primauté accordée à l'une des instances ; d'un autre côté, les variations de cette forme paraissent non négligeables de sorte qu'on pourra se demander, *in fine*, si le bureau des juges a vraiment quelque chose à voir avec celui des agents des services agricoles, et jusqu'où celui de ces derniers ressemblent encore à celui de leurs collègues des caisses de Sécurité Sociale. Cette interrogation apparaît d'autant plus s'imposer que le bureau apparaît parfois comme un point de passage obligé, lieu d'activité incontournable et déterminant dont dépend la mise en droit des situations, et parfois - comme c'est le cas avec les magistrats - comme un espace de travail plus composite et dont les formes diverses n'affectent le travail que de manière secondaire. Tentons néanmoins de dépasser ces difficultés, afin d'envisager une description plus générale des bureaux qu'on a rencontrés susceptible de rendre compte de leurs variations empiriques tout en restituant leur cohérence transversale. C'est l'enjeu de la typologie qu'on entend proposer à présent.

Une typologie de la forme « bureau »

À n'en pas douter, les bureaux rassemblent l'ensemble des inscriptions nécessaires à l'activité réglementaire. Ils peuvent être décrits comme un espace de travail littéraire et comptable : on y lit, on y écrit, on y compte. Ils peuvent s'analyser comme un lieu de stockage : on y entrepose des documents, on y archive les dossiers. Ils peuvent se comprendre comme un centre de calcul depuis lequel les agents simplifient la réalité, traduisent des situations en droit qu'ils transforment en texte. Ils s'imposent comme une arme, grâce à laquelle des phénomènes inédits sont rendus visibles et dont ceux qui les rendent ainsi manifestes peuvent tirer partie pour faire valoir leur intérêt et une certaine conception de ce qui est juste. Lieux de savoir et de pouvoir, les bureaux rencontrés au cours des diverses enquêtes n'en sont pas moins différents. Comme dans le cas des juges, ils peuvent être « intégrés » ou « éclatés », selon que l'ensemble des activités est rassemblé dans un même lieu ou qu'au contraire elles ne le sont pas. Comme dans le cas des agents des caisses de Sécurité Sociale, le bureau peut être frontalement exposé au public selon des modalités qui ont évolué

▲ 1. Là encore, les magistrats rencontrés exprimaient leur réticence vis-à-vis de ces dispositifs informatiques, remettant en cause l'individualisation des traitements. Cf., sur ce point, chapitre 1.

historiquement. Ou, comme dans le cas des services agricoles, les modes de coordination et de rangement peuvent radicalement varier. En fait, deux critères apparaissent décisifs, dès lors qu'on examine les bureaux depuis l'action que les agents y accomplissent.

Un premier critère concerne le champ de vision qu'ils organisent. Dans certains cas, la focale est longue et l'on peut y voir loin : le bureau dévoile à ses occupants l'étendue du réseau, avec ses instances qu'il faut articuler entre elles. Le travail réglementaire, dès lors qu'on en suit le cours, s'y concentre, laissant la capacité des personnels à interagir directement avec les textes, les fichiers et les usagers, à réaliser une description relativement aboutie de la situation de ces derniers, voire à poursuivre jusqu'à son terme le processus de décision tout entier, compte tenu des obligations propres au réseau sociotechnique depuis lequel ils agissent. Dans d'autres cas, c'est l'inverse. La focale semble courte, et l'on ne peut saisir les composants du réseau que de manière réduite : le bureau ne dessine que des vues partielles à ses occupants, leur laissant peu la possibilité d'intervenir simultanément sur l'ensemble des instances et, *a fortiori*, de saisir dans sa totalité le processus de fabrication de la décision. Accompagner un agent agricole du service des Montagnes en charge du calcul des primes animales, c'est constater une capacité de vue et d'ajustement qui diffère de ses confrères du service des Plaines : le premier peut interroger ses collègues à la photocopieuse, revérifier des calculs à la main, joindre l'exploitant au téléphone dans des termes que l'on ne saurait trouver chez le second. Et pour cause : ce dernier demeure rivé à ses caisses de plastique, sans téléphone et sans véritables collègues qu'il connaitrait suffisamment pour s'adresser à eux. Au travers de leurs murs et leurs guichets, des interactions qu'ils favorisent ou qu'ils interdisent, des compétences qu'ils rendent possibles ou empêchent, les bureaux peuvent ainsi être décrits selon l'ampleur des vues qu'ils offrent sur le réseau. L'idée que ces derniers constituent des dispositifs optiques a déjà été proposée par la sociologie des sciences, et notamment par Bruno Latour[1]. Il reste que ces manières de voir sont de qualité variable. Et l'on pourra chercher ici à les comparer du point de vue de la plus ou moins grande capacité que les bureaux donnent aux professionnels à voir, par la concentration des outils qu'ils mettent à leur

▲ 1. Dans *Paris Ville Invisible*, B. Latour évoque ainsi le bureau de la responsable du planning de l'École des Mines où il enseigne alors : « De la fenêtre de l'École des Mines, d'où elle règne en maîtresse efficace sur le planning des salles et des cours, elle [Mme Baysal] ne voit [...] aucune salle, n'assiste à aucun cours. Claquemurée dans son bureau, réduite à un angle de vue, elle ne pourrait parler avec autorité que de la façade XVIIe de l'ancien hôtel de Vendôme – et encore elle ne la voit que de biais. Comment parvient-elle, dès lors, à dominer du regard l'ensemble des salles de l'École ainsi que la suite des jours de classe ? [...] En tournant les yeux vers l'intérieur de son bureau [...] avec de grandes feuilles, étalées sur son bureau, reprises à l'écran de son ordinateur, alignées en rames dans les tiroirs plats qui jouxtent son fauteuil et qu'elle ouvre d'un geste expert de la main. [...] Platon se trompait quelque peu avec sa triste Caverne dont il fallait sortir pour contempler enfin la réalité même, et non plus ses ombres pâles. Mme Baysal, à l'inverse, descend dans l'ombre de son bureau, habitue ses yeux à l'obscurité propre au monde des signes, et voit enfin toute l'École, son espace, son temps, sa démographie, son ordre. Oui, l'École même, rendue visible, enfin » (Latour B., Hermant É., *Paris, ville invisible*, *op. cit.*, p. 16).

disposition, par l'emplacement qu'ils occupent en amont ou en aval des traitements, par la qualité qu'ils offrent de l'exposition aux publics.

Un second critère possible concerne la forme des dossiers, ou si l'on préfère le mode d'agrégation des affaires. C'est là un résultat important dégagé au terme de la première partie, qui montrait comment le récit et le calcul désignent des manières de totaliser les situations, de faire tenir ensemble les pièces qui composent leur dossier. L'histoire peut être segmentaire, partielle par endroit ; le calcul peut s'avérer limité, incertain par d'autres. Ils n'en permettent pas moins la qualification juridique des faits. Or, ces formes narratives et calculatoires se déploient dans des proportions qui varient en sens inverse. Accompagner un juge de proximité, préparer ses dossiers, présider l'audience ou rédiger ses jugements, c'est l'entendre élaborer des hypothèses sur ce qui s'est passé, évaluer les propos de ce qui est échangé lors du contradictoire, mesurer l'appréciation du prévenu de la force du droit, et mobiliser la règle pour articuler, dans un même plan narratif, ce qui a été dit avec les pièces matérielles et les textes légaux. Le recours à des formes calculatoires peut intervenir ponctuellement, mais demeure soumis à la forme narrative. Observer un agent des services agricoles, évaluer des productions végétales ou le troupeau d'un éleveur, c'est immanquablement suivre son regard, courir sur les lignes informatiques de son écran pour identifier un calcul de surface, repérer un taux de densité, autant de mesures qui sont automatiquement générées par des dispositifs métrologiques reliant chaque ferme, chaque bovin, chaque surface aux disques durs de l'administration. La production d'un récit demeure le propre des affaires les plus éprouvées, et occupe une place mineure. Ces différences, qui composent un spectre de variations allant de la forme narrative à la forme la plus calculatoire, découlent très largement des équipements hétérogènes qui composent le bureau (logiciels, cartes, bases de données, indicateurs de gestion, piles, etc.) et guident les agents dans les mises en texte successives qui jalonnent le traitement des affaires. À certains égards, ces variations rappellent les régimes de production de la vérité scientifique dont l'histoire montre qu'elles ont connu, elles aussi, ces mêmes formes de totalisation : les phénomènes naturels observés par les chercheurs ont d'abord été décrits et diffusés selon des procédés empruntant une forme narrative, notamment au travers du récit qu'en faisaient des témoins réputés, pour laisser progressivement place à l'expérimentation telle qu'on la connaît aujourd'hui, fondée sur le calcul au moyen d'un appareillage sophistiqué manipulable par des experts[1].

▲ 1. Ainsi, C. Licoppe distingue trois régimes de production de la vérité scientifique au cours de l'histoire : au cours du XVIIe siècle, un régime, qu'il appelle celui de la « curiosité », repose sur la mise en spectacle de phénomènes surprenants et frappant l'imagination, rendus visibles auprès d'un auditoire de témoins non moins exceptionnels, dont la crédibilité est garantie par leur qualité aristocratique ; puis, à la fin du XVIIe siècle, un régime de « l'utilité », où c'est désormais la reproductibilité des expérimentations qui devient centrale, supposant de construire des instruments comparables pour attester des phénomènes étudiés, et dont la mesure est stratégique ; enfin, à la fin du XVIIIe siècle, un régime de « l'exactitude », qui consiste à mettre au point des instruments encore plus puissants et mieux calibrés, destinés

Ces deux critères permettent de dresser une cartographie des formes de bureau telles qu'on a pu les rencontrer au travers des enquêtes décrites dans ce livre. Car quatre types peuvent être distinctement dégagés (tableau 18).

		Longueur de la focale	
		Longue	Courte
Mode d'agrégation des affaires	Narratif	Le centre de ressources	Le bureau cellule
	Calculatoire	Le bureau laboratoire	Le bureau machine

Tableau 18 : Les quatre types de bureaux et le travail réglementaire

Un premier concerne des bureaux dont la focale est longue et le mode d'agrégation est prioritairement narratif. Les vues qu'ils organisent permettent de circuler aisément parmi les textes, d'appréhender l'ensemble des données produites, sachant que les échanges avec les usagers pourront s'épanouir autant qu'il est nécessaire en audience. La manière dont les professionnels agrègent les informations au gré de l'instruction répond à une forme narrative, avec toutes les reprises, les hypothèses, les hésitations nécessaires pour parvenir à une description de la situation conforme aux instances composant le réseau. De fait, cette capacité à mobiliser simultanément l'ensemble des éléments d'une situation qu'il convient de mettre en droit témoigne d'une relative plasticité de l'espace de travail qui doit permettre de libres allées et venues pour interroger les textes, les fichiers et les publics. Dans cette perspective, le bureau apparaît comme un élément de maîtrise de l'ensemble du processus de décision, décrivant une polyvalence importante, une faible division du travail et une libre coopération avec d'autres collègues, lorsqu'elle s'avère nécessaire. C'est typiquement le cas des juges de proximité, dont le travail ressemble à celui de n'importe quel magistrat : ils jugent en droit, s'appuyant d'abord et avant tout sur les textes et le dispositif matériel du dossier. Parce qu'ils ont la maîtrise formelle de la norme pénale et ont en main la totalité des étapes qui jalonnent la procédure, les juges bénéficient d'une indéniable autonomie, pouvant librement circuler parmi la diversité des éléments d'une situation – pièces, énoncés oraux, etc. – dès lors que ceux-ci sont produits dans le strict respect des règles. De fait, leur bureau se présente d'abord et avant tout comme un *centre de ressources*. Éclaté, intégré, diversement doté de salles dédiées, de meubles, d'outils numériques, de collègues ou de ressources en personnels, sa configuration variable n'a qu'un impact secondaire sur le travail accompli. Il constitue un ensemble à la fois matériel et humain qui territorialise l'activité au sein du tribunal, et avec lequel compose tout magistrat. Mais il n'apparaît guère au cœur du processus de mise en règle : ce n'est pas le bureau qui signe les jugements, ce sont des juges, et en leur nom

à isoler les faits, d'en restituer la précision et la pureté, garanties par l'absence d'interférences. Cf. Licoppe C., *La formation de la pratique scientifique. Le discours de l'expérience en France et en Angleterre (1630-1820)*, Paris, La Découverte, 1996.

propre, avec tout ce que cela implique en termes de présence physique et d'autorité[1]. Tout se passe comme si, dans cette configuration, la fabrication de la décision était d'abord un acte personnel et professionnel à la fois, attachée à la qualité physique du magistrat en tant qu'humain parfaitement séparé de l'organisation du tribunal dont les bureaux constituent un environnement, et seulement cela. Du reste, les questions d'organisation du tribunal sont proprement minorées. On pourra faire l'hypothèse que c'est là une configuration typique des cas où le travail réglementaire est assuré par des agents spécialisés, dont la qualification professionnelle est attestée par un diplôme ou une formation spécifique, et dont la reconnaissance repose notamment sur l'appartenance à un corps, dont les règles et les manières de faire, irréductibles au bureau, leur sont spécifiques.

Un deuxième cas, exactement inverse, renvoie à celui des bureaux dont la focale est courte, et le mode d'agrégation calculatoire. Les vues qui sont ici produites ne permettent que des aperçus partiels des textes, des bases de données ou des usagers, les différentes instances qui s'imposent comme les points de passage obligés pour qualifier juridiquement les situations semblant mêlées, touffues et peu lisibles en tant que telles. Les critères précisés par les textes paraissent inextricablement confondus avec les questions de procédure informatique, les propriétés des usagers avec les bases de données. Quant à la manière de combiner ces multiples éléments, le travail accompli décrit un mode calculatoire, généralement très équipé, offrant peu de prises à ceux qui en manipulent les outils. C'est lorsque le bureau s'impose à la manière d'une *machine*. Cette dernière condense automatiquement les données sur la base d'un calcul, promesse d'une parfaite cohérence du réseau, sans qu'aucune vue ne soit possible sur la situation, si bien que personne ne peut prévoir, à la seule lecture des données, la décision qui en sortira. Ainsi, dans le cas des services agricoles, il existe des pratiques de contrôle automatique fondées sur la télédétection, générant un calcul possible de pénalités selon un progiciel « intégré » de gestion et de contrôle. Dans le cas de la justice de proximité, il existe également une procédure de traitement analogue en matière d'infractions routières. Certes, dans un cas comme dans l'autre, l'automatisation n'est jamais totale : elle est soumise à l'approbation des usagers concernés, suppose que sa conformité procédurale soit vérifiée par les agents, et conduit pour une minorité d'affaires à devoir traiter manuellement les cas, à rouvrir les dossiers et à se replonger dans l'inextricable écheveau de pièces qu'ils contiennent. Le fait de pouvoir assimiler la bureaucratie à un « appareil » demeure toutefois : elle découle des théories managériales, nées de l'entre-deux-guerres, où les bureaucrates sont décrits comme les

▲ 1. Rappelons que le mot a la même racine étymologique qu'« auteur ». On pourra rapprocher ici le bureau des juges de celui des chercheurs dont les activités de recherche ne dépendent pas d'un grand équipement. Sur la question de l'organisation des laboratoires, cf. Vinck D., « L'équipement du chercheur : comme si la technique était déterminante », *ethnographiques.org*, 9, 2006. Sur la question de la signature, cf. les travaux de David Pontille, et en particulier *Signer ensemble : contribution et évaluation en sciences*, Paris, Economica, 2016.

« engrenages » d'une immense machinerie dont le bureau, cerveau de l'organisation, est le moteur[1]. On fera volontiers l'hypothèse que c'est là une configuration où le travail réglementaire est accompli par des agents sans qualification, ni même de statut parfois, comme en témoignent les cas des services agricoles étudiés employant périodiquement, et régulièrement, une population importante de vacataires pour de courtes durées.

Un troisième type de bureaux répond à une autre situation, à savoir lorsque la focale est courte et le mode majeur d'agrégation est narratif. Les vues qu'ils autorisent paraissent tout aussi partielles que dans le cas précédent, notamment parce qu'elles sont segmentées et dépendantes d'une forte division du travail : les professionnels ne peuvent jamais saisir la totalité d'une situation et sont tributaires de l'équipement dont ils disposent pour circuler parmi les textes, les fichiers et les usagers. Le bureau n'a de sens ici qu'en tant que maillon d'une longue chaîne de traitements assurés par d'autres bureaux, passant par étapes successives de la situation de l'usager au texte de la décision conclusive. Contrairement au premier type de bureau, ce séquençage n'est pas du fait de la procédure légale, mais bien de l'organisation, faisant intervenir un nombre important d'agents et de services. Mais, contrairement au deuxième type, il n'a pas le caractère mécanique d'une machine intégrant dans un même mouvement toute une série d'opérations, et passe par des frictions probables entre les différents bureaux, compte tenu des vues partielles que ces derniers ont des affaires. C'est, dès lors, la tâche exclusive de services spécialisés (services de vérification, contrôle, contentieux) ou de la hiérarchie qui, pour assurer la qualification des situations, procèdent par récit, lorsque les affaires l'exigent, en racontant une histoire sur ce qui s'est passé, compte tenu des particularités du cas. Les agents voient le monde, rencontrent les usagers, manipulent leurs dossiers, consultent les circulaires, opèrent des rapprochements entre les pièces, les données informatiques et les textes. Mais ce qu'ils saisissent du regard demeure tributaire des fenêtres que leur aménage leur bureau. Ils voient l'affaire, mais ils ne peuvent qu'en appréhender des bouts. Le guichetier des services agricoles des Plaines peut recevoir un exploitant et lui rappeler les éléments de la réglementation, mais il ne peut entrer dans son dossier et encore moins garantir comment l'affaire « passera ». Lorsque ses collègues traiteront le cas, ils n'en seront pas davantage en mesure de renouer avec les interrogations ou les inquiétudes de l'usager exprimées lors de la permanence. Et c'est seulement si un décalage surgit de manière criante, à l'occasion d'une non-conformité légale, d'un refoulement informatique ou d'une plainte de l'intéressé, qu'il faudra alors recoller les morceaux, reprendre un à un l'ensemble des éléments vus,

▲ 1. On pense, par exemple, aux réflexions de M. Ponthière, influencé par le fayolisme, qui introduit en France sa conception d'un « bureau moteur » pour l'organisation du travail administratif (cf. Pillon T., « Le bureau moteur », *Office et Culture*, 7, 2008 et Ponthière M., *Le bureau moteur*, Paris, Delmas, 1935). Plus largement, cf. les travaux déjà cités de J. Agar ou de D. Gardey sur l'histoire du bureau moderne où le machinisme constitue une des références déterminantes.

cette fois-ci, sous un même jour, mais toujours à l'abri du regard de l'intéressé. C'est, dans tous les cas, la figure du *bureau cellule* qu'on trouve ici, dessinant les traits d'une organisation « planifiée », pour reprendre une catégorisation avancée par Dodier, dont la coordination est à la fois technique et hiérarchique, et proche en cela du modèle wébérien : leur compétence, et même leur virtuosité, consistent précisément à ne jamais sortir du bureau[1].

Un quatrième cas, enfin, renvoie à celui des bureaux dont la focale est longue, et le mode d'agrégation calculatoire. Les agents y disposent de puissants instruments pour saisir la complexité des affaires qu'ils traitent, rapporter sa description depuis le jeu des instances avec une relative souplesse d'ajustement, mobiliser les textes, explorer les bases de données, échanger avec les usagers. Et ils procèdent pour ce faire en agrégeant pas à pas les éléments au prix de techniques mathématiques, supposant de réaliser toutes sortes de mesures en arpentant les prairies, en dénombrant les animaux, en inventoriant les ressources disponibles, en comptant les personnes à charge, en sondant les revenus, etc. Contrairement à la figure précédente, les agents ont une prise sur l'ensemble des éléments qui composent chaque cas : les vues que leur procure leur bureau leur assure d'appréhender l'ensemble des instances, la limitation à leur circulation étant de nature algorithmique – la décision d'attribution d'une aide, d'une pénalité, d'une subvention reposant sur un calcul. Ainsi, les agents des services agricoles des Montagnes peuvent-ils plus aisément circuler parmi le réseau des instances que leurs confrères des plaines céréalières. Et bien que leurs bureaux au désordre apparent ne paraissent guère enviables à l'aune des aménagements paysagers promouvant la collaboration et autres synergies, c'est bien cette coopération horizontale qui s'instaure, dans le couloir ou près du photocopieur, dessinant les contours de ce qu'on pourrait appeler un *bureau laboratoire*. L'expertise est ici plus collective, plus « distribuée », et prend appui sur une jurisprudence accumulée par le service. C'est le cas dans le service agricole qu'on vient d'évoquer, mais c'était aussi celui de certains services de prestations des caisses de Sécurité Sociale décrits précédemment.

Ces différentes formes de bureau soulignent combien, pour un travail réglementaire dont l'enjeu demeure celui de dire le droit, la réponse

▲ 1. « Centre de toute action moderne », le bureau constitue l'élément de base de toute bureaucratie : sa structure et sa composition, fondées sur la division du travail et des compétences spécialisés, assurent la remontée des affaires aux niveaux hiérarchiques supérieurs dès lors que l'agent éprouve un problème d'orientation de l'action en droit. Les fonctionnaires y agissent de manière individuelle, caractérisés à la fois par une compétence technique et un devoir d'obéissance. Ils n'en témoignent pas moins d'un authentique souci moral aux affaires qu'ils traitent, et leur ethos professionnel, fondé sur la compétence technique et le devoir d'obéissance (cf. Weber M., *Économie et société*, *op. cit.*, p. 293 et s.). À la discipline et à la mécanisation du travail qui rendent possible la production d'un tel esprit, il faut ajouter pour Weber l'importance du statut qui définit la nature du lien entre le fonctionnaire et l'État, selon des modalités qui diffèrent du contrat de travail. Sur la figure du bureaucrate prussien et les travaux qu'elle a inspirée et qui a servi de référence empirique pour Weber, cf. Kocka J., « Otto Hintze, Max Weber et le problème de la bureaucratie », *Trivium*, 7, 2010.

organisationnelle peut différer : selon la focale et le mode d'agrégation des affaires, l'activité qu'on y accomplit n'est pas exactement la même, dessinant des configurations diverses où les compétences sont attachées davantage à des personnes ou à des équipements, autorisant des formes d'action plus collectives ou plus individuelles. Il est clair que, parmi les cas empiriques qu'on a étudiés, les bureaux peuvent combiner simultanément parfois plusieurs types : c'est le cas, par exemple, à chaque fois que les agents doivent combiner des modes calculatoires à des récits pour définir les droits d'éligibilité des usagers à certaines prestations [1] ; ou encore, lorsque l'appréhension des affaires requiert la considération de l'ensemble des instances mais dont la régulation, qui suppose une coordination avec d'autres collègues, devient plus difficile compte tenu des réaménagements des espaces de travail [2] . Plus largement, l'appréhension du travail réglementaire depuis les formes possibles de bureau permet d'apporter un éclairage sur deux points qui nous paraissent centraux, et sur lesquels on se propose de conclure : les tensions morales du travail réglementaire et la dynamique des organisations.

*

Un premier enseignement d'une plus grande attention aux formes de bureau tient sûrement au fait qu'elle oblige à s'intéresser au travail concrètement accompli. L'enjeu n'est pas seulement de rendre compte des activités et de leurs épreuves - nous en avons très largement restitué le contenu au cours de la première partie de cet ouvrage - mais plutôt de nous demander en quoi le bureau, avec sa configuration matérielle et humaine, constituait une ressource pour agir. Pour le dire autrement, qu'est-ce que l'agencement bureaucratique depuis lequel interviennent les agents favorise en termes d'obligations, de sensibilité et d'attention ? Et inversement, qu'est-ce qu'il produit en retour, en termes de distance, d'indifférence ou de cécité ? Ces obligations rappellent que les instances qui définissent le réseau - et, au premier chef, les textes, les fichiers et les usagers - supposent bien souvent un travail d'articulation nécessaire pour être rendues compatibles. Parfois, cet ajustement passe quasiment inaperçu, car les outils dont disposent les agents intègrent déjà ces tensions, de sorte qu'un observateur, même aguerri, aura beaucoup de mal à percevoir comment la manipulation d'un code informatique, un déplacement de rendez-vous avec un usager ou un échange discret avec un collègue permettent de résoudre une difficulté passagère.

▲ 1. C'est le cas, par exemple, des caisses de retraite qu'on avait étudiées lors de nos premiers travaux sur la Sécurité Sociale, dont les agents doivent à la fois calculer le montant des pensions attribuées sur la base des cotisations versées, et recourir à une reconstitution de carrière des intéressés nécessitant de fréquents échanges avec les intéressés afin de comprendre, au moyen d'un récit, le sens des « trous » éventuellement constatés dans les versements et d'effectuer, en conséquence, les recherches adaptées.

▲ 2. On pense, par exemple, à la chronique d'un réaménagement des bureaux de Poste rapporté par F. Hanique et des conséquences en termes de régulations professionnelles. Cf. Hanique F., *Le sens du travail. Chronique de la modernisation au guichet*, Toulouse, Érès, 2004.

Parfois, ce même travail d'ajustement apparaît au contraire très visible, supposant la mobilisation d'outils supplémentaires pour refaire des mesures, obligeant à rencontrer à nouveau l'usager pour mieux saisir le détail d'une situation, à solliciter l'intervention de services extérieurs pour rappeler le sens d'un texte, à échanger avec des collègues pour comparer le cas depuis des précédents, à renvoyer à des responsables hiérarchiques pour ne plus gérer l'affaire, etc. Parfois, ce travail d'ajustement relève d'opérations d'alignement rendues nécessaires par les outils techniques dont les formats calculatoires imposent une cohérence forte entre les entités mobilisées, conduisant à l'irréversibilité des processus bien décrits par la théorie de l'acteur-réseau. Parfois, ce même travail suppose de maintenir ouvertes, ne fût-ce que provisoirement, les correspondances envisagées entre les entités, de sorte qu'il prend des formes moins verrouillées *a priori* comme celles de la diplomatie. Le fait est que, quelles que soient son ampleur et sa forme, cet effort de mise en compatibilité témoigne de ce que Nicolas Dodier, à propos de l'activité technique, considère comme un « travail d'équilibrage »[1] révélant un authentique « souci moral », repérable notamment à travers ce qu'il appelle « la question des obligations[2] ». Il en décrit deux formes possibles : la « solidarité en réseau », ou solidarité technique, qui renverrait dans notre cas à la préoccupation des agents au bon déroulement du traitement des affaires, et la « solidarité en société », ou solidarité sociale, qui désignerait leur attention au lien qui les unit aux autres[3]. L'intérêt d'une telle distinction est qu'elle renonce à l'idée que l'activité sociotechnique, celle qu'on a décrite au premier chef et qui relève des associations entre des textes, des fichiers et des hommes, soit nécessairement cadrée par les seules instances du réseau. Il arrive qu'elle ne le soit pas. Parfois, l'agent public est saisi par autre chose, une nécessité, une obligation morale qui résulte du fait que ses actions ont un impact sur la vie des personnes qui le conduisent à en mesurer la portée, voire la violence. C'est le cas lorsqu'il est conduit à prendre une décision qu'il considère comme absurde, alors même qu'aucune instance du réseau ne l'empêche de l'adopter[4], ou qu'il doit se résoudre à conclure une affaire de

▲1. « Un opérateur est placé lui-même au carrefour de différentes instances, ses voisins du réseau, il est donc engagé dans une activité d'équilibrage : les exigences de ces différentes instances ne sont pas compatibles d'emblée, c'est lui qui doit les rendre compatibles. Il doit arbitrer, faire des choix, doser l'attention qu'il porte à chacune d'entre elles [...]. L'activité technique est un travail d'équilibrage. L'opérateur doit intégrer des discordances entre instances, réaliser des compromis, des arbitrages, des priorités » (Dodier N., *Les hommes et les machines...*, *op. cit.*, p. 74 et p. 80).

▲2. *Ibid.*, p. 338-343.

▲3. « Dans la solidarité technique les individus participent bien à un tout dès lors où ils se soucient de participer au fonctionnement des objets techniques auxquels ils sont confrontés. Ce tout n'est pas la société, mais le réseau technique », *ibid.*, p. 92. Dans la solidarité sociale, la référence à Durkheim conduit l'auteur à caractériser « la vie en société par le fait que les personnes agissent sous l'empire d'une "nécessité" qui s'impose à eux de manière impérieuse » (*ibid.*, p. 344), celle-ci étant particulièrement visible au travers du respect que les personnes éprouvent, dès lors qu'elles sont socialisées.

▲4. C'est le cas lorsque l'usager, « perdu dans ses papiers », renonce à faire valoir ses droits, bien qu'il dispose des éléments qui attestent d'une situation éligible.

manière qu'il juge cruelle[1]. Ces diffractions dans ce qu'éprouvent les professionnels en charge de dire le droit signalent que la réduction du « social » ou de la « société » - quel que soit le terme qu'on donne à l'entité - à la seule dynamique des réseaux dans lesquels ils sont engagés n'est pas toujours de mise. Au contraire, une distinction entre les deux formes de solidarité s'impose. Elle n'est pas nécessairement inéluctable : elles peuvent parfois se superposer, parfois s'écarter provisoirement l'une de l'autre, parfois s'opposer plus radicalement. Les bureaux apparaissent, dans ce cadre, déterminants au travers de ce qu'ils obligent à considérer ou à négliger dans le réel qu'il convient de déplacer, dans ce qu'ils permettent de voir ou ne pas voir, dans les émotions qu'ils conduisent à éprouver ou à étouffer, dans les liens du réseau qu'ils permettent de consolider et dans le degré de continuité possible, ou de discontinuité, avec une solidarité de société. Dans le cas où les bureaux définissent un *centre de ressources*, les décalages entre ces deux formes de solidarité n'ont pas de sens. C'est même tout l'enjeu d'un monde d'agrégation narratif combiné avec une focale longue : l'horizon d'action des décisions des juges demeure à la fois celui du droit et celui d'un vivre-ensemble. Leur travail consiste même à s'efforcer à réduire les écarts du réseau sociotechnique depuis lequel ils confectionnent leur jugement avec le milieu plus large que « la société » pourrait constituer : tout doit être contenu dans le premier, ce que désignent précisément les enjeux de « proximité ». Dans le cas où les bureaux s'imposent comme une *machine*, les décalages entre les formes de solidarité ne sont pas moins rares, mais ils ne posent pas davantage de problème. C'est même tout l'intérêt d'une mathématisation extrême et d'une focale courte : on ne voit rien. L'agent agricole peut saisir le listing des codes d'anomalie relevés par quelques agents de contrôle dépêchés sur le terrain et faire tourner l'ordinateur, il ne peut savoir *a priori* si les décisions qu'il provoque ruineront un exploitant, et encore moins si cette ruine est juste ou cruelle. Elle est légale. Son action est, là encore, tout entièrement contenue dans le réseau sociotechnique. Entre ces deux figures extrêmes, celle de la clairvoyance et de la cécité, les autres formes de bureaux décrivent des positions intermédiaires. La continuité n'est plus de mise dès lors que l'action se déploie depuis une *cellule* ou un *laboratoire*, et s'expriment des frictions entre les deux formes de solidarité dont témoignent les épreuves morales des agents, celles-là même qui provoquent un tiraillement entre le souci des instances du réseau sociotechnique et des émotions qui surgissent, par effraction, signalant l'irréductibilité, même passagère, des convictions éthiques avec le travail accompli[2]. Les formes de bureau qu'on a décrites

▲ 1. C'est le cas des décisions prises « à contre-cœur », quand le magistrat se trouve conduit à prononcer une sanction qu'il sait contre-productive, mais qu'il ne peut empêcher ou que l'agent impose des pénalités à l'usager qu'il estime injustes, mais qu'il ne peut annuler et dont il sait qu'elles provoqueront de grandes difficultés pour l'intéressé.

▲ 2. Sur cette saisie de l'émotion et l'action accomplie par les professionnels du droit, Colemans J., « Ce que les émotions font faire aux professionnels du droit : Jalons pour une approche praxéologique des expressions émotionnelles dans la sphère judiciaire », *Social Science Information*, 54(4), 2015.

apparaissent dès lors comme des solutions de restauration de continuité, selon qu'il s'agit de déléguer à la hiérarchie le soin de prendre une décision dérogatoire ou de débattre avec ses collègues pour ajuster l'interprétation des affaires délicates au regard d'un savoir collectif déjà accumulé. Reste à savoir, bien entendu, si ces tensions proprement morales du travail trouvent là une réponse organisationnelle durable et efficace : c'est cette question, qui invite à articuler les formes de conscience professionnelle avec celle des bureaux, qu'on explorera dans le prochain chapitre.

Un second enseignement d'une considération de la forme des bureaux concerne la dynamique historique des administrations. Contrairement à l'idée qui consiste à penser que le temps s'y arrête volontiers, et que les changements des organisations bureaucratiques ne s'imposent qu'au prix de crises exceptionnelles[1], les transformations apparaissent beaucoup plus saillantes et continues dès lors qu'on se penche sur l'équipement matériel, le façonnement des dossiers ou les interactions possibles entre les personnes concernées, agents et usagers compris. Ce constat concerne tout particulièrement les bureaux, qui rencontrent une série de transformations techniques et managériales décrites par une abondante littérature relative à la relation de service, à l'automatisation du travail administratif ou au recours massif à des outils de quantification pour définir les droits[2]. Il est souvent question, dans les débats que suscitent ces évolutions, des effets délétères du *New Public Management*, où le souci d'efficacité et de performance tendrait à se substituer à la vocation première de l'État qu'est celui de garantir le bien commun et de poursuivre des objectifs d'intérêt général, au risque même d'un possible « démantèlement de l'État bureaucratique », pour reprendre la formule d'Ezra Suleiman[3]. La vieille antienne adressée à l'encontre des techniques bureaucratiques, telle qu'on la trouvait avec l'école de Francfort, n'est pas sans y faire écho : interrogation sur les effets de la rationalisation bureaucratique, la chosification des personnes, la réduction instrumentale de la question du sens par celle des moyens, voire la thèse arendtienne de la banalisation du mal[4]. Mais qu'on se rassure : notre exploration appelle à un constat plus nuancé. S'il y a bien des bureaux qui réalisent automatiquement toute sorte de contrôles à distance, intégrant un nombre croissant de données au prix de puissants logiciels,

▲ 1. Crozier M., *Le phénomène bureaucratique*, Paris, Seuil, 1964.

▲ 2. Segrestin D., « Les progiciels de gestion intégrés : le mythe du pilotage automatique », in *Les chantiers du manager*, Paris, Armand Colin, 2004 ; Ogien A., *Désacraliser le chiffre dans l'évaluation du secteur public*, *op. cit.* ; ou Bruno I., Didier E., *Benchmarking. L'État sous pression statistique*, Paris, La Découverte, 2013.

▲ 3 Suleiman E., *Le démantèlement de l'État bureaucratique*, Paris, Seuil, 2005. Le politiste désigne centralement le principe de neutralité, compte tenu de la politisation des personnels administratifs de direction qu'il observe.

▲ 4. À propos d'Eichmann, H. Arendt considérait que « la *nature* de *toute bureaucratie* est sans doute de transformer les hommes en *fonctionnaires*, en *simples rouages* d'une *machine* administrative et, *ainsi*, de les *déshumaniser* (Arendt H., *Eichmann in Jerusalem: A Report on the Banality of Evil*, New York, Penguin Twentieth Century Classics, 1994, p. 289). Sur la lecture de l'école de Francfort et la bureaucratie, cf. la thèse de Berner J., *From the Iron Cage to Eichmann,* PhD Dissertation, University of Washington, 2012.

d'autres espaces sont amenés à se constituer pour réparer les pannes que ces mêmes traitements ne manquent pas de générer. C'est ce qui se passe, selon des formes largement différentes il est vrai, dans le cas des services agricoles, l'une empruntant à une forme décentralisée et collégiale proche de *bureaux laboratoire* pour délibérer des cas difficiles, l'autre recourant à une forme plus centralisée et hiérarchique, proche de *bureaux cellules.* Car c'est la dynamique du fonctionnement de l'ensemble qui constitue pour nous la perspective de l'analyse pragmatique qui est la nôtre, et d'où il ressort qu'il convient moins de s'arrêter sur quelques centres de calcul en particulier, fussent-ils d'une puissance inédite, que de décrire l'usage qui en est fait en situation.

À ce stade de la réflexion, il convient de rappeler que l'exercice du droit à l'épreuve de l'organisation, et plus particulièrement des transformations les plus récentes, n'a pas manqué d'inspirer un certain nombre d'enquêtes. Dans quelle mesure l'éclairage qu'on s'est efforcé de proposer, en focalisant l'attention sur le travail administratif et les formes de bureaux, peut-il permettre de compléter, voire de nuancer ce que l'on sait déjà sur la fabrication d'un point de vue d'État ? C'est à cet enjeu qu'on se propose de répondre dans un prochain chapitre, en examinant deux points apparus déterminants : la question du pouvoir discrétionnaire dans la pratique du droit, et les formes de conscience professionnelle de l'agent public.

Chapitre 6

L'activité discrétionnaire dans les bureaux

En ce mois de mai 2010, François, contrôleur agricole employé par l'Agence de Services et de Paiement (ASP), se rend sur les parcelles d'un agriculteur en compagnie de leur propriétaire et de moi-même[1]. Après avoir arpenté plusieurs champs dispersés parmi le bocage de l'Auxois, au nord du Morvan, nous nous retrouvons à pénétrer un épais taillis où se trouve, à la sortie, une surface déclarée en gel. L'exploitant n'y fait donc officiellement rien pousser, se contentant d'en retirer chardons et herbes hautes, comme l'exige la réglementation. Ce n'est toutefois pas le spectacle que contemple, ce jour-là, le technicien : le terrain jonché de crottins signale que des chevaux y ont élu récemment résidence, par là même, une possible activité d'élevage. Et puisque le droit est le pouvoir par excellence de nomination, c'est depuis les textes que François scrute attentivement cette parcelle, certain de ne plus pouvoir la considérer comme en gel, mais bien comme une « prairie temporaire ». L'agriculteur, qui est un céréalier, oppose toutefois le fait de n'élever aucun animal d'aucune espèce et se contenter de l'entretenir, en venant régulièrement faucher à la main. Comment, dès lors, déclarer ce champ ? Que faire de cette présence malencontreuse de crottins qui ne semble pas du fait de l'exploitant, sachant qu'un défaut de respect des conditions légales du gel constitue une faute réglementaire susceptible de sanctions ? Faut-il croire l'agriculteur, quand il évoque des conflits passés avec le propriétaire des parcelles voisines, éleveur connu de chevaux ? Ou

▲ 1. Ma présence s'inscrivait dans le cadre des travaux de recherche déjà évoqués, appliqué à suivre le travail des agents administratifs. L'APS, agence créée en 2009, est l'organisme payeur des subventions agricoles qui a aujourd'hui en charge la plus grande part des contrôles de légalité de leur versement.

faut-il imaginer, par exemple, que l'agriculteur loue peut-être son champ à ce même voisin, afin de tirer avantage de cette parcelle « gelée » et de bénéficier de la présence de chevaux qui aurait l'immense intérêt de lui éviter un laborieux fauchage manuel, compte tenu de la difficile accessibilité l'empêchant de recourir au broyeur ? Cette hypothèse, que l'agent me confiera, lui apparaît néanmoins peu réaliste : en inspectant la totalité de la surface, il apparaît que les déjections ne couvrent qu'une portion de la parcelle, traduisant un séjour des équidés d'une durée limitée et, donc, une faible probabilité pour une authentique utilisation de la parcelle en prairie. Mais que faire ? Je demande, un peu naïvement, à l'agent si c'est grave. L'agent dit que c'est ennuyeux. Puis, appréciant du regard la parcelle et contemplant longuement les crottins, il semble rassurant et m'explique : « On n'est pas là pour ennuyer les agriculteurs, faut aussi se mettre à leur écoute. » Je crois comprendre, à mi-mots, qu'il préfère fermer les yeux. Évidemment, il est permis de penser ici à tout ce que la littérature sociologique a mis en évidence, soulignant l'importance des négociations, des jeux et autres marchandages qui se nouent entre les acteurs et les règles – littérature sur laquelle nous reviendrons. Contentons-nous seulement de remarquer qu'après avoir inspecté l'ensemble des parcelles de l'exploitant, l'agent se retrouve dans la cuisine de la ferme, affairé à rédiger le compte-rendu de contrôle. Je vérifie alors auprès de mon interlocuteur que ce dernier évite bel et bien de mentionner l'histoire de la parcelle en gel transformée en prairie. Or, à mon grand étonnement, il me répond qu'il est bien obligé de mentionner ce qu'il a constaté, mais en ajoutant que ça n'est pas grave : « Ça va tomber. » En lisant ce qu'il a écrit sur le procès-verbal, je comprends alors qu'il a apprécié à l'œil la surface couverte par les crottins, qu'il a noté consciencieusement la mesure, qu'il l'a rapportée à la superficie totale du pré dont il a l'estimation exacte depuis des photos aériennes prises récemment, et qu'il en a déduit un ratio, ratio qui sera opposé à une marge d'incertitude calculée par l'ordinateur du service, et dont il considère qu'il y a de fortes chances pour que l'irrégularité paraisse suffisamment négligeable pour être qualifiée de non intentionnelle. Une simple erreur. Ce ne sera toutefois pas le cas : sur la base des données chiffrées du compte-rendu de contrôle, l'ordinateur qualifiera juridiquement le champ d'herbe comme une authentique prairie. L'agriculteur, qui a fait observer en écrivant sur le compte-rendu du contrôleur qu'il n'élève aucun animal, contestera formellement la décision. Il se rendra aux guichets de l'administration, et l'affaire sera à nouveau instruite au cours d'une réunion rassemblant divers responsables hiérarchiques. Finalement, le champ d'herbe s'avérera bel et bien une prairie temporaire, mais aucune pénalité ne sera imposée.

Ce fragment de description ethnographique rappelle l'intérêt de cette « stratégie du guichet », qu'on trouve aujourd'hui déployée dans nombre de recherches : fournir des relevés empiriques documentés du pouvoir discrétionnaire des *street level bureaucrats.* Mais le cas qu'on vient de reporter oblige à nuancer. En filant pas à pas non plus seulement l'agent de base mais le dossier, en nous intéressant autant aux activités des personnels qu'aux équipements informatiques, en suivant l'ensemble des protagonistes qui interviennent dans le traitement de l'affaire jusqu'à son terme, c'est davantage une « stratégie du bureau » qu'on aura proposée, suggérant de prendre en considération l'ensemble des éléments – textes, machines, hiérarchie – qui composent l'agencement bureaucratique. Et s'il est vrai que les yeux du contrôleur qu'on a suivi sur le terrain se sont fermés à certains endroits, ils se sont ouverts à d'autres, de même que pour l'intégralité du traitement de l'affaire, des mains expertes se sont saisies du dossier pour considérer certains détails et en négliger d'autres. Bien entendu, rien ne dit que c'est toujours le cas. Mais, justement : pour le savoir, il conviendrait d'adopter plus systématiquement cette stratégie du bureau sur l'ensemble des terrains empiriques observés, et à propos desquels nous proposons donc de revenir en consacrant ce chapitre à cette question : comment décrire la nature et l'ampleur du pouvoir discrétionnaire des petits bureaucrates, dès lors qu'on considère que ce n'est pas eux qui prennent la décision conclusive des affaires qu'ils traitent, mais bien l'agencement depuis lequel ils agissent, c'est-à-dire leur bureau[1].

Pour mener à bien cette exploration, nous proposerons une relecture des travaux de sciences sociales qui, selon des approches spécifiques, ont tenté de décrire ce pouvoir discrétionnaire du fonctionnaire de base : comment le droit, l'anthropologie, les sciences politiques ou la sociologie ont-ils problématisé le phénomène ? Quelles tensions ou contradictions ont-ils contribué à mettre ainsi en lumière ? Nous réexaminerons alors les différents terrains déjà explorés au cours des chapitres précédents, pour nous demander dans quelle mesure les formes de bureau dégagées – centre de ressource, cellule, laboratoire, machine – contribuent à cette production et participent d'un certain type de pouvoir discrétionnaire.

Les approches du pouvoir discrétionnaire des petits fonctionnaires

L'exploration de l'État depuis les pratiques et les représentations des agents qui peuplent le bas de l'échelle de ses organigrammes n'est pas, en soi, une idée nouvelle : la sociologie jouit d'une longue tradition en la matière, qu'on songe aux travaux américains de Peter Blau sur la bureaucratie ou, en France, à ceux de Michel Crozier sur les petits fonctionnaires[2]. Mais l'invitation à mieux comprendre les dilemmes et le

▲ 1. À l'instar d'Hutchins qui rappelle que ce n'est pas le pilote mais le cockpit qui se souvient de ses vitesses (cf. Hutchins E., « Comment le "cockpit" se souvient de ses vitesses », *Sociologie du travail*, 36(4), 1994) ou de M. Callon et V. Rabearisoa qui appréhendent le travail chirurgical en estimant que ce n'est pas le chirurgien qui opère mais la salle chirurgicale dans son ensemble (cf. Callon M., Rabeharisoa V., « De la sociologie du travail appliquée à l'opération chirurgicale, ou comment faire disparaître la personne du patient ? », *Sociologie du travail*, 41, 1999), nous considérons ici que c'est le bureau qui prend la décision. La formule, un peu excessive sans doute, permet néanmoins d'insister sur le changement d'unité de l'observation : ce sont les agencements qui comptent.

▲ 2. Blau P., *The Dynamics of Bureaucracy, A Study of Interpersonal Relations in Two Government Agencies*, Chicago, The University of Chicago Press, 1963 (1re éd., 1955) et Crozier M., *Le Phénomène bureaucratique*, *op. cit.*

pouvoir de ceux qui sont à l'interface des organisations, frontalement exposés aux usagers, a constitué un déplacement notable depuis des analyses sociologiques où c'est la ligne hiérarchique qui avait majoritairement cristallisé les attentions du chercheur. Le succès général de la formule « street level bureaucrats » qu'on trouve aujourd'hui dans la littérature en témoigne. Désignant des professionnels aussi variés que des policiers, des enseignants, des magistrats ou des travailleurs sociaux, elle entend révéler qu'il se joue quelque chose de commun à ces professionnels : en l'occurrence, le constat d'un incompressible pouvoir discrétionnaire. L'ouvrage de Michael Lipsky, paru au tournant des années 1980, s'est alors imposé comme une référence incontournable[1]. Ce dernier y développe l'idée que ce pouvoir serait considérable, compte tenu de la variété des situations des usagers auxquelles les agents publics sont exposés, compte tenu des ressources organisationnelles souvent inadéquates pour faire face aux multiples demandes les contraignant à procéder à toutes sortes d'ajustements, compte tenu des capacités limitées de la hiérarchie à contrôler vraiment leurs pratiques et de l'autonomie dont ils jouissent sur le terrain. Il en résulte une irréductible propension de ces bureaucrates de proximité à faire de la politique, au sens de la *policy*, c'est-à-dire en pesant directement sur les conditions pratiques de sa mise en œuvre. Le pouvoir discrétionnaire apparaît, dès lors, comme « le problème » par excellence de la bureaucratie[2] : d'un côté, il s'avère incontournable des activités de service supposant que les agents, en interaction avec leurs publics, modulent leur intervention et s'ajustent aux demandes qu'ils ont à traiter ; d'un autre, il s'impose comme une source de tensions permanentes avec le management, incapable d'en réguler les contours et de pallier le risque d'une recherche des seuls intérêts des professionnels au détriment de celui des usagers. Cette thèse, développée par Lipsky au tournant des années 1980, s'inscrit dans un contexte américain précis[3] : le mouvement des droits civiques, dans les années 1950 et 1960, qui conduit les chercheurs à explorer les pratiques de discrimination, en particulier à caractère racial, à l'œuvre dans les services de l'administration[4] ; et l'intérêt, en plein essor dans les années 1970, des sciences politiques à saisir les politiques publiques telles qu'elles sont mises en œuvre concrètement, au moyen d'enquêtes empiriques. Depuis, une question occupe un certain nombre de travaux : le pouvoir discrétionnaire des petits bureaucrates est-il toujours de mise ? Ainsi, dans son exploration du travail social, en Grande-Bretagne, Tony Evans[5] rappelle la position d'un

▲ 1. Lipsky M., *Street Level Bureaucracy. Dilemmas of the Individual in Public Services*, New York, Russell Sage Foundation, 2010 (1re éd., 1980).

▲ 2. C'était l'analyse déjà suggérée par Wilson J., « The Bureaucracy Problem », *National Affairs*, 6, 1967, dont l'article est souvent cité.

▲ 3. En particulier le chapitre « On managing the Street Level Bureaucracy » dans lequel l'auteur revient sur le contexte de l'écriture de la première édition (Lipsky M., *Street Level Bureaucracy*, *op. cit.*, p. 212-237).

▲ 4. Rappelons que cette attention aux pratiques discriminatoires est déjà présente dans les travaux de Blau P., *The Dynamics of Bureaucracy*, *op. cit.*, p. 87-99.

▲ 5. Evans T., *Professional Discretion in Welfare Services: Beyond Street-Level Bureaucracy*, Ashgate, Farnham, 2010.

David Howe, qui considère que l'organisation des services a considérablement changé depuis 1980, de sorte qu'aussi stimulante puisse être l'analyse de Lipsky, les conditions de sa validité ne seraient plus réunies : les marges de discrétion dont jouissaient les agents se seraient considérablement réduites, même si des différences de styles de travail demeurent[1]. Mais d'autres analyses opposent des arguments exactement inverses, soulignant la part irréductible d'autonomie des petits bureaucrates, quand bien même le travail aurait été transformé au cours des trente dernières années[2], dont il importe seulement d'apprécier le contexte organisationnel pour en mesurer pleinement les effets, bons ou mauvais[3].

Cette question, réputée majeure, du pouvoir discrétionnaire, continue donc d'inspirer un nombre important d'enquêtes et de commentaires. L'approche qu'on s'est efforcée de déployer jusqu'à présent, qui invite à porter une attention particulière aux bureaux et aux processus de décision qui s'y déploient, bute toutefois sur une difficulté inédite. Personne ne doute que les guichetiers, conseillers, contrôleurs et autres techniciens de tout poil, ne jouissent d'une certaine autonomie, quand bien même des règles formelles strictes de l'organisation prétendent en contrôler l'ampleur. Personne n'imagine que ces bureaucrates de terrain, fussent-ils experts de la règle, conseillers ou magistrats, ne traitent des affaires qu'au travers du seul prisme du droit. Et il n'y aurait guère besoin d'enquêtes nouvelles pour montrer ce que l'on sait déjà : les agents reçoivent les usagers, lisent leur dossier, étudient leur affaire et forment leur décision avec, certes du droit, mais aussi des stéréotypes, des représentations, des croyances, des théories sur le monde et la société, qui n'ont pas grand chose à voir avec le droit mais bien davantage avec le « sens commun », rubrique générale dont la sociologie a fait son miel en l'explorant finement. Mais ce constat n'est-il pas modifié dès lors qu'on prend en compte l'épaisseur matérielle des bureaux dont le traitement est indissociable ? L'affaire exposée en introduction de ce chapitre ne montre-t-elle pas, pour ne prendre que cet exemple, qu'un constat pointant l'arrangement entre le contrôleur agricole et l'exploitant pour négliger l'importance des déjections répandues sur la parcelle eût trop vite conclu en faveur d'un pouvoir discrétionnaire à la faveur de l'usager, faute

▲1. Cette réduction renvoie, pour D. Howe, à la rationalisation du travail social. Cf. Howe D., « Knowledge, Power and the Shape of Social Work Practice » *in* Davies M., ed., *The Sociology of Social Work*, London, Routledge, 1991, p. 204 et s.

▲2. Par exemple, les travaux d'A. Buffat à propos de l'administration suisse, dont il montre à propos de la prise en charge des chômeurs que « les street level bureaucrats ne perdent en rien leur autonomie tant décisionnelle qu'organisationnelle, et ce même dans un contexte organisationnel sur-informatisé visant à mieux les contrôler ». Cf. Buffat A., « Les réformes au prisme de l'autonomie et du contrôle des agents publics de base : le cas de la politique suisse du chômage », *Pyramides*, 17, 2009. Cf. également Evans T., Harris J., « Street-Level Bureaucracy, Social Work and the (Exaggerated) Death of Discretion », *British Journal of Social Work*, 34(6), 2004.

▲3. Pour reprendre ici les termes du propos d'E. Brodkin : « Les recherches sur les bureaucraties de proximité montrent que la discrétionarité n'est, en soi, ni bonne ni mauvaise, mais qu'elle constitue l'inconnue de la mise en œuvre des politiques publiques, susceptible de produire des résultats différents selon les contextes organisationnels » (Brodkin E., « Accountability in Street-Level Organizations », *International Journal of Public Administration*, 31, 2008, p. 327).

d'avoir examiné de près les activités d'écriture et de calcul que l'agent accomplit néanmoins, et d'avoir considéré toute l'importance des traitements informatiques qui annulent, pour partie, le compromis auquel il était néanmoins parvenu pour stabiliser la définition réglementaire du terrain ? Afin de répondre, nous nous proposons donc de revenir dans un premier temps sur différentes manières dont les sciences sociales ont problématisé le pouvoir discrétionnaire (premier point), à la suite de quoi nous examinerons en quoi l'expérience subjective des agents, et en particulier la prise de conscience du réel des situations qu'ils doivent traiter (deuxième point) peut être éclairée par l'agencement des bureaux dont ils constituent un des acteurs essentiels (troisième point).

Trois problématisations du pouvoir discrétionnaire

Une première approche est celle du droit, ou plus exactement de la philosophie du droit, la question posée à propos du pouvoir discrétionnaire concernant le risque de l'arbitraire. Personne n'a envie de constater que des bureaucrates, fussent-ils bien intentionnés, s'arrangent avec les règles au gré de leur conviction, de leur sensibilité ou de leur humeur. Dès lors, c'est le respect des textes qui constitue le critère déterminant, pour apprécier comment les marges d'action, ou d'inaction, d'un agent public, s'inscrivent en conformité d'une règle claire. Les commentaires, généralement inspirés par une approche positiviste, sont légion pour dénoncer, dans ces conditions, le pouvoir discrétionnaire des bureaucrates jugé exorbitant[1]. Mais de quoi s'agit-il vraiment ? Ronald Dworkin revient sur la question du pouvoir discrétionnaire, et notamment celui du juge, en invitant à quelques nuances. La première consiste sûrement à se déprendre d'une définition mal contrôlée du phénomène qu'on entend dénoncer : il n'y a jamais de pouvoir discrétionnaire en soi, mais seulement en rapport à des standards émis par une autorité : « Le pouvoir discrétionnaire, comme le trou dans le gruyère, n'existe pas, si ce n'est dans un espace laissé vide par les limites qui l'entourent[2] ». Ce n'est donc pas le fait qu'il existe des marges de jugement qui importe – il en existe toujours, et c'est tant mieux – mais le fait que ces marges soient définies et par qui. La proposition selon laquelle en l'absence de règle claire, il faudrait user de son pouvoir discrétionnaire apparaît, pour Dworkin, comme une tautologie[3]. La seconde nuance invite à considérer qu'il existe plusieurs degrés de discrétionnarité : un sens faible, lorsqu'il s'agit

▲ 1. Par exemple, cf. la dénonciation de théoriciens comme K.C. Davis à propos de l'administration judiciaire : « Nous devons ouvrir les yeux sur la réalité : la justice entre les parties est davantage réglée en dehors des tribunaux qu'en leur sein, et nous devons pénétrer ces lieux désagréables de considérations discrétionnaires que pratiquent la police, les procureurs et autres agents administratifs, où d'énormes concentrations d'injustice invitent à de drastiques réformes » (Davis K.C., *Discretionary Justice: A Preliminary Inquiry*, Bâton Rouge, Louisiana State University Press, 1969, cité par Hill M., Hupe P., « Positioning implementation Studies », *Implementing Public Policy*, London, Sage Publications, 2009, p. 25.

▲ 2. Dworkin R., « Le positivisme », art. cité, p. 43. L'article, tiré d'un des chapitres traduits de l'ouvrage *Taking Rights Seriously*, adapte la figure imaginée employée originellement par l'auteur, qui est celle d'un *doughnut* (p. 77).

▲ 3. Dworkin R., « Le positivisme », art. cité, p. 46.

seulement de ne pas appliquer mécaniquement un standard et faire preuve de jugement ; et un sens fort lorsqu'il n'est plus possible de lier la décision à un standard déterminé de sorte que le magistrat est conduit à modifier les règles et en poser des nouvelles, dans le respect des principes qui fondent son action. Le fait de confondre ces deux sens apparaît source de confusion, et c'est là, selon nous, un éclairage crucial à toute tentative de description ethnographique du travail d'un agent public : dès lors que ce dernier opère un choix, s'affranchit d'un texte ou en mobilise un autre, il convient de comprendre comment il raisonne vraiment, par quels standards passe son argumentaire, avant d'en conclure qu'il use, plus ou moins sombrement, de son pouvoir discrétionnaire.

Une deuxième approche relève de l'anthropologie où, à propos de sociétés non occidentales, s'affirme la volonté de décrire « comment les administrations fonctionnent pour de vrai[1] ». L'étude des interactions entre fonctionnaires et usagers conduit alors à s'intéresser au phénomène de corruption : c'est à ce titre que la question du pouvoir discrétionnaire est soulevée[2]. Elle fait l'objet de deux considérations bien établies : la première émane des institutions officielles, dont dépend notamment l'aide internationale, promptes à dénoncer les pratiques de corruption au nom de leur illégalité, invitant à mener des réformes et à débattre des conditions d'une meilleure gouvernance en mesure de réduire l'activité discrétionnaire dont font montre les petits fonctionnaires ; la seconde prolonge les études de sciences sociales, conduisant à reconnaître la spécificité des espaces sociopolitiques des pays du Sud et leur propre dynamique culturelle, fondée sur des logiques d'échanges et de dépendance nécessairement éloignées de ce qu'on connaît en Occident. Ainsi, Giorgio Blundo refuse toute posture normative relative aux pratiques des agents publics qu'il étudie au Sénégal et au Niger, s'efforçant de restituer l'entrelacs des multiples redevabilités auxquelles ils sont liées, susceptibles d'inspirer leurs pratiques et dont ils doivent gérer constamment les forces, variables selon les situations[3]. La considération de la multiplicité de ces liens, sans égards quant à leur nature mais soucieux d'en comprendre les intensités, nous apparaît ici comme une préoccupation cruciale de toute description ethnographique, non seulement pour saisir l'activité discrétionnaire, mais plus largement les conditions de leur régula-

▲ 1. Blundo G., Olivier de Sardan J.-P., dir., *État et corruption en Afrique. Une anthropologie comparative des relations entre fonctionnaires et usagers (Bénin, Niger, Sénégal)*, Marseille/Paris, APAD-Karthala, 2007, p. 10.

▲ 2. Il en est de même pour A. Gupta, à propos de l'administration indienne et des populations pauvres, dont il restitue les rencontres ordinaires pour interroger la question de la corruption et la figure de l'État. Cf. Gupta A., *Red Tape*, *op. cit.*

▲ 3. Ces multiples « redevabilités » constituent une facette originale mise en évidence ici par l'anthropologue de la notion plus large d'*accountability*, obligation de rendre des comptes, qui répond, en l'occurrence, à des logiques très différentes : redevabilités représentative, vicinale, corporatiste, clientélaire, selon qu'elles renvoient respectivement à des dépendances liées aux pratiques électorales, aux appartenances ethniques ou villageoises, aux enjeux d'un statut lié à une profession ou à des intérêts particuliers. Cf. Blundo G., « Le roi n'est pas un parent. Les multiples redevabilités au sein de l'État postcolonial en Afrique », *in* Haag P., Lemieux C., dir., *Faire des sciences sociales. Critiquer*, Paris, Éditions de l'EHESS, 2012.

tion, soit qu'elles consistent à trouver des arrangements précaires assurant la production de compromis trouvés au coup par coup [1], soit qu'elles s'inscrivent dans des routines professionnelles plus stabilisées, révélatrices d'une logique collective, à l'instar, par exemple, de ce que décrivaient des anthropologues déjà rencontrés précédemment, comme Matthew Hull à propos de l'administration pakistanaise[2]. Un autre intérêt de ces considérations de l'activité discrétionnaire et de ses formes de régulation tient dans la place de l'État qu'il en résulte, que les auteurs ne manquent pas de discuter[3].

Une troisième approche concerne la sociologie, au carrefour de champs divers comme la sociologie du droit, la sociologie du travail ou la sociologie politique. Avec le premier, c'est la description des pratiques des professionnels qui constitue classiquement l'objet de l'attention des chercheurs, considérant que l'usage des règles par les petits bureaucrates s'avère indissociable d'appréciations éminemment sociales des situations et des contextes, compte tenu de normes et de valeurs possiblement différentes selon les individus. Ainsi, l'effort de décrire différents modèles de comportement (*patterns of behaviour*) et de conception du droit, pour une même profession, a inspiré une masse importante de travaux, soucieux de rendre compte des styles d'exercice de la règle ou de la décision administrative dans laquelle s'inscrit précisément l'activité discrétionnaire[4]. Avec la sociologie du travail, c'est principalement la manière dont les pratiques des agents de base font l'objet d'une régulation, compte tenu des enjeux que soulève cette dernière. La littérature distingue généralement deux modes, selon que l'activité des agents fait l'objet d'une rationalisation professionnelle, au sens où des mécanismes de sanction opèrent sur le

▲ 1. G. Blundo évoque ainsi, à propos du constat d'infractions, la gestion par lots d'amendes ou bien encore la décision de relaxe maintenant le remboursement des frais de déplacement des agents publics ayant constaté le délit. Cf. Blundo G., « Le roi n'est pas un parent... », art. cité, p. 80-81.

▲ 2. Hull M., *Government of Paper*, *op. cit.*

▲ 3. C'est le cas, par exemple, de la discussion de la thèse de B. Hibou, qui considère que loin de se dégrader, sous prétexte d'un affaiblissement des autorités publiques sous l'effet de la mondialisation qu'on croit observer dans la plupart des pays d'Afrique et d'Asie, l'État se renforcerait, au moyen de modes de gouvernement plus indirects, faisant jouer aux acteurs privés le rôle qu'il assurait auparavant plus directement (cf. Hibou B., dir., *La privatisation des États*, Paris, Karthala, 1999). Bien que séduisante, en examinant de près la « petite corruption » des fonctionnaires, Blundo et Olivier de Sardan lui opposent néanmoins le constat d'une dégradation des services publics à l'usager, non sans révéler par ailleurs une « déliquescence » plus générale de l'État. Cf. Blundo G., Olivier de Sardan J.-P., *État et corruption en Afrique*, *op. cit.*, p. 114-117.

▲ 4. On pense, par exemple, à M. Adler dont le travail porte sur les « styles of administrative decision making » (cf. Adler M., ed., *Administrative Justice in Context*, Oxford and Portland, Hart Publishing, 2010). Les policiers ont tout particulièrement fait l'objet de recherches, comme en témoignent les travaux de James Wilson sur les « police styles » (distinguant *watchman style*, *legalistic style*, et *service style* ; cf. Wilson J., « The Bureaucracy Problem », art. cité) ; de J. Broderick sur les rapports aux finalités et le respect des procédures (distinguant *enforcers*, *idealists*, *optimists* et *realists* ; Broderic J., *Police in a Time of Change.*, Morristown General Learning Press, 1977) ou de J. Kleinig, selon la conception que les policiers se font de leur rôle (distinguant *crimefighters*, *emergency operators*, *social enforcers* et *social peacekeepers* ; cf. Kleinig J., *Police Ethics*, New York, Cambridge University Press, 1996). L'activité discrétionnaire des policiers fait, dans ce cadre, l'objet d'une notion constituée – la *police discretion* – qu'on trouve dans la littérature spécialisée.

modèle de ce qu'on observe dans les professions constituées, par le biais d'instances internes de contrôle, en référence à une déontologie, font l'objet de pressions informelles des collègues et inspirent toute une culture professionnelle, ou selon que les pratiques individuelles constituent l'enjeu d'une rationalisation industrielle, au sens où les procédés par lesquels elles sont contrôlées reposent sur des outils de gestion et des modes d'encadrement hiérarchique dont les standards n'ont pas été définis par les praticiens ou leur représentants[1]. Ainsi à propos des *street level bureaucrats*, il est souvent question de « quasi-professions », pointant par là-même que les deux mécanismes sont simultanément à l'œuvre, le premier l'emportant sur le second. Reste que l'ouvrage de Michael Lipsky, déjà évoqué, demeure pessimiste : c'est l'incapacité à réguler l'activité des petits bureaucrates qui semble l'emporter, selon lui, compte tenu de leur forte autonomie. Et c'est donc cette autonomie que les travaux s'efforcent d'interroger, compte tenu du travail et de ses ressources organisationnelles, pour rendre compte de la capacité des agents à agir avec « discernement », pour reprendre ici la formule de Dominique Montjardet à propos du travail policier[2], et ce depuis des secteurs variés d'intervention de l'État[3]. La régulation de l'activité discrétionnaire peut alors inviter les chercheurs à considérer ses effets en termes plus politiques, au sens où les pratiques en question sont porteuses de possibles dérives individuelles ou collectives, source de discrimination[4].

▲ 1. Sur la portée de cette distinction à propos des agents publics, cf. Weller J.-M., « Les agents administratifs : travail d'arbitrage et conscience professionnelle », *in* Demazière D., Gadéa C., dir., *Sociologie des groupes professionnels*, Paris, La Découverte. Sur les deux formes de rationalisation à propos des activités de service, cf. plus largement Gadrey J., « La modernisation des services professionnels. Rationalisation industrielle ou rationalisation professionnelle ? », *Revue française de sociologie*, 35(2), 1994.

▲ 2. Monjardet D., *Ce que fait la police. Sociologie de la force publique*, Paris, La Découverte, 1996. Sur la gestion délicate que doivent réaliser en situation les policiers dans le cadre de leurs interventions, le travail émotionnel, le réglage des interactions avec le public, cf. également les travaux de P. Paperman sur les policiers dans le métro. Sur la gestion de l'uniforme par exemple (Paperman P., « Surveillance Underground: The Uniform as an Interaction Device», *Ethnography*, 4(3), 2003).

▲ 3. À propos du travail des inspecteurs du travail, cf. Dodier N. « Les actes de l'inspection du travail en matière de sécurité : la place du droit dans la justification des relevés d'infraction », *Sciences sociales et santé*, 6(1), 1988. À propos du travail social, cf. les travaux d'E. Brodkin (Brodkin E., Marston G., eds., *Work and the Welfare State-Street Level Organizations and Workfare Politics*, Washington DC, Georgetown University Press, 2013, ou le dossier coordonné par P. Hupe et A. Buffat paru dans *Public Management Review*, 16(4), 2014, et notamment Tummers L., Bekkers, V., « Policy Implementation, Street Level Bureaucracy and the importance of Discretion », p. 527-547.

▲ 4. Sur le cas du rapport aux étrangers et le pouvoir des agents administratifs, cf. Spire A., *Étrangers à la carte, L'administration de l'immigration en France (1945-1975)*, Paris, Grasset, 2005. Dans cette même veine socio-historique, cf. aussi le dossier coordonné par F. Buton pour *Genèses* (Buton F., « L'observation historique du travail administratif », *Genèses*, 72, 2008). La question des discriminations raciales et sociales à l'œuvre depuis l'analyse des styles professionnels et du rapport à la règle constitue plus largement une source constante d'inspiration. À propos du travail social, cf. Watkins-Hayes C., *The New Welfare Bureaucrats: Entanglements of Race, Class, and Policy Reform*, Chicago, University of Chicago Press, 2009. Sur le cas des policiers déjà évoqué, la notion de *police discretion* et la littérature sur les déviances policières, cf. Moreau de Bellaing C., « L'État, une affaire de police ? Ce que le travail des dispositifs policiers de discipline interne nous apprend de l'État », *Quaderni*, 78, 2012, p. 90. Cf. plus largement Jobard F., *Bavures policières ? La force publique et ses usages*,

Ces trois éclairages offrent des problématisations diverses du pouvoir discrétionnaire des petits bureaucrates : examiné depuis les textes et le travail d'interprétation avec la philosophie du droit, compte tenu des contraintes du raisonnement juridique et du risque d'arbitraire ; exploré depuis les multiples liens dans lesquels se trouve prise la décision avec l'anthropologie, compte tenu des échanges auxquels elle donne lieu et de la question de la corruption ; analysé comme un ajustement des règles aux situations avec la sociologie, compte tenu de l'autonomie dont jouissent les professionnels, au risque de possibles discriminations. Quelle que soit la manière dont les chercheurs l'envisagent, le pouvoir discrétionnaire apparaît comme une constance du travail des agents de base, indissociable de l'indétermination de la décision, du doute, de l'hésitation, et plus largement des dilemmes que Lipsky met au cœur de son attention. Il demeure toutefois, à ce stade de la réflexion, un problème majeur selon nous : celui de ne pas pouvoir dépasser l'ambivalence qui ressort des descriptions proposées, dès lors qu'on considère que, derrière tout travail d'interprétation, il y a une opération d'activation du droit et une possible sortie du droit, ou que derrière tout écart aux règles, il y a un travail d'ajustement nécessaire et une déviance difficilement contrôlable. Les degrés de discrétionnarité de Dworkin selon que le magistrat interprète des règles existantes ou en crée de nouvelles, les distinctions entre « petite » et « grande corruption » proposées par Giorgio Blundo et Olivier de Sardan, et plus largement l'ambiguïté permanente qui entoure la lecture d'un Lipsky dont on n'est jamais certain que les arrangements auxquels procèdent les *street level bureaucrats* n'ont pas l'ambition de satisfaire prioritairement leurs intérêts au détriment des usagers, aident peu le lecteur : la frontière censée distinguer les phénomènes reste difficiles à saisir, en réalité. Tout travail d'interprétation ne comporte t-il pas une part de créativité ? Comment mesurer l'ampleur de la corruption si tant est que ce critère permet de séparer ce qui demeure de l'ordre de simples négociations d'un côté de ce qui appartient à des détournements délictueux de ressources publiques de l'autre ? Faut-il pour autant en conclure que l'*administrative discretion* témoigne de fonctionnements potentiellement délétères, faute de pouvoir en trouver les modes de régulation ? Peut-on se cantonner, dès lors, à une posture exclusivement critique vis-à-vis du fonctionnement des administrations, ce qu'on trouve par exemple dans des travaux d'inspiration bourdieusienne souvent prompts à dévoiler la face cachée de l'État, mais au risque de se méprendre sur la réelle portée des arrangements repérés sur le terrain ? Ou faut-il convenir qu'il y a bien des degrés, des ampleurs ou des nuances à distinguer de la discrétionnarité, à l'instar des auteurs qu'on vient d'évoquer, mais qu'il manque encore une meilleure compréhension de ses modes de production et de canalisation ?

Paris, La Découverte, 2002. À propos de la question plus large des usages du droit et de la discrimination, cf. également la réflexion proposée autour de la notion de discrimination proposée par Bereni L., Chappe V., « La discrimination, de la qualification juridique à l'outil sociologique », *Politix*, 94(2), 2011.

Cette dernière considération est la nôtre. Fort du constat que l'activité discrétionnaire des petits bureaucrates découle de la manifestation de dilemmes, l'éclat d'un tel phénomène a toutes les chances de dépendre des situations d'action dans lesquelles les agents sont engagés. Un employé rivé derrière son ordinateur, à l'abri de toute relation physique avec le public dont il traite pourtant des dossiers, a moins de chance de s'émouvoir d'une requête qu'un fonctionnaire, pris frontalement dans un jeu d'interaction avec l'usager, auprès duquel l'action qu'il accomplit charrie plus volontiers une charge émotionnelle. Un agent en charge de l'instruction d'affaires compliquées n'éprouve sans doute pas la même chose dans les choix qu'il s'autorise à prendre ou à renoncer selon que la décision suppose une délibération collective avec d'autres collègues, ou qu'elle se prend dans le dialogue solitaire que le professionnel se tient à lui-même. Plus largement, le pouvoir discrétionnaire apparaît possiblement lié aux modes d'organisation de la décision, c'est-à-dire aux équipements matériels et humains de traitement des dossiers et de production bureaucratique. L'affaire de notre contrôle agricole évoquée en introduction nous le rappelle. En nous contentant d'examiner les seules relations, sans entrer dans le détail des activités techniques, nous aurions pu parfaitement conclure à la manifestation d'un authentique pouvoir discrétionnaire : celui de la capacité de l'administration à parfois fermer les yeux, au prétexte qu'elle « n'est pas là pour ennuyer les agriculteurs » et que les faits n'offrent guère au regard les indices d'une faute intentionnelle. Mais en suivant les activités accomplies par le contrôleur, force est de constater qu'il est pris par autre chose que les textes légaux, l'usager avec lequel il interagit et ses propres convictions morales sur le sens de l'action publique : l'ordinateur interfère sur sa manière d'apprécier l'événement – il l'oblige à calculer – et conduit à annuler l'interprétation qu'il aura imaginée au départ, interprétation rediscutée alors par d'autres. Bizarrement, parmi les travaux cités quant au travail réglementaire et à l'activité discrétionnaire, cette considération de l'importance possible des équipements informatiques et, plus largement, des bureaux, demeure relativement rare[1]. C'est pourtant là que réside un apport possible de notre démarche, qu'on se propose d'expliciter.

▲ 1. Ainsi, parmi les travaux des anthropologues cités, on notera l'importance que semble revêtir l'équipement bureaucratique, mais le plus souvent en creux – comme en témoignent plusieurs récits relatifs au déficit de ressources documentaires (cf. Tidjani Alou M., « La corruption dans le système judiciaire », ou Bako-Arifari, Nassirou, « "Ce n'est pas les papiers qu'on mange !" La corruption dans les transports, la douane et les corps de contrôle », *in* Blundo G., Olivier de Sardan J.-P., *État et corruption en Afrique*, *op. cit.*, respectivement p. 173 et p. 183) ou matérielles, évoquant des guérites mal équipées pour les agents des services des eaux et forêt (cf. Blundo G., « Le roi n'est pas un parent... », art. cité), mais aussi des équipements informatiques mal gérés, des fichiers non actualisés, etc. C'est un même constat qu'on peut établir avec la sociologie. Les descriptions ou argumentaires déployés par Lipsky font peu de cas des techniques matérielles d'écriture, de calcul et d'enregistrement, sinon de manière sporadique comme la gestion des dossiers (*Street Level Bureaucracy...*, *op. cit.*, p. 163) ou les indicateurs de performance (*op. cit.*, p. 51, p. 166).

Prendre conscience des situations

La revue de littérature qu'on vient d'exposer permet de rappeler deux enjeux associés à l'activité discrétionnaire telle que les sciences sociales l'ont problématisée : la production de dilemmes d'une part, rappelant qu'il n'y a de décision réglementaire sans qu'il n'y ait de place pour l'interprétation, le doute, la délibération ; et la régulation de cette hésitation d'autre part. Selon les interactions qu'il rend possibles ou qu'il empêche, selon les informations qu'il permet de rendre accessibles ou qu'il dissimule, selon les manières dont il agrège les données et les rend discutables, l'agencement bureaucratique contribue potentiellement à l'*administrative discretion* et à sa canalisation. Mais selon quelles modalités précises ? Deux figures interviennent régulièrement dans les médias ou les considérations générales pour en éclairer la place : la première dresse le portrait du fonctionnaire comme un serviteur dévoué au bien public, à l'engagement infaillible, parfaitement désintéressé et faisant résonner les grandes orgues du « sens du service public » ; la seconde dépeint le même agent comme un bureaucrate zélé, rivé à ses règlements, à ses consignes, à ses horaires, à ce point tatillon qu'il en oublie les causes plus nobles qui devraient l'inspirer au détriment des usagers. D'un côté, le bureau ne fait rien, mais ça n'a guère d'importance puisque ce sont les valeurs qui comptent et l'engagement qu'elles inspirent ; d'un autre côté, le bureau fait beaucoup, et c'est au détriment de l'intérêt général. Avouons-le : ces figures stéréotypées aident peu, sinon qu'elles invitent à enquêter sur l'éthique du fonctionnaire au concret et les pratiques administratives. Pour considérer la place que peuvent jouer les formes de bureau décrites dans le chapitre précédent sur l'activité discrétionnaire des agents et sa régulation, il convient de compléter la réflexion par quelques remarques.

En focalisant l'attention sur la discrétionnarité, ce sont les épreuves ordinaires de la conscience professionnelle qui nous intéressent, épreuves dont on cherche à comprendre à la fois les manifestations et les modes de régulation. Au-delà du fait que cette dernière n'a aucune existence officielle[1], deux considérations se sont imposées pour en décrire la nature et les formes possibles : une activité intérieure, proprement mentale, renvoyant à l'expérience intime du sujet face à un dilemme[2] ; ou l'expression de

▲ 1. Le statut général du fonctionnaire de 1983 définit des obligations, aborde des questions relatives à l'obéissance et à la responsabilité et sert de référence pour attribuer les fautes ou engager les mesures disciplinaires. Mais la référence à une « conscience professionnelle » y demeure absente, aussi bien dans le statut que dans la jurisprudence constitutive de la contestation des sanctions prises. Cela ne devrait toutefois guère étonner, car parfaitement conforme à une conception du rôle de l'administration et de la place de l'agent soumettant ce dernier à la fiction d'un « intérêt général » censé irriguer la totalité de ses actions (cf. Bodiguel J.-L., Garbar C.-A., Supiot A., dir., *Servir l'intérêt général, op. cit.*). Comment, dès lors, l'agent public, fidèle serviteur de l'État et exécutant sans états d'âme des instructions qu'on lui adresse, pourrait-il contracter doutes et interrogations ?

▲ 2. On pensera ici aux approches philosophiques invitant à examiner la conscience comme le fondement de l'expérience humaine, révélant une capacité à s'extraire de la situation précise dans laquelle tout individu se confronte et à utiliser son libre-arbitre. La conscience professionnelle de l'agent public en proie à un dossier incertain ou à un ordre hiérarchique

déterminations extérieures renvoyant à des valeurs et à des normes collectives[1]. Bien sûr, on se gardera d'épouser le dualisme de la première, problématisant la conscience dans les termes d'une opposition posée *a priori* entre le registre de l'esprit, dont la liberté, la capacité de jugement ou la volonté constituerait en soi les éléments, et le registre objectif des choses en soi. Et, de la même façon, on résistera aux tentations de la seconde, rabattant la vie intérieure sur un extérieur au risque de gommer tout le cheminement laborieux qu'il faut poursuivre pour arbitrer : ne dit-on pas que le sujet « prend » conscience[2] ? Ce qui signifie qu'il existe des cas où l'agent réalise

ambigu rejoindrait alors le questionnement solitaire que tout sujet se pose face à une situation délicate, à la manière d'un Robinson qui, sur l'île de Speranza, isolé et dépourvu de ses semblables, s'interroge sur son destin : Trouvera-t-il une réponse dans le *cogito* qui, dans l'exercice appliqué du doute volontaire, permet de trouver son chemin parmi l'infinité des décisions possibles ? Mobilisera-t-il plutôt son *moi transcendental*, éprouvant ainsi sa liberté critique et sa capacité à trouver, comme jaillissant d'un seul fonds, les impératifs inconditionnés qui s'imposent à lui ? Ou espérera-t-il pouvoir écouter les mouvements spontanés de son cœur, considérant que la vraie moralité siège dans une conscience immédiate du bien et du mal ? Qu'il s'agisse respectivement de Descartes avec *Les méditations métaphysiques*, de Kant avec la *Critique de la raison pure* ou de Rousseau dans l'*Émile*, la conscience suppose ici un dualisme entre la liberté des sujets, leur capacité de jugement, leur volonté, leur subjectivité, tout ce qui renvoie au registre de l'esprit d'un côté, et le monde objectif des choses en soi de l'autre.

▲ 1. L'approche sociologique invite à une telle appréhension : « Quand notre conscience parle, c'est la société qui parle en nous », pour reprendre les mots de Durkheim. La question de savoir ce qui peuple la conscience demeure toutefois ouverte. Pour Durkheim, c'est l'intérêt général de la collectivité qui inspire l'agent public, compte tenu des obligations et des sanctions auxquelles il est soumis : « Quand le juge rend une sentence, il ne la rend pas au nom de sa conscience morale intérieure, mais au nom de la conscience morale publique, laquelle n'est exprimée adéquatement dans aucune conscience individuelle » (Durkheim É. « Leçons sur la morale », *Textes*, tome 2, Paris, Minuit, 1975 (1909), p. 297). Ainsi, parfaitement indépendant et rationnel, détaché de toute appartenance sociale, le fonctionnaire durkheimien est « apolitique », au-dessus des classes, des corporations et des coteries de toutes sortes. Il peut opposer sa « conscience claire » à l'« instinct obscur » de la « masse collective ». Cf. Birnbaum P., « La conception durkheimienne de l'État : l'apolitisme des fonctionnaires », *Revue française de sociologie*, 17(2), 1976. Parmi les écrits de Durkheim, cf. également les articles « L'État » et « Débat sur le rapport entre les fonctionnaires et l'État », *Textes*, tome 3, Paris, Minuit, 1975. Mais à cet « angélisme étatique », toute une variété de travaux insistent, au contraire, pour lire la conscience des fonctionnaires comme la manifestation d'une idéologie professionnelle (cf. Chevallier J., « L'idéologie des fonctionnaires : permanence et/ou changement », *in* CURAPP, *Discours et idéologie*, Paris, PUF, 1980), d'intérêts liés à une place dans l'appareil d'État (cf. Bourdieu P., « Esprit d'État. Genèse et structure du champ bureaucratique », *Raisons pratiques. Sur la théorie de l'action*, Paris, Seuil, 1998), ou d'un *ethos* propre à un groupe donné, impliquant une hiérarchie de valeurs et de normes, une certaine conception du travail noble et du « sale boulot », une certaine vision de l'intérêt général, de la hiérarchie ou de l'usager (cf. les travaux déjà évoqués, d'inspiration bourdieusienne, rendant compte du rapport à la règle, à l'autorité, ou au public qui s'éclairent depuis l'itinéraire biographique et la place des intérêts dans l'organisation). Notons toutefois que l'approche menée par Dukheim a fait l'objet de relectures récentes qu'il serait intéressant ici de poursuivre, dans la mesure où elles amendent potentiellement le commentaire établi qu'on vient de rappeler. Cf. notamment Karsenti B., « La sociologie à l'épreuve du pragmatisme. Réaction durkheimienne », *in* Karsenti B., Quéré L., *La croyance et l'enquête. Aux sources du pragmatisme*, Paris, Éditions de l'EHESS, 2004.

▲ 2. Dans une relecture critique du paradigme durkheimien et de l'explication causale de la formation de la conscience morale, Patrick Pharo rappelle justement que, « pour s'imposer à l'individu, une signification doit aussi agir de l'intérieur ». Cf. Pharo P., « Le paradigme durkheimien revisité », *Sociologie de l'esprit. Conceptualisation et vie sociale*, Paris, PUF, 1997, p. 48-49.

effectivement ce qui arrive, parvient à peser le contre et le pour, trouve les mots en mesure de donner un sens à sa décision ; mais qu'il existe aussi des cas où aucun mot ne lui vient, que les informations qu'il obtient demeurent troubles ou que les enjeux qui en ressortent demeurent trop flous ou trop contradictoires. En cela, il nous est paru important de nous déprendre des deux considérations qu'on vient d'évoquer. En réduisant la conscience professionnelle à la seule voie du dedans, on mesure avec profit le caractère incertain où s'éprouve la liberté, mais c'est au détriment de tout ce qui détermine son contenu depuis l'extérieur. En partant du dehors, on comble immanquablement cette limite, mais c'est au risque de dissoudre les interrogations de la vie intérieure dans des entités beaucoup trop larges – l'idéologie, les représentations, l'éthos professionnel – qui annulent ses subtilités. Libre-arbitre et suprême instant pour les uns, représentations et valeurs culturelles pour les autres, la conscience professionnelle est naturellement les deux à la fois. Mais en rester là, c'est ne pas comprendre la manière dont l'agent accumule une connaissance des situations qu'il traite, ce que désigne précisément le terme de conscience (*cum-scientia*). Pour le dire autrement, on s'empêche de saisir la manière dont on passe précisément du dedans au dehors : comment l'agent transforme-t-il les innombrables épreuves morales qu'il rencontre en quelque chose qu'il peut exprimer et partager avec lui-même, ses collègues ou ses supérieurs ? Et inversement, on renonce à décrire comment on se déplace du dehors au dedans : comment l'agent public trouve, dans la doctrine, les principes qui fondent son action ou les éléments propres au métier qu'il exerce, des ressources pour trancher les cas épineux et trouver la paix ?

À propos de la formation et la consistance de la conscience des agents, le retournement auquel invite l'approche pragmatique de William James nous est apparu ici salutaire. En effet, lorsque James se penche sur la question de la conscience, il renonce à en faire une entité en soi, un état, un réservoir de valeurs immémoriales détachées du réel[1]. Car c'est moins la connaissance pour elle-même que la manière dont elle surgit à l'esprit qui l'intéresse, considérant que la conscience est avant tout un mouvement, un processus, un flux. « Vague et trouble », « vrai ou fausse », peu importe dit James, la conscience s'apparente moins à des idées hautement spirituelles qu'on aurait définitivement dans la tête qu'à la façon dont chacun les mobilise, à la manière des « flots d'un fleuve », dit-il, allant et venant, et dont on pourrait faire seulement la description de ce qui surgit ou disparaît selon les contextes d'action[2]. Elle est une capacité à mettre en mot l'expérience, à traduire les sensations en un jugement, à formuler une proposition sur le

▲ 1. « Je crois que la conscience, telle qu'on se la représente communément, soit comme une entité, soit comme une activité pure, […] diaphane, vide de tout contenu propre mais se connaissant directement elle-même, spirituelle enfin, je crois, dis-je, que cette conscience est une pure chimère […] » (James W., « La notion de conscience », *Philosophie*, 64, 1999, p. 9-10 - 1re éd., 1904).

▲ 2. James W., « La conscience », *Aux étudiants, aux enseignants*, Paris, Payot, 2000 (1re éd., 1906), p. 28-29.

réel[1], les vérités alors conçues devant être évaluées en situation, du point de vue de leurs conséquences pratiques[2]. Or, cette capacité est indissociable de l'agencement depuis lequel les agents raisonnent et agissent : de la même façon qu'il faut des chemises cartonnées, des papiers, des listings de calculs, des tableurs de données, des comptoirs, des ordinateurs, des photocopieuses et des bibliothèques pour prendre des décisions en droit, il existe possiblement un lien entre la forme de bureaux et la manière de percevoir le réel. C'est, du reste, ce lien que les métaphores du « regard », que nous avons nous-mêmes empruntées, permettent de mettre en évidence. Mais précisons notre propos.

Le bureau et ses « vues »

La première notion qui vient à l'esprit est probablement aussi la plus ancienne : c'est celle de « panoptique », que Foucault emprunte à Jeremy Bentham pour imaginer au début du XIXe siècle un modèle idéal de prison. Au-delà du système architectural et optique qu'il désigne, ce modèle permet à l'auteur de décrire le « diagramme » d'une problématisation inédite du système pénal et de son agencement matériel fondé sur la surveillance[3]. Technologie politique polyvalente dans ses applications, le « panoptisme » inspirerait les divers lieux de pouvoir tels que la caserne, l'hôpital, l'école, l'usine, ou la prison. Bien qu'elle ne la prolonge pas, la notion de « centres de calcul », alors employée dans un premier temps par Bruno Latour[4], semble partager plusieurs points communs : même attention pour la matérialité, même curiosité pour les technologies qui construisent le regard, même intérêt pour les formes de délégation et de l'action à distance, même centralité des sites d'accumulation qui, au travers d'intenses compilations documentaires, s'imposent comme de puissants lieux de mise en forme du

▲ 1. Dans son commentaire sur la conscience chez James, D. Lapoujade distingue la sensation (« *knowledge by acquitance* ») et la perception (« *knowledge about* ») : la première est immédiate, intuitive, phénoménale tandis que la seconde est indirecte, réfléchie, rapportée. La conscience tient précisément du passage de l'un à l'autre. Cf. Lapoujade D., « William James : de la psychologie à l'empirisme radical », *Philosophie*, 64, 1999.

▲ 2. La considération obligée de l'action constitue l'élément déterminant de l'analyse pragmatiste. À la question classique de la vérité selon laquelle il y aurait des idées fausses et des idées vraies, l'analyse distingue les idées, les vérités, les sensations qui n'ont aucune conséquence pratique et celles qui ont un rapport avec l'action à mener : « Si votre sensation ne porte pas de fruits dans mon monde – commente James – je la considère comme n'ayant aucun rapport avec mon monde ; je l'appelle un solipsisme, et le monde dont il fait partie un monde de rêve. Si votre mal de dents ne vous pousse pas à agir comme si j'avais un mal de dents, ni même comme si j'avais une existence distincte de la vôtre ; si vous ne me dites pas : je sais maintenant combien vous devez souffrir !, ou si vous ne m'indiquez pas un remède, je nie que votre sensation, quelque ressemblance qu'elle puisse avoir avec la mienne, en ait pourtant réellement connaissance » (James W., *La signification de la vérité*, Paris, Antipodes, 1998, p. 40). Il n'y aurait pas seulement de ce point de vue des croyances qui sont bonnes ou mauvaises, mais aussi des vérités qui ont des conséquences heureuses ou malheureuses sur l'action.

▲ 3. Foucault M., *Surveiller et punir. La naissance de la prison*, Paris, Gallimard, 1975.

▲ 4. Latour B., *La science en action*, Paris, La Découverte, 1989, p. 378-404. Cf. aussi notre chapitre 3.

monde[1]. Laboratoires, bibliothèques, collections désignent les nœuds des longs réseaux métrologiques au travers desquels se fabriquent et circulent les informations[2]. Les bureaux sont, dès lors, évoqués dans cette perspective : salles de consultations, cabinets de cartographies, *war rooms* ont la force des compilations rendues possibles par les intermédiaires qu'ils concentrent – dossiers, fiches, rapports – à la manière des panoptiques.

À la notion foucaldienne, Latour proposera, par la suite, la notion d'« oligoptique », réservant celle de centres de calculs aux seuls sites où des calculs, au sens littéral, servent de modes de totalisation[3]. La nuance a son importance : à l'utopie panoptiste d'un regard omniscient et concentré sur un seul point, l'oligoptique opposerait des vues partielles et dispersées. Les visions qu'il rend possibles ne sont plus totales mais fragmentaires, et c'est seulement cette accumulation de vues étroites et éparses qui organiserait notre expérience. Les panoptiques décrits par Foucault ne seraient, en vérité, des technologies permettant de « tout voir » qu'à la condition d'accepter de voir peu[4]. Ils s'opposent, en cela, aux « panoramas », ces fresques peintes sur les murs de ces édifices nouveaux du XIXe siècle qui, avant la photographie, proposaient aux passants une contemplation du monde alors représenté fidèlement, s'appliquant à projeter la totalité d'une histoire ou d'un phénomène, à l'image de certains procédés de projection en 3D qu'on trouve aujourd'hui dans des parcs d'attraction ou des musées : ils prétendent tout contrôler, tout représenter, quand en fait on n'y voit rien. Car ce sont des salles aveugles, des mises en scène artificielles, qui sont aussi des vues de nulle part, des points d'arrêt dans l'infini mouvement des traductions[5].

Mais qu'est-ce que ces analyses permettent d'éclairer concernant notre problème des activités discrétionnaires des agents publics ? Le fait de décrire les bureaux comme des dispositifs optiques ne constitue pas, en soi, une radicale nouveauté, même si c'est moins fréquent[6]. Elle nous permet pourtant

▲ 1. Sur l'intérêt d'un rapprochement entre la théorie de l'acteur-réseau et les travaux post foucaldiens, cf. Barry A., *Political machine: Governing a Technological Society*, London, The Athlone Press, 2001.

▲ 2. Latour B., « Ces réseaux que la raison ignore : laboratoires, bibliothèques, collections », *in* Jacob C., Baratin M., dir., *Le pouvoir des bibliothèques. La mémoire des livres dans la culture occidentale*, Paris, Albin Michel, 1996.

▲ 3. Latour B., *Changer de société. Refaire de la sociologie*, Paris, La Découverte, 2006, p. 264-266.

▲ 4. À propos des agents en charge de la gestion des eaux parisiennes, Latour précise : « Si les opérateurs de la Sagep conduisent avec autant de doigté un réseau aussi complexe, c'est à cause de la parcimonie avec laquelle ils accueillent sur leurs écrans les données – les prélevées. Leur sagesse est proportionnelle à leur aveuglement volontaire. Ils ne gagnent en capacité de coordination que parce qu'ils ont accepté de perdre l'eau d'abord, la plus grande partie de l'information ensuite », *in* Latour B., Hermant É., *Paris Ville invisible*, *op. cit.*, p. 50. La notion d'oligoptique est introduite ici pour la première fois.

▲ 5. Latour B., *Changer de société*, *op. cit.*, p. 267-278. Il fait référence aux descriptions de W. Benjamin des nouveaux lieux de flânerie parisiens que sont les passages et les panoptiques. Cf. Bejamin W., *Paris, capitale du XIXe siècle*, *Œuvres*, III, Paris, Gallimard, 2000.

▲ 6. On signalera deux problématisations du bureau comme dispositif optique, selon qu'il s'agit de pointer l'organisation de la relation hiérarchique ou le traitement administratif. Ainsi, à propos de l'*openspace*, la figure du « panoptique » est parfois mobilisée, pour insister sur l'importance de la mise en scène d'un espace collectif de travail sans cloison permettant une surveillance hiérarchique omnidirectionnelle. Cf., par exemple, Pichault F., « Call centers, hiérarchie visuelle et gestion des ressources humaines », *Revue française de gestion*, 130,

pourtant d'insister sur l'acuité des professionnels, dès lors qu'ils doivent traiter des dossiers et prendre une décision les concernant : quelle est la netteté de la vision produite par l'agencement de leur bureau ? L'appréhension d'une demande ou d'une réclamation, contenue dans le dossier, résumée sur les lignes de l'écran d'un ordinateur ou qui surgit depuis un usager faisant irruption en personne derrière un guichet, apparaît-elle suffisamment précise ? Ou demeure-t-elle désespérément floue ? Le cas des juges de proximité, siégeant en tant qu'assesseur au tribunal correctionnel de leur juridiction et confrontés au traitement des affaires pénales, constitue un bon exemple de vision brouillée, compte tenu de l'impossibilité de consulter les dossiers avant l'audience et de la frugalité des informations produites dans le cadre de la très succincte « enquête de personnalité » relative à l'environnement social et familial du prévenu, réalisée en amont de la comparution par un officier de police et adjointe aux documents : « On voit rien. » À l'opposé, les techniciens des services agricoles conviennent le plus souvent de la précision des outils orthométriques dont ils disposent pour « voir les parcelles » à distance, leur assurant une appréhension de l'exploitation que même les agriculteurs concernés, lorsqu'ils sont convoqués et aperçoivent les champs depuis l'écran, s'étonnent de pouvoir saisir ainsi d'un seul regard leur propre ferme et leurs terres. Dans le chapitre précédent, nous avions distingué les bureaux selon l'étendue du réseau des instances qu'ils permettent à leurs occupants de voir pour réaliser une description réussie des situations qu'ils doivent traiter : c'est la focale des vues, courte ou longue, qu'ils organisent. La notion d'oligoptique prend, dès lors, tout son sens, et pose la question de l'expérience subjective des agents, compte tenu de leur capacité limitée à voir. Ainsi, le cas de notre contrôleur évoqué en introduction : le calcul qu'il réalise pour imposer une description de la parcelle litigieuse qui lui paraît conforme à la réalité est tributaire d'un algorithme qu'il ne voit pas, de sorte qu'il ne peut saisir la totalité des éléments mobilisés pour qualifier en droit la situation. Cette limitation du champ de vision est délibérée : la programmation informatique est conçue de manière à ce qu'aucun agent ne puisse déduire les montants des pénalités depuis les informations qu'il relève sur le compte-rendu ou saisit à l'ordinateur. C'est, du reste, cette myopie organisée qui permet aux bureaucrates de prendre des décisions délicates qu'ils n'auraient pas nécessairement prises, s'ils en avaient perçu tous les éléments. Mais l'inverse est également vrai : c'est l'incapacité à voir certains aspects d'un réel qui rend la décision difficile, source potentielle d'arbitraire ou d'erreur. Ces agencements produisent à la fois une limitation du regard, source d'épreuve avec le réel, mais aussi des expériences liées à

2000, ou Bain P. , Taylor P., « Entrapped by the "electronic panopticon" ? Worker Resistance in the Call Centre », *New Technology, Work and Employment*, 15(1), 2000. Quant au traitement administratif proprement dit et de son équipement, la dimension optique des instruments a été largement soulignée par les travaux en STS. C'est par extension que le bureau s'impose alors lui-même comme un dispositif de vision. Cf., par exemple, Latour B., « Dominer, ou ce qu'on voit du bureau de Mme Baysal », *Paris Ville invisible*, *op. cit.*, p. 16-22.

cette limitation, y compris des expériences critiques, dès lors que les agents concernés expriment des réticences, des embarras, des gênes, ou des refus à s'y cantonner[1].

Ainsi, l'idée que la prise de conscience des fonctionnaires, et plus largement la production des dilemmes décrits par la littérature, dépendent étroitement des vues offertes par leur bureau n'est pas absurde. Elle invite à réexaminer nos terrains d'enquête, en explorant plus finement ce lien. Cet examen ne doit rien oublier des multiples éclairages à propos du pouvoir discrétionnaire. Avec la philosophie du droit, et surtout avec Dworkin, l'*administrative discretion* dépend des textes, c'est-à-dire des contraintes comme des ressources qu'ils offrent ; la question que soulèvent les bureaux, décrits comme des oligoptiques, porte alors sur la capacité des agents à les mobiliser et à les lire. Avec l'anthropologie, et notamment les travaux de Giorgio Blundo et Olivier de Sardan qu'on a présentés, le rapport entre fonctionnaires et usagers apparaît indissociable d'un réseau d'interdépendances relationnelles particulièrement complexe ; l'on pourra se demander dans quelle mesure ce n'est pas l'absence d'oligoptiques qui cause tant de difficultés, obligeant les agents à prendre en compte simultanément un trop grand nombre de variables de sorte qu'ils sont conduits à négocier sans cesse leurs décisions, quand des bureaux contribueraient à les simplifier[2]. Quant aux discussions nées autour du livre de Lipsky, c'est la portée des arbitrages accomplis par les petits bureaucrates qui apparaît déterminante ; la considération des oligoptiques depuis lesquels sont examinées les situations des usagers invite alors à s'interroger sur les visions parcellaires qu'ils imposent, quand bien même leurs occupants disposeraient d'une forte autonomie.

Formes de bureau et expérience morale des agents

Ces considérations nous invitent à dépasser l'idée que la conscience professionnelle renvoie formellement à des valeurs, à des conceptions du travail « bien fait » - même si elle est cela aussi, bien évidemment - pour la décrire telle qu'elle surgit en situation, en explorant notamment la capacité des agents publics à rendre perceptible à leur esprit le réel sur lequel ils doivent se prononcer. Qu'il s'agisse de déterminer les revenus d'une famille, de qualifier une parcelle, d'apprécier les intentions d'un contrevenant, peu importe. Si la conscience est un flot, elle invite à rendre compte du travail d'arbitrage au travers duquel les bureaucrates appréhendent le réel, plongés au-dessus des piles des dossiers qu'ils traitent, derrière les comptoirs d'où ils

▲ 1. Sur l'importance des épreuves, les dispositifs depuis lesquels elles surgissent et l'expérience critique des acteurs, cf. Boltanski L., *De la critique. Précis de sociologie de l'émancipation*, Paris, Gallimard, 2009.

▲ 2. On rappellera ici l'opposition que formule Latour entre les formes « complexes » d'existences, exagérément plongées dans l'entrelacs des relations interpersonnelles sans autre support que le travail de conversation, et les formes « compliquées », réduites à des opérations d'ajustement entre des variables discrètes, caractérisées par un équipement assurant un cadrage des interactions. Sur cette opposition, cf. Latour B., « Une sociologie sans objet ? Remarques sur l'interobjectivité », *Sociologie du travail*, 36 (4), 1994.

reçoivent les usagers ou du haut des tribunes depuis lesquelles ils les entendent. Si la conscience est une circulation, une manière de passer du dedans au dehors, ou du dehors au dedans, elle conduit à enquêter sur la manière dont les agents s'arrangent de leurs dilemmes, négocient avec les protagonistes, les usagers, leurs collègues, mais aussi leurs fichiers, leurs machines ou leurs supérieurs, autant d'êtres dont l'activation dépend potentiellement de l'agencement depuis lequel ils agissent et des vues que rend possible leur bureau. Au cours du chapitre précédent, l'étendue du champ de vision et le mode d'agrégation des affaires nous avaient permis de proposer une première typologie des bureaux. Une manière d'en prolonger le contenu pourra consister à nous interroger sur la qualité de ces vues qu'ils organisent, au-delà de la notion d'oligoptique déjà évoquée, dont on comprend bien qu'elle permet de se déprendre de l'idée folle qu'on pourrait, un jour, voir « tout », mais qui invite à détailler ce « peu » qu'on y aperçoit malgré tout.

Proposons pour cela un nouveau critère : voir, c'est regarder soit vers l'avant, soit vers l'arrière. C'est disposer d'une fenêtre ou d'un écran qui assurent, à celui qui les fixe, une capacité à saisir non seulement ce qui est en train de se passer, mais aussi ce qui va arriver ; de la même façon que disposer d'un miroir ou d'un rétroviseur permettent, à celui qui les examine, une possibilité de dire ce qui advient derrière, voire, dans un sens métaphorique, ce qui est advenu. Ainsi, les formes de bureaux pourraient être appréciées du point de vue du double champ de vision qu'ils rendent possible, selon qu'ils favorisent une capacité à saisir les conséquences de l'action - voir « au devant » d'une décision, d'un jugement ou d'un compte rendu qu'on rédige - ou qu'ils équipent les professionnels d'une aptitude à apprécier les précédents d'actions similaires - voir « en arrière » d'un acte qu'on s'apprête à rendre.

		Capacité à voir en arrière	
		Forte	Faible
Capacité à voir au devant	Forte	A	B
	Faible	C	D

Schéma 1 : Les quatre types de bureaux selon l'organisation des « vues »

Selon l'intensité de ces ressources, les vues changent. Et c'est la capacité à faire surgir le réel, devant ses propres yeux, qui en est modifiée, altérant selon des modalités qui restent à décrire, les formes de la conscience. En fait, quatre situations pourraient être distinguées (schéma 1), cas que nous nous proposons de restituer en reprenant les terrains d'enquête déjà exposés dans cet ouvrage (premier point). Compte tenu de ces multiples agencements optiques, nous décrirons l'expérience morale qui en résulte et nous nous interrogerons sur la nature même du pouvoir discrétionnaire, tel qu'il a été dégagé par la littérature (second point).

Quatre oligoptiques bureaucratiques

Tout agencement bureaucratique dote donc potentiellement ceux qui l'occupent d'une capacité à voir au devant. C'est ce qui arrive lorsque l'accès aux informations relatives à l'usager offre aux utilisateurs un grand nombre d'éléments leur permettant d'apprécier les détails de la situation qu'ils doivent traiter et de pouvoir imaginer les conséquences de leurs décisions dans des termes qu'ils estiment complets. C'est le cas des bases de données et autres systèmes experts dont sont parfois équipés les bureaux : en intégrant la totalité des prestations perçues par les parents, l'outil informatique conforte le technicien d'une caisse d'allocations familiales dans le sentiment qu'il possède suffisamment d'éléments pour se faire une idée complète de la situation. En agrégeant l'ensemble des productions végétales et animales d'une même exploitation dont les caractéristiques juridiques, économiques ou géographiques sont elles-mêmes précisées, le système informatique dit intégré conduit l'agent agricole à convenir qu'il a bien sous les yeux les données déterminantes du problème à résoudre. Mais c'est aussi le cas des box d'accueil ou de certains guichets dédiés à la rencontre « personnalisée » avec l'usager. En installant les protagonistes dans un échange de face-à-face, l'aménagement de l'espace de travail conduit l'agent à interagir avec les intéressés qu'il rencontre dans le sens d'une meilleure appréhension de leur situation. À cet égard, le dispositif le plus complet demeure, du point de vue des professionnels, celui de la visite sur place. Qu'il s'agisse des travailleurs sociaux des caisses de Sécurité Sociale dont les agents se plaignaient de constater la diminution des visites au domicile des assurés au bénéfice des interactions de guichet, voire des formes de gestion à distance, ou des techniciens agricoles qui regrettaient de ne plus pouvoir se rendre sur les exploitations au seul avantage des modes de traitement automatisés, c'est la capacité à voir la situation des usagers qu'ils mettent en exergue. D'une certaine manière, les bureaux offrent donc ici aux agents une palette d'objets et de dispositifs variés leur facilitant la capacité à projeter ce qu'ils font dans le temps et dans l'espace. Bien sûr, ce n'est pas là l'unique manière de répondre au défi de voir au-delà ou en avant. Il arrive même que ces ressources soient incorporées, devenues des capacités entièrement intégrées au corps physique des professionnels : on parle alors de flair ou d'intuition, propriétés présumées nécessaires de certains métiers[1]. Mais c'est

▲ 1. On pourra toutefois se demander si la production d'un flair, capacité intériorisée de prévision, n'est pas indissociable d'un outillage parfaitement détaché des personnes. L'exemple de la police constitue un cas de figure particulièrement intéressant à explorer : s'il est bien question de l'« intuition », du « nez », du « flair » de l'inspecteur, les dispositifs matériels de « prévision » sont tout aussi nombreux, le plus connu demeurant sûrement celui de la « surveillance ». Ces techniques peuvent toutefois changer et, avec elles, la part de « flair » que les professionnels leur associent. C'est le cas des modélisations informatiques réalisées à partir de l'exploitation inédite de données visant à mathématiser les

un cas limite : dès lors que seuls ces attributs l'emportent, le bureau apparaît sous-équipé, au point de quasiment disparaître[1].

Parallèlement à ces ressources, les bureaux équipent également les agents d'une aptitude à voir en arrière. Ainsi, l'accès aux textes peut être facilité par des outils documentaires informatisés facilitant le travail de recherche. La connaissance de la jurisprudence des décisions prises antérieurement peut faire l'objet de systèmes de traitements experts dont la manipulation offre une capacité à établir des comparaisons et à asseoir un raisonnement. Les interactions avec les autres professionnels réalisant des tâches similaires constituent également une part importante de ces ressources : des espaces professionnels très officiels consacrés aux études de cas et échanges de bonnes pratiques aux interactions informelles de couloir, c'est la capacité collective des agents à se référer aux bons textes, à la bonne interprétation qui apparaît ici soulignée, compte tenu de ce qu'ils savent des affaires qui se sont accumulées avec le temps. Mais on aurait tort de penser que ces éléments extérieurs constituent les seules parades à l'enjeu de la connaissance des cas qui se sont accumulés, des affaires qui ont déjà été tranchées, des situations qui ont déjà été élucidées. L'expérience, dans ce qu'elle a de plus incorporée et individuelle, attachée à une personne, offre une autre réponse[2]. Mais si c'est là l'unique solution, les agents n'ayant plus d'autres ressources que leur propre mémoire pour faire surgir à leur esprit les informations relatives au passé et à ce qui est déjà établi, l'enjeu que recouvre le bureau apparaît limité[3].

Dès lors, quatre situations peuvent être distinguées.

Première possibilité : le bureau permet simultanément de voir en avant et en arrière. Il assure une compréhension des situations que les professionnels peuvent juger complète, compte tenu des éléments informatifs qu'il permet de rassembler, des interactions qu'il rend possibles avec les intéressés tout en permettant de pouvoir se référer à des répertoires de cas et de décisions déjà prises, de sorte que les mêmes professionnels auront le sentiment qu'ils prennent une décision légitime, du point de vue des règles et des exceptions

comportements suspects (*event-driven data mining*). Sur l'usage de ces algorithmes de prédiction fondés en matière de prévention des victimisations, cf. les travaux de Benbouzid B., « De la prévention situationnelle au *predictive policing* », *Champ pénal/Penal field*, 12, 2015.

▲ 1. Cela ne signifie pas que le bureau soit sous-équipé en soi, mais qu'il l'est seulement au regard de l'extraordinaire capacité des professionnels à prévenir ce qui peut arriver, capacité qu'il rend possible, voire indispensable, par le seul fait d'être mal outillé. Ce sont là, bien évidemment, des pistes de réflexion qu'il faudrait poursuivre plus amplement, et qui dépassent ici le seul cadre de notre propos.

▲ 2. À propos du défi de la mémoire humaine et de sa fiabilité, Dan Norman oppose à la mémoire interne attachée au corps la mémoire externe rendue possible par des objets informationnels, assurant une extension des capacités cognitives humaines. Cf. Norman D., *The psychology of everyday things*, New York, Basic Books, 1988.

▲ 3. Cela ne veut pas dire, là encore, qu'il l'est en soi, mais seulement au regard d'un travail où la mémoire professionnelle repose entièrement sur l'expérience, le talent attaché à la personne. Dans les situations d'enquête que nous avons rencontrées, c'est probablement le cas des juges de proximité qui s'y rapporte le plus : les décisions qu'ils prennent sont aussi des actes juridiques qu'ils signent en personne, les dispositifs de mémoire externe demeurent très variables, et les effets des modes d'agencement du bureau sont apparus limités.

qu'elles auront suscitées. Ainsi, lorsque le bureau des techniciens des caisses de Sécurité Sociale évolue en faveur d'une polyvalence des tâches et d'une ouverture sur le public, au tournant des années 1990, au nom de la « relation de service », on pourra considérer que c'est la possibilité de mieux voir en avant qui est en jeu, apercevant de manière autrement plus précise la situation des intéressés. Et lorsque l'équipement informatique entend rationaliser l'information réglementaire, la manipulation documentaire et l'activation du « suivi législatif » intégré au système informatique de traitement, on estimera que c'est la capacité accrue à mieux voir en arrière qui est mise en exergue. De même, si l'on songe au bureau des juges de proximité, et tout particulièrement aux cas où celui-ci prend une forme intégrée, c'est-à-dire où les ressources sont aisément mobilisables depuis l'enceinte du tribunal, avec ses services du Greffe, sa bibliothèque ou ses réunions avec les autres magistrats, c'est l'étude des comparaisons avec des affaires similaires et l'analyse de leur décision qui deviennent possibles, autant d'éléments qui concourent à projeter la réflexion sur une antériorité. Mais si l'on songe aux tentatives de proposer aux prévenus des mesures alternatives aux poursuites judiciaires, comme c'est le cas de la composition pénale susceptible d'être présentée par le parquet avant l'engagement du procès, c'est formellement la capacité du magistrat à comprendre la situation et ses implications qui devient déterminante, dès lors qu'il doit valider la composition au termes d'auditions des personnes impliquées dans l'affaire. Bref, on l'aura compris, le bureau offre ici une forte et indéniable capacité à voir.

Deuxième possibilité : le bureau permet de voir en avant, mais pas en arrière. Il prend la forme d'un dispositif matériel assurant une perception fine des demandes ou des situations des usagers, par l'intermédiaire de box d'accueil ou de visites au domicile par exemple. Mais il ne permet pas à ses occupants de s'assurer du bien-fondé légal ou technique de leurs recommandations, sinon en termes généraux impropres à une fabrication précise de la décision. C'est le cas lorsque des travailleurs sociaux des caisses de Sécurité Sociale que nous observions recevaient des assurés à leurs permanences, dans des antennes ou des salles de mairie, sans pouvoir consulter les bases de données ou apprécier l'état de la jurisprudence que d'autres bureaux, en aval, ne manqueraient pas d'examiner. C'est encore le cas de notre contrôleur évoqué en introduction, en mesure d'analyser l'exploitation dont il inspecte les parcelles, et d'en donner une description précise. S'il mesure les conséquences possibles du problème de qualification auquel il est confronté, il ne peut maîtriser la totalité des éléments à partir desquels se formera la décision, l'algorithme de l'ordinateur qui sert à précipiter la décision finale depuis les informations qu'il saisit demeurant suffisamment compliqué pour ne permettre aucune appréhension des éléments déjà là susceptibles d'être pris en compte. En n'autorisant qu'une vue tronquée des enjeux du problème à résoudre, cette forme de bureau suppose une coordination avec d'autres bureaux, dont le champ de vision n'est pas forcément plus large, mais dont l'angle différent permet *in fine* de recomposer l'ensemble de la situation. Ce sont les cas des formes « cellule » ou « laboratoire », selon qu'elles empruntent à des modes d'agrégation plus ou moins calculatoires et des focales à l'étendue plus ou moins longue. Le risque possible apparaît ici celui de concevoir une analyse de la situation parfaitement pertinente au regard de l'impact de la décision, mais sans pouvoir intervenir sur les éléments qui participent à sa formation. Les hésitations de l'assistante sociale (« je ne sais pas si ça va passer ») ou les raisonnements hasardeux de notre contrôleur (« ça va tomber ») décrivent, en vérité, leurs propres limites : ils agissent, mais ne peuvent bien voir.

Troisième possibilité : le bureau affiche une vision en arrière, mais pas en avant. En d'autres termes, il dote les agents d'une capacité à rapprocher les situations qu'ils doivent traiter d'autres données antérieurement analysées pour conforter leur jugement et établir un diagnostic légitime au regard des textes. Mais il le fait sans leur assurer aucune appréhension des affaires autre que celle des pièces déjà rassemblées dans le dossier. C'est le cas lorsque les agents de certains services agricoles étudiés traitent en masse les demandes de subvention qui leur parviennent, les examinant à l'aune des seules informations compilées dans les bases de données, sans rencontrer les intéressés au téléphone ou au guichet. Mais c'est aussi le cas lorsque les contrôleurs des caisses de Sécurité Sociale valident les décisions des gestionnaires en veillant à leur conformité légale, étudiant scrupuleusement les textes et leur jurisprudence lorsque cela est nécessaire. L'opposition commode entre « gens de terrain » et « gens de dossiers », mobilisée parfois pour décrire le travail des petits bureaucrates[1], prend ici un sens inédit : tandis que les premiers sont amenés à bricoler, voire à inventer, dans la prévision des conséquences possibles de leurs actes, les seconds sont portés à rappeler ce qui est déjà établi, voire à défendre l'existant, dans le souci de préservation des textes, de l'esprit de la loi et des formes attachées au droit.

Enfin quatrième possibilité : le bureau n'assure aucune vue, ni en avant, ni en arrière. Même si, posée comme telle, la figure semble tenir du cas d'école, l'existence de ce type d'agencement n'est pas à négliger : c'est précisément le cas des « bureaux machines », qui concourent à donner aux occupants un champ de vision à ce point étroit qu'ils n'en conçoivent rien[2]. Tel est le cas de certains agents en charge de procédures automatiques dans le cadre de la gestion informatique des cotisations qu'on a pu évoquer à propos de l'histoire de l'organisation des caisses d'assurance maladie. Tel est encore le cas des vacataires recrutés dans le cadre des campagnes annuelles des aides surface des services d'économie agricole, en charge de la saisie des dossiers dont ils doivent retranscrire des codes et des mesures sans avoir à s'interroger sur le sens des calculs opérés. Peut-être qu'un message erreur

▲ 1. Par exemple, cf. les travaux d'Astier I., *Revenu minimum d'insertion et souci d'insertion*, Paris, Desclée de Brouwer, 1997.

▲ 2. On trouvera de semblables bureaux dans la longue immersion qu'A. Bidet a réalisée auprès des agents en charge de la surveillance du trafic téléphonique où le travail s'accomplit dans un monde dominé par l'automation, *in* Bidet A., *L'engagement dans le travail. Qu'est-ce que le vrai boulot ?*, Paris, PUF, 2011.

interrompra le cours de leur geste, révélant une bizarrerie. Peut-être qu'une alerte surgira sur leur écran, signalant une incohérence. Ils vérifieront alors si le bon code, le bon chiffre, le bon intitulé a été enregistré. Et si ce n'est le cas, ils se demanderont, à eux-mêmes ou à leurs collègues, pourquoi « le code N ne passe pas » ou ce qu'ils ont fait des « AE » de la veille, sans avoir à s'inquiéter de l'exploitant qu'ils ne voient pas, ni penser aux textes réglementaires sur lesquels s'adosse la prescription.

Ces différentes formes de bureaux décrivent assurément des « vues », qui concernent en fait chacune des principales instances - les textes, les fichiers, les usagers - avec lesquelles doit composer tout travail administratif. En reprenant un certain nombre de bureaux rencontrés au cours de cette seconde partie du livre (encadré 1), il est possible d'en proposer une cartographie en fonction des vues qu'ils rendent possibles (schéma 3).

Encadré 1 : Cartographie des bureaux en fonction de leurs vues

Pour caractériser les vues des bureaux tels qu'on a déjà pu les rencontrer au cours de nos enquêtes, une première étape consiste à en dresser une liste, sachant que celle-ci ne peut vraiment être exhaustive mais suffisamment diverse pour reprendre la plupart des modes d'organisation rencontrés par le lecteur. Soit donc ici un corpus restreint de bureaux constitués à partir de nos trois terrains (tableau 1).

Pour chacun de ces bureaux, on pourra alors s'efforcer d'apprécier, pour les trois instances concernées par le travail administratif - textes, fichiers, usagers - la manière dont s'organisent les « vues » en arrière et en avant.

Prenons l'exemple de l'instance « textes ». Si l'on considère le regard rétrospectif sur ce qui a déjà été établi par le passé, une première manière d'en saisir la portée pourra consister à interroger l'accès aux textes réglementaires existants (V1), considérant que la capacité du bureau peut être respectivement forte, moyenne, faible ou nulle, selon les ressources humaines et techniques qui agencent le bureau. Les agents disposent-ils des possibilités matérielles pour circuler parmi les textes réglementaires originaux, ou n'ont-ils à leur disposition que des résumés ou des abrégés, voire rien du tout ? Ont-ils les compétences nécessaires pour circuler parmi ces documents ? Sont-ils formés régulièrement pour en permettre la compréhension ou n'ont-ils aucun véritable moyen d'en mobiliser le contenu ? Et s'ils ne sont pas eux-mêmes en mesure de maîtriser tel ou tel aspect documentaire, sont-ils en proximité immédiate de collègues à même de les renseigner ? Un autre élément intéressant, eu égard à cette instance, concerne la mémoire des décisions prises par le passé, car elle reçoit des attentions très diverses, selon que les agents sont équipés d'outils documentaires ou informatiques pour mobiliser la jurisprudence des affaires déjà traitées, ou qu'ils sont seulement dans la possibilité d'en connaître le contenu sur la base de leur propre expérience, ou bien encore qu'ils n'en ont aucun moyen. Ainsi, eu égard à la jurisprudence (V2), on estimera que le bureau permet un accès fort, moyen, faible ou nul en fonction des ressources techniques et humaines qu'il aménage. Dans cette perspective, si l'on accepte de considérer que ces deux variables sont suffisamment pertinentes pour décrire le rapport aux textes depuis un bureau, c'est dès lors la vue « en arrière » qu'il est possible d'estimer sur cette première instance.

Nous déploierons un raisonnement analogue pour les autres instances, la capacité à les voir rétrospectivement pouvant être caractérisée à chaque fois par plusieurs variables distinctes. Il va de soi qu'il eût été possible d'en augmenter le nombre, mais c'est seulement en nous efforçant d'en retenir deux que nous espérons parvenir à un tableau d'ensemble significatif. Ainsi, à propos des relations aux fichiers, ce sont l'accès à l'historique général de la situation de l'usager (V3) et la capacité à intégrer l'ensemble des données le concernant, souvent distribuées dans des fichiers multiples (V4) qui ont été retenus comme variables pertinentes. Quant au lien avec les usagers, la connaissance générale de la population et du territoire (V5) et la capacité effective à rencontrer l'usager « en personne » (V6) désignent les variables retenues.

N°	Intitulé	Descriptif
BUR01	Bureau du fichier central.	Bureau en charge de l'alimentation et de l'entretien du fichier central regroupant l'ensemble des assurés. Caisse Assurance Maladie de Paris, 1945-1962
BUR02	Centres de paiement de Sécurité Sociale.	Salles aménagées autour du guichetier, équipées du fichier, des hygiaphones et de la « caisse ». Caisse Assurance Maladie de Paris, 1945-1962

BUR03	Groupes techniques de liquidation.	Bureaux centrés autour du « liquidateur » en back office, en charge du traitement plus automatisé des dossiers. Créés en 1966, ils disparaissent en 1982. Caisse Maladie de Paris
BUR04	Boxes d'accueil	Boxes d'accueil. En charge de l'accueil de deuxième niveau, sans accès au traitement des affaires. Introduits en 1964, Caisse Assurance Maladie de Paris
BUR05	Bureau des prestations	Bureaux automatisés et polyvalents, en relation direct avec le public, au tournant des années 90. Caisse Assurance Maladie de Paris
BUR06	Bureau Fonction Vieillesse Intégrée	Bureaux semi-automatisés et polyvalents, en relation direct avec le public, introduits en 1989. Caisse Régionale Assurance Maladie de R
BUR07	Permanences itinérantes	Bureaux d'accueil itinérant de permanences assurés par des agents spécialisés à partir de 1990. Equipés de minitel. CRAM de R.
BUR08	Bureaux de vérification	Bureaux de vérification, service spécialisé sans relation avec le public. En charge du contrôle interne. Caisse d'Allocations Familiale de L
BUR09	Bureaux d'aide sociale	Bureaux d'accueil (boxes) des usagers bénéficiant d'aides sociales extra légales. Caisses d'Allocations Familiales de L.
BUR10	Pôles d'expertise	Bureaux automatisés spécialisés sur la gestion d'une activité, comme les feuilles de soin ou les indemnités journalières. A partir de 2005. CPAM Paris.
BUR11	Plateforme téléphonique	Plateforme téléphonique en charge du traitement de premier niveau des assurés. Plusieurs modèles d'organisation ont existé (rotation, spécialisation). 2002 CPAM Paris
BUR12	Bureaux intégrés des juges de proximité	Bureaux présentant des ressources documentaires, administratives (service dédié du greffe) et professionnelles (autres magistrats). 2008. Tribunal de Police de P
BUR13	Bureaux éclatés des juges de proximité	Bureaux présentant des ressources documentaires, administratives (service dédié du greffe) et professionnelles (autres magistrats). 2008. Tribunal d'instance de I
BUR14	Bureaux composites des juges de proximité	Bureaux présentant des ressources composites en matière d'espace dédié, d'accès documentaire, services administratifs et relations professionnelles. Tribunal d'instance de R.
BUR15	Bureaux des instructions	Salle d'instruction des dossiers surface (aides végétales). Spécialisation fonctionnelle. Relations canalisées avec les exploitants. DDAF des plaines
BUR16	Salle de saisie	Salle de saisie des dossiers surface (aides végétales). Spécialisation fonctionnelle. Pas de relation avec le public. DDAF des plaines
BUR17	Bureau responsable du service d'économie agricole	Bureau du chef de service. Lieu de réunion des chefs des différents bureaux des aides. DDAF des Plaines
BUR18	Service d'accueil des agriculteurs	Boxes d'accueil des agriculteurs. Gestion des relations sur rendez-vous (accueil physique) et tout public (téléphone). DDAF des Plaines.
BUR19	Bureaux des aides animales	Bureaux spécialisés sur une ou deux aides animales intervenant régulièrement. Relations canalisées avec le public. DDAF des Montagnes
BUR20	Bureaux des aides végétales	Bureaux spécialisés sur une ou deux aides végétales intervenant régulièrement. Relations canalisées avec le public. DDAF des Montagnes
BUR21	Bureaux des mesures agro-environnementales (MAE)	Bureaux spécialisés sur un type d'aide, supposant d'apprécier l'ensemble des données de l'exploitation. Polyvalents. Relations canalisées avec le public. DDAF des Montagnes
BUR22	Guichets d'accueil des agriculteurs	Guichets d'accueil (boxes). Gestion des relations sans rendez-vous (salle d'attente). Pré-traitements des dossiers. Polyvalents. DDAF des Montagnes.
BUR23	Cellule de contrôle	Bureau spécialisé dans la saisie et traitement des dossiers de contrôle animal. Traitement automatisé, à partir des comptes-rendus. DDAF des Montagnes
BUR24	Bureau responsable du service d'économie agricole	Bureau du chef de service. Lieu de réunion des chefs des différents bureaux des aides. DDAF des Montagnes
BUR25	Visites de contrôle sur place	Bureau mobile (portable). Visites sur place sur les exploitations. Contrôle des surfaces. Agence de Service et de Paiement de B.

Tableau 1 : Corpus de bureaux rencontrés dans l'ouvrage (n = 25)

Nous avons alors procédé exactement de la même façon pour la vue « en avant » compte tenu des trois instances à propos desquelles nous avons cherché à identifier, pour chacune d'elles, deux variables distinctes. Ainsi, à propos de l'instance « Texte », on s'interrogera sur la capacité des agents à mettre en débat la règle depuis les cas (étude de cas, commissions, etc.) (V1') et leur capacité à mener une prospective ou veille réglementaire (*think tank*, suivi, formation) (V2'). À propos de l'instance « Fichiers », ce sont la capacité à estimer la future décision ou à calculer des montants des aides, subventions, sanctions, etc. (V3') et la capacité à prévenir les bugs informationnels (V4'), qui ont été retenues. Quant à l'instance « Usagers », il s'agit de l'existence d'outils de prévention et la capacité à toucher les populations (V5'), ainsi que l'existence de dispositifs de médiation, de prévention, et plus largement de capacité à intervenir en amont des décisions (V6'). Dès lors, c'est l'ensemble du dispositif optique qu'il devient possible de décrire pour l'ensemble des bureaux qu'on a sélectionnés (tableaux 2). Compte tenu de ces éléments, en affectant à chacune des 12 variables une estimation chiffrée tirée des informations du tableau (à chaque variable, un point a été attribué : 3 pour fort, 2 pour moyen, 1 pour faible et 0 pour nul), il est possible de proposer pour chaque bureau un indice de vue « en arrière » et un indice de vue « en avant ». C'est sur la base de ces résultats que la cartographie (schéma 3) a été construite.

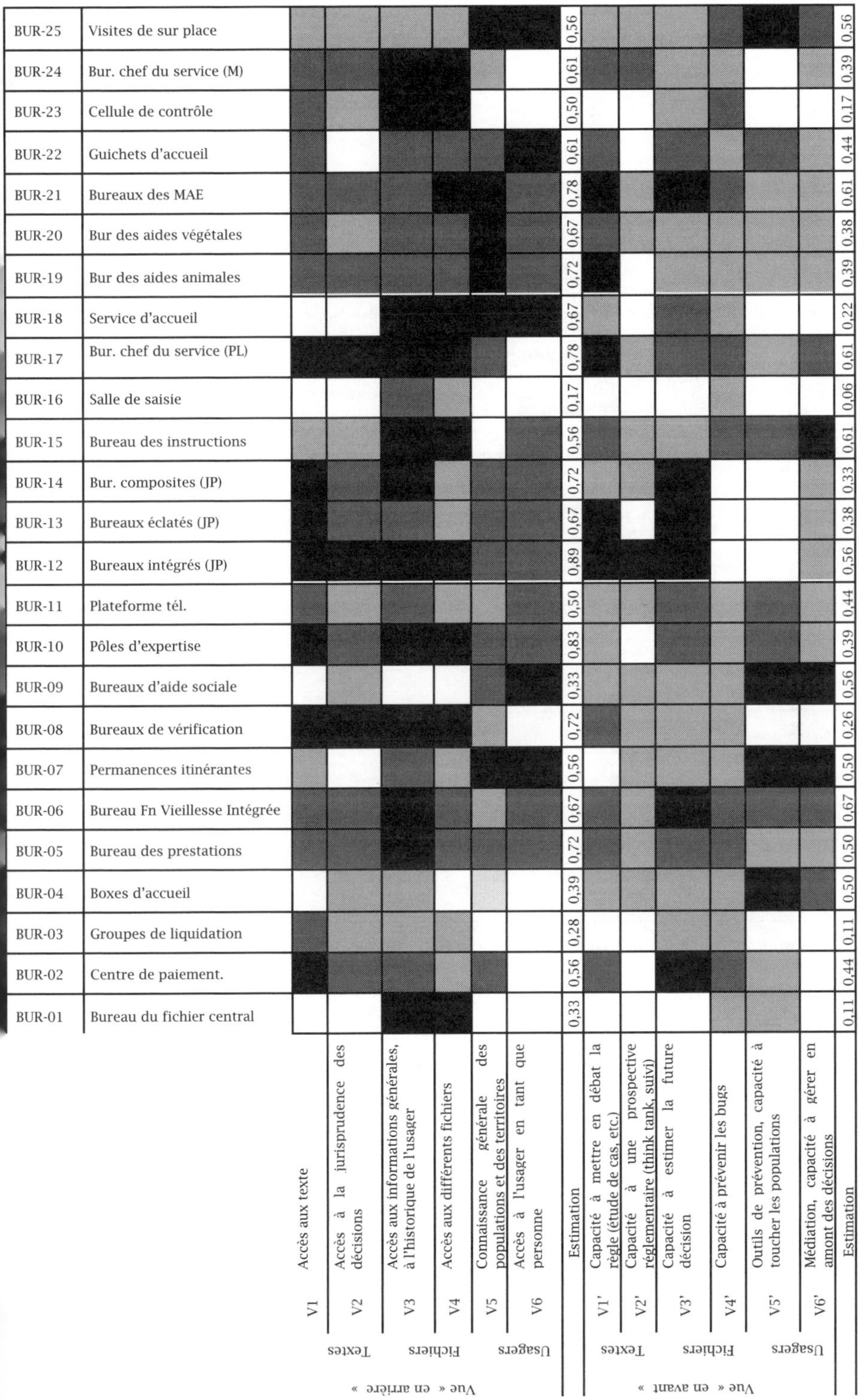

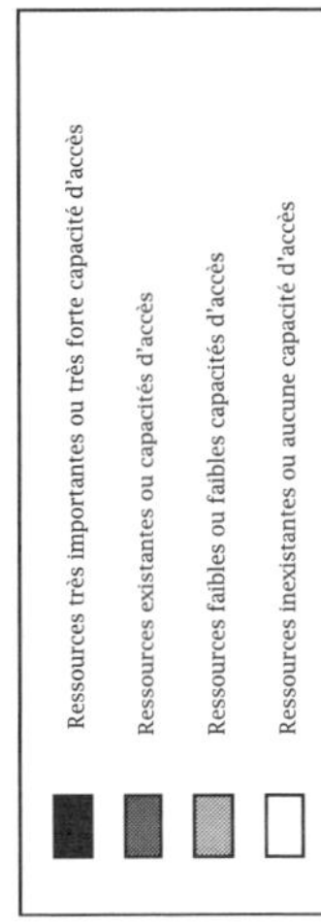

Tableau 2 : Catégorisation des vues des bureaux (source : corpus restreint des données d'enquête)

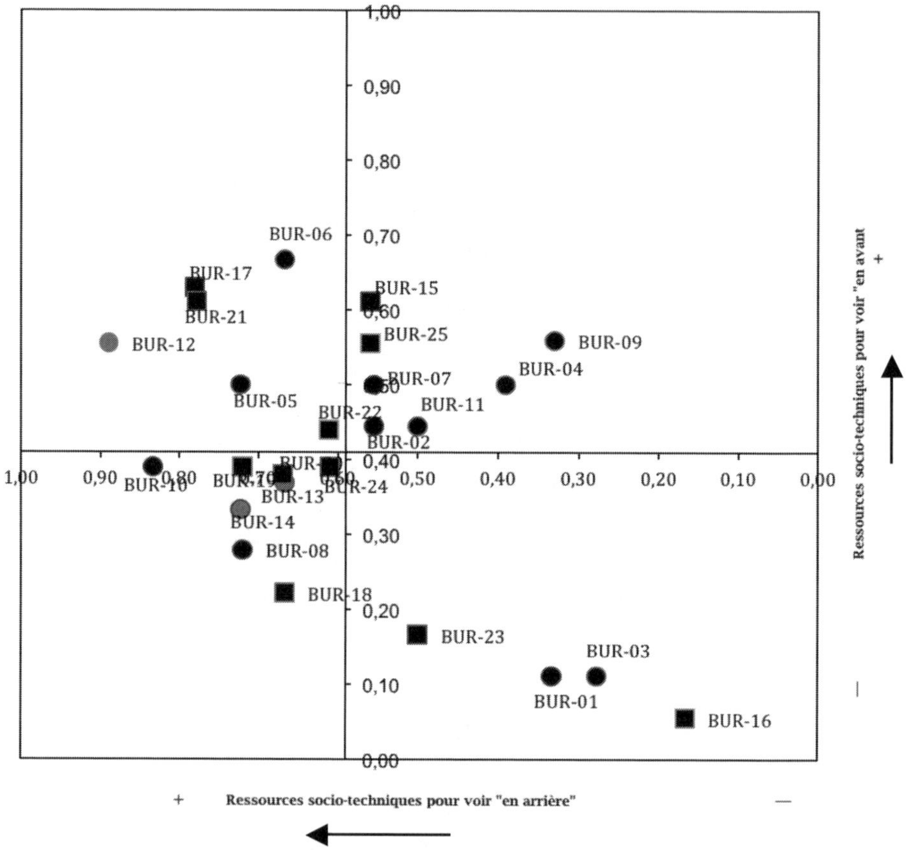

●	Bureaux des caisses de Sécurité Sociale	L'axe des X croise l'axe des Y à la valeur moyenne MOY (y) = 0,41
O	Bureaux des juges de proximité	L'axe des Y croise l'axe des X à la valeur moyenne MOY (x) = 0,59
■	Bureaux des services agricoles	

Schéma 3 : Représentation du corpus de bureaux en fonction de leurs vues (source : données d'enquête, n = 25)

Le pouvoir discrétionnaire à l'épreuve des bureaux

Les questions de conscience professionnelle ne surgissent pas uniquement par « gros temps », pour reprendre l'expression de Marc-Olivier Baruch et Vincent Duclert, lorsque la vie de la démocratie est en jeu[1]. Bon nombre de situations banales sont troublées par d'incompressibles épreuves qui constituent le lot ordinaire du travail des petits fonctionnaires. Qu'ils soient surveillants de prison ou policiers, inspecteurs du travail, contrôleurs des installations classées ou simples enseignants, les situations interpelant leur conscience sont courantes. À propos d'une sommation ou du recours à

▲1. Baruch M.-O., Duclert V., dir., *Serviteurs de l'État. Une histoire politique de l'administration française, 1875-1945*, Paris, La Découverte, 2000.

la force, d'un soupçon de fraude ou d'une demande compliquée à démêler, d'une urgence réglementaire à évaluer ou d'une décision délicate à prendre concernant un élève, d'une prescription impossible à respecter ou d'un ordre illégal à exécuter : assurément, ces situations constituent des épreuves morales.

Le fait est que ces situations ne surgissent toutefois pas du hasard. Pour qu'un doute envahisse les fonctionnaires quant à la décision à proposer, il faut qu'une connaissance de la prescription, une certaine appréhension de la règle ou une prise sur la situation de l'usager leur soient possibles. Dit autrement, l'analyse de ces pratiques et de leurs incertitudes n'a de sens qu'au regard d'un certain type d'équipements, d'instruments, d'agencements, ou, pour le dire avec les mots de la sociologie des sciences, d'« infrastructures »[1], en mesure de faire surgir à la conscience de l'agent l'immense accumulation de savoirs, d'informations, de cas qui existent déjà, et laissant entrevoir le vaste champ de situations possibles qui pourraient survenir si telle ou telle décision était arrêtée. C'est l'enjeu d'une meilleure considération des bureaux. Il est clair, par exemple, que l'invitation d'un Dworkin à considérer le travail du magistrat depuis les « chaînes du droit » dans les termes d'un souci d'ajustement aux situations n'a de sens qu'au regard d'une capacité des professionnels à voir simultanément en arrière et en avant. Or, ce qui est vrai ici de la réflexion philosophique vaut probablement pour nombre de descriptions sociologiques pour lesquelles le travail de « discernement » dont font montre les agents renverrait à la fois à une culture professionnelle et une forte autonomie – c'est-à-dire à un réservoir d'expériences et de connaissance déjà là et une relative liberté d'agir face aux indéterminations des cas qu'il faut traiter. En d'autres termes, c'est la capacité à voir simultanément en arrière et en avant qui est pointée, capacité générale qui a toute sa pertinence, mais dont il n'est pas certain

▲ 1. Sur ce point, cf. les travaux de S. L. Star déjà évoqués dans le chapitre 3, avec notamment « The Ethnography of Infrastructure », *American Behavioral Scientist*, 43(3), 1999. On reprendra ici volontiers la considération élargie proposée par Geoffrey Bowker et ses collègues, à la nuance près qu'il s'agit moins de sciences que de droit pour les terrains qui nous occupent : « Nous appréhendons ici l'infrastructure comme un vaste ensemble de ressources capacitaires disponibles depuis un réseau, dont nous considérons qu'une compréhension formelle de l'infrastructure est majeure pour saisir sa conception, ses usages et sa maintenance. Cette compréhension constitue un enjeu essentiel pour des domaines proches comme l'informatique, les sciences documentaires ou l'étude des nouveaux média – autant de domaines qui supposent d'intenses collaborations et une activité de communication à grande échelle et à long terme. Dans cette perspective, nous invitons à étendre l'étude conventionnelle des infrastructures telles que les tuyaux et les câbles à l'ensemble des technologies et agencements qui équipent tout travail de production de connaissance : accélérateurs de particules, télescopes orbitaux, centres de calcul, stations polaires de recherche, laboratoires nationaux, et autres équipements de recherche de la "grande" science. En outre, cette liste serait incomplète sans la diversité des organisations scientifiques telles que les agences de financement, les sociétés savantes, les bibliothèques et bases de données, les maisons d'édition scientifique, les modes de révision, etc. inhérentes au fonctionnement ordinaire de la science » (Bowker G., Baker K., Millerand F., Ribes D., « Toward Information Infrastructure Studies: Ways of Knowing in a Networked Environment », *in* Hunsinger J., Klastrup L., Allen M., eds., *International Handbook of Internet Research*, Dordrecht, Springer, 2010, p. 98.

qu'elle se déploie de manière égale, compte tenu de nos observations quant aux bureaux depuis lesquels les agents raisonnent et agissent concrètement. En fait, quatre situations peuvent être clairement identifiées, découlant à la fois des propos recueillis au cours de nos observations et de nos entretiens, et des formes de bureaux dont on vient de proposer une cartographie.

La première renvoie à l'ensemble de bureaux à large spectre optique (n = 6) : on y voit potentiellement loin, en avant comme en arrière. C'est le cas des bureaux des techniciens-conseil de Sécurité Sociale devenus polyvalents, au cours des années 1990, en charge de la gestion des dossiers des assurés et de la totalité du traitement de leurs demandes dans le cadre d'une gestion « personnalisée » (BUR-05, BUR-06). C'est aussi le cas des bureaux des responsables hiérarchiques des services d'économie agricole et de certains bureaux responsables de mesures réglementaires, comme les mesures agro-environnementales, qui nécessitent l'examen attentif de l'ensemble des éléments de la situation (économique, financière, fiscale, familiale, etc.) des exploitants (BUR-17 ; BUR-21), voire des guichets d'accueil en mesure de traiter directement les demandes (BUR-22). C'est encore le cas des magistrats de proximité lorsque, depuis le seul lieu de leur bureau « intégré », ils sont en mesure d'accéder à l'ensemble des ressources nécessaires pour anticiper ou comprendre les affaires du point de vue du droit (BUR-12). Dans tous les cas, il s'agit de bureaux où l'étude des affaires exige en cela une certaine maîtrise réglementaire et une certaine autonomie dans le travail. Ces bureaux peuvent s'imposer comme un lieu de ressources, pour des professionnels ou des quasi-professionnels dont l'intervention est réglée, par ailleurs, par une procédure, comme c'est le cas des juges (BUR-12). Mais ils peuvent aussi résulter, à un moment donné, d'expérimentations inédites remettant en cause une division technique du travail plus ancienne au nom d'une meilleure qualité de service : c'est le cas de l'histoire des bureaux de la Sécurité Sociale, dans les années 1990[1]. Et c'est aussi le cas des bureaux des chefs des services agricoles conduits à devoir statuer en droit, et qu'il leur a fallu parvenir à équiper d'un outillage inédit en mesure d'organiser la mémoire collective du service sur l'ensemble des cas traités faute de disposer d'un effectif stable de personnels qualifiés (BUR-17). Bref, on pourra considérer que le modèle du travail public qui se dessine ici est celui de l'*expertise*. C'est vers un tel modèle que s'orientent parfois les organisations du travail, promouvant l'élargissement des vues des bureaux à la faveur d'une meilleure considération de la jurisprudence et des conséquences sur les situations des usagers. L'activité discrétionnaire prend, dès lors, le sens déjà évoqué à propos de la figure de Dworkin : l'invention dans le droit. C'est la capacité des professionnels à bricoler, à trouver, parmi les ressources du droit, la manière de résoudre les épreuves de la qualification juridique des situations des usagers. Cette préoccupation, favorisée par le fait d'agir depuis un bureau à larges vues, n'est toutefois pas sans limites : celles de devoir traiter trop de considérations à la fois, au

▲ 1. Sur ce cas, cf. chapitre 4, section 2.1. sur l'histoire de la caisse d'assurance maladie de Paris.

risque d'être submergé par toutes sortes d'informations rendant délicates les décisions à prendre. C'est le cas, par exemple, lorsqu'au tribunal correctionnel, la masse des affaires à traiter est à ce point considérable qu'elle rend impossible toute lecture préparatoire en amont des dossiers de sorte que, si les magistrats voient les situations et les prévenus, s'ils voient par expérience les décisions qui ont pu être prises par le passé ou qui pourraient être prises, ils n'en éprouvent pas moins le sentiment d'être empêchés de conduire les affaires comme ils estiment qu'il le faudrait, faute de temps. Ici, les dilemmes naissent de l'impression de bâcler, d'aller trop vite : c'est le fait de voir, en avant comme en arrière, qui concourt à donner aux problèmes de conscience la forme spécifique de l'*empêchement*[1].

Ce n'est plus le cas de la deuxième configuration : elle concerne des bureaux dont le champ de vision ne s'épanouit qu'à la faveur du seul « devant » (n = 7). C'est le cas des personnels des caisses de Sécurité Sociale en relation directe avec les publics, intervenant depuis des box d'accueil, des guichets ou des plateformes téléphoniques, et dont une part du traitement en *back office* échappe à leur vue ou, tout du moins, ne se laisse pas manipuler (BUR-09 ; BUR-04 ; BUR-07 ; BUR-11). Mais c'est aussi le cas des services de traitement des dossiers qui, bien que n'intervenant pas sur la totalité du processus, doivent agir en interaction avec les usagers pour établir un diagnostic de la situation : c'était déjà le cas des centres de paiement de la Sécurité Sociale en prise avec les assurés, tels que leur organisation s'est imposée dans les années 1960 et 1970 (BUR-02). Et c'est aujourd'hui le cas de certains bureaux d'instruction des services agricoles (BUR-15) comme c'est, bien sûr, celui de notre contrôleur évoqué en introduction qui peut évaluer les conséquences de l'anomalie qu'il constate, sans bien mesurer toutefois l'ensemble des éléments de la situation qui participent à la décision (BUR-25). Le modèle projeté sur l'action publique décrit ici un idéal de *service* et de communication, l'idéal étant que les rapports aux usagers opère sans tensions. C'est un enjeu d'autant plus intense qu'il ne va pas de soi : c'est le cas des missions de contrôle potentiellement sources de conflits, du travail des agents d'accueil exposés à des publics dont les attentes peuvent s'avérer éloignées des exigences normatives de l'administration, ou du souci des magistrats à se faire comprendre auprès des prévenus et faire montre de pédagogie. L'activité discrétionnaire ne manque pas d'avoir été relevée par la littérature, mais elle prend ici un tout autre sens que celui évoqué précédemment : elle concerne le traitement possiblement différencié des affaires selon les propriétés sociales des publics concernés. C'est le cas, par exemple, lorsque des guichetiers ou des contrôleurs en charge d'affaires dont ils estiment voir la situation rencontrent l'incapacité à imposer leur décision – compte tenu de la configuration spécifique de leur bureau qui fait qu'une part du traitement

▲ 1. C'est là un constat récurrent que l'enquête menée auprès des juges de proximité a montré. Du reste, une manière de résoudre cette exposition que les magistrats savaient éprouvante pouvait consister à refuser de siéger comme assesseur au tribunal correctionnel, dès lors que l'organisation de la juridiction le permettait.

leur échappe. Faute d'une connaissance des modes de traitement du service, c'est alors la relation avec les usagers qui cristallise les plaintes. Un risque, souligné par la littérature, est celui de l'expression des sentiments racistes ou sexistes, et rejoint les critiques déjà évoquées d'un Michael Lipsky sur les dangers du pouvoir discrétionnaire. La conscience professionnelle ne s'est pas pour autant volatilisée, mais prend une forme quelque peu *rétrécie*. Elle s'exprime du fait de la configuration cellulaire depuis laquelle les agents saisissent les cas qu'ils traitent : ils voient « en avant », imaginent les conséquences, conseillent potentiellement sur ce qu'il faudrait faire, mais ignorent l'arrière qui sert à fabriquer la décision finale.

Une troisième configuration tranche là encore : elle désigne des bureaux dont seule la vue « en arrière » est véritablement outillée (n = 8). C'est le cas des services de contrôle des caisses de Sécurité Sociale en charge de vérifier la validité juridique des décisions prises par les bureaux techniques, qui interviennent en aval du traitement, sur la base des textes officiels et de la jurisprudence (BUR-08). C'est encore le cas des services plus récents des mêmes caisses en charge de traiter les dossiers sur une base plus spécialisée (BUR-10). C'est également le cas des bureaux de la plupart des juges de proximité qu'on a rencontrés, dès lors qu'ils ont pour équipement minimal l'accès documentaire aux textes et à la jurisprudence (BUR-13 ; BUR-14). C'est aussi le cas des bureaux des responsables hiérarchiques des services d'économie agricole en charge de vérifier la légitimité légale des décisions prises (BUR-24), comme c'est le cas des bureaux spécialisés sur un segment particulier de la réglementation (BUR-19 ; BUR-20) voire de certains guichets qui, particulièrement désarmés pour toute intervention sur les dossiers, ne peuvent que se contenter de rappeler l'information générale sur la base des textes existants (BUR-18). Le modèle d'action publique qui se dessine au travers de ces différents bureaux décrit un travail spécialisé entièrement calé sur des formalisations écrites et valorisant l'obéissance hiérarchique. C'est celui d'un travail *rationnel*, l'enjeu étant de produire des décisions dont la légitimité légale ne laisse aucun doute. Certes, l'activité discrétionnaire ne manque pas pour autant d'avoir été pointée par toute une littérature, mais c'est au prix d'une problématique inédite par rapport aux autres configurations qu'on vient de voir : ce qui est souligné, c'est l'existence de marges irréductibles d'incertitude qu'aucune règle ne pourra réduire totalement. La sociologie des organisations, autour de Michel Crozier en France, ou du courant fonctionnaliste américain, a inspiré un grand nombre d'enquêtes dans les administrations publiques, montrant comment derrière la rationalité apparente de la décision se cache, en vérité, un monde d'arbitrages et de négociations informelles, renvoyant eux-mêmes à des luttes d'intérêt. Le pouvoir discrétionnaire prend alors un tout autre enjeu : il s'impose comme un enjeu de régulation des rapports de force entre les acteurs de l'organisation[1]. La conscience professionnelle n'est pas absente de

▲ 1. « Aussi longtemps qu'un peu d'incertitude subsiste dans l'exercice de sa tâche, le plus humble des subordonnés gardera la possibilité d'user d'un certain pouvoir discrétionnaire et, tant que pour une activité déterminée l'homme sera préféré à la machine, une certaine dose

ce théâtre de calculs stratégiques, mais elle s'exprime par le prisme de l'intérêt des professionnels, au risque de préférer se protéger plutôt que de s'exposer aux publics, de conforter les interprétations établies de la règle plutôt que de s'engager dans une critique, et plus largement de renforcer les caractéristiques bureaucratiques de l'organisation. Si elle n'est pas absente, la conscience professionnelle prend donc une forme *décalée*, se résolvant prioritairement par la préservation des intérêts des agents et inspirant des pratiques légalistes, peu enclines à l'invention. Et pour cause : ils mesurent les subtilités de la prescription, ils apprécient l'expérience des innombrables cas déjà traités, ils connaissent le détail des répertoires des décisions prises voire de la jurisprudence, mais ils voient mal les conséquences des décisions qu'ils prennent.

Enfin, une dernière configuration s'impose : elle recouvre le cas des bureaux quasi aveugles, offrant de très faibles vues (n = 4). Immenses salles dédiées à la manipulation et à l'enregistrement des fiches de cotisations sociales destinées à alimenter « le Kardex » dès les années 1950 (BUR-01), pièces consacrées exclusivement à la saisie des données des « dossiers papiers » encore majoritaires dans les services agricoles (BUR-16), bureaux occupés à faire tourner « la machine » pour effectuer les tâches de liquidation découvrant l'automatisation à partir des années 1960 (BUR-03) ou pour déterminer le montant des pénalités compte tenu des anomalies constatées sur le terrain à l'occasion des contrôles (BUR-23) : ces lieux de travail se caractérisent par l'intensité des calculs qui y sont menés, et la faible capacité qu'y ont les employés à intervenir. Leur champ de vision « en arrière » apparaît étroit : faible accès aux textes réglementaires, même dans des versions abrégées ; faibles possibilités, dans la plupart des cas, à circuler parmi les différents fichiers et à établir un historique de l'usager ; et, plus largement, faible capacité à voir la situation de ce dernier, dans la mesure où c'est le dossier qui est tout simplement absent. De même, leur regard « vers l'avant » est tout aussi bridé : incapacité à entrer dans les calculs opérés par la machine, impossibilité d'entrer en contact direct avec le public, etc. Si ces bureaux sont majoritairement occupés par les personnels les moins qualifiés des organisations explorées, ils ne le sont pas systématiquement. Ils peuvent même ponctuellement accueillir le travail de techniciens ou de responsables venus pour « faire des calculs » ou « lancer l'ordinateur », comme c'est le cas, par exemple, de l'analyse de risques qui précède les phases de contrôles automatiques où l'enjeu est de repérer les incohérences calculatoires parmi plusieurs milliers de dossiers. Mais, quel que soit l'objet du travail – qu'il s'agisse des opérations de saisie en amont ou des activités de contrôle en aval des traitements –, la caractéristique des bureaux concernés est qu'on n'y

d'incertitude subsistera […]. À l'impossibilité de supprimer complètement le pouvoir discrétionnaire du subordonné dans l'exécution de sa tâche correspond […] la persistance du pouvoir discrétionnaire du chef dans l'application et l'interprétation des règles et des méthodes d'action ; c'est le seul moyen dont l'organisation peut se servir pour obliger ses membres à utiliser leurs marges d'initiative au bénéfice de l'organisation » (Crozier M., *Le phénomène bureaucratique*, *op. cit.*, p. 198).

voit rien *a priori*. C'est leur force, au nom d'un idéal de *neutralité* - argument déployé pour légitimer le recours à l'informatique depuis les années 1970[1]. Mais c'est aussi leur limite. Car si nombre de travaux sociologiques rappellent combien les technologies de calcul destinées à collecter, contrôler et diffuser l'information connaissent aujourd'hui un essor inédit[2], ils soulignent aussi combien ce développement de la quantification débouche potentiellement sur l'ère nouvelle d'un État automate. Un machinisme étatique, aisément constatable dès lors qu'on s'intéresse aux bureaux concernés ici par cette configuration à faible vue, qui se déploie au risque d'une dépossession des fonctionnaires de leur métier[3]. Le pouvoir discrétionnaire n'est pas pour autant totalement annihilé, mais il prend la forme de la dérogation. Tel est le cas de notre affaire de contrôle agricole où, malgré le calcul automatique produit par la machine, la pénalité est annulée par la hiérarchie. Si ce régime d'exception n'est pas, en soi, une nouveauté - il constitue même une prérogative hiérarchique conforme au modèle bureaucratique décrit par Max Weber - il suppose une capacité des agents à prendre conscience des situations où le recours à l'automatisation constitue une aberration et à transmettre les affaires litigieuses. Or, le propre d'un bureau d'où l'on ne voit ni en amont ni en aval du travail qu'on accomplit renforce plutôt l'insensibilité. Une indifférence morale peut alors s'épanouir, au prix d'une éclipse de ses propres convictions : l'agent arrête les versements des prestations sociales, autorise un prélèvement sur des indus, valide une pénalité générée par le système informatique, sans examiner la situation de l'usager concerné. Et pour cause : il ne la voit pas. Bien que cette configuration bureaucratique n'entre pas en contradiction avec la revendication à travailler consciencieusement, elle signale une forme *oblitérée* de la conscience[4].

Résumons. Pour chacune de ces configurations, ce n'est pas seulement un type de bureau qui est décrit, mais bien une certaine conception du travail public et du pouvoir discrétionnaire, une certaine manière qu'a la conscience de se manifester en situation, et une certaine problématisation sociologique repérable parmi les grands courants qui en ont inspiré les recherches (tableau 3). Tout particulièrement avec les premiers travaux de l'analyse stratégique des organisations (A), la description privilégie les relations des

▲1. Grémion P., Jamous H., *L'ordinateur au pouvoir. Essai sur les projets de rationalisation du gouverneemnt et des hommes*, Paris, Seuil, 1978.

▲2. Par exemple, cf. Bruno I., Didier E., *Benchmarking. L'État sous pression statistique*, Paris, La Découverte, 2013.

▲3. « Plus les normes arithmétiques qui encadrent l'action publique s'imposent, plus le recours aux notions morales et politiques qui justifient cette action tend à s'effacer, tout comme s'estompe une certaine idée de la vocation de l'État à garantir le bien commun » (Ogien A., *Désacraliser le chiffre dans l'évaluation du secteur public*, *op. cit.*, p. 46).

▲4. Ce processus de rétrécissement extrême de la conscience a été largement décrit par C. Dejours, lu comme une stratégie défensive des opérateurs face aux contradictions inhérentes à leur travail. Cf. Dejours C., *Souffrance en France. La banalisation de l'injustice sociale*, Paris, Seuil, 1998). Qu'elles consistent à « garder le nez dans le guidon » à travers l'adoption individuelle d'« œillères volontaires » (*ibid.*, p. 150) ou qu'elles résultent d'idéologies collectives alliant cynisme et virilité (p. 107), ces stratégies procèdent toujours de la peur : peur de la responsabilité, de perdre sa place ou son statut (*ibid.*, p. 147).

acteurs internes répartis parmi les multiples bureaux de l'administration, et le rapport avec la règle qu'occupent, dans ce cadre, les jeux, le ritualisme, la sur-conformité des comportements, et plus largement l'attachement aux formes légales : c'est une lecture déployée à propos des « bureaux rationnels » et de leur critique, telle qu'on la trouve dans la littérature sociologique des années 1960 et 1970. Avec une attention plus fine à l'égard des interactions avec les usagers (B), l'analyse déplace son attention à la faveur des relations de guichet et, plus largement, de la « relation de service », élément devenu incontournable de la modernisation des services publics dans les années 1990 : c'est, dès lors, un autre rapport à la règle qui est exploré, plus prospectif, et pouvant tout autant augmenter l'interrogation en termes de discriminations possibles. Avec l'invitation à mieux considérer les instruments de l'action publique (C), telle qu'on la trouve désormais dans une analyse de l'action publique et des technologies de gouvernement à distance, la sociologie réexamine les modes d'action depuis des outils informatiques traitant des masses considérables de données, proches des « bureaux machine » qu'on a évoqués et dont elle pointe les limites, source alors de désinvestissement dans le travail, voire de souffrance. Mais la perte de sens dans le travail qu'on en déduit alors ne vaut que dans cette situation. Car c'est l'inverse (D) qu'un enquêteur constatera, dès lors qu'il s'intéresse à des bureaux d'expertise, les conditions même de la régulation professionnelle des pouvoirs des agents concernés devenant alors l'objet central des interrogations.

	Vue arrière	Vue avant	Modèle d'action publique	Conception du pouvoir discrétionnaire	Mouvement de conscience professionnelle	Problématisation sociologique
A	+	-	Rationnel	Stratégie	Décalée	Pouvoir
B	-	+	Service	Déviance, transgression	Rétrécie	Discriminations
C	-	-	Neutralité	Dérogation, exception	Oblitérée	Retrait
D	+	+	Expertise	Invention, ajustement	Empêchée	Régulation professionnelle

Tableau 3 : Constructions du travail public, configurations optiques des bureaux et formes de conscience

*

En introduction de ce chapitre, nous posions comme ambition de décrire la nature du pouvoir discrétionnaire des petits bureaucrates, dès lors qu'on considère le bureau depuis lequel ils agissent. Trois résultats méritent d'être dégagés.

L'importance des technologies optiques permettant de « voir » l'usager, la loi ou toute une série d'informations relatives aux situations qu'il faut traiter n'est plus à démontrer : c'est un enjeu auquel se sont attelées notamment les recherches sur l'histoire des sciences et des techniques, déjà évoquée précédemment à propos des artefacts graphiques ou des technologies de calcul qui composent n'importe quelle affaire. Ce qui est alors mis en avant, à propos des statistiques, de la cartographie ou de la modélisation, c'est la capacité de l'État à imposer un point de vue « d'en haut », une vision d'avion abstraite et distante. Et même si la prétention à « tout » voir est illusoire, la figure du panoptique décrite par Foucault, qui permet de transformer chaque prisonnier en cellules à observer depuis un point central et unique, demeure la meilleure illustration de ce point de vue en surplomb. Ce n'est toutefois pas cette unique perspective qui a été soulignée ici à propos des bureaux, mais bien l'idée qu'existent d'autres agencements optiques, avec notamment ceux qui sont en mesure de produire des vues « en arrière » et « en avant », dès lors qu'on privilégie l'étude du travail administratif en action[1]. L'intérêt est de montrer comment la décision réglementaire résulte toujours d'une combinatoire de scènes multiples dont le champ de vision est à chaque fois spécifique. Parfois, c'est le même professionnel qui se déplace de lieu en lieu, dossier à la main, pour compiler les points de vue : c'est le cas des juges, que l'on rencontre successivement à leur bureau lors de la préparation pénale, puis à la salle d'audience lors du procès, puis à nouveau dans leur bureau lors de la signature du jugement. Parfois, c'est le dossier qui passe de mains en mains, cheminant parmi des pièces peuplées d'agents aux qualifications et aux statuts hétérogènes : c'est le cas des demandes des agriculteurs, reçues successivement à des comptoirs d'accueil, saisies dans des bureaux, instruites dans d'autres, parfois rediscutées à nouveau dans des box, puis vérifiées dans d'autres bureaux.

Deuxième résultat : cette combinatoire de multiples champs de vision n'est pas infinie. Parmi les terrains étudiés, plusieurs grandes figures semblent se dégager : une première consiste à associer des bureaux à spectre de vision large avec des bureaux aveugles ; une seconde articule des bureaux à forte vue « arrière » et des bureaux à forte vue « avant ». Dans le premier cas, c'est une coordination professionnelle qui l'emporte, compte tenu des

▲ 1. Pour insister sur les différences qu'il y a entre ces multiples vues possibles, on pourra s'amuser à faire un parallèle avec l'usage des technologies optiques dans l'histoire des jardins. Dans la grande tradition des jardins « à la française », le point de vue « d'en haut » est souvent évoqué pour désigner l'importance de la symétrie, des figures géométriques et de l'agencement rigoureux. Et si la figure de Lenôtre s'est imposée pour incarner cet art des jardins, c'est généralement pour insister sur l'importance du point de vue en surplomb que cet art supposerait pour en saisir toutes les subtilités, c'est-à-dire un point de vue d'État, celui-là même qu'on adopterait depuis les fenêtres du château surplombant le parc. C'est toutefois tout l'intérêt des travaux des historiens que de nous obliger à nous déprendre de cette considération qui date, en vérité, du XIXe siècle, Sur la base du journal rédigé par Lenôtre, P. Falguières rappelle combien, loin de convoquer un point de vue d'en haut, les jardins en question ont d'abord été conçus comme un agencement à la promenade, un art du déplacement « du dedans », depuis lequel on réalise alors que les mêmes jardins sont, en vérité, des installations optiques destinées à tromper le promeneur. Cf. Falguières P., « Philosophes au jardin : une promenade sceptique », *in* Fahrat G., Mossers M., dir., *La culture d'André Lenôtre, 1613-1700. Institutions, arts, sciences et techniques en France*, Sceaux, Musée de l'Île de France, 2006.

tentatives plus ou moins abouties dont témoignent nos terrains : des liquidateurs de la Sécurité Sociale transformés en techniciens conseils dans les années 1990, des agents administratifs devenus experts réglementaires des services agricoles des Montagnes, sans parler des juges de proximité, profanes certes, mais expérimentés et formellement reconnus comme tels. L'ajustement au cas par cas, que désigne par excellence l'activité discrétionnaire, est opéré par les agents eux-mêmes, depuis les indices qu'ils perçoivent d'une situation jusqu'à la décision finale. Et cette activité est équipée : soit par des technologies informatiques assurant un contrôle plus ou moins automatique et un suivi des cas, soit par une doctrine professionnelle consistant notamment dans la connaissance de la jurisprudence. Les formes organisationnelles des bureaux qui l'emportent sont celles alors du laboratoire, voire du centre de ressource. Dans le second cas, c'est une coordination hiérarchique qui domine, compte tenu des limitations optiques que présentent les bureaux des terrains concernés : des

guichetiers sans ordinateur, des contrôleurs sans pouvoir entrer dans les calculs, des techniciens sans pouvoir rencontrer les usagers, etc. L'ajustement au cas par cas demeure alors opéré par la hiérarchie, disposant des vues les plus larges (schémas 4 et 5).

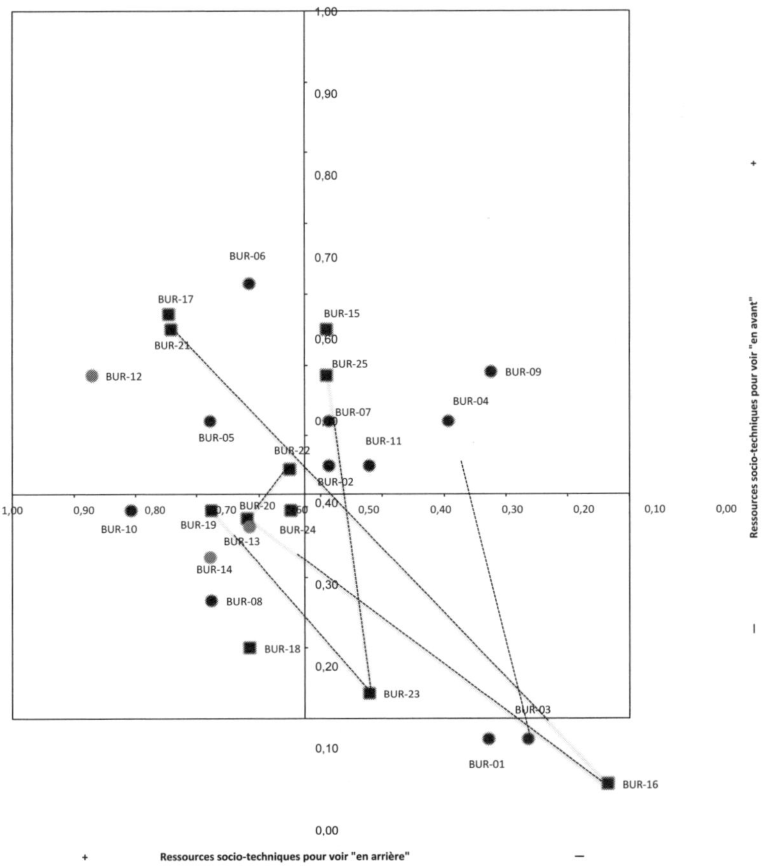

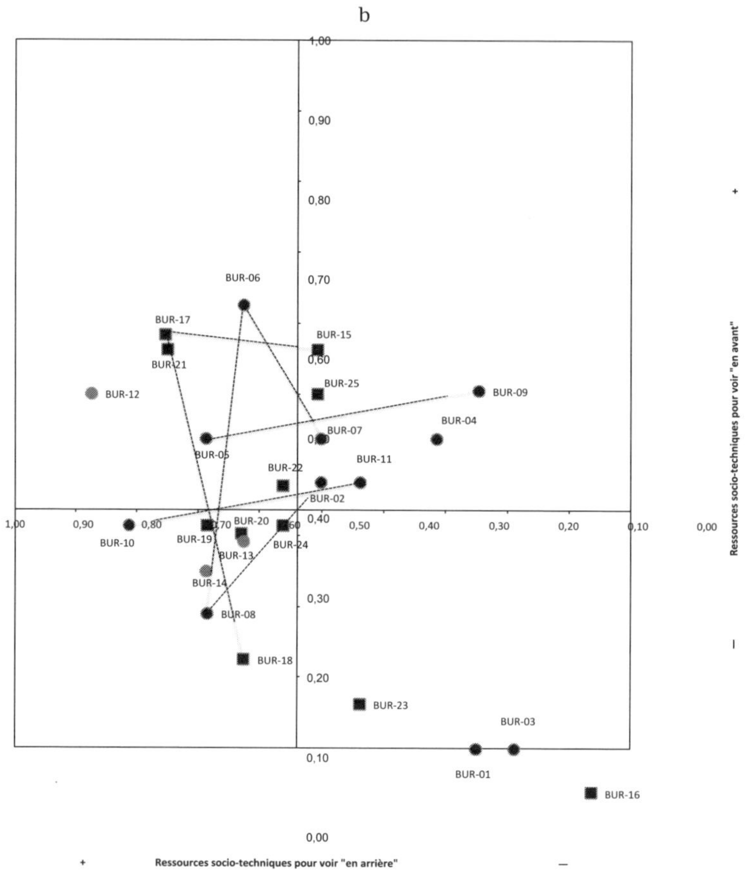

Les deux représentations reprennent la cartographie des différents bureaux du corpus. Les chaînes de traitement observées d'un bureau à l'autre parmi ce corpus y sont représentées sous forme de liens pointillés. Nous avons ici artificiellement distingué les cas relevant chacun des deux figures qu'on vient d'évoquer : une première consiste à associer des bureaux à spectre de vision large avec des bureaux aveugles (4a) ; une seconde articule des bureaux à forte vue « arrière » et des bureaux à forte vue « avant » (4b).

Schémas 4 et 5 : Interactions des bureaux en fonction de leurs configurations optiques

Un troisième résultat concerne la conscience professionnelle. Il est devenu aujourd'hui courant de regretter une perte des valeurs de service public[1]. Plutôt que de réfléchir à ces dernières comme des entités qui seraient là, en soi, auxquelles il s'agirait d'adhérer et qu'il faudrait entretenir - par une politique de recrutement, de formation ou de gestion des carrières adaptée - on a voulu proposer ici une perspective pragmatique où les

▲1. On renverra ici, par exemple, à des rapports de l'OCDE (*Renforcer l'éthique dans le service public : les mesures des pays de l'OCDE*, PUMA, Note de synthèse, 7, 2000), des publications de revues spécialisées (*Perspective Gestions Publiques*, 25, 2007) ou livres blancs (*Livre blanc sur l'avenir de la fonction publique*, 2008).

dilemmes surgissent d'une problématisation elle-même liée à un agencement, une manière de circuler d'une instance - usagers, textes, fichiers - à l'autre. Pour cela, il faut accepter de suivre les modes d'existence des usagers dans les bureaux. Il faut filer les affaires, suivre les carrières des dossiers dans les salles d'audience, les salles de réunion, les box d'accueil, les couloirs, les lieux multiples où de possibles différends surgissent pour saisir comment, à l'occasion d'un désajustement, les cas sont discutés et résolus. Cette manière de procéder a l'avantage de dépasser la simple idée que le pouvoir discrétionnaire désignerait la manifestation des conceptions du bien ou des intérêts des professionnels du droit, alors même que les processus décisionnels se veulent neutres et formalisés[1]. Car le problème n'est pas de repérer *a priori* la variété des interprétations et la présence de considérations communes dans la manière dont les agents instruisent les requêtes des usagers - il ne fait aucun doute qu'ils le font - mais plutôt de comprendre comment, par un patient processus de tamisage, cette hétérogénéité nécessaire des savoirs qu'il faut mobiliser au départ pour faire tenir une affaire se transmute, bureaux après bureaux, champ de vision après champ de vision, en un cas où ne subsiste plus que le droit à l'arrivée[2]. Or, ce processus rencontre indiscutablement des épreuves, au travers desquelles la conscience des agents s'exprime selon des formes multiples. Si l'empêchement, le décalage, le rétrécissement en constituent les possibles expressions, elles sont, de fait, indissociables d'un agencement. Mieux, elles en sont des éléments nécessaires. Toute décision réglementaire administrative exige il y ait, d'une part, une place pour l'interprétation, l'hésitation, le doute, donnant lieu à l'éclosion de possibles dilemmes et, d'autre part, la production d'un acte où finit par s'imposer l'application des seules règles de droit. Les tensions qui opposent bureaux d'instruction et bureaux de vérification, guichets et services de traitement, bureaux automatiques et bureaux d'expertise, et plus largement les liens évoqués plus haut à propos des interactions entre les différents bureaux révèlent aussi l'importance de cet enjeu : permettre des considérations concurrentes du réel, au risque du trouble, tout en assurant leur régulation. Ainsi, le constat d'une perte de sens du travail, répété à l'envi dès lors que les bureaux de l'administration reposent sur un outillage automatique, invite à mieux circonscrire la place exacte de ces bureaux dans l'ensemble du processus de traitement et supposerait de vérifier si, dans d'autres bureaux, sur d'autres scènes ou d'autres lieux, des activités interprétatives ne s'en trouvent pas

▲ 1. Elle prolonge, en revanche, l'idée d'une compatibilité possible entre l'engagement émotionnel, comme la bienveillance ou la sollicitude, et l'élaboration d'une décision impartiale. Cf., sur cette question, l'enquête conduite par Patricia Paperman auprès de magistrats. Cf. Paperman P., « La contribution des émotions à l'impartialité des décisions », *Social Science Information*, 39(1), 2000.

▲ 2. On pourrait s'interroger sur la place qu'occupe cette production bureaucratique de la décision réglementaire depuis la gamme des autres modes de production possibles qui construisent une décision légale « objective ». Sur le cas du procès pénal et les pratiques des avocats pour défendre les victimes, cf. Barbot J., Dodier N., « Que faire de la compassion au travail ? La réflexivité stratégique des avocats à l'audience », *Sociologie du travail*, 56(3), 2014.

paradoxalement augmentées, consacrées notamment à la réparation des traitements automatiques qu'on aura crus, seuls, s'imposer.

Conclusion

Après nous être intéressés au raisonnement des juges confrontés aux « pièces » des affaires qu'ils traitent (chapitre 1), après nous être penchés sur les épreuves qui jalonnent le traitement administratif des demandes d'aides agricoles (chapitre 2), après avoir rappelé l'intérêt d'une meilleure appréhension des travaux portant sur les « papiers » et, plus largement, sur les dossiers qui constituent une technologie déterminante de toute décision réglementaire (chapitre 3), après avoir restitué l'histoire des bureaux qui en assurent le classement, la production et l'entretien (chapitre 4), après avoir proposé une typologie plus générale des formes que ces bureaux peuvent prendre, compte tenu des opérations qu'on y accomplit (chapitre 5), et après avoir examiné, à l'aune de ces variations, les formes possibles de l'expérience morale qu'on y éprouve (chapitre 6), avouons-le : nous sommes loin d'avoir épuisé notre sujet. À la question générale posée en introduction de cet ouvrage – en l'occurrence, celle de savoir comment l'État fait pour agir – le lecteur pourra demeurer circonspect. N'aurait-on pas dû, au préalable, proposer une définition explicite de l'État dont on entend interroger ici l'action ? Convenons qu'en la matière, notre stratégie a été celle de la prudence. Nous aurions pu mobiliser d'emblée la conception qu'en a donné Max Weber, qui sert volontiers d'inspiration aux recherches de sociologie politique[1]. Mais, au-delà des travaux qui en ont prolongé la définition[2], la

▲ 1. Puisque l'État ne se laisse guère définir par une substance ou un contenu, c'est au titre d'une « entreprise politique » qu'il convient de l'appréhender, dit Weber, qui a cette particularité que ceux qui la dirigent, la direction administrative, « revendiqu[ent] avec succès, dans l'application des règlements, le *monopole* de la contrainte physique *légitime* » (Weber M., *Économie et société, op. cit.*, p. 97, souligné par l'auteur).

▲ 2. Cf., par exemple, P. Bourdieu qui ajoute à la définition wébérienne la nature symbolique de la violence exercée : « L'État est un X (à déterminer) qui revendique avec succès le monopole de l'usage légitime de la violence physique et symbolique sur un territoire déterminé et sur l'ensemble de la population correspondante » (Bourdieu P., *Raisons pratiques, Sur la théorie de l'action*, Paris, Seuil, 1994, p. 107) ; ou Patrick Le Galès qui en souligne la dimension régulatrice : « L'État occidental est une forme politique qui a vocation à exister de manière permanente, à gérer les contradictions de la société et tenter d'établir un ordre politique, à revendiquer l'exercice de l'autorité et le monopole de la violence légitime » (Le Galès P., Vézinat N., dir., *L'État recomposé*, Paris, PUF, 2015, p. 8). Sur les débats relatifs à la conception de l'État, cf. plus largement le dossier introduit par King D., Le Galès P., « Sociologie de l'État en recomposition », *Revue française de sociologie*, 52(3), 2011.

proposition demeure très générale. Et bien que nous y souscrivions très volontiers, elle reste peu opérationnelle pour conduire les enquêtes empiriques qui sont les nôtres[1], au-delà du constat que les actes auxquels on s'est intéressé sont des « actes d'État », au sens où ils désignent des décisions dotées d'une force légitimée par le droit et fondées à s'imposer, quand bien même les intéressés qu'elles concernent ne le souhaitent pas[2]. Or, notre préoccupation à rendre compte du travail bureaucratique au quotidien invite à interroger ce lien qui fait que, dès lors qu'ils émanent de l'administration, ces actes se couvrent d'une force. Car il leur faut, pour cela, passer par toute une série d'opérations, faire l'objet d'un patient façonnement, répondre à des exigences précises, et résoudre toute une série de difficultés bien spécifiques au cours desquelles l'État est, d'une certaine manière, éprouvé[3] et qui font que, une fois résolues, c'est bien lui qui parle au travers des notifications, des certificats, des jugements, des décisions.

Qu'est-ce qui fait qu'à travers des actes réglementaires, c'est bien l'État qui agit ? À cette question, les réponses ne manquent pas, et plusieurs traditions intellectuelles en rappellent volontiers les multiples dimensions. Mais aucune ne nous a paru pleinement satisfaisante pour éclairer vraiment l'épaisseur du travail administratif qui nous a intéressés ici. Par exemple, une solution consiste à s'en remettre au registre symbolique que les fonctionnaires, fussent-ils de base, se pareraient pour indiquer qu'à travers leurs gestes, c'est bien l'État qui agit. Et, de fait, il y a intérêt à s'intéresser dans ce cadre aux marques spécifiques telles que les uniformes, les manières ritualisées d'apparaître en public ou de s'exprimer, à l'écrit ou à l'oral. C'est là un élément aisé à constater, surtout s'il s'agit de professionnels patentés de l'administration, et peut-être encore davantage lorsque ces derniers sont des métiers de robe[4]. Mais comment s'assurer de l'existence de phénomènes aussi puissants, sans risque de surinterprétation, lorsqu'il s'agit d'employés pas forcément qualifiés, et dont les manières pas nécessairement remarquables s'effacent dans le flot de la banalité ? Une autre solution, toute

▲ 1. D. Linhardt fait le même constat sur ses propres recherches. Cf. Linhardt D., « Épreuves d'État. Une variation sur la définition wébérienne de l'État », *Quaderni*, 78, 2012.

▲ 2. La notion d'« acte d'État » a été proposée par Pierre Bourdieu (*Sur l'État. Cours au collège de France 1989-1992*, coll. Raisons d'agir/cours et travaux, Paris, Seuil, 2012, p. 26-28). Elle désigne des actes dotés d'une autorité qui, par une série de délégation en chaîne, renvoient à l'État. S'ils recouvrent les actes administratifs et les jugements auxquels nous nous sommes intéressés dans ce livre, ces « actes d'État » intègrent, pour Bourdieu, l'ensemble des décisions prises par une autorité publique, comme le choix de constituer une commission ou de confectionner une mesure de politique publique. Le statut des « effets d'État » notamment, qui découle selon Bourdieu de la dimension performative de ces actes, mériterait d'être discuté.

▲ 3. Dans l'exploration des épreuves d'État qu'il conduit, D. Linhardt parle de « manifestations chaudes de l'État » (« Épreuves d'État... », art. cité, p. 9), en opposition aux définitions froides d'un État qui s'imposerait avec un caractère d'évidence, et dont la définition ne prêterait pas à débat. Certes, les épreuves désignées alors paraissent plus spectaculaires : catastrophes industrielles, traitement judiciaire d'actes terroristes, affaires de corruption de l'administration, etc. Mais celles qui nous concernent, même si elles paraissent plus ordinaires, n'en sont pas moins faites du même bois.

▲ 4. Sur l'importance de l'apparat chez Bourdieu par exemple, cf. Jobart F., « L'État, de l'appareil à l'apparat », *Critique*, 780, 2012.

aussi pertinente, invite à rendre compte de la force des actes d'État depuis les propriétés sociales de leurs auteurs et les positions qu'ils occupent[1]. Et, bien entendu, c'est là un élément important susceptible d'éclairer bon nombre d'interactions entre fonctionnaires et usagers. Mais, outre qu'elle a été très largement explorée, cette réponse n'est pas sans risque de surinterprétation là encore, en minorant l'importance des dispositifs techniques et scripturaires dont procèdent pourtant également les décisions légales. C'est la piste que nous avons suivie. Cette voie, qui a été explorée ici, apparaît, de ce point de vue, moins étudiée : elle consiste à rendre compte des infrastructures sur lesquelles reposent ces décisions. Il faut entendre, par cette notion, ce qui a déjà été évoqué dans cet ouvrage : en référence à la sociologie des sciences, l'infrastructure désigne « la base matérielle qui permet et soutient la circulation des éléments interconnectés, qu'il s'agisse de marchandises, d'humains ou d'informations »[2]. À force de paperasserie, de bibliothèques, de fichiers et de bases de données, et surtout à l'aide de dossiers et de bureaux, c'est tout un processus d'action publique légale qui, en effet, est rendu possible et qu'on s'est donc efforcé de décrire pour saisir la confection des actes d'État. Or, en imposant certaines configurations plutôt que d'autres, ce territoire peu visible n'en dessine pas moins des capacités d'action, des expériences morales et, plus largement encore, des visions politiques. Son exploration répond, de fait, à trois enjeux importants.

Un premier découle du constat que ce façonnement des actes d'État suppose un travail. Bien qu'il s'agisse d'un authentique labeur, c'est un travail le plus souvent laissé dans l'ombre, pour toutes sortes de raison sur lesquelles nous ne revenons pas[3]. En proposant de mettre la lumière sur les activités de lecture, d'écriture et de calcul, cet ouvrage entend donc braquer le projecteur à leur avantage. Alors que le travail administratif est le plus souvent perçu comme une charge, voire une suite d'opérations vides de sens et dénuées d'intérêt, nous aurons voulu en montrer l'intelligence possible. Car, au terme des enquêtes qu'on a voulu restituer, force est de constater que ces activités ne sont pas accomplies sans conscience et que le travail d'ajustement et d'interprétation qu'elles exigent suppose une attention qui prend sens à la fois dans l'action située qui s'accomplit très concrètement, et sans la dissocier des ressources et de ses contraintes propres à l'environnement sociotechnique depuis lequel agissent les opérateurs. Or, pour comprendre le contenu des problèmes à résoudre auxquels ces professionnels sont exposés,

▲ 1. Les travaux de V. Dubois, qui prolongent la lecture initiée par Bourdieu, empruntent cette perspective, où ce sont moins les actes qu'il s'agit d'examiner en tant que tels que leurs auteurs, compte tenu des propriétés sociales et des positions qu'ils occupent. Cf. Dubois V., « L'État, l'action publique et la sociologie des champs », *Revue Suisse de Science Politique*, 20(1), 2014.

▲ 2. On reprendra ici volontiers la définition qu'en proposent H. Gueguen, F. Jarrige, S. Le Courant et C. Paloque-Berges dans le numéro de *Tracés* qu'ils consacrent aux infrastructures (*Tracés*, 35, appel à contribution). Outre la référence à la sociologie des sciences, on trouve ici plus centralement l'histoire des transforts et des modes d'organisation qui s'en sont inspirés - routes, canaux, réseau ferroviaire, aérien, internet, etc.

▲ 3. Sur ces coulisses du travail des données, et l'agencement politique et moral qui en permet l'invisibilisation, cf. Denis J., *Le travail invisible des données*..., *op. cit.*

pour saisir l'intensité des drames qu'ils doivent résoudre et l'ingéniosité des solutions qu'ils apportent, pour mesurer ce qui, parmi les ressources d'un bureau, participe de cette créativité et ce qui n'y contribue qu'indirectement, notre approche a consisté à prolonger la posture de tout un ensemble d'anthropologues, d'ergonomes ou de sociologues soucieux de rendre compte de la cognition et, plus largement, des savoirs indigènes des agents[1]. Ces recherches enrichissent indéniablement une analyse qui, depuis une trentaine d'années, s'efforce de renouveler ses études empiriques, appréhendant le travail comme un accomplissement, une création engageant le corps et le langage, et dont le chercheur s'efforce de décrire le déploiement et l'économie[2]. Forts de cette tradition, nous avons donc tenté d'en prolonger les éléments les plus saillants pour étudier le travail administratif. Peu importe que cela concerne ici de simples notes griffonnées sur un post-it, quelques calculs improvisés au dos d'une chemise cartonnée ou des manières de ranger ses papiers : ces pratiques inventives, aussi minuscules qu'elles paraissent, éclairent positivement la manière dont se fabriquent très concrètement les décisions administratives. Nous les avons donc observées, décrites, analysées exactement comme nous l'aurions fait d'activités réputées plus nobles ou plus complexes.

Un deuxième enjeu concerne la rationalisation de l'autorité publique, dont l'exploration des formes constitue un des fronts majeurs des recherches en sciences sociales sur l'État[3]. Or, au-delà du fait de pouvoir espérer contribuer à un regain d'intérêt pour les organisations publiques[4], nos enquêtes ont

▲1. Sans vouloir développer ici l'enjeu propre à chacune de ces analyses, on se réfèrera à l'article de C. Licoppe qui, depuis la sociologie, en restitue les articulations (cf. Licoppe C., « Dans le "carré de l'activité"... », art. cité) ou, plus anciennement, d'A. Wisner, depuis la tradition des « ergonomistes de langue française » (cf. Wisner A., « La cognition et l'action situées : conséquences pour l'analyse ergonomique du travail et l'anthropotechnique », Compte rendu du XIIe Congrès International d'Ergonomie, *Association Canadienne d'Ergonomie*, 1, 1994, et « Situated cognition and action: Implications for Ergonomic Work analysis and anthropotechnology », *Ergonomics*, 38(8), 1995).

▲2. On renvoie ici à l'ouvrage du réseau de recherche « Travail et activité » de l'Association Française de Sociologie, emblématique de ces considérations : Bidet A., dir., *Sociologie du travail et activité*, Toulouse, Octarès, 2006. Cf. également les recherches menées dans le cadre du réseau « Langage et Travail » : Borzeix A., Fraenkel B., dir., *Langage et travail. Communication, cognition et action*, Paris, Éditions du CNRS, 2001.

▲3. L'étude du processus de rationalisation des sociétés occidentales étudié par Max Weber a conduit les sociologues à enquêter sur la bureaucratie comme forme de légitimation de la domination de l'autorité. Dès lors, l'analyse de l'État s'est faite en enquêtant sur ses appareils, et notamment ses bureaucraties rationnelles légales qui en dessinent l'organisation. Pour un aperçu général de ces travaux et de l'étendue des problématiques, cf. par exemple Eymeri-Douzans J.-M., Bouckaert G., dir., *La France et ses administrations. Un état des savoirs*, *op. cit.* Mais, bien évidemment, il ne s'agit pas là, et de loin, de l'unique manière d'enquêter sur l'État.

▲4. La diminution de l'intérêt pour les travaux sur les organisations publiques proprement dites doit être mise en regard avec la période fondatrice de la sociologie des organisations qui reposait, elle, précisément sur des enquêtes sur types de bureaucraties : on pense aux travaux de P. Selznick (*TVA and the grass roots*, Berkeley, University of California Press, 1949), P. Blau (*The dynamics of bureaucracy*, *op. cit.*) ou M. Crozier (*Le phénomène bureaucratique*, Paris, Seuil, 1964). Sur ce déclin de la littérature consacrée aux organisations publiques et les problématisations possibles d'un regain d'intérêt, cf. Arellano-Gault D.,

rencontré, à maintes reprises, tout un ensemble d'innovations destinées à promouvoir un service public plus moderne, plus efficace, plus rationnel. Ces politiques de réforme sont aujourd'hui bien connues : Philippe Bezès en raconte finement les « répertoires » (désignant de multiples conceptions de l'administration, des attendus normatifs quant à son rôle et des modalités de ses transformations) et les « configurations » (recouvrant des coalitions variables et des concurrences entre les multiples acteurs de ces réformes : ministères, partenaires sociaux, experts, organisations internationales, médias, hauts fonctionnaires, élus, etc.) qui en ont jalonné l'histoire, dessinant des trajectoires précises, des ruptures et des permanences[1]. Les cas des services publics explorés dans ce livre sont frontalement concernés par cette histoire, qu'on songe aux politiques d'« humanisation » des guichets des centres de Sécurité Sociale ou aux divers épisodes de leur informatisation, aux velléités d'une justice plus proche des citoyens ou aux mesures de simplification administrative et autres politiques de qualité dans les services déconcentrés du ministère de l'Agriculture. L'enjeu des enquêtes n'était toutefois pas de restituer, à proprement parler, ces transformations, mais de montrer comment, dès lors qu'on met au centre de l'attention les dispositifs matériels qui les portent, la connaissance de ces mêmes réformes peut s'en trouver augmentée. C'est, en tout cas, un autre pari de notre démarche : éclairer l'enjeu des transformations de l'action des administrations et du travail qu'on y accomplit par le détour de leurs bureaux.

Un dernier enjeu porte, enfin, sur ce qu'il est convenu d'appeler les institutions. Notre souci a été de nous déprendre d'une considération immédiate : celle qui conduit à attribuer à l'État une existence substantielle définie *a priori*, sorte de position de surplomb, point de vue de tous les points de vue, de sorte qu'on aurait seulement à se demander comment ce Léviathan s'infiltre dans nos vies. Notre stratégie a été inverse : elle a consisté à se demander comment cet « être sans corps », pour emprunter la formulation de Luc Boltanski, est proprement produit, entretenu, maintenu, et stabilisé. Cela supposait de revenir à ce qu'il appelle alors « l'incertitude radicale », celle-là même qui nous oblige à nous confronter à cette inquiétude constante de savoir ce à quoi nous tenons vraiment, et qui nous conduit à devoir résoudre, au moins temporairement, les difficultés à dire « ce qu'il en est de ce qui est[2] ». Le problème posé par Boltanski n'est pas qu'une expérience de pensée : il désigne très concrètement la manière dont parviennent à exister toute un ensemble d'entités rencontrées à maintes reprises dans ce livre telles que l'ordre public, la société, la solidarité, les familles, les entreprises, etc. C'est pourquoi une question majeure a porté sur la qualification, et surtout sur la qualification juridique, dont l'État est

Demortain D., Rouillard C., Thoenig J.-C., « Bringing Public Organizations and Organizing Back In », *Organization Studies*, 34(2), 2013.

▲ 1. Bezès P., *Réinventer l'État. Les réformes de l'administration française (1962-2008)*, Paris, PUF, 2009.

▲ 2. Boltanski L., *De la critique*, *op. cit.*, p. 88-98.

l'auteur ultime et incontestable. Cette analyse posée par Olivier Cayla[1] à propos du droit, puis étendue par Boltanski aux autres domaines de la vie en société, invite à comprendre ainsi le pouvoir des institutions[2]. Le problème devient alors celui de la « contradiction herméneutique », étant entendu que ces êtres sans corps ne peuvent s'exprimer que par l'intermédiaire d'humains parfaitement constitués, mais dont un doute subsiste quant à leur pleine capacité à s'exprimer au nom de l'institution qu'ils incarnent[3]. En invitant à privilégier la focale du travail accompli et de son environnement, en estimant que ce ne sont pas des agents seuls qui disent le droit, mais bien des agents pris dans un agencement, nous avons voulu relever le défi que le bureau occupait potentiellement une place déterminante dans la résolution de la contradiction herméneutique.

Ces différents enjeux - le travail, la rationalisation et l'institution - étant rappelés, tentons de dégager les principaux résultats de notre exploration.

Le premier qui nous paraît s'imposer tient dans le dépassement des stéréotypes que charrient trop souvent les visions unilatérales ou caricaturales de la bureaucratie. Notre préoccupation à décrire précisément cette dernière depuis le détour du travail qu'on y accomplit et de ses agencements conduit à prendre quelques distances avec d'autres analyses. Il nous paraît difficile, ainsi, de continuer à considérer la bureaucratie comme une organisation fondée exclusivement sur l'évitement du public ou l'indifférence, quand on examine de près ses guichets et ses bureaux. Il nous semble tout autant compliqué de ne voir dans le travail d'écriture et de calcul qu'une activité vide de sens, réduite à la vérification de données, la manipulation de formulaires ou l'incessante production de notes, quand bien même cette activité serait amplifiée par les outils de gestion modernes[4]. Et il

▲1. Ainsi, à propos de la force du droit et de l'acte de juger, Cayla considère comment, exposé à la diversité des interprétations possibles et au soupçon sur les intentions des autres parties, chacun s'en remettrait à un tiers, artificiellement construit : un tiers dont les actes doivent « s'accompagner d'une prérogative de dernier mot », autrement dit de « souveraineté », qui n'est plus contestable à loisir, qui désigne le juge, mais dont « l'État n'est jamais que le nom », le juge devant sa qualité précisément à sa nature d'organe de l'État. Cf. Cayla O., « Les deux figures du juge », *Le Débat*, 74, 1993, p. 154).

▲2. Boltanski, *De la critique, op. cit.*, p. 117.

▲3. *Ibid.*, p. 130-134.

▲4. C'est le cas de l'augmentation de la paperasserie et du renforcement de la bureaucratie que pointent régulièrement les chercheurs à propos des procédures de contrôle et d'audit. Ainsi, face à ce qu'elle désigne comme une « bureaucratie néolibérale », B. Hibou dénonce l'inflation des règles et des procédures, conduisant les professionnels, mais aussi les usagers, à devoir accomplir un travail administratif toujours plus chronophage, plus spécialisé, mais aussi vide de sens. Dans *La bureaucratisation du monde à l'ère néolibérale*, elle introduit son propos avec le cas emblématique d'Alice, une infirmière d'un hôpital parisien aux prises avec toute une série de tracasseries administratives liées à la gestion des dossiers des patients, puis à son abonnement téléphonique, puis au dossier de son frère demandeur d'emploi, puis à la gestion de ses déchets domestiques ou la compréhension des étiquettes des produits alimentaires qu'elle consomme, signalant la « montée en puissance de la rationalité technique, l'envahissement des normes du marché et de l'entreprise, la formalisation du gouvernement à distance et l'intensification des opérations d'abstraction » (Hibou B., *La bureaucratisation du monde à l'ère néolibérale*, Paris, La Découverte, 2012, p. 18). Mais la même Alice, soixante ans en arrière, aurait-elle été pour autant libérée de ces contraintes administratives ? Devant remplir fastidieusement ses feuilles de soin à la main et les envoyer

nous paraît un peu rapide, pour évoquer encore un trait récurrent des analyses de la bureaucratie moderne, de considérer que l'« esprit de service public », le souci du public, le sens de l'État s'évanouiraient immanquablement à mesure que s'immisceraient des préoccupations managériales dans la conduite des administrations[1]. Certes, il arrive que l'indifférence l'emporte, que le sens du travail se trouble, et que l'esprit public se perde. Mais il convient d'enquêter pour le savoir. En nous efforçant de maintenir constamment des points de comparaison possible entre des bureaux différents d'une même administration assignés aux mêmes missions, ou de saisir le mouvement de leur transformation au cours de l'histoire, nous avons, au contraire, montré combien ces tensions entre neutralité et engagement, logiques réglementaires et logiques managériales, entre souci et oubli du public étaient une constante. C'est même là l'intérêt de nous être attelés à décrire l'activité des fonctionnaires et l'organisation de leur travail en partant des instances qui constituent les points de passage obligés de leur pensée et de leurs actes : suivre les nœuds où s'emmêlent les fils de ce qu'ils font, rendre compte des contradictions et des compromis qu'il leur faut construire, sans rien présupposer d'autre *a priori*.

Un deuxième résultat important, qui prolonge certains constats qu'on vient de rappeler, concerne les transformations des services publics, comme par exemple les conséquences de l'essor que connaissent aujourd'hui les formes calculatoires. Le diagnostic est connu : les outils de gestion, empruntés notamment aux entreprises, consacreraient des formes de gouvernement à distance, au prix d'une quantification accrue et d'une automatisation toujours plus poussée. Isabelle Bruno et Emmanuel Didier, qui ont examiné les usages des chiffres dans la sphère publique, décrivent le recours au *benchmarking* dont ils retracent l'histoire récente, comme un « instrument de domination », distillant dans les pratiques des fonctionnaires un esprit managérial éloigné des valeurs de service public[2]. Par certains côtés, nos terrains d'enquête confirment ce qui est ici mis en évidence : la politique informatique des caisses de Sécurité Sociale, le recours à des systèmes intégrés de gestion et de contrôle des données pour l'attribution des aides agricoles, voire le développement de traitements experts de certaines infractions signalent l'essor incontestable de l'automatisation. Mais en parallèle à ce développement décrit sous les traits d'une gestion plus distanciée, il faut aussi considérer l'existence de lieux

par courrier, ne disposant pas forcément de compte bancaire, et encore moins de téléphone, devant assurément se rendre physiquement au bureau de poste et au centre de Sécurité Sociale où il n'était pas rare d'attendre une heure, Alice aurait-elle dû se réjouir de n'avoir aucune fiche à remplir ou aucune étiquette compliquée à lire ?

▲ 1. Cette thèse, largement répandue à propos des services publics, est particulièrement tenue à propos du *new public management* ou de l'automatisation. Rappelons seulement, pour ne s'appuyer que sur le seul exemple de la Sécurité Sociale, que les enjeux gestionnaires, portés institutionnellement par les conseils d'administration des caisses, inspirent une puissante politique d'informatisation dès les années 1960 et dont la référence est alors celle de la grande industrie. On est loin de la figure d'un esprit de service public supposé plus dégagé des contraintes gestionnaires.

▲ 2. Bruno I., Didier E., *Benchmacking*..., *op. cit.*

d'accueil et de traitement personnalisés dont les capacités à rencontrer les usagers ont été, elles aussi, augmentées : elles permettent de réparer ou de traiter des situations qui demeurent rétives à la mathématisation. Rien ne dit que, dans tous les cas, *plus on automatise, plus on personnalise*. Mais le fait de le constater empiriquement interdit de penser qu'en tout lieu, c'est le contraire qui s'impose. Enrôlant l'usager, colonisant l'ensemble des secteurs de l'action de l'État, et décrivant un contrôle accru des activités de ses personnels, la gestion « par les chiffres » caractérise désormais la conduite des organisations publiques [1]. Mais il faudra se demander jusqu'où ce phénomène de quantification décrit par la littérature est bien toujours le même, compte tenu des usages locaux de ses instruments calculatoires qu'on a rencontrés. Une chose est de remarquer leur présence – comme dans le cas des juridictions de proximité. Une autre chose est de constater qu'ils équipent centralement la production des décisions. Car, là encore, les usages peuvent différer, tout n'étant pas calculable. Qu'on songe à la place des guichets, ces lieux de rappel au réel par excellence où les usagers surgissent en personne dans l'organisation. Selon qu'ils s'ancrent en aval ou en amont du processus – comme c'est le cas des services agricoles enquêtés, ou selon la manière dont ils sont équipés pour segmenter leurs publics – comme c'est le cas des caisses de Sécurité Sociale, ces guichets problématisent différemment le rapport au réel et permettent des modulations de la prégnance des outils calculatoires. C'est donc la capacité organisationnelle à rendre discutable le calculable qui en constitue l'enjeu. Ce constat a son importance : si le système administratif se transforme à travers des politiques managériales conçues « par le haut », et dont témoignent les réformes internes à chaque ministère, les agencements qui en découlent sur le terrain, plus variés qu'on ne le pense parfois, sont révélateurs d'importantes innovations. Les caisses de Sécurité Sociale des années 1990 ne sont pas celles d'aujourd'hui, le service d'économie agricole des Plaines n'est pas celui des Montagnes : à chaque fois, ce sont des agencements différents de l'organisation qui assurent des modes spécifiques de fabrication des décisions et du sens de l'action publique, alors même que, vu de loin, ce sont des mêmes politiques de rationalisation qui semblent engagées.

Un troisième résultat, qui nous paraît constituer une originalité de nos enquêtes, tient dans le souci qu'on a porté au travail de bureau pour rendre compte de la production du droit. On connaissait les travaux de Jack Goody et sa préoccupation à saisir les savoirs politiques inédits produits par l'écriture et ses artefacts graphiques – listes, tableaux, formules, etc. On connaissait l'importance de la matérialité à laquelle l'histoire et la sociologie des sciences ont consacré leurs recherches dans l'exploration des laboratoires et des bureaux. C'est ce mouvement, à propos de la confection des décisions réglementaires, que ce livre a voulu poursuivre. L'examen de

▲ 1. Supiot A., *La gouvernance par les nombres, cours au Collège de France (2012-2014)*, Paris, Fayard, 2015.

cette fabrication, qui témoigne d'un équipement et d'un régime de véridiction propre au droit, avait déjà reçu l'attention de Bruno Latour à propos de la « haute administration ». Et c'est donc la « basse administration » qui nous a intéressés ici. Par certains côtés, on y trouve les mêmes éléments : l'importance des artefacts graphiques, des outils de visualisation, des notes, des formulaires. Et, parmi l'ensemble de ces écrits, c'est sans aucun doute le dossier qui désigne une technologie déterminante, quelle que soit l'administration concernée, celle sans laquelle le mouvement vers le droit que doivent patiemment réaliser les agents ne serait guère possible. Par les capacités d'enregistrement et de suivi qu'il permet pour permettre la coordination des activités dans l'espace et dans le temps, par les opérations d'agrégation et de clôture matérielle qu'il impose, par les pleins et les vides qu'il donne à voir sur le réel à qualifier, le dossier apparaît bel et bien comme une technologie majeure. Avec les pièces qu'il contient et qu'il ordonne, il s'impose comme un outillage matériel indispensable à la décision en droit. Mais, par certains autres côtés, on notera d'importantes différences : la moindre qualification des personnels, la présence des corps physiques des usagers dans l'enceinte de l'organisation ou le poids des contraintes industrielles liées au traitement de masse. Car si l'ethnographie du conseil d'État montrait combien ce sont surtout des procédures internes qui règlent le détachement et le maintien continu du doute indispensable à toute décision, les affaires étant progressivement transformées par les magistrats selon des rôles parfaitement définis qu'ils occupent dans la chaîne de traitement (rapporteur, réviseur, commissaire), les mêmes enjeux de traitement et d'hésitation nécessaires y sont davantage cadrés par des bureaux, dont les formes varient et, plus centralement encore, les vues qu'ils permettent, incomplètes par définition et potentiellement contradictoires.

Un quatrième résultat prolonge l'invitation, devenue déterminante dans l'analyse de l'action publique, à s'intéresser de près aux instruments. Pour saisir les recompositions variables de l'État et ses modes d'action, toute une veine de travaux au carrefour des *science studies* et de la sociologie politique plaident en faveur d'une exploration fine des usages des statistiques, de la cartographie, de l'informatique, des outils de mesure, des indices, des indicateurs qui, de par les scripts qu'ils contiennent, organisent l'information, mettent en relation des protagonistes hétérogènes, cadrent les interprétations possibles. Or, si cette considération a son importance, c'est précisément parce que ces techniques font quelque chose. Car, au-delà du fait que les instruments de l'action publique permettent de saisir les multiples coalitions d'acteurs qu'ils contribuent à stabiliser, elle conduit surtout à réaliser les effets de problématisation, de représentation et d'inertie que ces mêmes instruments exercent formidablement, dès lors qu'ils équipent l'action. Cet argument que développent Pierre Lascoumes et Patrick Le Galès[1] éclaire le cas de nos bureaux. Qu'on songe à l'architecture

▲1. Les auteurs évoquent respectivement les « effets d'inertie », de la « production d'une représentation » et de l'induction d'une « problématisation spécifique » (Lascoumes P., Le Galès P., dir., *Gouverner par les instruments*, Paris, Presses de Sciences Po, 2006, p. 31-33).

des dossiers, aux manières de les ranger, aux algorithmes informatiques, aux espaces de travail, ces différents effets apparaissent de manière majeure. Ainsi, des dispositifs destinés à faire apparaître les usagers - un hygiaphone, un box d'accueil, une plateforme téléphonique ou un prétoire - aménagent des espaces, cadrent des interactions, organisent des manières d'écouter et de se faire entendre, dotent les protagonistes de compétences et contribuent à leur propre expérience morale au prix de problématisations à chaque fois spécifiques. Et comme ces agencements se maintiennent dans le temps, ils exercent des effets d'irréversibilité, leur matérialité imposant au réel des plis qui perdurent, au-delà des seuls enjeux qui les ont inspirés, et que tout le monde a parfois oubliés. Qui se souvient, par exemple, de l'importance de l'argent et de ses espèces qui ont longtemps circulé dans les caisses de Sécurité Sociale ? Comment ne pas constater l'importance des procédures comptables, dans les services agricoles, qui contribuent à faire exister « Bruxelles » dans les bureaux, quand bien même les règles de la politique agricole auraient changé ? Ce sont là des éléments importants, qui invitent à porter l'attention à ce qui circule dans les tuyauteries administratives qu'on a explorées liant des textes de droit, des usagers, mais aussi des masses monétaires aux montants parfaitement considérables.

Un cinquième résultat, enfin, tient à la place que les bureaux occupent dans la production de l'objectivité revendiquée par tout fonctionnaire. Ce détachement nécessaire, qui procure à l'institution qu'il incarne toute sa légitimité, est le résultat d'un travail, et non la conséquence d'un esprit ou d'une posture qu'on adopterait *a priori*. Au départ, il est impensable que l'examen des affaires à traiter ne mêle des croyances multiples, des savoirs hétérogènes, bien au-delà des seules attentions réglementaires. Mais, et c'est là un élément déterminant de notre propos, cet amalgame originel s'épure progressivement. Par la puissance des mises en forme imposées par le dossier, par les multiples bureaux au travers desquels elles transitent, ces affaires sont décomposées, clarifiées, décantées, selon des modalités qu'on a décrites, et dont il importe de souligner le caractère processuel. L'idée qu'il y a, d'un côté, le « technique » et, de l'autre, le « politique » - pour rendre des distinctions bien établies à propos de ce que fait l'administration - n'a donc de sens que si on les considère comme le produit d'un agencement[1]. Ce constat est tout particulièrement vrai des services publics de proximité que ce livre a explorés[2]. Les typologies des formes du bureau proposées s'efforcent d'éclairer ce processus. Par les modes d'agrégation des affaires et les visions qu'ils organisent, par ces vues qu'ils rendent possibles et les combinatoires qui en résultent, centres de ressources, bureaux cellule,

▲ 1. C'est un même processus de production que décrivent, à propos de l'administration centrale et des innovations comptables introduites avec la LOLF, D. Linhardt et F. Muniesa in « Du ministère à l'agence ?... », art. cité. Cf., plus largement, le dossier qu'ils introduisent dans ce même numéro, consacré aux « politiques d'économisation ».

▲ 2. Cela dit, il est tout aussi valable pour l'administration centrale. Sur l'écriture de la loi comme processus dynamique auquel contribuent les fonctionnaires de l'administration, cf. Bonnaud L., Martinais E., « Écrire la loi. Un travail de bureau pour hauts fonctionnaires du ministère de l'Écologie », *Sociologie du travail*, 55(5), 2013.

bureaux laboratoire et bureaux machine désignent l'espace des médiations nécessaires pour assurer ces découpages. Car c'est par leur intermédiaire que ces catégories fictionnelles dont les fonctionnaires se réclament - ici le technique, là le politique - prennent vie. La contradiction herméneutique dont il était question plus haut trouve, dès lors, une résolution différente de celle qui consiste à s'en remettre à la dimension symbolique qu'incarnent emblématiquement les édifices publics et les cérémonials de l'État. À deux remarques près. La première tient au caractère éminemment fictionnel de ce que ces espaces intermédiaires produisent : il s'agit bien de constructions qui, dès lors que l'effort déployé pour les rendre viables est acquis, s'imposent comme des évidences naturelles - ce qu'elles ne sont bien évidemment pas. La seconde rappelle le caractère contingent de ce processus de performation du réel. Preuve en est : il arrive que, par l'effet de nouveaux instruments, de nouvelles médiations soient créées, et que, de proche en proche, ou - devrait-on dire - de bureaux en bureaux, de nouvelles partitions du réel s'imposent. Car c'est toute la gamme des « petits partages » rencontrés - technique/politique, intérêt général/intérêts particuliers, local/général, etc. - qu'il faut alors considérer : d'un service agricole des plaines à celui des montagnes, d'une caisse d'assurance maladie des années 1970 à celle d'aujourd'hui s'opèrent des déplacements, des permanences et des ruptures qu'il a fallu décrire, rejoignant possiblement les modèles d'État décrits par la littérature[1]. Sans perdre de vue la perspective générale qui demeure la nôtre : rendre compte de ce que font les institutions.

Au terme de cet ouvrage, reconnaissons qu'il demeure parfaitement possible de parler de l'État sans écrire une seule ligne sur ses bureaux, de rendre compte du droit qu'on y fabrique sans la moindre considération des papiers et des chiffres qu'on y manipule, et d'analyser l'administration sans prêter guère d'attention pour ses techniques. Mais on peut gagner à le faire : pour mieux comprendre, par le détour de l'action en train de se faire, l'intelligence de ces infrastructures sans lesquelles aucune décision publique ne pourrait être prise, sans lesquelles le droit ne pourrait être dit, et sans lesquelles le gouvernement des hommes et des choses s'avèrerait autrement plus difficile. Ce constat ne conduit pas pour autant à reconnaître leur importance en se couvrant les yeux, négligeant les limites de ces mêmes infrastructures et les tensions qu'elles ne manquent pas de générer en situation. Bien au contraire. Mais pour prendre la mesure de leurs contradictions et des transformations qu'elles génèrent, il faut mener l'enquête à leur endroit. Ce livre s'efforce d'y contribuer.

▲ 1. Qu'on songe à l'État « animateur », « régulateur », « post-moderne » ou « stratège », pour prendre des formations largement commentées, et dont il faudrait alors caractériser les fictions proprement dites pour explorer à nouveau les instruments en charge de les activer concrètement, dans les cours ordinaires d'action administrative.

Bibliographie

Aarnio A., *The Rational as Reasonable. A Treatise in Legal Justification*, Dordrecht, Reidel, 1987.

Abensour M., *De la compacité. Architectures et régimes totalitaires. Le cas Albert Speer*, Paris, Sens et Tonka, 1997.

Adler M., ed., *Administrative Justice in Context*, Oxford and Portland, Hart Publishing, 2010.

Agar J., *The Government Machine. A Revolutionary History of the Computer*, Cambridge, MIT Press, 2003.

Anderson G., ed., *The White Blouse Revolution. Female Office Workers since 1870*, Manchester, Manchester University Press, 1989.

Arendt H., *Eichmann in Jerusalem: A Report on the Banality of Evil*, New York, Penguin Twentieth Century Classics, 1994.

Astier I., *Revenu minimum d'insertion et souci d'insertion*, Paris, Desclée de Brouwer, 1997.

Barry A., *Political Machines: Governing a Technological Society*, London and New York, Athlone Press, 2001.

Baruch M.-O., Duclert V., dir., *Serviteurs de l'État. Une histoire politique de l'administration française, 1875-1945*, Paris, La Découverte, 2000.

Benjamin W., *Paris, capitale du XIX*e *siècle*, *Œuvres*, III, Paris, Gallimard, 2000.

Bennet L., Feldman M., *Reconstructuring Reality in the Courtroom*, New Brunswick (NJ), Rutgers University Press, 1981.

Beuscart J.-S., Dagiral E., Parasie S., *Sociologie d'internet*, Paris, Armand Colin, 2016.

Bezès P., *Réinventer l'État. Les réformes de l'administration française (1962-2008)*, Paris, PUF, 2009.

Bidet A., dir., *Sociologie du travail et activité*, Toulouse, Octarès, 2006.

Bidet A., *L'engagement dans le travail. Qu'est-ce que le vrai boulot ?*, Paris, PUF, 2011.

Blau P., *The Dynamics of Bureaycracy. A Study of Interpersonal Relations in Two Government Agencies*, Chicago, The University of Chicago Press, 1963.

Blumer H., *Symbolic Interactionism: Perspective and Method*, Berkeley, University of California Press, 1969.

Blundo G., Olivier de Sardan J.-P., dir., *État et corruption en Afrique. Une anthropologie comparative des relations entre fonctionnaires et usagers (Bénin, Niger, Sénégal)*, Marseille-Paris, APAD-Karthala, 2007.

Bodiguel J.-L., Garbar C.-.A., Supiot A., dir., *Servir l'intérêt général*, Paris, PUF, 2000.

Boltanski L., *De la critique. Précis de sociologie de l'émancipation*, Paris, Gallimard, 2009.

Boltanski L., Thévenot L., *De la justification*, Paris, Gallimard, 1991.

Borzeix A., Fraenkel B., dir., *Langage et travail. Communication, cognition et action*, Paris, Éditions du CNRS, 2001.

Bourdieu P., *Raisons pratiques. Sur la théorie de l'action*, Paris, Seuil, 1998.

Bourdieu P., *Sur l'État. Cours au collège de France 1989-1992*, Paris, Seuil, 2012.

Bowker G., Star S.L., *Sorting Things Out. Classification and Its Consequences*, Cambridge, MIT Press, 2000.

Brodkin E., Marston G., eds, *Work and the Welfare State-Street Level Organizations and Workfare Poltiics*, Georgetown University Press, 2013.

Bruno I., Didier E., *Benchmarking. L'État sous pression statistique*, Paris, La Découverte, 2013.

Burns R., *Theory of the Trial*, Princeton, Princeton University Press, 1999.

Callon M., dir., *La science et ses réseaux*, Paris, La Découverte, 1988.

Cartier M., *Les facteurs et leur tournée. Un service public au quotidien*, Paris, La Découverte, 2003.

Céfaï D., dir., *L'engagement ethnographique*, Paris, Éditions de l'EHESS, 2010.

Chandler A., *La main invisible des managers. Une analyse historique*, Paris, Economica, 1988.

Chandler A., *Stratégies et structures des entreprises*, Paris, Les Éditions d'Organisation, 1989.

Chateauraynaud F., *La faute professionnelle. Pour une sociologie des conflits de responsabilité*, Paris, Métailié, 1991.

Chevallier J., *L'État post-moderne*, Paris, LGDJ, 2008.

Cicourel A., *The Social Organization of Juvenile Justice*, New York, John Wiley & Sons, 1968.

Clanchy M., *From Memory to Writen Record. England 1066-1307*, Cambridge, Harvard University Press, 1979.

Coton C., Proteau L., dir., *Les paradoxes de l'écriture. Sociologie des écrits professionnels dans les institutions d'encadrement*, Rennes, PUR, 2012.

Crozier M., *Le Phénomène bureaucratique. Essai sur les tendances bureaucratiques des systèmes d'organisation moderne et sur leurs relations en France avec le système social et culture*l, Paris, Seuil, 1964.

Dardy C., *Identités de papiers*, Paris, Lieu commun, 1991.

Davis C.K., *Discretionary Justice: A Preliminary Inquiry*, Bâton Rouge, Louisiana State University Press, 1969.

Dejours C., *Souffrance en France. La banalisation de l'injustice sociale*, Paris, Seuil, 1998.

Delcambre P., *Écriture et communications de travail. Pratiques d'écriture des éducateurs spécialisés*, Villeneuve d'Ascq, Presses Universitaires du Septentrion, 1997.

Denis J., *Le travail invisible des données. Éléments pour une sociologie des infrastructures scripturales*, Paris, Presses de l'École des Mines, 2018.

Desan P., *L'imaginaire économique de la Renaissance*, Paris, Schena Editore-Presses de l'Université de Paris-Sorbonne, 2002.

Desrosières A., *Gouverner par les nombres. L'argument statistique*, Paris, Presses de l'École des Mines, 2008.

Desrosières A., *La politique des grands nombres. Histoire de la raison statistique*, Paris, La Découverte, 1993.

Dodier N., *Les hommes et les machines. La conscience collective dans les sociétés technicisées*, Paris, Métailié, 1995.

Dosse F., *L'empire du sens*, Paris, La Découverte, 1995.

Dreyfus F., *L'invention de la bureaucratie. Servir l'État en France, en Grande-Bretagne et aux États-Unis, XVII*e*-XX*e *siècles*, Paris, La Découverte, 2000.

Dubois V., *La vie au guichet*, Paris, Economica, 1999.

Duclos N., *Les violences paysannes sous la V*e *République*, Paris, Economica, 1999.

Dupret B., *Droit et sciences sociales*, Paris, Armand Colin, 2006.

Dupret B., Lynch M., Berard T., eds, *Law at Work. Studies in Legal Ethnomethods*, Oxford, Oxford University Press, 2015.

Durkheim É., *Textes*, Paris, Minuit, 1975, 3 volumes.

Duval J., *Le mythe du trou de la Sécurité Sociale*, Paris, Raisons d'agir, 2007.

Dworkin R., *Law's Empire*, Cambridge, Harvard University Press, 1988.

Eisenstein E., *La Révolution de l'imprimé dans l'Europe des premiers temps modernes*, Paris, La Découverte, 1991.

Esping-Andersen G., *Les trois mondes de l'État Providence. Essai sur le capitalisme*, Paris, PUF, 1999.

Evans T., *Professional Discretion in Welfare Services: Beyond Street-Level Bureaucracy*, Ashgate, Farnham, 2010.

Ewick P., Silbey S., eds, *The Common Place of Law. Stories from Everydaylife*, Chicago-London, The University of Chicago Press, 1998.

Eymeri-Douzans J.-M., Bouckaert G., dir., *La France et ses administrations. Un état des savoirs*, Bruxelles, Bruylant, 2014.

Fabre D., dir., *Écritures ordinaires*, Paris, BPI-POL, 1993.

Fabre D., dir., *Par écrit. Ethnologie des écritures quotidiennes*, Paris, Éditions de la MSH, 1997.

Farge A., Foucault M., *Le Désordre des* familles, Paris, Gallimard-Julliard, 1982.

Fayet Scribe S., *Histoire de la documentation en France : culture, science et technologie de l'information, 1895-1937*, Paris, Éditions du CNRS, 2000.

Febvre L., Martin H.-J., *L'apparition du livre*, Paris, Albin Michel, 1958.

Fornel M. de, Ogien A., Quéré L., dir., *L'ethnométhodologie*, Paris, La Découverte, 2001.

Fortier V., Fabre M., *Le juge de proximité. Une nouvelle offre de justice ?*, Rapport de recherche UMR5815-IRETIJ, Mission de recherche Droit et Justice, 2007.

Foucault M., *Dits et Écrits*, Paris, Gallimard, 1994.

Foucault M., *Sécurité, territoire, population. Cours au Collège de France. 1977-1978*, Paris, Gallimard-Seuil, 2004.

Foucault M., *Surveiller et punir. La naissance de la prison*, Paris, Gallimard, 1975.

Fraenkel B., dir., *Illétrismes. Variations historiques et anthropologiques*, Paris, BPI-Centre Georges Pompidou, 1993.

Fraenkel B., *La signature. Genèse d'un signe*, Paris, Gallimard, 1992.

Fraenkel B., Pontille D., Collard D., Deharo G., *Le travail des huissiers. Transformations d'un métier de l'écrit*, Toulouse, Octarès, 2010.

Francis R., Stone R., *Service and Procedure in Bureaucracy*, Minneapolis, University of Minnesota Press, 1956.

Furet F., Ozouf J., *Lire et écrire. L'alphabétisation des Français de Calvin à Jules Ferry*, Paris, Minuit, 1977.

Gardey D., *Écrire, calculer, classer. Comment une révolution de papier a transformé les sociétés contemporaines (1800-1940)*, Paris, La Découverte, 2008.

Gardey D., *La dactylographe et l'expéditionnaire. Histoire des employés de bureau 1890-1930*, Paris, Belin, 2001.

Garfinkel H., *Recherches en ethnométhodologie*, Paris, PUF, 2007.

Ginzburg C., *Le Fromage et les vers. L'univers d'un meunier du XVI*[e] *siècle,* Paris, Flammarion, 1980.

Goody J., *The Logic of Writing and the Organization of Society*, Cambridge, Cambridge University Press, 1986.

Goody J., *La raison graphique. La domestication de la pensée sauvage*, Paris, Minuit, 1979.

Grémion P., Jamous H., *L'ordinateur au pouvoir. Essai sur les projets de rationalisation du gouverneemnt et des hommes*, Paris, Seuil, 1978.

Gumperz J., *Engager la conversation. Introduction à la sociolinguistique interactionnelle*, Paris, Minuit, 1989.

Gupta A., *Red Tape. Bureaucracy, Structural Violence and Poverty in India*, Durham, Duke University Press, 2012.

Hanique F., *Le sens du travail. Chronique de la modernisation au guichet,* Toulouse, Érès, 2004.

Harper R., *Inside the IMF: An Ethnography of Documents, Technology and Organizational Action*, New York, Academic Press, 1998.

Hart H. L. A., *The Concept of Law*, Oxford, Clarendon Press, 1961.

Herzfeld M., *The Social Production of Indifference. Exploring the Symbolic Roots of Western Bureaucracy*, Oxford, Berg, 1992.

Heurtin J.-P., *L'espace public parlementaire. Essai sur les raisons du législateur*, Paris, PUF, 1999.

Hibou B., dir., *La privatisation des États*, Paris, Karthala, 1999.

Hibou B., *La bureaucratisation du monde à l'ère néolibérale*, Paris, La Découverte, 2012.

Hill M., Hupe P., eds, *Implementing Public Policy*, London, Sage Publications, 2009.

Hoggart R., *The Uses of Literacy*, London, Chatto & Windus, 1957.

Hull M., *Government of Paper. The materiality of Bureaucracy in Urban Pakistan*, Berkeley, University California Press, 2012.

Jackson B., *Law, Fact and Narrative Coherence*, Liverpool, Deborah Charles Publications, 1988.

James W., *La signification de la vérité*, Paris, Antipodes, 1998.

Jobard F., *Bavures policières ? La force publique et ses usages*, Paris, La Découverte, 2002.

Jobert B., Muller P., *L'État en action*, Paris, Seuil, 1987.

Jonckeere A., *(Des)équilibres. L'informatisation du travail social en justice*, Bruxelles, Larcier, 2013.

Kafka B., *The Demon of Writing. Powers and Failures of Paperwork*, Cambridge, MA, Zonebooks, 2012.

Kantorowicz E., *L'Empereur Frédéric II*, Paris, Gallimard, 1987.

Kantorowicz E., *Les deux corps du roi. Essai sur la théologie politique au Moyen Âge*, Paris, Gallimard, 2000.

Kleinig J., *Police Ethics*, New York, Cambridge University Press, 1996.

Laborier P., Audren F., Napoli P., Vogel J., dir., *Les sciences camérales. Activités pratiques et histoire des dispositifs publics*, Paris, PUF, 2011.

Ladrière P., Pharo P., Quéré L., dir., *La théorie de l'action. Le sujet pratique en débat*, Paris, Éditions du CNRS, 1993.

Lae J.-F., *Les nuits de la main courante*, Paris, Stock, 2008.

Lallement M., *L'âge du faire, Hacking, travail, anarchie*, Paris, Seuil, 2015.

Lascoumes P., Le Galès P., dir., *Gouverner par les instruments*, Paris, Presses de Sciences Po, 2006.

Latour B., *Changer de société. Refaire de la sociologie*, Paris, La Découverte, 2006.

Latour B., Hermant É., *Paris, ville invisible*, Paris, Les empêcheurs de penser en rond-La Découverte, 1998.

Latour B., *La fabrique du droit. Une ethnographie du Conseil d'État*, Paris, La Découverte, 2002.

Latour B., *La science en action*, Paris, La Découverte, 1989.

Latour B., *Petite réflexion sur le culte moderne des dieux faitiches*, Le Plessis-Robinson, Synthelabo, 1996.

Latour B., Woolgar S., *Laboratory Life. The Social Construction of Scientific Facts*, Beverly Hills, Sage Publications, 1979.

Law J., Hassard J., *Actor Network Theory and After*, Oxford, B. Blackwell, 1999.

Le Galès P., Vézinat N., dir., *L'État recomposé*, Paris, PUF, 2015.

Lehning A., ed., *Bakunin Michael. Selected Writings*, London, Jonathan Cape, 1973.

Lemieux C., *Le devoir et la grâce*, Paris, Economica, 2009.

Levi G., *Le pouvoir au village. Histoire d'un exorciste dans le Piémont du XVII*[e] *siècle*, Paris, Gallimard, 1989.

Licoppe C., *La formation de la pratique scientifique. Le discours de l'expérience en France et en Angleterre (1630-1820)*, Paris, La Découverte, 1996.

Lipsky M., *Street Level Bureaucracy. Dilemmas of the Individual in Public Services*, New York, Russell Sage Foundation, 2010.

Lucy W., *Understanding and Explaining Adjudication*, Oxford, Oxford University Press, 1999.

McCormick N., *Legal Reasoning and Legal Theory*, Oxford, Clarendon Press, 1978.

Méda D., *Le travail. Une valeur en voie de disparition*, Paris, Aubier, 1995.

Meyet S., Naves M.-C., Ribemont T., dir., *Travailler avec Foucault. Retours sur le politique*, Paris, L'Harmattan, 2005.

Mitchell T., *Rule of Experts: Egypt, Techno-Politics, Modernity*, Berkeley, Los Angeles-London, University of California Press, 2002.

Mol A., *The Body Multiple. Ontology in Medical Practice*, Durham, Duke University Press, 2002.

Mondzain M.-J., *Image, icône, économie. Les sources byzantines de l'imaginaire contemporain*, Paris, Seuil, 1996.

Monjardet D., *Ce que fait la police. Sociologie de la force publique*, Paris, La Découverte, 1996.

Muller P., *Le technocrate et le paysan*, Paris, Éditions ouvrières-Éditions Économie et humanisme, 1984.

Noiriel G., dir., *L'identification. Genèse d'un travail d'État*, Paris, Belin, 2007.

Noiriel G., *La tyrannie du National, le droit d'asile en Europe (1793-1993)*, Paris, Calmann-Lévy, 1991.

Norman D., *The Psychology of Everyday Things*, New York, Basic Books, 1988.

Ogborn M., *Indian Ink. Script and Print in the Making of the English East India Company*, Chicago, University of Chicago Press, 2006.

Ogien A., *Désacraliser le chiffre dans l'évaluation du secteur public*, Versailles, Quae, 2013.

Ost F., von de Kerchove M., *De la pyramide au réseau ? Pour une théorie dialectique du droit*, Bruxelles, Publication des Facultés Universitaires Saint Louis, 2002.

Outin J.-L., *Les allocataires et leur caisse d'Allocations familiales. L'accès aux prestations à l'épreuve des inégalités*, Université Paris I, rapport pour la CNAF, 1992.

Passeron J.-C., Revel J., dir., *Penser par cas*, Paris, Éditions de l'EHESS, 2005.

Pène S., Borzeix A., Fraenkel B., dir., *Le langage dans les organisations : une nouvelle donne*, Paris, L'Harmattan, 2001.

Perec G., *L'infraordinaire*, Paris, Seuil, 1989.

Petroski H., *The Evolution of Useful Things: How Everyday Artifacts-From Forks and Pins to Paper Clips and Zippers-Came to be as They are*, New York, Vintage Books, 1994.

Pharo P., *Sociologie de l'esprit. Conceptualisation et vie sociale*, Paris, PUF, 1997.

Pillon T., Vatin F., *Traité de sociologie du travail*, Toulouse, Octarès, 2003.

Pollner M., *Mundane Reason Reality in Everyday and Sociological Discourse*, Cambridge, Cambridge University Press, 1987.

Pontille D., *La signature scientifique. Une sociologie pragmatique de l'attribution*, Paris, Éditions du CNRS, 2004.

Pontille D., *Signer ensemble. Contribution et évaluation en sciences*, Paris, Economica, 2016.

Porter T.M., *Trust in Numbers. The Pursuit of Objectivity in Science and Public Life*, Princeton, Princeton University Press, 2005.

Raffestin C., *Pour une géographie du pouvoir*, Paris, Litec, 1980.

Revel J., dir., *Jeux d'échelles. La micro-analyse à l'expérience*, Paris, Gallimard-Seuil, 1996.

Reynaud J.-D., Catrice-Lorey A., *Les assurés et la Sécurité Sociale. Études sur les assurés du régime général*, Paris, ISST, 1952.

Rifkin J., *The End of Work. The Decline of the Global Labor Force and Dawn of the Post Market Era*, New York, Putnam Publishing Group, 1995.

Rosanvallon P., *La nouvelle question sociale. Repenser l'État-Providence*, Paris, Seuil, 1995.

Sayn I., *Droit et pratiques du droit dans les caisses d'allocations familiales*, Rapport de recherche, CNAF-MRASH, Lyon, 1998.

Scott J.C., *Seing like a State: How Certain Schemes to Improve the Human Condition Have Failed*, London-New Haven, Yale University Press, 1998.

Segrestin D., *Les chantiers du manager*, Paris, Armand Colin, 2004.

Segrestin D., dir., *Le mythe de l'organisation intégrée. Les progiciels de gestion*, Toulouse, Presses Universitaires du Mirail, 2004.

Sellen A., Harper R., *The Myth of the Paperless Office*, Cambridge, MIT Press, 2003.

Selznick P., *TVA and the Grass Roots*, Berkeley, University of California Press, 1949.

Serre D., *Les coulisses de l'État social. Enquête sur les signalements d'enfant en danger*, Paris, Raisons d'Agir, 2009.

Siblot Y., *Faire valoir ses droits au quotidien. Les services publics dans les quartiers populaires*, Paris, Presses de la FNSP, 2006.

Spire A., *Étrangers à la carte. L'administration de l'immigration en France (1945-1975)*, Paris, Grasset, 2005.

Strawson G., *Real Materialism and Other Essays*, Oxford, Clarendon Press, 2008.

Suleiman E., *Le démantèlement de l'État bureaucratique*, Paris, Seuil, 2005.

Supiot A., *La gouvernance par les nombres. Cours au Collège de France (2012-2014)*, Paris, Fayard, 2015.

Terssac G. de, *Le travail : une aventure collective*, Toulouse, Octarès, 2002.

Thévenot L., *L'action au pluriel. Sociologie des régimes d'engagement*, Paris, La Découverte, 2006.

Thomas Y., *Les opérations du droit*, Paris, Gallimard-Seuil, 2011.

Travers M., Manzo J., *Law in Action. Ethnomethodological and Conversation Analytic Approaches to Law*, Dartmouth, Dartmouth Publishing Co, 1997.

Vatin F., *Le travail et ses valeurs*, Paris, Albin Michel, 2008.

Veyne P., *L'inventaire des différences*, Paris, Seuil, 1976.

Vézinat N., *Les métamorphoses de la Poste. Professionnalisation des conseillers financiers (1953-2010)*, Paris, PUF, 2012.

Vismann C., *Files. Law and Media Technology*, Stanford, Stanford University Press, 2008.

Warin P., *L'Accès aux droits sociaux*, Grenoble, PUG, 2007.

Watkins-Hayes C., *The New Welfare Bureaucrats: Entanglements of Race, Class, and Policy Reform*, Chicago, University of Chicago Press, 2009.

Weber M., *Économie et Société*, Paris, Pocket, 1995.

Weller J.-M., *L'État au guichet*, Paris, Desclée de Brouwer, 1999.

Wheeler S., ed., *On Record. Files and Dossiers in American Life*, New York, Russell Sage Foundation, 1969.

White J.B., *Heracles' Bow:Essays on the Rhetoric and the Poetics of the Law*, Madison, University of Wisconsin Press, 1988.

White J.B., *The Legal Imagination*, Chicago, University of Chicago Press, 1973.

Yates J.A., *Control through Communication. The Rise of System in American Management*, Baltimore-London, Johns Hopkins University Press, 1989.

Yates J.A., *Structuring the Information Age. Life Insurance and Technology in the Twentieth Century*, Baltimore, Johns Hopkins University Press, 2005.

Zimmerman D.H., *Paper Work and People Work. A Study of a Public Assistance Agency*, Ph.D. Dissertation, Los Angeles, University of California, 1966.

Index

C

D

Table des matières

ÉTUDES SOCIOLOGIQUES

Collection dirigée par
Jean-Philippe HEURTIN et Danny TROM
avec la collaboration de Myriam Aït-Aoudia et Ariane Debourdeau

Depuis une dizaine d'années la sociologie a connu en France d'importantes transformations. Celles-ci sont largement redevables de l'ample processus d'hybridation disciplinaire que connaissent les sciences sociales ainsi que d'une revitalisation du dialogue entre sociologie, épistémologie des sciences sociales et philosophie. Manifestant une créativité inédite, des travaux, trop souvent dispersés, ont ainsi peu à peu profondément renouvelé l'approche des objets de la sociologie, ses méthodes et l'horizon de sa scientificité. La collection « Études Sociologiques » est conçue comme un lieu d'exposition de cette inventivité conceptuelle et comme un espace de mise à l'épreuve empirique de sa pertinence.

Ouvrages déjà parus :

BREVIGLIERI Marc, LAFAYE Claudette, TROM Danny (sous la direction de), *Compétences critiques et sens de la justice.*

BLANCHARD Arnaud, *La vraisemblance du péril.*

CALLEGARO Francesco, *La science politique des modernes – Durkheim, la sociologie et le projet d'autonomie.*

CARDON Dominique et HEURTIN Jean-Philippe, *Chorégraphier la générosité – Le Téléthon, le don, la critique.*

CEFAÏ Daniel et SATURNO Carole (sous la direction de), *Itinéraires d'un pragmatiste – Autour d'Isaac Joseph.*

CONEIN Bernard, *Les sens sociaux – Trois essais de sociologie cognitive.*

ELIASOPH Nina, *L'évitement du politique – Comment les Américains produisent l'apathie dans la vie quotidienne.*

FRANÇOIS Pierre, *Le monde de la musique ancienne.*

GOFFMAN Erving, *Comment se conduire dans les lieux publics – Notes sur l'organisation sociale des rassemblements.*

GUSFIELD Joseph, *La culture des problèmes publics – L'alcool au volant : la production d'un ordre symbolique.*

HAMIDI Camille, *La société civile dans les cités – Engagement associatif et politisation dans des associations de quartier.*

JAYYUSI Lena, *Catégorisation et ordre moral.*

JOAS Hans, George Herbert Mead – *Une réévaluation contemporaine de sa pensée.*

JOSEPH Isaac, *Météor – Les métamorphoses du métro.*

JOSEPH Isaac, *L'athlète moral et l'enquêteur modeste.*

KARSENTI Bruno, *La société en personnes.*

LEMIEUX Cyril, *Le devoir et la grâce.*

LUHMANN Niklas, *La confiance – Un mécanisme de réduction de la complexité sociale.*

OGIEN Albert et QUÉRÉ Louis (sous la direction de), *Les moments de la confiance – Connaissance, affects et engagements.*

MOREAU DE BELLAING Cédric, *Force publique – Une sociologie de l'institution policière.*

PIETTE Albert, *Le fait religieux.*

PILMIS Olivier, *L'intermittence au travail – Une sociologie des marchés de la pige et de l'art dramatique.*

POLIAK Claude F., *Aux frontières du champ littéraire.*

PONTILLE David, *Signer ensemble – Contribution et évaluation en sciences.*

RÉMY Catherine, *La fin des bêtes.*

SCIARDET Hervé, *Les marchands de l'aube.*

SMITH Dorothy, *L'ethnographie institutionnelle – Une sociologie pour les gens.*

TIFFON Guillaume, *La mise au travail des clients.*

ZIMMERMANN Bénédicte, *Ce que travailler veut dire – Une sociologie des capacités et des parcours professionnels*, 2e édition.

Cet ouvrage a été achevé d'imprimer en octobre 2018
dans les ateliers de Normandie Roto Impression s.a.s.
61250 Lonrai
N° d'impression : 1804078
Dépôt légal : octobre 2018

Imprimé en France